천종호 판사의
하나님 나라와 공동선

천종호 판사의 하나님 나라와 공동선

지은이 | 천종호
초판 발행 | 2022. 12. 26
등록번호 | 제1988-000080호
등록된 곳 | 서울특별시 용산구 서빙고로 65길 38
발행처 | 사단법인 두란노서원
영업부 | 2078-3352   FAX | 080-749-3705
출판부 | 2078-3331

책값은 뒤표지에 있습니다.
ISBN 978-89-531-4366-1 03230

독자의 의견을 기다립니다.
tpress@duranno.com   www.duranno.com

두란노서원은 바울 사도가 3차 전도여행 때 에베소에서 성령 받은 제자들을 따로 세워 하나님의 말씀으로 양육하던 장소입니다. 사도행전 19장 8-20절의 정신에 따라 첫째 목회자를 돕는 사역과 평신도를 훈련시키는 사역, 둘째 세계선교(TIM)와 문서선교 (단행본·잡지) 사역, 셋째 예수문화 및 경배와 찬양 사역, 그리고 가정·상담 사역 등을 감당하고 있습니다. 1980년 12월 22일에 창립된 두란노서원은 주님 오실 때까지 이 사역들을 계속할 것입니다.

천종호 판사의

하나님 나라와 공동선

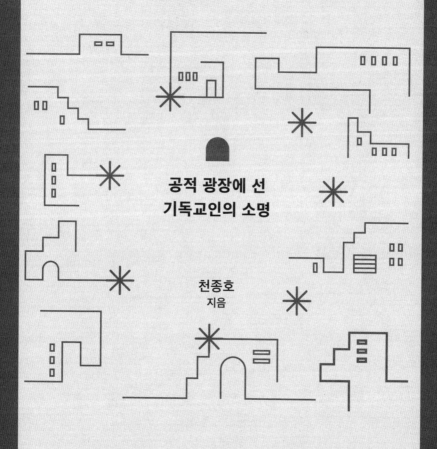

공적 광장에 선
기독교인의 소명

천종호
지음

두란노

차례

이 책은 '공적 교회'를 지향하려는 교회의 목회자와 성도들이 함께 읽어야 할 필독서이다. 공적 교회를 지향하기 위한 근거가 무엇인지, 그리고 공적 교회가 추구해야 할 공동선이 구체적으로 무엇을 의미하는지를 잘 설명해 주고 있기 때문이다.

특히, 저자가 신학자가 아닌 법학자의 관점으로 이 문제를 다루었다는 것은 이 책이 주는 특별한 선물이다. 자칫 뻔한 논쟁으로 이어질 수 있는 신학적 논점을 외부에서 들여다봄으로써 사고의 신선함을 선사한다. 그렇다고 이것이 철저히 세속적이라는 뜻은 아니다. 저자는 법조인이면서 동시에 고신 교단의 장로로 섬기고 있는 신앙인이기 때문이다. '두 개의 공동체'와 '공동선'에 대한 고민은 그가 법조인으로서 그 직역에서 겪는 문제들을 자신의 신앙적 양심에 비추어 판단하려다 보니 자연스럽게 발전된 것이다. 그런 면에서 이 책은 법학 서적이면서 동시에 신학 서적이다.

저자가 두 개의 공동체를 아벨공동체와 가인공동체로 명명한 것은 새로운 시도임에도 불구하고 전통적인 두 공동체 개념을 더욱 명확하게 드러내 준다. 기독교인이라면 누구나 가인과 아벨의 서사를 자세히 알고 있기 때문이다. 이 용어를 통해 관념적으로 이해해 왔던 두 공동체를 더 구체적이고 실제적으로 그려 볼 수 있게 되었다.

이 작업은 그의 신학적 박식함과 무관하지 않으며, 나와 함께했던 공공신학 스터디 모임에서 그것을 충분히 느낄 수 있었다. 저자는 자신이 가진 의문을 풀기 위해 아주 오랫동안 신학 분야의 방대한 연구들을 섭렵해 가고 있었다. 저자의 공동선에 관한 개념 정리는 이런 노력의 결과물이며, 이 결과물이 공동선 개념의 불명확성 앞에 길을 잃고 있는 다른 사람들에게 안내자의 역할을 할 것이 분명하다.

이 책의 마지막 장을 읽을 때 즈음이면 앞부분의 논리적 서술과 사뭇 다른 분위기, 즉 은혜로운 분위기를 맛볼 수 있다. 따라서 앞부분을 읽으며 다소 어렵게 느껴질 때 마지막 장을 먼저 읽어 보는 것을 추천한다. 이런 방법을 통해 이 책이 주는 유익을 하나도 놓치지 않고 모두 얻을 수 있기를 바란다.

김민석 한국공공신학연구소 소장

정의와 공동선이라는 주제는 다루기 여간 까다롭지 않다. 고도의 추상적 논리와 함께 구체적 현장의 실천도 두루 겸비해야 하기 때문이다. 현장 없는 이론은 공허하고, 이론 없는 현장은 맹목적이기 십상이다. 저자인 천종호 판사는 우리 사회에서 목소리와 얼굴이 없는 아이들, 누구보다도 정의를 필요로 하면서도 정의를 깨뜨린 위기 청소년들에게 소년 법정과 청소년회복센터를 통해서 정의를 실천하였다. 동시에 법학자로서 신학과 철학을 넘나들면서 학문적 깊이를 날로 더하고 있다. 그의 따뜻한, 그러면서도 정밀한 작업을 통해 한국교회의 공동선 이해가 더 깊어지고, 실천으로 나아갈 교두보를 마련한 셈이다. 그간 그의 책을 탐독해 온 애독자로서 공동선과 정의에 관한 모든 논의에서 빠질 수 없고, 중심을 차지할 이 책의 앞날이 기대된다.

김기현 로고스교회 담임 목사, 《욥, 까닭을 묻다》(두란노) 저자

이 책의 가장 중요한 주제는 공동선(the common good)이다. 개신교에서는 그간 공동선에 관한 논의가 그리 활발하지 않았다. 그런데 최근 주목을 받기 시작한 '공공신학'(Public Theology) 분야에서 공동선이라는 용어가 자주 등장한다. 공공신학에 관한 책과 논문들을 보면 거의 대부분교회가 공동선을 실천해야 한다는 주장을 펼친다. 하지만 공동선의형이상학적 의미에 관해 설명하는 텍스트는 거의 없는 것 같다. 그래서 그 텍스트에서 말하는 공동선의 개념이 무엇인지 정확히 파악되지 않는 경우가 많았다. 텍스트를 읽어 나갈 때마다 공동선이라는 용어의 전체 사용례를 아우를 수 있는 공동선 개념이 정립되었으면 하는 바람은 점점 더 커져 갔다.

그러던 중 저자는 지앤엠(Grace&Mercy)글로벌문화재단이 2019년 6월에 개최한 '일과 영성(Faith&Work)' 콘퍼런스 중 '사회 공익/공동선, 비영리' 세션의 패널로 참석하게 되었고, 이는 공동선을 공부하게 되는 결정적인 계기가 되었다. 그래서 먼저, 선에 관하여 공부하기 시작하였고, 결국 2020년 5월에 《천종호 판사의 선, 정의, 법》(두란노)을 출간하게 되었다. 하지만 이 책으로도 공동선에 관한 연구를 종결할 수 없었다. 이후 공동선에 관한 공부는 계속되었고, 2021년 9월에는《천종호 판사의 예수 이야기》(두란노)를 출간하게 되었다. 이 책을 출간할 무렵 어렴풋이 공동선의 개념을 이렇게 정의하면 되겠구나 하는 데까지 이르렀다.

하지만 그것만으로는 만족할 수가 없었다. 두 권의 책을 출간하는 동안 신학이나 철학의 도움을 받아 공동선에 관한 공부는 계속되었다. 하지만 공동선에 관한 형이상학적 개념 정의는 결코 쉽지 않았다. 그런데 하나님의 섭리로 갑작스럽게 깨우침의 순간이 찾아왔고, 그러한 깨우침을 토대로 결국 이 책을 출판하게 되었다.

이 책을 포함한 세 권의 책들은 철학과 신학을 정식으로 연구한 적이 없는 본 저자가 철학 및 신학 대가들의 저서를 참조하여 공부한 것의 기록이다. 이 세 권의 책으로써 법대에 입학한 이후부터 저자를 괴롭히던 문제들에 관해 어느 정도 맥락을 잡게 되어 기쁨이 크다. 그 문제들은 '법이란 무엇인가', '정의란 무엇인가', '선 및 공동선이란 무엇인가'이다. 이 세 가지 질문에 대한 대답에 따라 소송 사건의 해결에 있어 결론이 달라질 수도 있다. 어떻게든 결론을 내려 주어야 하는 판사로서는 이 질문에 대해 자기만의 입장을 정립해 두지 않으면 안 된다. 다소 늦었지만 흐릿했던 저자의 입장을 명확히 정립할 수 있게 되어 감회가 남다르다. 그래서 감히 책으로 저자의 입장을 세상에 밝히는 바다. 저자와 비슷한 어려움에 처해 있는 분들에게 조금이라도 도움이 되기를 바라는 마음도 있다.

이번 책은 내용의 흐름상 첫 번째 책과 두 번째 책 사이에 두고 읽으시면 좋을 것 같다. 독자들의 입장에서 보면 보완해야 할 부분이 많을지도 모른다. 너그러운 지도 편달을 바란다. 이 책이 나오기까지 도움을 주시고 격려해 주신 분들, 특히 완성되지 않은 초고를 바탕으로 한 몇 주간의 강의에 헌신적으로 참여해 주신 신부산교회 이희경 전도사, 순천리본교회 강명구 목사, 사단법인 만사소년 손혜광 실장, 마가의다락방교회 현서진 청년을 비롯한 20여 명의 청년들, 초고로 함께 공부하며 소중한 의견을 제시해 주신 효산의료재단 샘병원 이

대희 이사장, 갈렙앤컴퍼니 배기원 상무, 한국공공신학연구소 김민석 소장, 고은님, IVP 설요한 간사와 편집을 위해 아끼지 않고 수고를 해 주신 두란노 출판사 편집부에 진심으로 감사의 인사를 드린다. 하나님의 축복이 늘 함께하시기를 소망한다.

2022년 12월 금정산 자락에서

천종호

1장

서론 :
공동체와 공동선 문제

과거 200년간 근대 '계몽주의 신화'가 인간과 문화를 지배하여 왔다. 이 신화의 핵심은 신에 대한 부정과 인간 이성에 대한 과도한 신뢰였다. 톰 라이트는 '하나님의 죽음'을 전면에 내세운 근대 계몽주의 신화가 프랑스에서는 무신론으로, 미국에서는 이신론(理神論)으로, 구소련에서는 국가 또는 당의 신적 존재화로, 영국 잉글랜드에서는 국교회로 나타났다고 한다.[1]

근대 계몽주의 신화의 총아는 진화론을 기반으로 하는 진보주의이고, 진보주의의 최고 교리는 과학만이 진리에 도달할 수 있는 유일한 길이라고 생각하는 과학주의다. 한편, 이 신화에서의 최고선은 발전과 성장이므로 사람들은 이제 인류에게 남은 것은 과학의 발전을 통한 진보가 가져다줄 행복뿐이라고 믿었다. 그리하여 인류에게 종교로 인한 마녀사냥이나 종교 전쟁과 같은 악은 더 이상 발생하지 않을 것이라고 섣불리 예언했다. 그 후 제1, 2차 세계 대전의 발발과 제2차 세계 대전 중 자행된 홀로코스트 등은 진보주의 신화의 믿음을 붕괴시켜 버렸지만, 그럼에도 사람들은 근대 계몽주의 신화를 버리지 못했다.

근대 계몽주의가 주도권을 행사한 이후로 기독교 공동체는 공적 광장, 다시 말해 시민사회의 공론장에서 물러나 있을 수밖에 없었다. 로드 드레허는 기독교가 공론장을 잃었다고까지 말한다. 그 의미는 "기독교적 세계관을 반영하는 의견을 이 영역에서 개진할 수 있는 정당성이 철회되었다는 뜻으로, 그 의견이 무시될 뿐만 아니라 경우에 따라 주류 사회의 합의에 의해 처벌할 수 있는 사회악으로 간주될 수 있다는 것"[2]이다.

하지만 현대에 이르러 상대주의, 이기주의, 개인주의, 소비주의가 기승을 부리고, 신자유주의로 인한 양극화가 심화되며, 국가와 사회가 해결할 수 없는 인간과 사회 문제에 봉착하자 근대 계몽주의 신화에 대한 근본적인 회의가 일어나기 시작했다. 그에 따라 새로운 신화에 대한 갈망이 깊어졌으나, 신화는 쉽사리 만들어지지 않고 있다. 근대 계몽주의에 대한 대안이라며 포스트모더니즘이 등장하였지만, 이 사상 체계는 근대 계몽주의 거대 담론을 '해체'하는 솜씨만 발휘할 뿐 새로운 거대 담론을 형성하는 데는 역부족이다.

이런 시대적 상황에서 공적 영역에서의 종교의 역할에 관한 관심이 고조되었고, 기독교에서도 시민공동체 내 공론장에의 참여에 많은 관심을 가지게 되었다. 그러한 관심이 집약되어 나타난 것이 최근에 붐을 일으키고 있는 '공공신학'이다. 공공신학이나 기독교 윤리학이 주장하듯이 기독교인들이 개인이 아닌 하나님 나라의 시민으로서 공론장에 나가는 것은 우리 자신을 통하여 하나님 나라를 나누어 주기 위함이다. 이를 위해서는 먼저 우리의 공동체적 정체성과 세계관을 확고히 정립해야 하고, 그다음 공동체 속에서 살아가는 데 필요한 소통 능력을 확보해야 한다.

인간은 공동체적 존재다. 공동체를 기반으로 태어나 자기를 완성하고 죽음을 맞이한다. 그런데 기독교인은 비기독교인들과 달리 두 개의 공동체 속에서 살아가야만 하는 존재다. 하나는 교회로 대표되는 공동체고, 다른 하나는 국가로 대표되는 공동체다. 이들 공동체 속에서 기독교인은 자신의 정체성을 형성하고, 그 정체성을 드러내게 된다. 기독교인들의 정체성은 교회에서뿐 아니라 세상 속에서도 드러나야만 하는 것이고, 특히 공적 영역에서 더욱 분명히 드러나야 한다.

기독교인들이 세상에 자신의 정체성을 제대로 드러내기 위해서는 성경과 세상에 대한 올바른 이해뿐 아니라 효과적인 소통 능력이 필요하다. 세상을 올바르게 이해하지 못해 효과적이고 품격 있는 소통을 하지 못한다면, 아무리 올바른 세계관을 갖고 있다고 하더라도 세상에 아무 영향도 끼칠 수 없다. 하지만 세상과 소통한답시고 자신의 정체성을 잃어버려서는 안 된다. 그러므로 세상과 소통하되 '이 세대'에 물들지 않는 굳건한 정신과 용기가 필요하다.

공공 사안들에 관한 담론장인 공론장에서 기독교인에게 요구되는 소통 능력의 핵심은 우리가 가진 구원의 담론들을 세상 사람들에게 이해시키는 것이다. 이를 위해 가장 시급한 것은 성경과 교회에서 사용되는 용어를, 그 본래의 의미를 온전히 담은 채로 외부에서 이해하기 쉽게 '번역'하는 작업이다. 다시 말해, 세상과 소통함에 있어 필요한 것은 세상과 공용할 수 있는 이중언어의 습득이다. 세상에 참여하고 소통하기 위해서는 '새로운 언어'를 발견해야 한다는 자크 엘륄의 주장도 같은 취지라고 생각한다. 그는 다음과 같이 주장한다.

만약 우리의 문명 속에서, 우리가 의사소통을 가능케 해 줄 언어를 재창조하지 않는다면, 성령을 사역할 수 있게 할 기반은 존재하지 않는 것이며, 하나님이 자신의 능력을 보이려고 자신의 창조물들에 대해 항상 요구하는 인간적 수단은 존재하지 않는 것이다. 이 언어에 의미와 진리와 효율성을 주실 분은 오직 성령이지만, 인간들이 이 언어를 찾아내야만 한다. 그러나 그리스도인들은 더는 이 언어를 찾고 있지 않다. 왜냐하면 그들은 이웃 관계란 아주 단순하며, 오늘날의 상황은 과거와 마찬가지이고, 천 년 전에 성공했던 것은 오늘날에도 가능하다고 믿고 있기 때문이다. 물론, 그리스도인들은 기독교 역사상 몇 번씩 어떤 언어를 재발견했다. 그러나 오늘날 그리스도인들은 이 일에 대해 관심이 매우 적은 것처럼 보인다. 오히려 그 언어를 탐구하는 사람들은 비그리스도인들이다. 하여튼 지금까지는 성령께서 이 탐구에 역사하지 않으셨다.[3]

자유주의자들의 공론장에서 최고 무기는 '인권'이고, 최근에 이르러서는 '환경권'이 즐겨 사용하는 신무기가 되었다. 드레허는 미국에서 사회적으로 소수인 동성애자들이 2015년에 미연방대법원으로부터 동성혼 합헌 판결을 받을 수 있었던 것은 '동성애자의 권리'라는 대의를 '인권 운동'에 결부시킨 것이 전략적으로 대성공을 거두었기 때문이라고 한다.[4]

그럼 기독교인들이 공론장에서 사용할 수 있는 대표적인 이중언어로는 무엇이 있을까? 아가페(사랑), 체다카(공의), 미쉬파트(정의), 헤세드(인애), 샬롬(평화) 등이 후보가 될 가능성이 높다. 하지만 위 개념들은 기독교를 이해하지 못하거나 기독교적 색채를 탈피할 것을 요하는 공적 영역에서 포괄적이고 중립적으로 사용하기가 어렵다. 필자

가 생각하기에는 '공동선(共同善, the common good)'이 가장 적합하다.[5]

공동선에 관한 논의는 고대 그리스 철학에까지 거슬러 올라가며, 중세 가톨릭 사회에서도 활발히 이루어졌으나 근대 계몽주의 신화의 등장으로 시들해졌다. 하지만 현대에 이르러 상대주의, 이기주의, 개인주의, 소비주의, 신자유주의 등으로 인해 전 지구적으로 해결할 수 없는 정치, 사회, 문화, 경제적 문제에 봉착하자 근대 계몽주의 신화에 대한 근본적인 회의가 일어나기 시작하였고, 이로 인해 공동선에 관한 관심이 크게 증대하였다. 이는 개신교계에도 마찬가지다. 그런데 종교 개혁 이후에 등장한 개신교에서는 공동선에 관한 포괄적인 논의 자체가 없었던 것으로 보인다. 중세 이후 공동선에 관한 논의의 명맥을 이어 오던 가톨릭에 비해, 개신교에서는 공동선에 관한 연구가 거의 없었다고 해도 과언이 아니다. 게다가 공동선 개념은 성경에서 사용되는 용어도 아니다. 그렇다 보니 공동선의 개념 정립이 우선시되는데, 이를 위해서는 먼저 '선'과 '공동체'에 관한 기독교적 개념을 정립하지 않을 수 없다.

공동선을 이해하려면 선이 무엇인지부터 이해해야 한다. 이 부분에 관해 다루고 있는 부분이 2장이다. 선의 개념을 이해하기 위해서는 창세기의 선악과 명령(善惡果 命令) 이야기를 깊이 있게 조명해 봐야 한다. 왜냐하면 그 이야기 속에 선악의 의미와 기원에 관한 가르침이 담겨 있기 때문이다. 그 이야기를 통해 인간은 선 자체가 아니라 하나님께서 창조하신 '선한 것'에 불과하다는 것을 알게 된다. 게다가 인간은 아담과 하와의 범죄로 말미암아 하나님으로부터 받은 창조 본연의 선을 상실하였다. 따라서 선을 알려면 먼저 하나님으로부터 창조받은 선이 무엇인지부터 알아야 한다.

피조물들의 선한 상태는 선이신 하나님께서 창조하신 것이므로 하위선이라고 한다. 피조물들의 선은 최고선의 하위에 위치하고, 이로 인해 선의 질서가 형성된다. 인간이 하나님으로부터 창조받은 선은 개인과 공동체에 따라 내용을 달리한다. 인간의 선은 구원-선(구속-선과 성품-선), 사회적 가치-선, 질서-선으로 나뉜다. 따라서 선의 내용은 선이신 하나님, 구원-선, 사회적 가치-선, 질서-선으로 구분할 수 있다. 이것이 3장에서 '선의 질서와 내용'이라는 제목으로 논의될 내용이다.

공동선에 관한 논의는 공동체가 전제되지 않으면 의미가 없다. 먼저 공동체에 관해서는 성경의 처음부터 끝까지 관통하고 있는 아벨 공동체와 가인공동체[6]의 대립 구도를 이해해야 한다(바르트는 '기독교적 공동체'와 '시민적 공동체'로 구분한다).[7] 이 작업은 교회로 대표되는 하나님을 주권자로 모시는 '아벨공동체'와 국가로 대표되는 인간을 주권자로 삼는 '가인공동체'를 대조해 볼 수 있게 하고, 최종적으로는 교회와 국가와의 관계를 정립하게 만든다. 한편, 공동체의 질서를 유지하기 위해서는 약속, 규칙, 법이라는 '관계의 준칙'이 필요하다. 그중 가장 중요한 것이 법이다. 4장에서는 두 개의 공동체와 법에 관하여 살펴보기로 한다.

5장의 제목은 '가정, 국가, 지역 사회'이다. 공동체는 하나님의 주권 인정 여부를 기준으로 아벨공동체와 가인공동체로 분류할 수 있다. 한편, 공동체는 그 구성원의 범위에 따라 가정, 교회, 지역 사회, 국가로 나눌 수 있다. 정치학적으로 국가를 제외한 공동체를 '중간 단계의 공동체'라고 한다. 5장에서는 교회를 제외한 가정, 국가, 지역 사회에 관하여 살펴보기로 한다.

6장의 제목은 '공동선'이다. 5장까지의 논의를 통해 공동선에 관한 논의의 토대가 되는 선과 공동체에 관해 살펴보았다. 이제 마지막 장인 6장에서 최종적으로 공동선에 관하여 살펴본다.

선의 개념이 공동체 속에서 이해될 때, 바로 공동선의 문제가 발생한다. 공동체를 아벨공동체와 가인공동체로 구분해야 한다면, 공동선 역시 아벨공동체와 가인공동체의 지향점이 같을 리는 없을 것이다. 따라서 공동선의 내용이 각 공동체에 따라 어떻게 달라지는지에 관해서도 논의할 필요가 있다.

이렇게 개념이 정립된 공동선은 가인공동체가 주도하는 영역에서 나그네로 사는 아벨공동체의 기독교인들이 어떤 삶을 살아야 할지에 관한 지표를 제공해 주고, 가인공동체와 소통할 수 있는 가교를 제공해 준다. 이러한 가교를 통해 우리 기독교인은 세상의 빛과 소금의 사명을 감당해야 한다. 기독교인은 교회의 빛과 소금이 아니라 세상의 빛과 소금이다. 기독교인은 세상에 나가 하나님 나라의 백성으로서의 정체성을 보여 줌으로써 우리를 통해 세상 사람들이 하나님 나라를 갈망하게 하고, 하나님 나라로 이민해 올 수 있도록 이끌 책임이 있다. 이러한 책임을 수행함에 있어 공동선은 세상과의 소통을 위한 이중언어로서 훌륭한 길잡이가 되어 줄 것이다.

2장

선을 상실한
인간

하나님은 창세기 2장 일부와 3장에 선악과나무 이야기를 기록하게 하셨다. 이 이야기가 전체 성경에서 차지하는 분량은 많지 않으나 전 인류에게 있어서 예수님 이야기 다음으로 중요한 의미가 있는 이야 기라고 할 수 있다. 그런데 그런 만큼 그 뜻을 온전히 이해하는 것이 결코 쉽지가 않다.

선악과나무 이야기를 이해하기 위해 염두에 두어야 할 점들이 있 다. 첫 번째는, 선악과나무 이야기는 다시 반복될 수 없는 역사라는 점이다. 예수님이 십자가에 달리시고 부활하신 이야기가 역사적 사 실이듯이 선악과나무 이야기도 엄연한 역사적 사실이다. 그러므로 이 이야기를 읽을 때, 상징을 담은 신화나 교훈적인 우화로 생각해서 는 안 된다. 그렇게 하는 순간, 우리는 빠져나올 수 없는 미궁 속에 갇 히게 된다.[8]

다음으로, 선악과나무 이야기는 역사적 사실이지만 성경에 기록되 기까지 많은 생략과 압축이 있었음을 염두에 두어야 한다. 한 가지 예를 들어 보자. 성경의 기록만으로 볼 때, 아담과 하와가 에덴동산에서 살기 시작한 지 얼마 되지 않아 뱀의 유혹을 받아 선악과나무 열매를 따 먹은 것으로 볼 여지도 충분하다. 하지만 반대로 뱀이 오랜 시간 동안 아담과 하와를 유혹했을 가능성도 배제할 수 없다. 그러므로 이 이야기를 온전히 이해하기 위해서는 생략되고 압축된 채 행간에 숨어 있는 이야기를 상상하는 능력이 필요하다. 이런 상상력은 인간의 이성이 아니라 성령으로부터 오는 것이므로 선악과나무 이야기를 이해함에 있어서는 성령의 도우심이 없으면 안 된다는 것을 잊지 말아야 하겠다.

1. 선악과 명령 이야기에 담긴 질문과 답변들

(1) 에덴동산은 어디에 위치하고 있었는가?

이 질문이 꼭 필요한 이유는 선악과나무 이야기의 역사성(시간성)을 지키기 위해서다. 성경에는 강이 에덴동산에서 흘러나와 동산을 적시고, 거기서부터 갈라져 비손강, 기혼강, 힛데겔강, 유브라데(유프라테스)강이 되었다고 한다. 이 기록에 따르면, 이 네 개의 강을 거슬러 올라가면 하나의 근원이 나오게 되고, 그 근원 부근이 에덴동산이 될 것이다. 이러한 추론을 근거로 에덴동산의 구체적인 위치에 관해 다양한 의견이 제시되고 있다. 하지만 우리는 지리학자가 아니기에 에덴동산이 정확히 어디에 있었는지에 관해서는 깊이 탐구할 필요가 없다고 본다. 우리가 에덴동산이 있던 위치에 관해 질문하는 것은 앞에서도 지적하였듯이 선악과나무 이야기를 역사적 사실로 받아들인 다면 당연히 해야 할 질문이기 때문이다. 그러므로 선악과나무 이야 기를 이해함에 있어 에덴동산의 지리학적 위치에 관한 질문은 이 정 도로 충분하다.

에덴동산과 관련하여 한 가지만 지적한다면, 에덴동산은 멸균 처리 된 온실이 아니었다는 점이다. 그곳은 하나님과 아담과 하와 외에는 아무도 드나들 수 없는 폐쇄된 동산이 아니라 사탄조차 쉽게 드나들 수 있는 열린 공간이었다. 이는 하나님이 인간에게 자유 의지를 주시 고, 인간이 그것을 하나님을 위해 사용하는지를 살피기 위한 중요한 장치였다.

(2) 선은 무엇이고, 악은 무엇인가?

① 선은 무엇인가? '하나님이 선이시다. 하나님은 본래적 선이시며 최 고선이시다'

하나님은 선 그 자체이시다. 그러므로 하나님께는 선의 결핍이 있 을 수 없다. 하나님은 스스로 존재하시므로 '선이신 하나님'은 '본래 적 선'이시다. 스스로 존재하는 본래적 선이신 하나님은 다른 선에 의존하지 않으시며, 다른 선으로 보충될 필요도 없으시고, 그 자체로 선택되실 뿐 다른 것 때문에 선택되시지 않는다. 본래적 선이신 하나 님이 계셔야만 다른 선한 것이 존재할 수 있고, 하나님으로 말미암아 야만 다른 존재가 저마다의 온전한 선을 향해 나아갈 수 있다. 이와 달리 다른 것을 보태거나 다른 것에 의존해야 하고, 그 자체가 아닌 다른 것 때문에 선택되는 선을 '수단적 선(도구적인 선)'이라고 한다. 수단적 선이 발현되는 근원은 본래적 선이신 하나님이다.

행복과 건강과의 관계를 통해 본래적 선과 수단적 선을 이해해 보자. 대부분의 사람들은 건강을 최종 목적으로 삼지 않는다. 건강을 유지하고자 하는 것 자체가 인생의 목적인 사람은 많지 않고, 대부분 건강을 행복의 수단으로 삼는다. 이와 반대로, 건강을 위해 행복을 수단으로 삼는 사람들은 거의 없다. 그러므로 건강은 행복과의 관계에서 수단적이다. 다시 말해, 행복과 건강은 본래적 선과 수단적 선의 관계에 있다고 말할 수 있다.

한편, 삼위일체이신 하나님 외에는 본래적 선이 없으므로 하나님은 최고선(最高善)이시다. 하나님은 다른 선을 더 이상 보탤 필요가 없을 뿐만 아니라 다른 선에 의존하지 않는 충만이시기 때문에 '절대선(絕對善)' 및 '지고선(至高善)'이시다.[9] 하나님은 충만 그 자체이시므로 자신을 채우려고 하지도 않고 채우실 필요도 없다. 오히려 하나님의 선은 사랑이므로 옹달샘에 물이 차면 흘러넘치듯이 끊임없이 자신을 나누어 주시려고 하고, 나누어 주시고 난 뒤에도 그만큼의 결핍이 초래되지 않는다.[10] 하지만 인간에게 주어진 선은 하나님의 최고선에 비하면 부족함이 있는 선이고, 본래적 선으로부터 만들어진 것이다.[11] 이를 '하위선(下位善)'이라고 한다. 인간이 선하게 되려면 하나님이 주시는 선을 받아야 한다. 하나님이 주시는 선이 무엇이었는지는 선이 중단되고 나면 분명히 알게 된다. 아담과 하와가 선악과 명령을 어긴 뒤에 하나님으로부터 공급받은 선한 것(뒤에서 보겠지만, '하나님과 교제할 자격인 영생' 및 '하나님과 교제할 능력인 인격과 성품')을 차단당했다. 그것이 바로 아담과 하와가 하나님으로부터 받고 있었던 선이다.

아담과 하와는 선악과나무 열매를 따 먹기 전에는 '하나님께로부터 난' 선이 아니라 '하나님으로 말미암아 무에서 창조된'[12] 선을 받는 데 아무런 문제가 없었다. 그들이 선악과나무 열매를 따 먹기 전에는 하나님과 연합되어 있었기 때문이다.[13] 하지만 뒤에서 보듯이 아담과 하와가 선악과나무의 열매를 따 먹어 하나님의 명령을 어김으로써 하나님과의 연합에서 분리되고 전적 타락 상태에 놓이게 되었다. 전적 타락은 하나님이 인간에게 주신 '하나님의 형상(Imago Dei)'을 상실한 것을 의미하는데, 웨스트민스터 신앙 고백서 제6장 제2조는 이를 "이 죄로 그들은 그들의 원의(原義)와 하나님과의 교제를 상실하였으며, 죄 가운데 죽게 되었으며, 영혼과 육체의 모든 능력과 영역이 오염되었다"고 풀이한다. 이를 하나님과의 관계에서 보면, 인간이 하나님과의 연합에서 분리되어 하나님과 교제할 자격과 능력을 '완전히' 박탈당한 것이라고 할 수 있다.

송용원은 칼뱅이 하나님의 형상을 '관계적 형상(하나님과의 올바른 관계를 나타내는 속성)', '실체적 형상(인간의 영혼 안에 새겨진 신적으로 탁월한 속성)', '공동체적 형상(연합하고 연대하는 존재로서 풍성한 번영을 누릴 수 있는 속성)으로 나눈 다음, 그중 관계적 형상은 타락 이후에 인간에게서 완전히 상실되었으나 실체적 형상과 공동체적 형상은 '어느 정도' 남아 있는 것으로 보았다고 말한다.[14] 이 견해에 따르면, 하나님과 교제할 자격과 능력은 하나님의 형상 중 관계적 형상에 해당할 것이다.

인간이 전적 타락에 이르게 되었다는 의미는 인간이 더 이상 타락하려야 할 수 없을 정도의 상태로 전적으로 악하기만 한 존재가 되었다는 뜻이 아니다.[15] 인간이 전적으로 타락하였다는 것은 그 어떤 인간도 자신의 노력만으로는 더 이상 최고선이신 하나님을 지향할 수 없고, 지향한다고 해도 하나님의 최고선의 부분으로조차 참여(분유)할 수 없게 되었다는 뜻이다. 다시 말해, 전적 타락의 교리에서 타락은 인간의 전 영역에 미치고, 인간의 그 어떤 부분도 예외 없이 하나님께 나아갈 능력을 가지고 있지 않다.[16] 하지만 인간이 다시 하나님을 지향하고, 하나님의 최고선의 부분으로 참여할 수 있는 길이 있다. 그것은 하나님의 형상을 회복하는 것인데, 바로 예수님을 그리스도(메시아, 구세주)로 영접하는 것이다. 예수님을 향한 이 믿음은 인간으로 하여금 하나님의 형상을 회복하게 만든다.

② 악은 무엇인가? '악은 선의 부재다'

빛이 없는 곳에서 어둠이 그 세력을 발휘하듯이 악은 선이 없는 곳에서 그 모습을 드러내므로 '악은 선의 부재'라고 표현한다. 이는 악이 하나님에 의해 창조되었거나 하나님으로부터 말미암은 것이 아니라는 뜻이다.[17] 하나님은 본래적 선이자 최고선이시며 부족함이 없는 충만 자체이시므로 하나님으로부터 선의 부재 상태가 초래될 수 없다. 또 빛에서 어둠이 나오지 못하는 것처럼 선에서는 악이 나올 수 없으므로 선의 부재인 악이 하나님에 의해 창조되거나 하나님으로부터 초래될 수는 없는 것이다.

한편, 최고선과 최고악을 포괄하며 그들 위에 군림하는 존재는 없으므로 최고선이신 하나님과 동등한 지위를 갖거나 하나님께 반대되는 존재는 있을 수가 없다.[18] 하나님은 존재 자체이시므로 악은 비존재다. 우리가 지극히 악한 상태를 '최고악'이라고 표현해도 그것은 그야말로 표현에 불과할 뿐, 하나님과 대등한 존재를 의미하는 것은 아니다. 그런데 악은 빛이 존재하지 않는 상태인 흑암처럼 '선이 존재하지 않는 상태'이므로[19] 선을 나누어 줄 수 없을 뿐만 아니라 악의 상태도 나누어 줄 수 없다. 이른바 모든 악은 비존재이고, 실체가 없다. 다만 선의 부재로 인해 악에 지배된 존재가 하나님의 피조물인 인간들을 유혹해 그들 속에서 선한 것을 부정하거나 망각하게 함으로써 선의 부재 상태를 만들어 내므로 이러한 피조물들로 인해 악의 실체가 있는 것처럼 느껴질 수는 있다.

악을 '선의 부재'로 표현하면, 하나님의 편재(遍在, ubiquitousness)와 개념상 충돌하는 문제를 해결해야 한다. 최고선이신 하나님은 우주 만물을 초월하실 뿐만 아니라 우주 만물에 임재하신다. 이를 하나님의 편재라 한다. 편재하시는 하나님이시므로 우주 만물에는 하나님의 부재가 발생할 수 없다. 인간도 선이신 하나님의 부재 상태를 만들어 낼 수가 없다. 인간이 하나님을 부정한다고 해서 하나님의 편재가 없어지지 않는다. 한편, 악은 비존재(무)이므로 실체가 없다. 따라서 실체가 없는 악을 선택한다는 것은 논리적으로 성립하지 않는다. 그렇다면 선의 부재란 인간이 악을 선택함으로써 선의 부재를 초래하는 것이 아니라 하나님의 임재를 부정하거나 망각하는 상태를 표현한 것이라고 생각한다. 아우구스티누스는 이를 "보다 나은 선들의 유기(遺棄)"라고 표현한다.[20] 어쨌든 하나님의 임재를 부정하거나 망각할 수 있다는 것은 심각한 망상에 불과하다.

악은 선의 부재라는 명제는 악이 실체가 없다는 것을 뜻한다. 선악과나무 열매를 따 먹을 때의 아담과 하와에게는 악이 분명히 '실체적인 것'으로 비쳤을 것이다. 그것은 이미 악의 부재 상태를 초래한 사탄이라는 실체가 있었기 때문이다. 천사에 속하는 사탄도 하나님의 피조물이다. 그가 언제 어떻게 창조되었는지는 성경에 아무런 언급이 없다. 하지만 아우구스티누스는 "창조 작업에서 모든 것이 그다음에 각각 그 자리에 배치되었고, 그것이 엿새 동안에 완성되고, 하나님이 제7일째에 모든 일을 쉬셨다고 할 때에, 그 사역에 천사들이 포함되지 않은 듯이 보이는데, 어떻게 빠뜨릴 수 있겠는가?"라고 전제한다.[21] 그리고 아우구스티누스는 시편 148편 1~5절 말씀으로 볼 때, 천사들이 하나님이 창조 사역을 시작하신 지 7일째에 안식에 들어가시기 전에 창조되었다고 할 수 있고, 욥기 38장 7절 말씀으로 볼 때, 별들이 창조되기 전에 천사들이 창조되었다고 볼 수 있다고 언급한 후에 그러나 사탄은 첫째 날에 빛과 함께 창조되었다고 결론짓는다.[22]

아마도 사탄은 아담과 하와처럼 자신에게 주어진 자유 의지를 함부로 사용하다 결국 선의 부재 상태에 직면하였을 것이다.[23] 아우구스티누스는 사탄이 선을 미워하는 자가 되리라는 것을 하나님이 모르시지 않았다고 말한다.[24] 그런 사탄이었기에 아담과 하와의 입장에서는 분명히 악이라는 실체가 있는 것처럼 느껴졌을 것이다. 현재 인간이 처한 상황은 아담과 하와가 처한 상황보다 훨씬 더 열악하다. 왜냐하면 아담과 하와를 유혹했던 사탄이 여전히 우리 곁에 있을 뿐 아니라 우리는 이미 선의 부재를 경험한 아담과 하와의 후손이기 때문이다. 그러므로 악이 아무런 실체가 없으므로 무시해도 된다는 생각은 금물이다.

하나님은 인간에게 자유 의지를 주셨다. 하지만 하나님은 그로 인해 벌어질 일들을 예지하셨다. 실제로 하나님의 예지대로 아담과 하와는 범죄하였고, 그로 인해 인간의 자유 의지는 그 본연의 기능을 상실함으로써 선의 부재 상태에 이르렀다. 인간이 하나님을 부정하거나 망각하는 선의 부재 상태를 초래한 것은 인간이 하나님의 은혜를 부정한 결과라고 할 수 있다. 이를 바로잡기 위해서 우리는 하나님께 나아가야 한다. 우리가 태초의 온전한 자유 의지를 회복하려면, 그 자유 의지를 만드신 하나님께 나아가지 않으면 안 된다. 우주에서 가장 복잡한 기계가 고장 났을 때, 기계 자체로는 회복 불가능할 뿐 아니라 제아무리 뛰어난 기술자라도 기계를 고치는 것이 불가능할 때, 기계를 수리하기 위해서는 기계를 만든 사람을 찾아가야 하는 것과 같다. 그런데 우리가 하나님께 나아갈 때 필요한 수리비는 우리 공로가 아닌 하나님의 은혜다. 다시 말해, 전적으로 타락한 인간이 온전한 자유 의지를 행사하려면 하나님의 은혜가 필요하다는 것이다.[25]

그런데 인간이 자유 의지를 오용해서 하나님을 배반할 것도 예지하신 하나님은 그 결과에 대한 선한 대책도 마련해 두셨다. 아우구스티누스는 "악의 존재가 허용되는 것은 하나님의 지극히 의로우신 예지가 그 악을 선용할 수 있다는 것을 증명하기 위해서"라고 말한다.[26] "은혜가 없는 곳에서는 자유 의지가 없다"라는 칼뱅의 말도 같은 의미라고 생각한다.[27] 아우구스티누스는 하나님의 예지에 관해서 다음과 같이 말한다.

하나님께서는 사람이 죄를 지으리라는 것과, 죽음의 지배를 받는 그가 역시 죽기로 정해진 후손을 낳으리라는 것을 모르시지 않았다. 그뿐만 아니라, 이 죽을 인간들이 짓는 죄가 더욱더 엄청나게 악화하여, 땅과 물에서 무더기로 생겨나는 이성적 의지가 없는 동물들이 인류보다-평화롭게 살게 하시려고 한 개인에게서 번식하게 하신 그 인류보다-서로 더 안전하고 더 평화롭게 살리라는 것도 하나님은 아셨다. 사자들이나 용들이 사람들과 같이 전쟁을 한 일은 없다. 그러나 하나님께서는 자기의 은혜로 많은 의인들이 부름을 받아 양자가 되며(롬 8:15; 갈 4:5), 성령으로 죄를 용서받고 의롭게 되며, 최후의 원수인 죽음이 멸망된 후에(고전 15:26) 천사들과 결합되어 영원한 평화를 누리리라는 것도 예지하셨다.[28]

선의 빈자리를 차지하고 있는 악은 제거되는 것이 아니다. 왜냐하면 악은 비존재이기 때문이다. 따라서 우리 속의 악은 제거되어야 하는 그 무엇이 아니라 치유되고 시정되어야 하는 것이다.[29] 악을 치유하며 시정하는 길은 선으로 우리 속을 채우는 것이다. 우리 영혼과 정신은 선으로 채워질 수도 있고, 선의 부정이나 망각 상태로 공허해질 수도 있다. 선으로 우리 영혼과 정신을 채우면 악이 설 자리가 없게 될 것이고, 반대로 선을 부정하거나 망각함으로써 우리 영혼과 정신에 선의 부재 상태를 만들면 우리는 악에 지배된다고 할 수 있다. 광분했을 때, 거침없이 해악(害惡)을 토해 내는 것은 영혼과 정신이 악에 지배되고 있기 때문이다. 우리가 거짓말을 하는 것도 악의 일종인 거짓 영이 우리를 사로잡고 있기 때문이다. 하지만 그때도 하나님은 자신의 백성에게서 임재를 물리지 않으신다. 예수님은 성령님과 함께 항상 우리 가까이 임재하시며 "볼지어다 내가 문밖에 서서 두

드리노니 누구든지 내 음성을 듣고 문을 열면 내가 그에게로 들어가 그와 더불어 먹고 그는 나와 더불어 먹으리라"(계 3:20)라고 말씀하신다.[30]

③ 선악을 알게 하는 나무에서의 선과 악은 하나님과 관계에서의 선과 악이다.

우주의 관계는 하나님과 피조물 사이의 관계와 피조물 상호 간의 관계로 나누어 볼 수 있다. 하나님과 피조물 사이의 관계는 다시 하나님과 인간 및 하나님과 자연 사이의 관계로 세분할 수 있고, 피조물 상호 간의 관계도 다시 인간과 인간 및 인간과 자연 사이의 관계로 세분할 수 있다. 인간을 중심으로 하면 관계는 첫째, 하나님과 인간, 둘째로 인간과 인간, 셋째로 인간과 자연의 관계로 나뉜다.

하나님은 선이시므로 하나님 이외의 존재가 없었더라면 하나님은 악을 생각하실 필요조차 없었다. 하지만 하나님이 피조세계를 만드시고 천사와 인간에게 자유 의지를 부여하신 순간, 피조세계에는 선과 악의 문제가 발생했다. 왜냐하면 창조주와 피조물 사이에는 주종(主從) 관계라는 절대 넘지 못할 경계가 있는데, 자신에게 주어진 자유 의지를 남용하여 그 경계를 넘고자 하는 것은 창조주와 피조물 사이의 관계를 전복하고자 하는 반역이고, 이러한 반역으로 선이신 하나님에 대한 부정이나 망각이라는 악이 초래되기 때문이다.

하나님과 인간의 주종 관계가 바로 서 있으면 하나님의 선이 인간에게 흘러넘쳐 인간은 하나님의 선에 부분적으로 참여하게 된다. 그러므로 인간에게 있어 하나님과의 관계를 올바로 세우는 것은 선으로 귀착되고, 그 관계를 전복시키는 것은 악으로 귀착된다. 하나님과의 관계를 바로 세우는 것은 선이신 하나님을 알게 하는 대전제다.

피조물 상호 간에 선악의 문제는 창조주이신 하나님과 피조물인 인간 사이의 선악 문제와 같은 차원에서 논할 수 없다. 왜냐하면 피조물 상호 간 관계는 주종 관계가 아니기 때문이다. 인간 상호 간에 선악 문제가 발생하는 것은 서로 주인이 되고자 하기 때문이다. 다시 말해, 평등 관계를 주종 관계로 변형시켜 인간을 대하기 때문에 선악 문제가 발생한다. 칸트식으로 말하자면, 인간을 목적이 아닌 수단으로 취급하고자 하기 때문이다. 예를 들어, 폭력을 행사하는 사람은 자신에게 폭력을 행할 주권적 지위나 권리가 있고, 상대방에게는 이를 받아들일 종속된 지위나 의무가 있다는 심리를 지니고 있다. 그러므로 폭력을 용인하는 것은 평등했던 인간 상호 간의 관계를, 폭력을 행하는 힘 기반의 상하 관계, 이른바 갑을 관계로 변질시키는 것을 용인하는 것이다. 따라서 대등 관계에 있는 피조물 상호 간의 선악 문제를 다루는 도덕과 윤리의 기원 및 원칙을, 주종 관계를 전제로 하는 선악과 명령에서 도출해선 안 된다. 인간 상호 간에 지켜져야 할 도덕과 윤리의 기원 및 원칙에 관해서는 성경의 다른 부분이 근거가 되어야 한다. 그러므로 '기독교 윤리'를 논함에 있어서는 그것이 하나님과 인간의 관계에 관한 것인지, 아니면 인간과 인간 또는 인간과 자연의 관계에 관한 것인지를 분명히 전제해 둘 필요가 있다.

(3) 하나님은 왜 선악과나무를 에덴동산에 두셨는가?

이 질문이야말로 피조물인 인간을 가장 실망하게 만드는 질문이라고 생각된다. 선악과나무만 없었더라면 인간은 죽음을 비롯한 온갖 문제에 봉착하지 않았을 텐데, 하나님은 왜 굳이 선악과나무를 동산 한가운데 두셨는지에 관해 묻지 않을 수 없다.

하나님은 우주 만물 및 아담을 창조하셨다. 그런 다음, 아담에게 "생육하고 번성하여 땅에 충만하라, 땅을 정복하라, 바다의 물고기와 하늘의 새와 땅에 움직이는 모든 생물을 다스리라. 내가 온 지면의 씨 맺는 모든 채소와 씨 가진 열매 맺는 모든 나무를 너희에게 주노니 너희의 먹을거리가 되리라"(창 1:28~29)라고 말씀하셨다. 위 명령은 '위탁 명령' 혹은 '문화 명령'이라고도 한다.

한편, 아담을 먼저 창조하신 하나님은 에덴동산을 창설하시고, 에덴동산으로 아담을 이끄셨다. 그러신 다음 아담에게 에덴동산을 경작하고 그곳을 지키라는 명령을 내리셨고, 그와 더불어 특별 명령으로 "동산 각종 나무의 열매는 네가 임의로 먹되 선악을 알게 하는 나무의 열매는 먹지 말라 네가 먹는 날에는 반드시 죽으리라"(창2:16~17)라는 명령을 내리셨다. 이 명령이 '선악과 명령'이다.

하나님은 영생을 주는 생명나무 열매를 포함하여 동산 각종 나무의 열매는 마음대로 먹을 수 있도록 허용하셨으나(허용 규범), 단 하나, 선악과나무의 열매를 먹는 것만은 금지하셨다(금지 규범). 허용 규범은 사실상 무한대이나, 금지 규범은 단 하나뿐이라는 사실이 선악과 명령의 특징이다. 문화 명령과 선악과 명령은 넓은 의미에서의 '율법'이라 할 수 있고, 모세를 통해서 내리신 율법(토라)과 구분하기 위해 '타락 이전의 율법'[31]이라고 한다. 선악과 명령을 율법으로 보면, 아담과 하와가 범죄한 이후 하나님이 모세를 통해서 내리신 십계명 및 율법 규정에 비해 지극히 단순하다는 점이 선악과 명령의 또 다른 특징으로 지적될 수 있다.

인간이 하나님의 형상대로 창조되었다는 것과 인간에게 허용 규범인 문화 명령과 금지 규범인 선악과 명령이 내려졌다는 것은 인간에게 자유 의지가 부여되었다는 증거다. 이는 인간이 동물이나 로봇 같은 존재가 아니며, 하나님과 교제하며 하나님의 청지기로서 우주를 지배할 수 있는 자유가 있다는 것을 의미한다. 허용 규범만 있었다면, 인간은 동물과 다를 바가 없었을 것이다. 하지만 금지 규범을 전제로 하는 자유 의지로 말미암아 인간은 동물에 비해 우월한 지위에 서게 된다. 자유 의지는 인간에게 주어진 특혜요 특권이다. 하나님이 왜 인간에게 선택할 자유를 주셨는지는 비밀이다.[32]

인간에게 주어진 자유 의지로 인해, 인간은 하나님을 제외하고는 가시적 우주에서 최강의 존재가 되었다. 다시 말해, 인간은 "하나님보다 조금 못하게" 창조된 존재이고, "영화와 존귀로 관을" 쓴 존재다(시 8:5). 이로 인해 예상되는 최악의 사태는 인간이 자신의 의지로 자신에게 적용할 선과 악의 기준을 만들어 낼 여지가 있다는 것이다. 이는 선악과나무가 없다고 해서 해결될 문제가 아니었다. 더구나 선악과나무에는 악한 것, 쉽게 말해서 인간에게 해악을 줄 수 있는 것이 없었다.[33] 인간에게 자유 의지가 주어진 이상 인간이 하나님을 창조주로 인정하지 않을 수도 있다는 것은 당연히 예상되는 일이었다. 하나님은 영이시라 인간의 눈에 보이지 않으시므로[34] 인간이 생육하고 번성하여 땅에 충만하게 되었을 때, 하나님의 존재를 부정하거나 하나님과의 관계를 단절할 가능성이 충분히 있었다. 더 나아가 에덴동산에는 이미 타락한 천사가 존재하고 있었고, 그가 아담과 하와를 유혹할 가능성이 아주 높았다. 영원하시고 전지전능하신 하나님도 그것을 다 알고 계셨다.

그럼에도 하나님은 인간에게 자유 의지를 주셨다. 인간에게 주어진 자유 의지의 문제는 단지 아담과 하와만의 문제가 아니라 장차 인류 전체의 문제였다. 하나님은 인간을 본능에 따라 반응하는 동물이나, 프로그램에 따라 계산만 하는 로봇 같은 존재로 창조하기 원치 않으셨다. 또 악이 생겨나지 않는 것보다 악에서 선을 만들어 내는 것이 하나님의 권능과 인자에 더 합당하다고 판단하셨다.[35] 인간과의 자발적인 교제를 원하신 하나님은 자신의 절대 자유를 제약하여 인간의 입장에서 볼 때는 감당하기 어려운 결정을 내리셨는데, 그것이 바로 인간에게 자유 의지를 주시는 것이었다. 그 정도로 하나님은 인간을 사랑하셨다. 이러한 하나님의 위대한 사랑이 하나님으로 하여금 이런 위험한 결정을 내리시게 만든 것이다.

이런 상황에서 사랑이신 하나님은 인간을 배려하여 한 가지 길을 열어 두셨다. 하나님 당신의 존재를 늘 염두에 두고 살 수 있는 길을 만드신 것이다. 그것이 바로 선악과나무이고, 선악과 명령이다. 하나님은 에덴동산 중앙에 생명나무와 선악과나무를 나게 하시고, 아담으로 하여금 생명나무뿐 아니라 동산의 각종 나무의 열매를 마음껏 먹되 오직 하나 선악과나무의 열매만은 먹지 못하게 하셨다. 무한대의 허용 규범을 주신 반면 단 한 가지 금지 규범을 주신 이유는 창조주인 하나님과 피조물인 인간 사이에는 넘어서는 안 되는 절대적인 경계가 있고, 이 경계만 넘지 않으면 영생을 빼앗기지 않는다는 것을 가르쳐 주시기 위함이었다. 보디발의 종이었던 요셉은 날마다 자신과 동침하자고 졸라 대던 보디발의 부인에게 다음과 같이 말했다.

> 내 주인이 집안의 모든 소유를 간섭하지 아니하고 다 내 손에 위탁하였으니 이 집에는 나보다 큰 이가 없으며 주인이 아무것도 내게 금하지 아니하였어도 금한 것은 당신뿐이니 당신은 그의 아내임이라(창 39:8~9).

이러한 요셉의 대답이 선악과 명령을 받은 우리 영혼에서도 흘러나와야 한다.

선악과 명령은 인간에게 무엇이 참된 선인지를 알게 해 준다. 선 그 자체이신 하나님을 인간의 주권자로 경배하는 것이 인간에게 참된 선인 것이다.[36] 또 선악과 명령은 인간에게 참된 지식을 제공한다. 인간에게 있어 참된 지식은 하나님의 계시로부터 나온다. 다시 말해, 선악과 명령은 하나님의 계시로써 하나님과 인간의 관계에 대한 지식과 인간 존재에 관한 근본적인 지식을 제공한다. 그 계시는 지금도 살아 역사한다. 하나님의 계시를 바탕으로 만들어지는 법이나 도덕 규범은 부차적인 명령과 지식일 뿐이다. 그러므로 자기 의를 위하여, 또는 형식적으로 법이나 도덕규범을 지키는 것은 하나님을 아는 데 본질적인 도움을 주지 못한다. 법이나 도덕규범을 지킬 때 하나님을 위하여, 하나님께 순종하는 마음으로 해야만 하나님께 한 발자국 더 다가서게 된다. 이것이 하나님과 하나님의 선을 아는 것이다.

하나님은 흙으로 인간을 빚으신 다음 생령이 되게 하셨으므로 인간을 흙으로 돌아가게 하는 방법도 알고 계신다. 하나님으로부터 생명의 조건을 제공받은 인간은 영생하기 위해 하나님의 명령에 절대 복종해야 할 뿐 아니라 하나님께 절대 의존해야 한다.[37] 하나님은 이를 상기시키고자 생명나무와 선악과나무를 제시하며 생명나무를 포함한 다른 나무의 열매들은 얼마든지 먹되 오직 선악과나무 열매만은 먹지 말라는 너무나도 단순하고 명료한 명령을 내리셨다. 아우구스티누스도 하나님이 아담과 하와를 "순종으로 돕기 위해서 아주 짧고 쉬운 명령을 하나만 내리셨다"라고 말한다.[38] 하지만 이 명령을 지키는 것은 매우 쉽고도 어려운 일이었다. 쉽다는 것은 선악과나무 열매를 따 먹지 않으면 된다는 점에서 그렇다는 것이고, 어렵다는 것은 선악과나무 열매를 따 먹고 싶은 마음의 유혹을 이겨 내야 한다는 점에서 그렇다는 것이다. 하나님은 아담을 비롯한 인간에게 하나님을 제외한 우주의 모든 것에 대한 관리권을 부여하셨다. 인간은 우주 만물을 관리할 때 하나님의 뜻을 따를지 말지를 선택하기만 하면 되었다. 인간이 이러한 선택권을 행사할 때 우주 만물의 주인이 누구인지를 늘 염두에 두도록 하기 위해 하나님은 인간으로서는 쉽고도 어려운 선악과 명령을 주신 것이다.

성도가 십자가를 볼 때마다 예수님을 떠올리듯이 아담과 하와는 선악과나무를 볼 때마다 하나님과, 그 관계 안에서 자신들의 위치를 떠올렸을 것이다. 선악과 명령은 창조주이신 하나님과 피조물인 인간 사이에 인간으로서는 결코 넘을 수 없는 경계가 있음을 가르쳐 주는 명령이었다. 선악과 명령은 저주가 아니라 "하나님과 소통하고 교제하게 하는 선물"이었다.[39] 이를 늘 염두에 두라고 하나님이 에덴동산의 중앙에 선악과나무를 나게 하시고, 그 열매를 따 먹지 못하게 하셨던 것이다. 인간을 괴롭히기 위해서라거나 명령을 위반하면 이미 주었던 선물을 도로 빼앗기 위해서 선악과 명령을 내리신 것이 결코 아니다. 그렇게 말하는 것은 선이요 사랑이신 하나님을 제대로 알지 못하는 것이다. 하나님이 선악과나무를 에덴동산 중앙에 두지 않으셨으면 좋았을 것이라는 생각은 인류를 향한 하나님의 무한하고 원대한 사랑을 알지 못하는 어리석음의 표시다.

(4) 선악을 안다는 것은 무슨 뜻인가? 선악을 아는 것은 인간에게 해로운 일인가?

이렇게 질문하는 이유는 하나님이 아담과 하와가 선악을 아는 일에 하나님과 같이 되었다며 그들을 에덴동산에서 내쫓으신 이유를 이해하기 위함이다.

① '선악을 안다'는 것은 어떤 의미인가?

하나님은 선 그 자체이며 최고선이시므로 선악을 알아야 할 이유나 필요가 전혀 없으시다. 선을 알아야 하는 것은 선이신 하나님께 부여된 과제가 아니라 하나님의 피조물에게 부여된 과제다.

선이 하나님이라면, '선을 안다'는 것은 우리가 경배할 하나님이 어떤 존재이신지를 아는 것이다. 하나님은 우주 만물의 창조주이시고, 전지전능하시며 편재(무소부재)하신다. 한편, 하나님은 진리이시고, 영이시며 선이시고, 거룩이시며 사랑이시다. 하나님을 안다는 것은 이런 하나님을 아는 것이다. 그러므로 선악을 안다는 것은 창조주 하나님과 하나님이 아닌 존재를 분별한다는 것이고, 또 피조물이 창조주와의 관계에서 자신의 위치를 제대로 파악한다는 것을 의미한다.

한편, 하나님을 안다는 것은 단순히 지식적으로 아는 것이 아니다. '선악을 알다'에서 '알다'에 해당하는 히브리어는 '야다'다. 이 단어는 남녀가 성관계를 통해서 서로를 알아 가는 것을 나타낼 때 쓰인다. 사랑하는 연인을 안다는 것은 보편적인 인간 존재를 안다는 것이 아니라, 직접적이고 구체적인 관계를 통해서 다른 인간과 대체 불가능한 한 인간을 오롯이 아는 것을 의미한다. 마찬가지로 선을 안다는 것도 남녀가 성관계를 통해서 서로를 깊이 알아 가듯이 체험을 통해서 하나님을 점점 더 깊이 알아 가는 것을 의미한다. 그러므로 관념적이고 추상적으로 하나님을 아는 것은 하나님을 제대로 아는 것이라고 할 수 없다.

누구나 우주의 창조주에 관해 '전지전능하시고, 편재하시며, 영이시고, 거룩하시며, 선이시고, 사랑이신 분'이라고 말할 수는 있다. 하지만 그렇게 진술한다고 해서 하나님을 제대로 알고 있다고 하기는 어렵다. 철학적 지식이나 신학적 지식을 통해서 하나님을 아는 것은 진정으로 아는 것이 아니다. 하나님을 진정으로 알게 되는 것은 성령님의 도우심으로 하나님을 체험할 때다. 부부가 성관계를 통해서 서로를 알게 되는 것과 같이 하나님과의 교제(교통)를 통해서 하나님을 알아 가게 되는 것이다. 그래서 성경은 "너희는 여호와의 선하심을 맛보아 알지어다"(시 34:8)라고 선포한다.

또 이미 선포된 하나님의 명령(금지 규범과 허용 규범)의 의미가 무엇인지를 아는 것만으로는 하나님을 안다고 할 수가 없다. 선악과나무 열매를 제외한 모든 열매(생명나무 열매를 포함)를 먹을 수 있다는 허용 규범과 선악과나무 열매를 먹지 말라고 하는 금지 규범을 아는 것만으로는 하나님을 안다고 할 수가 없다. 타락 이전의 율법이라고 할 수 있는 선악과 명령은 목적이 아닌 수단에 불과하다. 선악과 명령은 명령 제정자이신 하나님께 인도하는 안내자에 불과하다.[40]

인간의 법을 준수할 때는 그 제정자를 생각할 필요가 없다. 인간의 법은 제정되는 순간, 그에 대한 최종 해석권이 재판관에게 넘어가고, 시대 흐름에 따라 그 해석이 달라지기도 한다. 하지만 선악과 명령은 명령의 내용이 아닌 명령 제정자를 기억하고 경외하라는 명령이다. 선악과 명령은 불변하시는 하나님에게 최종 권위가 있음을 알게 하기 위한 명령이다. 명령을 우선시하고 목적으로 삼는 순간, 명령 제정자이신 하나님은 그 명령에서 배제된다. 그것이 바로 '율법주의'다. 율법주의는 명령의 제정자이신 하나님을 알아 가는 것이 아니라 명령의 내용만을 알고자 하는 태도다. 하나님은 사문화(死文化)된 율법 조문으로 말씀하시는 분이 아니라 살아 있는 계시로 말씀하시는 분이다. 하나님은 인간에게 율법 조문과 기도 등을 통해 매일 새롭게 계시를 내리시는 분이다.

명령이 말과 글로 고정되는 순간, 명령과 명령 제정자를 분리하여 생각하는 일이 발생하게 된다. 게다가 자유 의지를 가진 인간은 명령을 그 제정자와 분리하여 생각할 수 있는 존재다. 그로 인한 최악의 결과는 인간이 명령과 그 제정자를 분리한 다음 스스로 명령 제정자의 지위를 차지하는 것이다. 명령과 그 제정자를 분리하는 것은 명령 제정자의 의도를 보지 않는 것이고, 그 사태에까지 이르게 되면, 명령이 새겨진 돌판은 공허한 돌조각에 불과하게 된다(모세가 하나님이 직접 새겨 주신 십계명 돌판을 던져 깨뜨린 것도 그런 의미가 담겨 있다고 생각한다). 따라서 명령과 그 제정자를 분리해서는 안 된다. 그리고 명령보다는 명령 제정자에게 우선권을 부여해야 한다. 우리가 명령을 지키는 이유는 단순히 그것이 명령이기 때문이 아니고, 명령을 지키지 않으면 벌이 내려지기 때문도 아니며, 명령을 지킴으로서 자신의 명예가 높아지기 때문도 아니다. 우리가 명령을 지키는 이유는 명령을 내리신 하나님께 순종하기 위함이다. 하나님은 순종하는 자에게 계시를 내리신다. 계시에 순종함으로써 인간은 하나님을 더욱 깊이 알게 되고, 하나님을 깊이 알게 될수록 하나님의 명령에 더욱 순종하게 된다. 순종이 순종을 낳고, 순종이 하나님을 알게 한다.

하나님은 최고선이시고, 악은 선의 부재다. 따라서 선을 안다는 것은 최고선이신 하나님의 은혜의 충만함에 거하며 하나님과의 연합이 주는 축복을 누린다는 것이다. 선을 모른다고 하거나 악을 안다고 하는 것은 하나님과 분리됨으로써 하나님의 은혜의 충만함에서 떠나는 것을 의미한다. 아담과 하와는 선악과나무 열매를 따 먹기 전에는 벌거벗었는데도 부끄러움을 몰랐다. 이것이 바로 하나님과의 연합으로 인해 누리는 축복 상태였다고 할 수 있다. 하지만 아담과 하와는 선악과를 따 먹은 뒤에 자신들이 벌거벗었다는 사실에 대한 수치심과 하나님의 명령을 어겼다는 사실에 대한 두려움을 즉각 느꼈다. 수치심(부끄러움)을 넘어 죄책감(두려움)까지 가지게 된 것이고, 이는 하나님의 명령을 어김으로써 하나님과의 분리를 직감했다는 증거다. 하나님 알기를 중단함으로써 하나님을 부정하거나 망각하는 선의 부재가 초래된 것이다. 결국, 선악을 아는 것의 기준은 하나님의 선의 충만함에 거하며 은혜를 맛보고 있는가의 여부라고 할 것이다.

②　선악을 아는 것은 인간에게 해로운 일인가?

하나님은 아담을 창조하신 뒤 그에게 특별한 계명을 내리셨다. 그것은 "선악을 알게 하는 나무의 열매는 먹지 말라 네가 먹는 날에는 반드시 죽으리라"(창 2:17)라는 '선악과 명령'이다. 이 명령의 구조는 우리나라 형법의 살인죄 규정의 구조와 같다. 형법 제250조 제1항은 "사람을 살해한 자는 사형, 무기 또는 5년 이상의 징역에 처한다"라고 규정하고 있다. '선악을 알게 하는 나무의 열매를'은 '사람을'에, '열매를 따 먹는 행위'는 '사람을 살해하는 행위'에, '반드시 죽으리라'는 '사형에 처한다'에 정확히 대응된다.

형법은 사람을 죽인 모든 경우에 대해 살인죄를 적용하지는 않는다. 상대방이 총을 들고 살해하려고 할 때 상대방을 죽이는 방법 외에는 자신을 지킬 다른 방법이 없어 살해한 경우는 정당방위로 인정받아 살인죄로 처벌되지 않는다. 사형 제도가 인정되는 나라에서 교도관이 사형을 집행하는 것, 국가 간의 전쟁에서 적군을 살해하는 것 등도 마찬가지다. 살인죄로 처벌받는 경우는 살해가 정당하다고 평가받을 수 없는 경우다. 그 배경에는 인간의 존엄성이라는 선이 자리 잡고 있고, 인간 존엄성의 근거는 바로 '하나님의 형상'이라는 선이다.

선악을 알게 하는 나무의 열매를 따 먹는 행위도 그 행위의 정당성 측면에서 접근해 볼 수 있다. 하나님은 선악을 알게 하는 나무의 열매를 따 먹지 말라고 명령하셨다. 살인을 금하는 것이 살인이 나쁘기 때문이라는 형법 규정과 비교해 보면, 선악을 아는 것이 인간에게 나쁘기 때문에 선악과 명령이 내려졌다고 생각해 볼 수 있다.

그러나 선악을 아는 것이 인간에게 나쁜 일인가? 결코 그렇지 않다고 생각한다. 그런데 선악을 아는 것이 인간에게 해로운 일이 아니라면, 하나님의 선을 알고자 하는 동기에서 선악과나무의 열매를 따 먹었을 뿐인데 죽음에 처한다는 것은 과잉 처벌이라고 할 수 있지 않을까? 하지만 그렇게 해석할 수는 없다. 선이신 하나님을 알 수 있는 길은 하나님의 계시밖에 없다. 하나님의 계시가 선행되지 않으면, 인간의 노력으로는 하나님과 하나님의 선을 알 수가 없다. 하나님의 계시를 받기 위해서는 하나님과의 올바른 관계를 유지해야 한다. 인간이 선을 알고자 하는 노력은 하나님과의 관계가 바로 서 있음을 전제로 한다. 선을 알고자 하는 바람으로 하나님과의 관계를 전복하는 순간, 문제는 심각해진다. 하나님과의 관계를 전복시키지 않고, 겸손히 하나님을 기다리면 하나님이 우리에게 자신을 알려 주실지 모른다. 이것이 선을 아는 길이다. 그 이상의 길은 없다.

이러한 관계를 전복시키지 말라고 하나님이 선악과나무 열매를 따 먹지 못하도록 하신 것이다. 결국, 선악과 명령의 중점은 '선악을 알게 하는 나무의 열매'에 있는 것이 아니라 '열매를 따 먹지 말라는 하나님의 명령'에 있다. 이렇게 이해함으로써 선악을 아는 것은 장려할 만한 일이지만 또 한편 그 열매를 따 먹지 말라는 하나님의 명령은 반드시 지켜져야 한다는 두 사실을 모순 없이 받아들일 수 있다.

(5) 아담과 하와를 유혹한 뱀은 진짜 뱀인가? 아니면 뱀으로 변신한 사탄인가?

에덴동산에서 아담과 하와를 유혹한 뱀은 실제 뱀이었다. 그 증거는 하나님이 아담과 하와가 선악과나무 열매를 따 먹은 뒤 뱀에게 내리신 저주에서 찾을 수 있다. 하나님은 뱀에게 "네가 이렇게 하였으니 네가 모든 가축과 들의 모든 짐승보다 더욱 저주를 받아 배로 다니고 살아 있는 동안 흙을 먹을지니라"(창 3:14)라고 말씀하셨다. 이 말씀으로 미루어 보면 분명히 뱀은 현재 우리가 아는 실제 뱀이 맞다.

그렇다면 뱀은 어떻게 말을 하여 아담과 하와를 유혹하였을까? 이 것은 사탄이 뱀을 사로잡았기 때문이라고 생각한다. 창세기는 뱀에 관하여 "여호와 하나님이 지으신 들짐승 중에 가장 간교"(창 3:1)하였다고 평가한다. 이는 뱀에게 자만심을 심어 주었을 수 있고, 이 자만심이 사탄에게 이용당할 기회를 제공하였을 것이다.

그렇다면 사탄은 어떤 존재일까? 창세기의 창조 이야기에는 자연과 인간의 창조 이야기만 있을 뿐 사탄의 창조에 관해서는 기록이 없다. 그러면 사탄도 하나님이 창조하신 피조물이 맞을까? 답은 '맞다'이다. 하나님이 사탄을 창조하지 않으셨다면, 사탄은 하나님처럼 스스로 존재하는 자가 된다. 이는 하나님이 사탄을 제외한 우주 만물의 창조주이시라는 뜻이고, 결국에는 하나님이 유일무이한 우주의 지배자가 아니시라는 뜻이 된다. 이러한 주장은 절대 받아들일 수가 없다.

사탄은 하나님이 창조하신 천사의 일종이다. 성경에는 천사가 자주 등장하나 이들의 창조에 관해서는 창세기에도 기록이 없다. 하지만 하나님은 우주 만물과 거기에 존재하는 모든 피조물을 창조하셨고, 천사는 하나님처럼 스스로 있는 존재가 아니므로 천사도 하나님의 피조물임이 틀림없다. 사탄은 우리 육체로부터 우리 속으로 들어오는 악한 정서나 불안에 불과한 것이 아니라 존재하는 실재다.[41] 시편 103편 22절에도 "여호와의 지으심을 받고 그가 다스리시는 모든 곳에 있는 너희여"라고 기록되어 있다. 또 사탄은 타락한 천사로 보이는데, 그 근거로 삼는 성경 말씀은 이사야서 14장 12절이다. 사탄이 타락한 천사라면, 사탄도 틀림없는 하나님의 피조물임이 분명하다. 그런데 천사가 언제 어떻게 창조되었는지에 관해서는 성경의 언급이 전혀 없다. 거기에는 분명히 하나님의 뜻이 있다. 그러므로 천사의 존재에 관해 성경이 가르쳐 주고 있는 것 이상으로 억측하거나 추론해서는 안 된다. 이에 관해 칼뱅은 다음과 같이 말한다.

천사들은 하나님의 명령들을 수행하도록 임명받은 그분의 일꾼들이기 때문에 그들 역시 그분의 피조물들이라는 사실에 대해 어떤 논쟁의 여지도 없어야 한다 (시 103:20~21). 그들이 창조되었던 시간과 순서에 대해 반론을 제기하는 것은 부지런함이 아니라 성마름에서 비롯된 것이 아니고 무엇이겠는가? 모세는 땅이 다 이루어졌고, 하늘도 그 모든 무리(天群)와 함께 다 이루어졌다고(창 2:1) 말한다. 이러하니, 별들과 행성들 외에 그것들보다 더 깊은 곳에 있는 다른 많은 하늘의 무리들이 몇째 날에 존재하기 시작했는지를 열성적으로 고찰한다고 해서 무슨 적실성이 있겠는가? 더 이상 시간을 끌지 말고 기독교의 모든 교리를 다룰 때와 다를 바 없이 여기에서도 절제와 절도의 한 규범을 부여잡고, 하나님의 말씀을 통해 우리에게 전해진 것 외에는 그 어떤 모호한 것들에 대해서도 말하거나 의식하거나 심지어 알려고도 하지 말자. 나아가 성경을 읽을 때, 우리는 건덕에 속한 것들을 쉼 없이 찾아내고 묵상하도록 노력하고, 호기심이나 무익한 것들에 대한 열심에 탐닉하지 않도록 하자.[42]

그런데 사탄은 아담과 하와를 유혹하여 하나님의 명령을 위반하게 만들었다. 이는 사탄이 아담과 하와를 유혹하기 전에 이미 하나님께 반역하고 있었다는 것을 뜻한다. "이 (사탄의) 죄성은 그의 창조가 아니라 그의 타락으로부터 왔다."[43] 그도 하나님으로부터 창조된 선한 피조물이었으나 타락함으로써 그에게도 선의 부재가 초래되었다. 그럼 사탄이 언제 어떤 경위로 하나님께 반역하기 시작하였을까? 아쉽지만 이에 관해서도 성경은 아무런 정보를 주지 않는다. 따라서 우리는 이것도 비밀로 받아들여야 한다. 하지만 하나님은 인간이 자유 의지를 사용해서 하나님을 배반할 것을 아셨듯이 사탄 역시 자유 의지를 사용해서 하나님을 배반할 것도 아셨다.[44] 그럼에도 하나님은 은혜로 사탄에게 자유 의지를 주셨고, 그 자유 의지를 잘못 사용한 사탄은 타락하게 되었다. 하지만 사탄의 타락은 인간이 회복된 것처럼 회복될 수는 없었다. 그 이유에 관해 아퀴나스는 "악마의 죄가 회복될 수 없었던 것은 아무의 사주도 없이, 또한 이전의 사주에서 기인하는 죄로 기우는 성향도 없이 죄를 지었기 때문이다"라고 말한다.[45] 이처럼 아담과 하와의 죄는 사탄의 죄와는 그 원인에 있어서 차이가 있다. 왜냐하면 그들의 죄는 사탄의 사주에서 비롯되었기 때문이다. 하지만 하나님은 사탄의 사주에서 비롯된 인간들의 죄로 인한 결과에 대해 선한 대책을 마련해 두셨다. 아우구스티누스는 "어떤 사람이 악하게 될 운명임을 하나님이 아셨다면, 그 사람을 이용해서 선한 사람들에게 유익 되게 만들며 역사에 광채를 더할 방법까지도 아신 것이 아니라면, 하나님은 그런 사람을, 더군다나 그런 천사를, 결코 만드시지 않았을 것이다"라고 말한다.[46]

사탄은 성경의 창세기에서부터 요한계시록에 이르기까지 다양한 모습으로 그 존재를 드러내고, 다양한 이름으로 불린다.[47] 요한계시록은 "용을 잡으니 곧 옛 뱀이요 마귀요 사탄"(계 20:2)이라고 하며, 사탄이 다양한 이름으로 불리고 있음을 보여 준다. 한편, 엘륄은 성경을 보면 사탄이 지배하는 악의 모습은 크게 여섯 가지로 나눌 수 있다고 한다. 그것은 '거짓의 영(거짓)', '사탄(고소)', '마귀(분리)', '이 세상 군주(권력)', '맘몬(돈)', '죽음(파괴)'이다.[48]

결국, 아담과 하와를 유혹한 것은 타락한 천사인 사탄에게 사로잡힌 실제 뱀이라고 하겠다. 그 뱀은 자만심으로 인해 거짓 영인 사탄에게 사로잡혀 아담과 하와를 유혹하는 도구가 되었다고 볼 수 있을 것이다.

(6) 아담과 하와는 사탄의 유혹에 쉽게 넘어갈 정도로 약하고 결함 많은 존재인가? 즉 인간은 하나님의 실패작인가?

성경의 짧은 기록만 보면 인류의 대표인 아담과 하와가 사탄의 유혹에 너무도 쉽게 넘어간 것처럼 보인다. 그 정도로 인간은 약하고 결함 많은 존재인가? 인간은 하나님의 실패작인가?

그렇지 않다. 하나님은 인간을 창조하시고 난 다음 "심히 좋았더라(善)"(창 1:31)라는 평가를 내리셨다. 피조물인 인간은 하나님이 '좋다'고 선언하신 의미를 온전히 이해할 수 없다. 하지만 인간이 가진 언어로서 그 뜻에 접근해 보면, 좋다는 것은 본성적·기능적으로는 탁월하고, 규범(법과 도덕)적으로는 올바르며, 정서적으로는 사랑스럽다는 뜻으로 이해할 수 있다. 여기에 미학적으로 아름답다는 의미를 덧붙여도 될 것이다. 그런데 우주의 모든 존재 중에서 자신이 만든 작품에 객관적으로 '매우 좋다'고 평가 내릴 수 있는 존재가 과연 있을까? 감히 말하지만, 인간 가운데는 그런 존재가 있을 수 없다고 생각한다. 하지만 전지전능하고 정확무오한 우주의 창조주라면 자신의 작품에 그런 평가를 내릴 수 있고, 또 내려야만 한다. 성경은 그런 창조주가 인간에게 '심히 좋다'라는 평가를 내리셨다고 한다. 그리고 특별한 문제가 없으면 계속 그러실 것이라고 한다. 더구나 인간은 최고선이신 하나님의 형상을 따라 창조되었고(창 1:26), "하나님보다 조금 못하게" 창조되어 "영화와 존귀의 관"을 받았다(시 8:5). 이러한 인간에게 불완전하다고 평가를 내리는 것은 인간에 대한 하나님의 평가를 뒤집는 것이고, 이보다 심한 신성모독은 없을 것이다.

그러면 아담과 하와는 왜 선악과 명령을 위반하였는가? 그것은 인간의 불완전함을 증명하는 것이 아닌가? 창조된 지 얼마 지나지 않았기 때문에 세상 물정 모르는 천진난만한 어린아이와 같았기 때문은 아닌가? 그렇지 않다. 아담과 하와가 선악과 명령을 위반하게 된 요소는 두 가지로, 그중 하나는 인간에게 주어진 자유 의지의 위대함이고, 다른 하나는 사탄에게 사로잡힌 뱀의 유혹이다. 자유 의지에 관해서는 앞에서 언급하였으므로 더 이상 언급하지 않겠다. 하지만 뱀에게 들어가 아담과 하와를 유혹한 사탄의 존재에 관해서는 궁금한 점이 너무 많다. "거짓의 영", "사탄", "마귀", "이 세상 군주", "맘몬", "죽음" 등으로 불리는 사탄은 거짓말, 무고, 이간질, 폭력, 돈과 죽음을 동원하여 인간을 하나님으로부터 멀어지게 한다. 그러한 사탄도 하나님의 창조물에 불과하다. 하지만 사탄이 왜 하나님의 대적자가 되었는지에 관해서는 성경이 침묵하고 있다. 따라서 우리는 그 부분에 관해서는 비밀로 받아들일 수밖에 없다. 하지만 사탄은 결코 가볍게 여길 적이 아니다.[49] 그리고 그의 전략은 치밀하기 짝이 없다.

돈의 유혹에서 벗어날 수 있는 인간은 없다. 돈을 사랑하는 것이 일만 악의 뿌리라는 성경의 말씀도 있지만, 기독교인들조차도 돈의 무서움에서 벗어날 수 없다. 돈의 논리는 대가성에 있다. 대가성의 반대말은 무상성(無償性), 쉽게 말해 공짜이다. 사탄은 철저하게 대가를 요구하지만 예수님은 철저하게 공짜로 나누어 주신다. 사탄은 죄의 삯(대가)을 요구하나, 예수님은 은혜의 선물을 값없이 베푸신다. 우리는 은혜의 무상성을 배웠다. 하지만 우리는 예수님같이 철저한 무상성의 삶을 살지 못한다. 사소한 일에도 은근히 대가나 선물을 바란다.

이것이 바로 돈의 위력이다.

돈 하나에도 굴복하는 우리인데 사탄이 거짓말, 무고, 이간질, 폭력, 죽음의 공포를 동원하여 우리를 공격한다면, 우리가 어떤 모습으로 전락할지 짐작되지 않는가? 사탄은 앞에서도 말했듯이 거짓말과 무고와 이간질과 은폐된 폭력을 사용하여 아담과 하와를 공략했다(죽음은 선악과 명령을 위반한 뒤에 찾아왔으므로 죽음의 공포는 동원하지 않았다). 사탄은 전력을 다해 아담과 하와를 공격하였다. 얼마나 오랫동안 아담과 하와를 공격했는지는 모른다. 어쨌든 이러한 무시무시한 공격이 인간의 자유 의지와 맞물려 결국 아담과 하와로 하여금 죄를 짓게 만든 것이다.

(7) 아담과 하와가 벌거벗었으나 부끄러워하지 않았다는 것은 무슨 뜻인가?

성경 기록에 따르면, 아담과 하와는 에덴동산에서 실제로 벌거벗고 다녔다. 하지만 벌거벗었다는 표현 뒤에 연결되는 "부끄러워하지 아니하니라"(창 2:25)라는 서술로 볼 때, 중심점은 '벌거벗은 것'이 아니라 '부끄러워하지 않았다'는 데 있다고 생각한다. 그럼 벌거벗었으나 부끄러워하지 않았다는 말은 무슨 뜻인가? 아담과 하와가 도덕적으로 수치심을 가질 수 없는 유아기의 인간이었단 말인가? 그렇지는 않다고 본다. 왜냐하면 아담과 하와는 모든 동물에게 이름을 지어 주고, 에덴동산을 경작하고 지켰으며, 뱀의 유혹에 빠지기 전에 뱀의 질문을 받았을 때 하나님으로부터 어떤 명령을 부여받았는지 정확하게 대답할 정도로 지능 수준이 매우 높았기 때문이다.

벌거벗었으나 부끄러워하지 않았다는 의미를 쉽게 파악하기는 어렵지만, 아담과 하와의 범죄하기 전과 후의 상태를 비교해 보면 어느 정도의 답은 찾을 수 있을 것 같다. 아담과 하와는 선악과나무 열매를 따 먹은 뒤 벌거벗었음을 부끄러워한 것이 아니라 두려워하였다. 선악과나무 열매를 따 먹기 전에는 일말의 수치심도 없었으나 선악과나무 열매를 따 먹은 뒤에는 수치심에 더해 죄책감까지 갖게 된 것이다.

정글의 원주민들은 거의 알몸으로 살아가지만, 서로에 대해 부끄러움을 느끼지는 않는다. 하지만 이른바 문명인들이 그들이 사는 곳을 방문하게 되면, 당장 부끄러워 얼굴을 붉힐 수밖에 없다. 그런데 문명인들이 원주민들과 평생 함께 살려면 그들처럼 알몸 상태로 살아야 한다. 처음에는 수치심이 들겠지만, 익숙해지면 더 이상 부끄러움을 느끼지 않게 된다. 다시 말해, 공동체 구성원들과의 연합 단계에 이르면 부끄러움을 느끼지 않게 되는 것이다. 그런데 어느 날 그 문명인의 친구들이 정글에 와서 문명인의 차림새를 보고 놀린다면, 그 문명인은 어떤 반응을 보일까? 그것은 그가 원주민들과 얼마나 연합되어 있는지에 달려 있을 것이다.

이처럼 부끄러움은 서로 다른 규범으로 살아가는 사람들이 만나게 될 때 생겨나고, 그들이 하나의 규범 체계로 연합되어 공동체를 구성할 때 사라진다. 가장 대표적인 예는 혼인 공동체다. 에덴동산에서 하나님과 인간들 사이의 관계도 이에 비추어 생각해 볼 수 있다. 아담과 하와는 하나님 안에서 서로 연합되어 있을 뿐만 아니라 하나님과도 연합되어 있었다. 그러한 연합은 아담과 하와가 벌거벗었음에도 전혀 수치심을 느끼지 못하게 하였다. 하지만 아담과 하와는 선악과 명령을 위반함으로써 하나님과의 연합을 깼고, 그에 따른 분리를 자각했으며 그들 상호 간의 연합도 깨뜨림으로써 그에 따른 분리를 자각하게 되었다. 성경은 이에 대해 "그들의 눈이 밝아져"(창 3:7)라고 표현한다. 그들은 분리로 인한 수치심 때문에 부끄러워했을 뿐만 아니라 하나님께 대한 죄책감으로 인해 두려워 떨었다. 이러한 부끄러움과 두려움에서 벗어나기 위해 아담과 하와는 나뭇잎으로 치마를 만들어 입고 나무 뒤에 숨었던 것이다.

하나님과의 분리는 '생명의 영'이신 성령과의 분리를 의미한다. 생명의 영과 분리가 시작되었다는 것은 인간에게 죽음이 시작되었다는 뜻이다. 하나님과의 연합을 중보하는 생명의 영이 인간에게 다시 오지 않는 이상 인간의 죽음은 막을 수가 없게 되었다. 인간의 죽음을 초래한 범죄의 대가를 지불하지 않는 이상 죽음은 설국열차처럼 멈출 수가 없다. 그런데 하나님은 인간을 대신하여 그 대가를 지불하셨다. 하나님이 아담과 하와에게 지어 입히신 가죽옷이 바로 그 대가다. 가죽옷을 만들려면 짐승을 죽여야 하기 때문이다. 에덴동산에서 죽음이 있었다는 언급이 없고, 또 아담과 하와는 채소와 열매만 먹고 살았으므로 동물을 살해한 적이 없다. 따라서 아담과 하와에게 입히신 가죽옷은 하나님이 짐승을 죽여 만드신 것이라고 볼 수밖에 없다. 사랑과 평화의 하나님이 인간을 위해 짐승을 죽이신 것이다. 기쁨의 동산에서 피를 흘리게 하면서까지 인간을 사랑하셨다고 할 수 있다. 이것이 바로 예수님을 십자가에서 피 흘려 죽게 하신 하나님의 사랑이다.

(8) 선악과나무 열매는 선악을 알게 하는 열매인가?

하나님은 에덴동산 중앙에 생명나무와 선악과나무가 함께 나게 하셨고, 생명나무의 열매는 먹게 하시되 선악과나무의 열매는 먹지 못하게 하셨다. "(사람이) 생명나무 열매도 따 먹고 영생할까 하노라"(창 3:22)라고 하신 하나님의 말씀에 비추어 보면 생명나무 열매는 영생을 주는 열매로 보인다. 그러면 선악과나무 열매는 선악을 알게 하는 열매이고, 아담과 하와가 선악과나무 열매를 따 먹은 뒤 비로소 선악이 무엇인지 알게 되었다는 뜻인가? 그렇지는 않다고 본다.

이미 말했듯이 하나님은 선 자체이시므로 선을 알아야 할 이유나 필요가 없으므로 선악을 안다는 것은 피조물, 특히 인간의 입장에서 하는 말이다. 이러한 인간의 입장에서 보면, 하나님을 안다는 것은 선을 아는 것이고, 하나님을 부정하거나 망각함으로써 선의 부재를 초래하는 것은 악을 알게 됨을 뜻한다. 그런데 아담과 하와는 하나님을 현대 인간보다 훨씬 더 깊이 알았다. 따라서 그들은 이미 선을 맛보아 알고 있었을 뿐 아니라 선악과 명령의 의미도 분명히 알고 있었다고 해야 한다. 이에 관해 좀 더 상세히 보기로 한다.

첫째, 아담과 하와는 선악과 명령을 통해 하나님이 인간에게 허용하신 것과 금지하신 것이 무엇인지 알고 있었다. 이는 하와와 뱀의 대화를 통해서 알 수 있다. 뱀은 여호와 하나님이 지으신 들짐승 중에 가장 간교하였다. 그 뱀이 하와에게 "하나님이 참으로 너희에게 동산 모든 나무의 열매를 먹지 말라 하시더냐"(창 3:1) 하고 물었다. 하나님은 동산의 모든 나무의 열매가 아니라 선악과나무의 열매만 먹지 말라 명령하셨다. 이 명령은 아담에게 내려진 것이었으므로, 하와는 아담으로부터 선악과 명령의 내용을 전해 들어 알게 되었을 것이다. 하와는 다소 각색한 것이기는 하지만 아담에게서 들었던 선악과 명령의 내용을 뱀에게 말해 주었다. 하와는 "동산 나무의 열매를 우리가 먹을 수 있으나 동산 중앙에 있는 나무의 열매는 하나님의 말씀에 너희는 먹지도 말고 만지지도 말라 너희가 죽을까 하노라 하셨느니라"(창 3:2~3)라고 대답했다. 이와 같은 하와의 대답은 아담과 하와가 선악과나무 열매에 그들의 손을 대기 전에 이미 허용 규범과 금지 규범이 무엇인지를 정확히 인지하고 있었다는 것을 보여 준다.

둘째, 아담과 하와는 선악과 명령을 통해 인간의 선택의 자유와 그에 대한 책임이 무엇인지를 알고 있었다. 다시 말해, 그들은 선악과나무 열매를 따 먹는 것과 따 먹지 않는 것이 어떤 의미가 있는지를 알고 있었다는 뜻이다. 선악과나무 열매를 따 먹는 것은 하나님의 명령에서 이탈한 것이므로 죄에 해당한다. 명령(금지 규범과 허용 규범)이 존재하고, 명령을 받는 사람이 그것을 위반할 때 죄가 성립한다. "율법이 없으면 죄가 죽은 것이라"(롬 7:8)와 "계명이 이르매 죄는 살아나고 나는 죽었도다"(롬 7:9)라는 바울의 말은 바로 이것을 의미한다. 아담과 하와는 그 사실을 알고 있었고, 선악과 명령 위반에 대한 책임으로 죽음이 뒤따른다는 것도 알았다. 그들은 죽음을 맛본 적이 없어 죽음의 진정한 의미는 몰랐지만, 선악과 명령을 위반할 경우에 죽음이 찾아온다는 것은 분명히 알고 있었다. 따라서 그들은 죽음이라는 책임을 앞에 두고, 하나님의 명령에 순종하여 선악과나무 열매를 따 먹지 않도록 자신의 자유 의지를 억제하여야 했다.

셋째, 아담과 하와는 선이신 하나님을 기쁘시게 할 수 있는 길을 알 았다. 다시 말해, 아담과 하와는 선악과 명령을 위반하지 않고 하나 님의 명령을 지키는 것이 하나님께 순종하는 것이고, 그러한 순종을 통하여 하나님의 선을 맛보아 알아 가는 것이야말로 하나님을 기쁘 시게 하는 것임을 알고 있었다. 인간은 선악과 명령을 통해서 피조물 로서 반드시 알아야만 하는 선과 악의 구별 기준이 무엇인지 알게 된 다. 그 기준은 다름 아닌 하나님이다. 하나님을 알아 가는 것, 또는 하 나님께 순종하는 것이 선이고, 그렇지 않은 것은 악이다. 최고선이신 하나님을 알아내어 영혼과 정신에 하나님이 임재하시도록 하는 것이 선이고, 자신의 영혼과 정신에서 하나님을 내쫓고 망각함으로써 선 의 부재 상태를 만드는 것이 악이다. 성경은 '계명', '율법' 및 '순종의 기록'을 통해 하나님이 누구신지, 하나님께 순종하는 법이 무엇인지 를 가르쳐 준다. 하지만 성경에 기록된 계명, 율법, 순종의 기록은 선 악의 절대적 기준이 되지 못한다. 선악의 절대적 기준은 계명, 율법 및 순종의 기록의 주관자이신 하나님이다. 현세의 인간들은 선과 악 을 구별함에 있어 큰 어려움을 겪고 있다. 그 이유는 선과 악의 구별 기준이신 하나님으로부터 분리되었기 때문이다. 선이신 하나님과 분 리되는 순간, 모든 인간은 자신들이 선악의 기준을 만들 수밖에 없으 나 이러한 기준으로는 최고선에 이르지 못하므로, 결국 인간에게 있 어 선악의 구분은 해결할 수 없는 수수께끼가 되어 버린다.

그러므로 아담과 하와는 선악과나무 열매를 따 먹기 전에 '지식적

으로는' 이미 선과 악이 무엇인지를 알고 있었고, '감각적 경험으로
는' 선이 무엇인지는 알고 있었으나 악이 무엇인지는 아직 몰랐다고
해야 할 것이다.[50] 부활하여 영생을 이룬 하나님의 백성들은 "과거의
악을 지식적으로 기억하고 있겠지만, 감각적 경험으로서는 아주 잊
어버릴 것이다"[51]라는 아우구스티누스의 말에 근거해서 말하면, 병으
로 불편함을 경험한 뒤에야 건강을 잃는다는 것이 무엇인지를 알게
되듯이 범죄 이전의 아담과 하와는 선악과나무 열매를 따 먹기 전에
는 악의 진정한 정체가 무엇인지를 알 수 없었을 것이다.[52] 결국, 선
악과나무 열매 자체에 선악을 알게 하는 어떤 효능이 있는 것은 아니
었다. 생명나무와 선악과나무는 그냥 나무에 불과하고, 하나님의 말
씀에 의해서 그것들 위에 새로운 형상이 옷 입혀졌을 뿐이다.[53] 칼뱅
의 말처럼 빵과 포도주가 성례를 통하여 우리에게 본체이신 예수님
의 몸과 피의 징표가 되듯이 단순한 나무였던 생명나무도 성례의 징
표였다고 할 수 있다.[54] 따라서 선악과나무는 인간이 하나님의 명령
에 순종하는지를 지켜보시기 위한 시험대였다.

　선악과나무는 민수기 21장 4~9절의 불뱀 사건에서 모세가 하나님
의 명령에 따라 만든 놋뱀과 같은 의미를 가진다. 이스라엘 백성이
애굽에서 탈출하여 광야 생활을 하던 중 하나님을 원망하다가 하나
님이 보내신 불뱀들에게 물려 죽어 갈 때, 모세는 하나님의 명에 따
라 놋뱀을 만들어 장대 위에 매달았다. 불뱀에 물린 사람 중 놋뱀을
쳐다본 이들은 다행히 생명을 건졌다. 그 원인은 놋뱀에 어떤 효능이
있었던 것이 아니라 놋뱀을 쳐다보라는 하나님의 명령에 순종하였기
때문이다. 놋뱀은 단순한 놋조각, '느후스단'(왕하 18:4)에 불과했으나,

그 이후 이스라엘 백성들은 모세가 만든 놋뱀에 무슨 효능이라도 있는 양 그때로부터 수백 년이 지난 히스기야 왕 시절까지 섬기다가 히스기야 왕의 명령에 비로소 파괴하게 되었다(왕하 18:4).

아담과 하와는 범죄하기 전 에덴동산에서 부족함이 없이 참된 기쁨을 누렸다. 아우구스티누스는 다음과 같이 말한다.

> 그는 하나님을 즐기면서 살았고, 하나님이 선하시므로 그도 선했다. 그는 아무 결핍 없이 살았고, 항상 그렇게 살 능력이 있었다. 굶주리지 않고 음식이 있었으며, 노쇠하지 않도록 생명의 나무가 있었다. 신체의 퇴화나 불쾌감을 일으킬 원인이 없었다. 몸 안에서 병이 생기거나 몸이 상해를 입을 염려가 없었다. 육신이 완전히 건강했고, 영혼이 완전히 평온했다. 낙원에서는 추위나 더위가 심하지 않은 것과 같이, 거기 사는 사람도 욕망이나 두려움 때문에 그 선의가 방해를 받는 일이 없었다. 아무런 슬픔이나 어리석은 기쁨이 없었고, 진정한 기쁨이 끊임없이 하나님으로부터 흘러나왔다. '청결한 마음과 선한 양심과 거짓이 없는 믿음'(딤전 1:5)으로 하나님을 사랑했다. 부부는 서로 정직하게 사랑함으로써 진실한 협력을 이루었다. 몸과 마음이 함께 활발해서 하나님의 명령을 어렵지 않게 수행했다. 여가에 권태를 느끼는 사람이 없고 원치 않는 잠으로 고통받는 사람도 없었다.[55]

그곳은 외적인 감각에 기쁨을 주는 물리적인 요소뿐만 아니라 내적인 감각을 통해 기쁨을 주는 영적인 요소도 충만한 낙원이었다.[56] 그런데도 아담과 하와는 범죄를 저질렀다. 그 이유는 무엇일까? 그것은 바로 교만이었다. 무엇 하나 부족함이 없는 상태에서 유일하게 남는 것은 하나님의 자리뿐이다. 그래서 아담과 하와는 먼저 자신의 마음에서 하나님을 쫓아냈다. 이것이 바로 교만이다. 게다가 교만으로 인해 이미 타락해 버린 천사가 있었기에 아담과 하와는 더욱 쉽게 교만죄를 범할 수 있었다. 교만은 아담과 하와의 마음에 악한 의지를 만들어 냈고, 악한 의지는 선악과나무 열매를 따 먹는 불순종을 초래했다.

(9) 아담과 하와가 선악과나무 열매를 따 먹고 난 뒤 선악을 아는 일에 하나님과 같이 되었다는 것은 무슨 뜻인가?

하나님은 아담과 하와가 선악과나무 열매를 따 먹고 나자 "이 사람이 선악을 아는 일에 우리 중 하나 같이 되었으니"(창 3:22)라고 말씀하시며, 아담과 하와가 생명나무 열매를 먹고 영생하게 되면 안 된다는 이유로 그들을 에덴동산에서 추방하셨다. 여기서 사람이 선악을 아는 일에 삼위일체 하나님 중 한 분과 같이 되었다는 말씀은 무슨 뜻인가? 선악과나무 열매가 선악을 알게 하는 효능을 가진 것이 아니라고 했는데, 사람이 선악을 알게 하는 일에 '우리 중 하나 같이' 되었다는 말씀은 선악과나무 열매의 효능이 아닌가 하는 의문을 품게 한다. 이에 관한 답을 모색하기 위해서는 뱀이 하와를 유혹하는 장면으로 다시 돌아갈 필요가 있다.

뱀이 하와에게 질문을 던지며 유혹하기 시작했다. 그때 아담이 하와와 함께 있었는지에 관해서는 성경의 기록이 분명하지 않다. 창세기 3장 6절에는 "여자가 그 열매를 따 먹고 자기와 함께 있는 남편에게도 주매"라고 되어 있다. 이 말씀으로 보면, 해석의 가능성은 두 가지다. 첫 번째는, 뱀이 하와를 유혹하자 그 유혹에 넘어간 하와가 아담이 보는 데서 선악과나무 열매를 따 먹었고, 그런 다음 아담에게 그 열매를 줘서 먹게 하였다고 해석하는 것이다. 두 번째는, 뱀이 하와를 유혹하고, 유혹에 넘어간 하와가 선악과나무 열매를 따 먹은 다음, 그곳에 있지 않았던 아담에게 가서 그 열매를 주고 아담으로 하여금 먹게 하였다고 해석하는 것이다.[57] 어쨌든 뱀이 하와를 먼저 공략한 것은 하와가 선악과 명령을 하나님께 직접 들은 것이 아니라 아담으로부터 간접적으로 전달받았으므로 선악과 명령에 대한 심각성이 아담보다는 못할 것으로 판단했기 때문일지도 모른다.

한편, 뱀이 하와에게 질문한 것이 언제인지에 관해 기록이 없는 것으로 볼 때, 아마도 뱀이 지속적으로 아담과 하와를 유혹하였다고 볼 여지도 있다. 뱀은 하와에게 "하나님이 참으로 너희에게 동산 모든 나무의 열매를 먹지 말라 하시더냐?"라고 물었다. 그런데 이 질문은 하나님이 실제로 말씀하신 바를 정확하게 되풀이한 질문이 아니다. 질문을 정확하게 하려면, "하나님이 너희에게 동산 나무 중 선악과나무 열매를 먹지 말라 하시더냐?"라고 물어야 한다. 뱀이 이렇게 비틀어서 질문한 데에는 노림수가 있었다. 하와는 뱀에게 "동산 나무의 열매를 우리가 먹을 수 있으나 동산 중앙에 있는 나무의 열매는 하나님의 말씀에 너희는 먹지도 말고 만지지도 말라 너희가 죽을까 하노라 하셨느니라"(창 3:2~3)라고 대답했다.

그런데 하와의 대답에는 작위적인 요소가 있다. 첫 번째는, '동산 중앙에 있는 나무의 열매'가 아니라 '동산 중앙에 있는 선악을 알게

59

하는 나무의 열매'라고 말해야 하고, 두 번째는 '먹지도 만지지도 말라'가 아니라 단순히 '먹지 말라'라고 대답해야 하며, 세 번째는 '죽을까 하노라'가 아니라 '반드시 죽으리라'라고 말했어야 했다. 이러한 미묘한 말 바꾸기는 하와의 내면에서 이미 문제가 발생하기 시작했다는 증거다. 하나님이 지으신 들짐승 중에 가장 간교한 데다가 사탄의 지배를 받고 있던 뱀이 그런 미묘한 심리적 변화를 놓칠 리가 없었다. 기회가 왔다고 생각한 뱀은 하와에게 "(선악과나무 열매를 먹어도) 너희가 결코 죽지 아니하리라 너희가 그것을 먹는 날에는 너희 눈이 밝아져 하나님과 같이 되어 선악을 알 줄 하나님이 아심이니라"(창 3:4~5)라고 말하며 결정타를 날렸다. 이 말은 한편으로는 사실이고, 또 한편으로는 거짓이다. 아담과 하와가 선악과나무 열매를 따 먹었으나 바로 죽지 않았고, '눈이 밝아졌으며'(창 3:7) '선악을 아는 일에 하나님과 같이 되었으므로'(창 3:22) 그의 말은 표면상으로는 거짓이 아니라고 할 수 있다. 하지만 뱀의 말은 아담과 하와가 표면적으로 기대한 것과 달리 명백한 속임수요 거짓이었다. 이 대목에서 우리는 "죄가 기회를 타서 계명으로 말미암아 나를 속이고 그것으로 나를 죽였는지라"(롬 7:11)라는 말씀을 기억해야 한다.

뱀의 말은 어떤 면에서 거짓이었을까? 먼저 아담과 하와는 선악과나무 열매를 따 먹고 당장 죽지는 않았기에 뱀의 말은 거짓이 아니라고 할 여지도 있다. 그러나 아담과 하와는 결국에는 죽음을 맛보았기 때문에 결론적으로 뱀의 말은 거짓이다. 다음으로, 아담과 하와가 선악과나무 열매를 따 먹고 눈이 밝아졌다는 것은 앞에서 보았듯이 인간과 하나님과의 연합이 깨어져 분리되었다는 뜻인데, 아담과 하와가 그런 결과를 예상했거나 의도했다고는 보기 어렵고, 그저 자신들의 지식이나 능력의 수준이 높아지는 정도만 예상했거나 의도했을지 모른다. 바로 이 점에서 보면, 뱀의 말은 분명히 거짓이었다. 끝으로, 선악을 안다는 것은 선이신 하나님을 아는 것이라는 점에서, 인간이 선악을 아는 일에 하나님과 같이 된다는 것은 인간이 선이신 하나님을 배제하고 자신이 선이 되어 선악의 기준을 설정한다는 의미라고 할 것이다. 그렇다면 하나님이 아담과 하와가 선악을 아는 일에 하나님 중 한 분과 같이 되었다고 말씀하신 것은 인간이 창조주이신 하나님께 반역하고 하나님의 자리를 찬탈한 다음, 자신이 그 자리에 앉아 선악의 기준을 제정하게 된다는 것을 의미한다. 아담과 하와는 이러한 결과를 명시적으로 기대하거나 의도하지는 않았을지도 모른다. 하지만 선악과나무 열매를 따 먹는 순간, 그들은 하나님을 밀쳐 내고 선악의 기준을 정할 수 있는 자리에 등극하였고, 그 기준에 따라 선택권을 행사함으로써 뱀이 기대한 결과를 만들어 내는 인류 최대의 비극을 저질렀다. 인류의 모든 문제가 바로 여기에서 비롯된다. 이러한 점에서 봐도 뱀의 말은 심각한 거짓이었다.

아담과 하와가 스스로 선의 기준을 설정하는 모습은 그들이 선악과나무 열매를 바라보는 데서 엿볼 수 있다. 선악과나무 열매를 먹으면 반드시 죽을 것이라는 하나님의 말씀에 순종하고자 했다면, 그 열매를 바라볼 때 하나님과 하나님의 명령을 위반하면 죽음이 찾아온다는 사실을 떠올렸어야 했다. 하지만 하와는 선악과나무를 보면서 하나님을 떠올리거나 죽음에 관해 묵상하지 않고, 오로지 "먹음직도 하고 보암직도 하고 지혜롭게 할 만큼 탐스럽기도 한"(창 3:6) 열매만을 쳐다보았다. 에덴동산에는 먹을 게 풍족하였고, 그곳은 아름다웠으며, 인간은 하나님의 형상대로 창조되었기 때문에 지혜가 부족할리가 없었다. 하지만 그들은 뱀의 덫에 걸려 하나님과 하나님이 그들에게 주신 것에 만족하지 못하고, 사탄에게 마음을 빼앗겼고 자신들의 이기적인 탐욕을 채우기 위해 하나님을 왕좌에서 쫓아내고 자신이 그 자리를 차지한 다음 자신이 좋다(善)고 생각하는 대로 하였다. 다시 말해, 자신이 세운 선의 기준을 따라 행동한 것이다. 이것이 바로 성경에서 말하는 죄다.

선이신 하나님을 아는 길은 하나님의 계시밖에 없다. 하나님의 계시가 있으면 그 계시를 따르는 것이 하나님께 순종하는 것이고, 순종으로 말미암아 하나님과의 교제는 더욱 풍성해진다. 하나님의 계시가 없는 상황에서는 계시를 기다려야만 한다. 하나님의 계시가 없음에도 불구하고, 급박하다는 등의 핑계를 대며 스스로 만들어 낸 것을 하나님의 말씀이라고 속이며 행동으로 나아가거나, 아니면 아예 하나님을 배제하고 인간이 정한 기준을 따라 인간의 이름으로 행동하는 것은 하나님에 대한 반역 행위다. 그런데 아담과 하와는 하나님의 계시를 명시적으로 받았음에도 그 계시를 위반했다. 하나님과의 관계를 전복하고, 하나님의 계시가 아닌 인간이 설정한 선악의 기준에 따라 행동했다. 이것이 바로 "선악을 아는 일에 우리 중 하나 같이"(창 3:22) 되었다는 말씀의 뜻이다. 다시 말해, 인간이 하나님과 선을 알기 위해 하나님의 계시를 따르는 것이 아니라 인간이 정한 기준에 따르고자 한다는 것을 의미한다. 이는 인간이 선악의 기준을 결정함에 있어 주권자이신 하나님의 주권을 부정하거나 무시함으로써 선의 부재를 초래하는 것이다.

(10) 죽음이란 무엇인가? 우주 만물은 왜 모두 죽음에 이르는가?

인간이 죽을 때 우리가 눈으로 명백하게 확인할 수 있는 것은 그 아름답던 육신이 그것을 구성하고 있던 원소들로 분해되어 자연으로 돌아가는 것이다. 여기에서 죽음에는 분리 현상이 있음을 알 수 있다. 그리고 '죽음은 곧 분리'라고 일반화할 수 있으리라고 생각한다.

위에서 우리는 죽음 이후에 벌어지는 육신의 분리에 관해 말했다. 그렇다면 의식과 육신의 분리도 있는가? 의식이 뇌의 물리적 작용에 불과하다고 보면, 의식과 육신의 분리는 생각할 수가 없다. 하지만 의식이 육신과 독립된 것이라면, 죽음의 순간에 우리는 의식과 육신의 분리를 경험하게 된다. 마찬가지로 인간에게 영혼이 있다면, 죽음의 순간에 인간의 영혼과 육신이 분리되는 것이다.

열역학 제2법칙(엔트로피 증가의 법칙)은 우주의 엔트로피(무질서)가 항상 증가한다는 원칙이다. 이 원칙에 따르면, '닫힌계'는 그 질서가 상실되는 방향으로 전개된다(예를 들어, 외부에서 에너지가 전혀 공급되지 않는 출구가 모두 막힌 상자 한쪽에 고온의 수증기를 주입하면, 일정한 시간이 지난 후 그 수증기가 상자 안에 퍼져 내부 온도가 균일해진다). 단순하게 말하면, 자연의 변화는 질서에서 무질서로 진행한다는 것이 엔트로피 법칙이다. 우주가 팽창하고 있지만, 우주 외부에서 에너지가 공급되지 않는다면 언젠가는 팽창을 멈추고 수축한다는 것, 태양 에너지가 모두 소진되고 태양을 대체할 에너지가 공급되지 않으면 지구를 비롯한 태양계는 종말을 맞게 된다는 것 등이 이 법칙의 대표적인 예다. 그리고 앞에서 보 았듯이 인간의 죽음, 다시 말해 인간이 그 몸을 구성하는 질서를 잃고 해체되면서 무질서하게 되는 것도 이 법칙에 해당한다.[58] 인간이 외부에서 아무리 많은 음식물을 공급받아도 이를 소화하여 에너지로 만들어 내지 못한다면 죽음의 필연을 맞을 수밖에 없다. 이런 점에서 본다면, 엔트로피 법칙도 분리 법칙이라고 할 수 있을 것 같고, 결국 '죽음(우주의 종말, 태양계의 소멸, 지구의 종말, 인간의 죽음 등)이란 곧 분리'라고 일반화해도 무리가 없다고 생각한다.

하나님은 흙을 빚어 하나님의 형상대로 사람을 지으시고, 그 코에 생기를 불어넣어 생령이 되게 하셨다(창 2:7). 한편, 하나님은 아담에게 선악과 명령을 내리시면서 선악과나무 열매를 먹는 날에는 반드시 죽게 된다고 말씀하셨지만, 아담과 하와는 그 열매를 먹고 나서 즉시 육체적 죽음에 이르지 않았고, 꽤 오랜 시간 동안 살다가 죽었다. 이 렇게 아담과 하와가 범죄 후 즉시 죽음을 맞지 않은 것은 인간에게 영생을 회복할 기회를 주신 하나님의 은혜로 말미암은 것이다.

한편, 하나님은 아담과 하와가 선악과나무 열매를 따 먹은 것을 보 시고, 그들이 "생명나무 열매도 따 먹고 영생할까"(창 3:22) 염려하셨다. 그 이유는 생명나무 열매에 아담을 부패하기 전의 상태로 회복시킬 수 있는 능력이 있었기 때문이 아니라, 하나님의 약속의 표징이 생명 나무에서 제거됨으로써 한낱 나무에 불과하게 되었다는 사실을 알지 못하는 아담과 하와가 생명나무 열매가 타락 이전의 능력을 아직 가 지고 있다는 헛된 기대에 부풀어 영생을 위해 그 열매를 탐닉함으로 써 하나님과의 관계를 더 악화시키는 것을 방지하기 위함이었다고 생각한다. 이에 관해 칼뱅은 "그 과일이 과연 이미 타락한 아담을 부패하기 전의 상태로 회복할 수 있었겠는가? 절대 그렇지 않다. 여기에서 하나님은 '그가 마치 나의 약속에 대한 징표를 가진 것처럼 헛된 확신을 즐기지 못하도록 그에게서 불멸에 대한 소망거리를 일체 제거하자'라고 말씀하시는 듯하다"라고 말한다.[59]

이상의 점들을 종합해 볼 때, 인간은 영육이 연합되어 있으나 분리될 수 있는 존재이고, 영육의 분리를 경험하지 않기 위해서는, 다시 말해 영생을 누리기 위해서는 생명나무 열매를 먹어야 하는 존재였다. 아우구스티누스는 "처음 사람 아담이 창조되었을 때에 입은 육의 몸은 전혀 죽을 수 없게 만든 것이 아니라, 죄를 짓지 않으면 죽음을 당하지 않게 만든 것이었다"라고 한다.[60] 이는 하나님이 인간으로 하여금 성례의 징표인 생명나무 열매를 먹지 못하게 하시면, 인간은 언젠가는 죽게 된다는 뜻이다. 예수님의 성찬 예식도 바로 이러한 의미를 지니고 있다. 아우구스티누스는 "(아담과 하와의 몸은) 필연적인 죽음을 막으며 청춘 상태에 머무르기 위해서 생명나무의 도움을 받았다"라고 말한다.[61] 그런데 그들은 범죄로 말미암아 생명나무 열매를 먹지 못하게 되었고 결국, 일정한 시간이 지나자 영육의 분리로 인해 죽음에 이르게 되었다. 이를 통해 우리는 인간의 죽음은 죄의 결과라는 것을 알게 된다. 그러므로 아담과 하와는 죄를 짓지 않았더라도 죽었을 것이라는 펠라기우스주의(Pelagianism)는 받아들일 수 없다.[62] 영혼과 육신이 다시 결합하는 것은 죽음을 극복하는 것이다. 이것이 바로 부활이고, 영생이다. 예수님의 재림 때에 우리는 영혼과 육신의 연합을 다시 이루게 되고, 영원한 생명을 얻게 될 것이다.

그런데 앞에서 아담과 하와의 원죄(原罪)의 결과, 그들과 하나님의 연합이 깨어지고 분리가 시작되었다고 했다. 더 나아가 아담과 하와는 에덴동산에서 쫓겨나 생명나무 열매까지 먹지 못하게 되었다. 그러나 생명나무는 그냥 나무에 불과하다고 하였으니, 인간의 죽음의 진정한 원인은 하나님과의 분리라고 할 것이다. 결국, 아담과 하와의 원죄로 인해 인간은 하나님과 분리되었고, 그 결과 영혼과 육신마저 분리되게 됨으로써 죽음이라는 비극을 맞게 된 것이라고 할 수 있다.[63] 다시 한 번 '죽음은 곧 분리'라는 명제의 증거를 얻게 된다. 아우구스티누스도 "영혼은 본성상 멸하지 않도록 창조되었으므로 어떤 종류이든지 생명이 없지는 않기 때문에, 영혼에게 있어서 최악의 죽음은 영원한 형벌을 받으면서 하나님의 생명으로부터 분리되어 있는 것이다"[64]라고 말한다.

성경을 보면, 죽음(사망)에는 첫째 사망과 둘째 사망이 있다는 것을 알 수 있다. 첫째 사망은 인간이 이 땅에서의 삶을 마치고 몸에서 영혼이 분리되어 몸이 죽는 것을 의미하고, 이는 특별한 예외를 제외하면 하나님의 택한 백성이든 그렇지 않은 사람들이든 모든 이에게 찾아오는 것이다.[65] 다만, 하나님의 백성은 영혼이 하나님으로부터 버림받지 않으므로 영혼과 육신의 분리로 인한 고통이 없으나, 예수 그리스도를 구세주로 영접하지 않은 사람들은 영혼과 몸의 분리로 인한 영원한 고통을 겪게 된다. 한편, 둘째 사망은 예수님의 재림 때에 부활하였으나 하나님의 심판으로 버림받은 영혼이 영원히 몸으로 인한 고통을 당하는 것을 의미한다.[66] 둘째 사망은 하나님의 백성에게는 찾아오지 않고, 예수 그리스도를 구세주로 영접하지 않은 사람들에게만 찾아온다.

그런데 영혼과 육신의 분리가 생긴 원인은 선악과나무 열매에 있다고 볼 수 없다. 성경은 선악과나무 열매를 먹은 결과가 인간의 눈이 밝아졌다는 것과 선악을 아는 일에 하나님과 같이 되었다는 것이라고 말하고 있기 때문이다. 그렇다면 선악과나무 열매는 죽음에 이르는 독을 가지고 있지 않았다고 할 수 있다. 더구나 하나님이 창조하신 세계는 선하고 아름다웠으므로 그 세계에 독이 존재하였을 리도 없다. 앞에서 이미 언급하였듯이 선악과나무도 어떤 종류의 나무인지는 모르나 그냥 나무였다.

인간의 육신 세포는 DNA 복제를 통해 7년 주기로 전부 교체된다고 한다. 하지만 어느 순간에 이르러서는 새로운 세포를 생성할 능력을 상실하여 세포를 교체할 수 없게 된다. 그 결과, 인간의 각 장기가 고장 나고, 결국에는 죽음에 이르게 된다. 만약 인간이 생명나무 열매를 계속 먹을 수만 있었다면, 아마도 새로운 세포를 무한대로 생성할 수 있었을지도 모른다. 그러한 능력을 아담과 하와의 원죄로 박탈당하게 되었다. 하지만 당장 죽음에 이르지 않은 것만 해도 감사해야 한다. 우리가 죽음에 이르기까지 영생을 얻을 기회가 보장되어 있기 때문이다. 그래서 인생은 구원의 기회라고 하는 것이다.

(11) 요약

하나님은 선이시고, 최고선이시다. 따라서 선이신 하나님을 아는 일은 인간의 삶에서 가장 중요하다. 하나님은 인간이 선악을 알게 되는 것이 인간에게 해로우므로 선악과나무의 열매를 따 먹지 못하게 하신 것이 아니다. 선이신 하나님을 알 수 있는 길은 하나님의 계시 뿐이다. 하나님의 계시 없이 인간의 의지만으로는 하나님을 알 수가 없다.[67] 하나님의 계시를 받으려면 창조주와 피조물이라는 하나님과의 올바른 관계가 전제되어야 한다. 하나님은 그 진리를 가르쳐 주기 위해서 선악과나무의 열매를 따 먹지 못하게 하셨다.

순종은 하나님을 알게 한다. 하나님을 알아 갈수록 하나님께 더욱 순종하게 된다. 하나님의 계시가 있으면, 그 계시를 따라 순종하면 된다. 하나님의 계시가 없으면, 하나님이 계시를 주실 때까지 기다려야 한다. 하나님이 계시해 주시지 않았음에도 하나님의 계시라고 꾸며 내거나 하나님을 대신할 것들을 통해 하나님의 계시를 받겠다고 해서는 절대로 안 된다. 이스라엘 백성들처럼 시내산에 올라간 모세가 한동안 나타나지 않자 황금으로 송아지 신상을 만들어 그것이 하나님이라고 숭배하거나, 사울 왕처럼 사무엘 선지자가 늦어진다는 이유로 주제넘게 제사의 주관자가 되어 계시를 선포하고자 하는 일은 절대로 있어서는 안 된다. 그렇게 하는 것은 '선악을 아는 일'에 하나님과 같이 된다는 것, 다시 말해 인간이 선악의 기준을 설정하여 그 설정한 기준에 따른다는 것을 뜻한다. 바로 이것이 선악과나무의 열매를 따 먹어 선악과 명령을 위반하는 것의 의미다.

2. 선악과 명령 위반으로 인한 저주와 하나님이 베풀어 주신 소망

(1) 저주

① 하나님과의 분리 - 교제할 자격(생명)과 능력(성품)의 상실

인간은 선악과 명령을 위반하여 하나님과의 연합에서 분리되었다. 그 증거는 아담과 하와가 선악과나무 열매를 따 먹기 전에는 자신들의 벌거벗음을 부끄러워하지 않았으나, 그 열매를 따 먹은 뒤에는 자신들의 벌거벗음을 보고 부끄러워하였을 뿐 아니라 죄책감까지 느끼게 되었다는 데 있다. 하나님과의 분리는 생명나무 열매로부터 인간을 분리시켰고, 더 나아가 인간 자체로 볼 때는 영과 육이 분리되게 되었다. 이것이 죽음의 과정이다.

인간은 생명나무 열매를 계속 먹어야만 영생할 수 있는 존재였다. 아마도 그 열매에는 생명의 영이신 성령님의 능력이 함께하고 있었을 것이다. 이에 대한 증거는 "손을 들어 생명나무 열매도 따 먹고 영생할까 하노라"(창 3:22)라고 하신 말씀이다. 인간이 영생할 수 있는 조건은 하나님과 연합되어 생명나무 열매를 마음껏 먹는 것이다. 하나님은 아담과 하와가 선악과 명령을 위반하지만 않는다면, 다시 말해 하나님과의 관계에서 의로움을 유지한다면 생명나무 열매 먹는 것을 금지할 의도가 없으셨다. 하지만 범죄로 인해 인간은 불의를 저지름으로써 그에 따른 벌로 영생의 조건을 상실하게 되었고, 단지 가능성만으로 남아 있어야 했던 죽음이 현실화되었다. 결코 발생해서는 안 될 대참사가 발생한 것이다. 이제 인간은 "흙이니 흙으로 돌아"(창

3:19)가야만 한다. 먼지가 뭉쳐지고 생기가 불어넣어져 영생할 수 있도록 창조되었던 존재가 다시 먼지로 사라지게 되는 것이다.

인간은 잠시 목숨을 부지할 수 있을지 모르나 언젠가는 사형 집행을 받아야 할 사형수와 같은 삶을 사는 존재가 되었다. 인간의 죽음은 하나님의 명령을 어긴 데 대한 벌로서 주어진 것이므로 우리는 이제 죽음을 악(죄악)이라고 부른다.[68] '죽음이라는 악'은 인간에게만 문제 되는 것이지 영원하시고 선하신 하나님에게는 문제가 되지 않는다. 인간에게 있어 악인 죽음은 현실이 되었다. 단지 가능성이었던 죽음을 현실화시킨 것은 인간이다. 하나님은 신실하시므로 인간이 영생할 수 있도록 계획하셨고, 인간이 선악과 명령을 위반하지만 않았다면 그 계획을 절대로 변개하지 않으셨을 것이다. 그러므로 '인간에게 있어 악인 죽음'은 하나님이 창조하신 것이 아니다. 선이신 하나님은 악을 창조하실 수가 없으므로 '죽음이라는 악'을 창조하셨을 리도 없다. 인간이 하나님을 거부하고 망각하여 선의 부재를 초래함으로써 초래된 것이 죽음이라는 악이다.

이제 인간은 육신의 죽음을 맛보아야만 하는 존재가 되었다. 그런데 죽음을 대하는 태도는 사람마다 다르다. 성령님의 도우심으로 예수 그리스도를 구세주로 시인함으로써 거듭난 '중생 인간(重生人間)'은 죽음을 통해 하나님과 하나님의 선을 바라보나, 아직 중생하지 못한 '세속 인간(世俗人間)'은 죽음을 통해 인생의 허무만 바라본다. 죽음의 명령은 이제 새로운 선악과 명령이 되었다고 할 수 있을 것이다. 죽음의 명령 너머에 계신 하나님께 대한 절대 의존을 회복하고 하나님께 순종하는 것이 영생을 회복하는 길이 되는 것이다.

생명의 상실에 이어 선악과 명령을 위반함에 따른 두 번째 참사는 하나님을 닮은 인격과 성품의 상실이다. 다시 말해, 하나님과 교제할 능력의 상실이다. 인간에게 겨우 남겨진 것은 하나님이 주신 형상 중 "너무나 오염되어서 무서우리만큼 흉측해져 버린"[69] 실체적 형상과 공동체적 형상뿐이다. 전적 타락 상태에 있는 세속 인간은 이성 등 하나님이 남겨 주신 선물들을 활용하여 하나님으로부터 받아야 할 선, 즉 하나님을 닮은 인격과 성품을 갈망하지만 "값없이 주어진 선한 것들은 박탈된 반면, 본성적인 것들은 부패하고 오염되었"[70]기 때문에 하나님의 도우심 없이는 원하는 바를 결코 얻을 수가 없다. 타락하였지만 우리의 양심은 여전히 "우리 속에서 하나님이 우리를 버리시고 우리를 아들로 여기거나 생각지도 않으시는 정당한 이유를 우리가 죄 안에서 돌아보게끔 재촉한다."[71] 양심은 '시비선악(是非善惡)에 직면하여 본성적으로 작동하는 반성인격'이라고 할 수 있다. 양심은 옳음과 그름, 선과 악의 문제에 직면한 인간에게 죄책감이나 수치심을 주어 반성하게 하고, 그 반성을 통하여 다시 옳음과 선으로 돌아가게 하기 때문이다. 화인 맞은 양심(딤전 4:2)은 양심의 반성 기능이 제대로 작동하지 않아 옳지 못한 일을 하거나 악한 일을 하고도 제대로 반성하지 못하는 인격을 말한다. 화인 맞은 양심에는 "게으름과 배은망덕이 그 뒤를 따를 뿐이다. 우리의 마음은 눈이 멀어 참된 것을 식별하지 못하고, 우리의 지각은 비뚤어져 사악하게 하나님의 영광을 가로채고 있기 때문이다."[72]

의롭게 됨으로써 하나님 앞에 설 자격을 얻어 영생을 얻고, 잃어버린 인격과 성품을 회복하기 위해서는 하나님의 용서가 절대적으로 필요하다. 하지만 하나님의 용서는 절대적으로 하나님의 주권에 달렸으므로 인간의 공로로는 얻을 수가 없다. 인간의 힘으로 영생을 얻고, 하나님의 형상을 회복하려는 열망은 결국 허무의 심연으로 추락한다.

그래서 어떤 사람들은 스스로 만든 절대자를 내세우며 그것을 최고선이라 여기고, 그것을 기준으로 하위선들을 만들어 선과 악의 체계를 세워 간다. 어떤 사람들은 절대자의 존재를 지워 버리고 절대이성이나 자연이 우주의 주인인 양 망상을 품고 이성이나 자연을 절대화하며 신성시한다. 그것이 철학이고 범신론적 종교인데, 그 결과는 모두 우상숭배로 귀착된다. 선을 찾고자 하는 열망이 인간으로 하여금 점점 더 선에서 멀어지게 한다. 미궁에서 벗어나고자 하나 더욱 깊은 미궁 속으로 빠져드는 것이 인간 존재의 실상이다.

② 인간 상호 간의 분리와 관계의 파탄

아담과 하와는 선악과 명령을 위반함으로써 하나님과의 연합에서 분리되었을 뿐만 아니라 서로 한 몸을 이루지 못하고 분리되었다. 이는 인간이 온전한 공동체를 이루고자 열망하지만, 결코 그럴 수 없게 되었다는 것을 뜻한다. 다시 말해, 타락하기 전의 율법인 선악과 명령은 사람들 사이에 하나님의 형상을 공유하게 돕는 수단이자 개인의 이기심과 고립을 이겨 내는 데 도움을 주는 것이었는데,[73] 아담과 하와의 범죄로 말미암아 인간은 온전한 소통을 이룰 수 없게 되었고, 그로 인해 역사가 진행될수록 파편화되어 갈 수밖에 없다는 것을 의미한다. 실제로 "인류 역사, 특히 서구 문명을 보면, 그 주된 관심이 공동체의 연대성으로부터 개인의 개별성으로 이동하는 경향을 보였다."[74] 그 이유는 인간 상호 간의 연합은 하나님과의 연합을 전제로 하는데, 하나님과의 연합이 불가능해졌으므로 인간 상호 간의 연합으로 이루어지는 공동체도 온전한 모습을 이룰 수 없게 되었기 때문이다.

한편, 아담과 하와는 범죄 이후 선악의 기준을 스스로 정하게 되었다. 이는 개개인이 모두 자율권이라는 미명하에 선악의 기준을 설정할 수 있게 되었고, 각 개인이 정한 선악의 기준이 우연히 일치되거나 어느 한 쪽이 정한 선악의 기준으로 강제로 합치되지 않는 한 인간 사회에서 불화와 다툼은 절대 사라지지 않을 것임을 의미한다. 인간 상호 간에도 연합보다는 분리가 원칙적인 모습으로 등장한 것이다. 하나님과의 연합에서의 분리가 영혼과 육신의 분리를 넘어 인간 상호 간의 분리에까지 이른 것이다. 이러한 분리 현상은 역사가 진행될수록 더욱 심화되어 왔는데, 현대 사회의 극단적인 자유주의적 개인주의는 그러한 역사적 경과를 잘 보여 준다. 만약 여기에서 더 나아가 절대선이신 하나님의 존재마저 부정하게 되면, 인간이 정하는 선과 악은 상대화될 수밖에 없다. 왜냐하면 각자가 정한 선악의 기준을 판단할 수 있는 초월적 기준이 없기 때문이다.

그런데 인간의 자율권과 선악의 기준의 상대화는 인간에게 치명적인 결과를 초래한다는 점을 기억해야 한다. 자율권은 인간이 자신의 주인이자 주권자라는 전제를 만들고, 인간관계를 주권자 대 주권자의 관계로 바라보게 한다. 그런데 선악의 기준을 정할 수 있는 주권자는 자신을 악하다고 판단하기 어렵다. 왜냐하면 주권자는 선악을 판단하는 주체이지 판단의 대상으로 여기지 않기 때문이다. 충돌이 생길 때마다 자신의 악을 보지 않고 자신을 정당화하는 한편, 상대에게 책임을 전가한다. 이것이 바로 선악과나무 열매를 따 먹은 직후 아담과 하와가 적나라하게 보여 준 태도였고, 이는 범죄한 이후의 인간에게 본질적인 것이 되었다. '정언 명령'을 통해 인간의 자율권을 가장 강조했던 칸트가 인간을 수단이 아닌 목적으로 대하라는 명령을 추가할 수밖에 없었던 이유는 바로 이러한 인간의 본질 때문이었을 것이다. 결국, 칸트는 극단적인 자율권을 행사한다면 인간을 목적으로 대우할 수 없음을 잘 알고 있었던 것이다.

하나님은 아담과 하와가 선악과나무 열매를 따 먹은 날, "바람이 불 때"(창 3:8) 에덴동산을 거니셨다. 하나님이 동산을 거니시는 소리를 들은 아담과 하와는 "여호와 하나님의 낯을 피하여 동산 나무 사이에"(창 3:8) 숨었다. 이를 다 보고 계셨던 하나님은 아담을 부르시며 "네가 어디 있느냐"(창 3:9)라고 의도적으로 물으셨고, 아담은 하나님께 "동산에서 하나님의 소리를 듣고 내가 벗었으므로 두려워하여 숨었나이다"(창 3:10)라고 대답했다. 하나님은 다시 아담에게 "누가 너의 벗었음을 네게 알렸느냐 내가 네게 먹지 말라 명한 그 나무 열매를 네가 먹었느냐"(창 3:11)라고 물으셨고, 아담은 "하나님이 주셔서 나와 함께 있게 하신 여자 그가 그 나무 열매를 내게 주므로 내가 먹었나이다"(창 3:12)라고 대답했다. 그러자 하나님이 하와에게 "네가 어찌하여 이렇게 하였느냐"라고 물으셨고, 하와는 "뱀이 나를 꾀므로 내가 먹었나이다"라고 대답하였다(창 3:13). 아담과 하와는 선악과 명령을 위반한 이후 죄로 인하여 연합이 깨어져 분리되었다는 명백한 증거로,

서로 돕지 못하고 자기를 정당화하는 한편 상대방에게 책임을 전가하기에 바쁜 모습을 보여 준다. 스스로 선악의 기준을 정하게 된 인간들이 최초로 창출해 낸 것이 이기심에 따른 자기 정당화와 책임 전가라는 점, 이는 선이 아닌 악이었다는 점이 의미심장하다.

한편, 서로 다른 주권자들이 만나게 되면 선악의 기준은 충돌할 수밖에 없고, 결국에는 힘을 지닌 자가 지배하는 세상이 된다. 이는 인류 역사상 가장 평등했다고 할 수 있는 아담과 하와 부부 관계의 변질에서 잘 볼 수 있다. 아담과 하와 부부는 타락 이전에는 서로 돕는 관계였으며 지배와 복종의 관계가 아니었다. 하지만 아담과 하와는 범죄 이후 스스로 주권자로서 선악의 기준을 설정할 수 있게 되었을 뿐 아니라 태생적으로 자신이 만든 법이나 약속조차 위반할 수 있는 존재가 되어 버렸다. 자신을 만든 창조주가 정한 명령도 위반했는데, 주권자로서 자신이 만든 법이나 약속을 위반하는 것이 무슨 문제가 되겠는가. 그런데 약속이나 법을 무단으로 위반하고도 무사할 수 있으려면, 힘이 있어야 한다. 힘이 있으면 약속이나 법을 위반하고도 상대방으로부터 보복당하지 않을 수 있다. 결국, 선악과 명령 위반으로 인해 주권자의 논리와 힘의 논리가 세상을 지배하게 되었고, 그로 인해 아담과 하와의 혼인 관계에 심각한 위기가 찾아왔다. 아담이 에덴동산에서 쫓겨난 이후 하와의 이름을 지어 준 것도 이러한 맥락에서 이해된다.[75] 한 존재가 다른 존재의 이름을 지어 준다는 것은 이름을 지을 수 있는 자에게 질서를 제정할 권위가 있다는 것을 드러낸다. 하나님이 아담에게 하나님이 창조하신 동물들(각종 들짐승과 각종 새)의 이름을 짓게 하신 것도 아담이 대표하는 인간들에게 인간과 동물들 사이의 질서를 제정할 권위를 주셨다는 것을 의미한다. 하지만 아담은 하나님이 '여자'를 창조하여 데리고 오셨을 때, 그녀의 이름을 짓지 않았다. 하나님이 허락하지 않으셨을 뿐만 아니라 혼인 관계가 범죄로 인해 타락하기 전이었기 때문이다. 하지만 아담은 범죄로 에덴동산에서 쫓겨난 이후 아내의 이름을 '하와(모든 산 자의 어머니)'라고 부르기 시작했다. 이것은 범죄로 인한 인간관계의 변질을 여실히 드러낸다. 이렇게 변질된 혼인 관계는 인류의 역사가 진행될수록 악화되고 있다. 검은 머리가 파뿌리 되도록 살겠다는 혼인 서약을 파기하는 이혼과 하나님으로부터 받은 선물인 성(性)을 인간의 연합이 아닌 쾌락의 도구로 이용하는 것이 그 대표적인 모습이다.

그러므로 우리는 하나님이 하와에게 "너는 남편을 원하고 남편은 너를 다스릴 것이니라"(창 3:16)라고 하신 말씀을 타락 이후의 부부 관계를 위해 제정해 주신 '법적 또는 윤리적 규범'으로 받아들여서는 안 될 것이다. 특히, 선악과나무 열매를 따 먹은 벌로 "임신하는 고통을 크게 더하리니 네가 수고하고 자식을 낳을 것"(창 3:16)이라는 저주를 받게 된 여성으로서는 받아들이기 어려운 일이다. 위 말씀을 하나님이 제정하신 규범으로 받아들이면, 우리는 하나님의 말씀을 거역할 수가 없으므로 평등한 부부 관계를 주장하는 것은 곧 하나님의 말씀을 위반하는 것이 된다. 이는 부부 관계를 창조 본연의 관계로 회복하자는 주장을 원천적으로 부정하는 것이다. 위 말씀을 여성이 남성의 지배를 받아야 한다는 도덕규범이나 하나님의 명령으로 해석함으로써 인류 역사상 부부 관계, 더 넓게는 남녀 관계에 심각한 비극이 초래되었다.

위 말씀은 아담과 하와의 범죄로 인해 인간의 창조 본연이 부패하고 타락함으로써 인간의 역사가 계속되는 한 타락 전의 평등한 관계를 유지할 수 없고, 경제력이나 완력을 앞세운 힘의 논리가 부부 관계를 파괴해 나갈 것이라는 선포 또는 예지의 말씀으로 받아들여야 한다. 이는 아담이 하와보다 경제 활동이나 군사 활동을 하기에 적합한 신체 구조를 가진 결과에서 비롯된 것이다. 이렇게 이해해야만 우리는 현재 실상에도 불구하고, 창조 본연의 부부 관계를 지향할 수가 있게 되고, 이는 인간 역사를 조금이라도 더 나은 방향으로 전진하게 만든다. 더구나 잘 알다시피 예수님이 십자가에 달리시고 부활하심으로써 창조 본연의 질서가 회복되었을 뿐만 아니라 새 창조의 시대가 시작되었다. 새 창조의 시대를 여신 예수님은 부부 관계에서도 대등성을 전제로 자발적으로 서로 복종하라는 아가페의 사랑을 명하셨다. 그러므로 우리는 창조 본연의 질서로서는 오래되었지만, 새 창조의 질서로서는 새로운 부부 관계를 만들어 가야 한다. 새 포도주는 새 부대에 넣어야 하는 법이다.

③ 창조 본연의 공동체의 해체와 실낙원

아담과 하와는 선악과를 따 먹기 전에는 삼위일체이신 하나님을 주권자요 아버지로 모시며 연합되어 있었고, 그들 상호 간에는 자신의 몸을 상대방에게 제공함으로써 연합되어 있었다. 한마디로, 하나님과 아담과 하와는 에덴동산에서 인류 역사상 최상의 공동체를 이루고 있었다. 이를 '창조 본연의 공동체'라고 하자. 이때는 하나님을 주권자로 모시는 '아벨공동체'와 인간이 주권자라고 외치는 '가인공동체'의 구별은 존재하지 않았다. 인간에게 필요한 모든 좋은 것이 구비되어 있으며,[76] 하나의 공동체의 질서 유지를 위한 하나님의 선악과 명령과 문화 명령이 있는 인류 최고의 공동체였다.

그런데 아담과 하와의 범죄 이후 하나님과 연합되어 있던 인간은 하나님으로부터 분리되었고, 인간 상호 간의 관계도 연합에서 분리로 변질되었다. 창조 본연의 공동체가 해체를 맞은 것이다. 그로 인해 죽음이 찾아왔고, 파탄의 그림자가 짙게 드리워졌다.

게다가 인간들이 만든 공동체는 힘의 논리가 지배하게 되었으므로 창조 본연의 모습으로 회복되어 가기보다는 역사가 진행될수록 붕괴되고, 개인화 및 파편화가 심화되어 가고 있다. 폭력으로 집단을 유지하고자 하나 거기에는 분명한 한계가 있다.

창조 본연의 공동체의 해체는 에덴동산의 상실로 이어졌다. 공동체가 해체됨으로써 에덴동산의 환경은 인간에게 또 다른 문제를 일으킬 여지가 있기 때문이다. 하나님은 아담과 하와가 선악과 명령을 어기자 "이 사람이 선악을 아는 일에 우리 중 하나 같이 되었으니 그가 그의 손을 들어 생명 나무 열매도 따 먹고 영생할까 하노라"(창 3:22)고 말씀하셨다. 하나님은 선악과 명령을 위반한 인간이 이제 스스로 정한 기준에 따르게 되었고, 이는 하나님이 맡기신 우주 만물도 인간이 자기 탐욕에 따라 제 마음대로 주무르게 되었다고 판단하신 것이다. 거기에다 인간이 영생까지 누린다면, 우주는 순식간에 무질서한 상태로 전락하게 될 것이다. 그러한 악을 제거하는 길은 인간을 당장 죽이는 것이겠지만, 사랑이신 하나님은 그렇게 하지 않으셨다. 오히려 이미 예정하신 바대로 인간에게 한 번 더 기회를 주기로 하시고는, 일단 아담과 하와를 에덴동산에서 쫓아내시고 "에덴동산 동쪽에 그룹들과 두루 도는 불 칼을 두어 생명나무의 길을 지키게"(창 3:24) 하셨다. 이로써 인간은 낙원을 잃었다. 다시 말해 하나님이 주권자로 통치하시는 하나님 나라를 상실하였다.

인간이 정치, 사상, 문학에서 끊임없이 유토피아를 논하고 지향하는 것은 낙원의 상실에 따른 영향 탓이다. 자신이 태어난 곳에서 나고 자랐음에도 불구하고 마치 고향(본향)을 잃어버린 사람들처럼 행동하는 것은 에덴동산을 잃어버린 탓이다. 기독교인들은 그 사실을 분명히 인지하고 있다.[77] 본향에 대한 갈망과 갈증은 인간의 힘으로는 해결할 수가 없다. 이러한 영적 결핍은 하나님이 제공하시는 낙원에 돌아가야만 평안을 얻을 수 있다. 아우구스티누스의 말처럼 우리는 하나님께 돌아가 쉬기까지 참된 안식을 누릴 수가 없다.

④ 혼돈과 공허

하나님은 아담과 하와가 선악과나무 열매를 따 먹은 뒤 아담에게 "네가 네 아내의 말을 듣고 내가 네게 먹지 말라 한 나무의 열매를 먹었은즉 땅은 너로 말미암아 저주를 받고 너는 네 평생에 수고하여야 그 소산을 먹으리라 땅이 네게 가시덤불과 엉겅퀴를 낼 것이라 네가 먹을 것은 밭의 채소인즉 네가 흙으로 돌아갈 때까지 얼굴에 땀을 흘려야 먹을 것을 먹으리니 네가 그것에서 취함을 입었음이라 너는 흙이니 흙으로 돌아갈 것이니라"(창 3:17~19)라고 말씀하셨다.

하나님의 창조 사역은 한마디로 '혼돈에서 질서로'라고 정의된다.[78] 그러나 이제 아담과 하와의 범죄로 말미암아 인간은 '질서에서 다시 혼돈으로' 가야 하는 비참한 처지가 되었다. 무질서한 흙에서 질서 있는 생명인 인간이 빚어졌는데, 이제 고차원의 질서를 가진 생명체인 인간이 다시 저차원의 질서를 가진 흙으로 무질서하게 분해되어 사라지게 되었다. 그리고 흙이 되어 사라질 때까지 자신의 근원이 된 땅을 갈아 상처를 내어야만 생존할 수 있게 된 것이다.

자연을 상징하는 '땅'은 인간의 죄 때문에 인간으로부터 고통을 당하는 저주를 받는다. 그런데 거기서 그치는 것이 아니다. 더 나아가 자연은 "허무한 데 굴복"하여 "썩어짐의 종노릇"을 하며 "함께 탄식하며 함께 고통을 겪는" 저주를 받는다(롬 8:20~22). 이에 땅도 그냥 있지 않았다. 땅은 자신들을 그렇게 만든 인간에게 "가시덤불과 엉겅퀴"(창 3:18)로 상징되는 보복을 가하기 시작했다. 그로 인해 인간들로부터 다시 무분별한 자연 파괴라는 보복을 당하고는 있지만, 자연은 보복 행위를 중단할 수가 없다. 그것을 중단할 수 있는 길은 하나님과 인간이 화목하는 것뿐이다. 하나님과 인간이 다시 창조 본연의 모습대로 연합되지 않으면, 인간과 자연과의 관계도 창조 본연의 모습을 회복할 수 없다. 그래서 피조물은 하나님과 화평을 이룰 "하나님의 아들들이" 어서 나타나기를 "고대하는" 것이다(롬 8:19).

⑤ 저주는 모방되지 않고 전달된다.

영생과 공동체, 낙원과 자연을 잃었다는 것은 인간에게는 회복하기 어려운 절망이다. 한편으로, 인간이 자신이 설정한 선악의 기준에 따라 행동하는 데서 오는 쾌락, 다시 말해 방종으로 인한 쾌락은 너무도 강력하다. 그것은 세상에 존재하는 어떤 마약보다도 강할 뿐만 아니라 거짓과 분리의 영인 사탄이 지배하는 것이기에 그것을 단 한 번이라도 맛본 인간은 자신의 육신에서 그 맛에 대한 감각을 제거할 수가 없다. 그런 점에서 쾌락은 생명과 맞바꾼 죽음에 이르게 한다. 이는 아담과 하와가 범죄 전후로 전혀 다른 존재가 되어 버린 것을 의미한다. 아우구스티누스는 "(아담과 하와의) 의지가 그 선에 대한 사랑을 견지했다면, 그것을 버리고 자체의 쾌락을 추구하지 않았을 것이다"라고 말한다.[79] 또 그는 "만일 사람이 이미 자기만족에 빠지기 시작한 것이 아니었다면, 마귀는 하나님이 금지하신 일을 한다는 노골적이고 명백한 죄로 사람을 함정에 빠뜨리지 않았을 것이다"라고 말한다.[80] 결국 인간은 영생을 상실함에 따른 절대적 '절망'과 그에 대한 보상으로서의 '쾌락' 사이에서 허우적거리며 살아갈 수밖에 없는 존재가 되어 버렸다. 인간에게는 하나님뿐 아니라 자신의 의지에도 순종하지 못하는 초희극적인 사태가 초래된 것이다. 육신이 쾌락을 추구하는 결과, 마음의 의지에 순종할 수 없게 되었고, 그것은 오히려 절망을 안겨 준다. 아우구스티누스는 "불순종에 대한 보복은 불순종"이었다고 말한다.[81] 그리고 불순종은 인간으로 하여금 스스로를 혐오하게 만든다. 이것이 인간의 원죄의 모습이다.

그리고 하나님이 인간에게 남겨 두신 타락한 자유 의지와 육신을 기준으로 선과 악을 판단하는 인간의 본성상 그러한 쾌락은 아담과 하와로부터 출생하는 모든 인간에게 전달된다. 칼뱅은 "썩은 둥치들은 자기들로부터 생겨난 가지들에게 그 썩음을 전달하는 법이다. 같은 이치로 부모 안에서 오염된 자녀들은 자기들의 질병을 자기들의 후손들에게 옮겼다. 아담 안에서 있었던 오염의 시작도 이러했다. 그것이 조상들로부터 후손들에게 이어지는 끊임없는 흐름에 의해서 전달되었다"라고 말한다.[82] 그러므로 모든 후손이 선하게 태어난 이후 '모방'으로 인해 타락한다는 펠라기우스주의는 받아들일 수 없다. 그들의 주장은 "내가 죄악 중에서 출생하였음이여 어머니가 죄 중에서 나를 잉태하였나이다"(시 51:5)라는 다윗의 고백에도 부합하지 않는다.

한편, 아담과 하와의 선악과 명령의 위반에 따라 하나님의 벌이 영원히, 그리고 범죄 당사자 자신뿐 아니라 그 자손 대대로 전해진다는 것에 대해 '불공정한 처벌이 아닌가?'라는 의문을 제기하는 사람들이 있다. 하지만 그들의 의문은 잘못되었다. 먼저 그들은 선악과 명령의 특성을 온전히 이해하지 못하였기 때문에 그런 의문을 제기하였다고 생각한다. 선악과 명령이 인간이 감당하기 불가능한 명령이었다면, 예컨대 아브라함에게 100세에 얻은 독자 이삭을 희생제물로 바치라고 하셨던 명령 정도였다면 그들의 의문 제기는 합당하다고 할 것이나, 앞에서 언급하였듯이 하나님이 아담과 하와에게 내리신 명령은 너무도 지키기 쉬운 것이었다. 다음으로, 그들은 아담과 하와의 범죄가 얼마나 중대한 것이었는지를 모르기 때문에 그런 의문을 제기한다고 생각한다. 아우구스티누스는 "인간의 이해력으로 영원한 벌을 가혹하고 부당하다고 생각하는 것은 처음 범죄가 얼마나 중대한 것이었는가를 깨달을 만한 지극히 높고 순수한 지혜가 우리 연약한 인간성에 없기 때문이다. 사람이 하나님 안에서 얻은 기쁨이 컸으면 컸을수록, 하나님을 버린 그의 악행은 더욱 중대한 것이었다. 영원한 행복이 될 수 있는 것이 자기 안에 있었건만, 그것을 파기했으므로, 그는 영원한 재난을 받아야만 했다"라고 말한다.[83] 끝으로, 그들은 아담과 하와의 후손들에게 교만한 성품이 전달된 것은 하나님이 하신 것이 아니라는 것을 제대로 이해하지 못하였기 때문에 그런 의문을 제기하였다고 생각한다. 인간이 하나님께 대적하는 교만으로 자기만족을 누리게 된 것은 하나님이 창조해 주신 것이 아니라 아담과 하와가 의지를 악용한 결과이고, 그로 인한 쾌락이 후손들에게 온전히 전달되게 된 것이기에, 하나님께 그 책임을 돌릴 수는 없다. 게다가 하나님은 그러한 인간들의 중대한 죄에도 불구하고, 아무런 대가 없이 인간을 용서하셨다는 것을 우리는 기억해야만 한다. 그러므로 아담과 하와의 범죄로 인해 인류에게 내리신 하나님의 벌은 공정하다 할 것이다.[84] 이와 달리 각 사람의 죄의 많고 적음에 따른 합당하고 엄격한 처벌의 기간이 경과한 뒤에는 처벌의 고통에서 해방된다는 주장은 성경에서 가르치는 바가 아님을 명심해야 한다.[85]

(2) 소망

① 하나님의 죽음

앞에서도 언급했듯이 하나님은 인간을 비롯한 피조물의 죽음을 의도치 않으셨다. 그 증거는 아담과 하와에게 영생을 주는 생명나무 열매를 마음껏 먹게 하신 것과 아담과 하와가 선악과 명령을 위반한 이후 즉시 죽음을 집행하지 않으신 것이다. 하지만 그것들보다 더 결정적인 증거는 하나님이 인간의 영생 회복의 길을 '즉각적으로' 마련하신 것이다(어쩌면 하나님은 아담과 하와가 선악과나무 열매를 따 먹는 것을 보자마자 짐승을 죽여 가죽을 벗겨 내셨을지도 모른다). 그 길은 바로 인간의 죄를 사해 주시는 대가로 자신의 아들을 처형하시겠다는 것이었고, 그 결과 불멸의 존재인 하나님의 아들이 죽는다는 우주 최대의 모순이 발생하게될 터였다. 그러한 계획을 보여 주시기 위해 하나님은 가죽옷을 지어아담과 하와에게 입히셨다. 가죽옷을 만들려면 짐승의 희생이 필요하듯이, 하나님의 아들이 희생될 것을 미리 보여 주신 것이다.

이것은 인간이 선악과 명령을 위반함으로써 초래된 최악의 참사다. 인간이 만든 어떤 종교에도 신이 자신이 창조한 피조물을 위해 죽는다는 이야기는 없다. 우리는 선악과나무 이야기를 읽을 때 자신에게 닥친 죽음의 문제, 도덕적 타락의 문제, 자연환경의 파괴로 인한 재앙 등에 모든 관심을 집중하나, 반드시 알아야 할 부분은 그냥 지나쳐 버린다. 그 부분은 바로 인간으로 인해 하나님이 십자가에 달려 죽으심으로써 하나님으로서 최악의 모욕을 당하시게 된다는 것이다. 선악과나무 이야기를 읽을 때, 우리는 그 무엇보다도 그 부분에 관심을 집중해야한다. 그러지 않으면 선악과 명령의 의미를 온전히 이해할 수가 없다.

하나님은 아담과 하와가 선악과 명령을 위반하자마자 즉시 자신의아들이 인간을 대신하여 처형당하고 모욕당하는 계획을 실행시키셨다. 하지만 그것으로 인간들의 죄는 사면될지 모르나 영생의 문제는해결되지 않는다. 인간의 영생은 에덴동산을 만드실 때부터 하나님이 계획하신 것이다. 회전하는 그림자도 없이 변함이 없으신 하나님은 에덴동산을 창조할 당시 인간에게 영생을 주시겠다는 계획을, 인간의 죄에도 불구하고 포기하지 않으셨다. 그리고 인간들의 죄를 대신하여 예수님을 십자가에서 처형당하게 하신 다음 3일 만에 부활시키는 '새 창조' 계획을 즉각 실행에 옮기셨다. 그리고 참인간이시자

"맏아들"(롬 8:29)이신 예수님의 뒤를 이어 하나님의 아들이 될 인간에게도 부활을 동일하게 적용하기로 하셨다. 그로 인해 인간은 죽었다가 부활할 수 있는 새 창조의 소망을 가질 수 있게 되었다. 이것이 바로 사랑이다. 절대 되갚을 수 없는 수직적 사랑이다. 선악과나무 열매를 따 먹고 하나님께 반역한 인간에게, 자신을 발가벗겨 십자가에서 인류 최악의 고통을 당하게 할 인간들에게 베푸신 하나님의 이루 말할 수 없이 크신 사랑이다.

예수님이 십자가에 달려 죽으시는 것이 사탄에게 일시적인 승리감을 줄지는 모르나 예수 그리스도의 부활은 사탄에게 최종 패배를 안겨 줄 것이었다. 그래서 하나님은 아담과 하와를 유혹하여 선악과 명령을 위반하게 만든 뱀에게 "내가 너로 여자와 원수가 되게 하고 네 후손도 여자의 후손과 원수가 되게 하리니 여자의 후손은 네 머리를 상하게 할 것이요 너는 그의 발꿈치를 상하게 할 것이니라"(창 3:15)라고 말씀하셨다. 이것을 우리는 원복음(原福音)이라 한다.

② 부활과 영생

신이 자발적으로 인간을 위해 죽는다는 것은 인간이 만든 어떤 종교에도 볼 수 없는 이야기다. 신이라면 그 어떤 것이라도 상관없이 절대화시키는 인간으로서는 감히 상상할 수 없는 이야기다. 하지만 삼위일체이신 하나님은 성자 예수님을 세상에 보내셨고, 순도 100%의 인간이자 순도 100%의 하나님이신 예수님은 성부 하나님의 뜻에 순종하여 인간의 희로애락과 생로병사를 모두 겪으신 뒤 아담과 하와의 범죄로 말미암아 하나님과 원수가 된 인간들이 하나님과 다시 화목할 수 있도록 희생당하셨다.

하지만 거기서 그쳤다면, 기독교는 인간에게 아무런 희망을 줄 수가 없을 것이다. 하나님은 예수님을 '고작 인간의 형태를 한 하나님이 어떤 모습일지를 보여 주신'[86] 다음 보란 듯이 희생시키신 것이 아니었다. 하나님의 계획은 인간의 범죄로 어긋나 버린 처음 창조의 계획을 회복하는 것이 아니라 더 크게 수정하여 새 창조를 이루시는 것이었다. 이를 위해서는 인간의 부활이 있어야 하는데, 예수님으로 하여금 그 모범이 되어 사람들에게 보여 주게 하신 것이다. 이것이 새 창조의 의미다. 따라서 부활은 새 창조로 우리를 초대한다. 만약 부활이 없다면, 바울 사도의 말처럼 기독교인은 세상에서 가장 "불쌍한 자"(고전 15:19)이다.[87]

예수님은 새 창조를 이미 성취하셨고, 아직 성취하지 않고 남겨 두신 것은 아무것도 없다.[88] 기독교인이 예수님께 연합되어 새 창조 건설에 기여한다는 생각은 예수님이 하신 일의 완전한 충족성에 흠을 내는 것이다.[89] 기독교인은 예수님이 성취하신 새 창조를 우리 것으로 원용(援用)할 수 있을 뿐이다. 하지만 그렇다고 하여 인간이 이 땅에 사는 동안 새 창조의 능력과 기쁨을 온전히 누리는 것은 아니다. 새 창조의 온전한 누림은 예수님의 재림 날에야 이루어진다. 그날 우리는 부활하여 영생을 누릴 것이다. 이것이 새 창조에 대한 기독교인의 소망이다. 하지만 기독교인들이라면 새 창조를 온전히 누리는 날까지 팔짱을 끼고 있거나 기도실에 고립되어 하늘만 바라보아서는 안 된다. 왜냐하면 그리스도의 지상명령 속에는 새 창조의 기쁨을 세상에 전파하라는 명령도 포함되어 있기 때문이다.

③ 새 창조와 새 예루살렘

예수님의 재림 시에 인간은 부활을 통한 영생만을 얻는 것이 아니라 잃었던 에덴동산을 대신하여 새 예루살렘을 기업으로 상속받게 된다. 그리고 새 하늘과 새 땅, 다시 말해 궁극적인 하나님 나라에서 하나님을 영원히 찬양하며 복락을 누리게 된다. 이것 또한 기독교인이 새 창조에 참여함에 대해 갖는 소망이다.

④ 남겨 주신 선물들

인간의 전적 타락으로 인해 인간 상호 간의 관계는 힘에 의한 지배 원리가 원칙이 되어 버렸다. 이러한 상태를 그대로 두면 홉스의 말처럼 인간은 '만인에 의한 만인의 투쟁'에서 벗어날 수가 없다. 이에 하나님은 인간의 반역에도 불구하고, 인간들을 위해 '이성'을 비롯하여 인간 공동체의 파멸을 막을 수 있는 선물을 남겨 주셨다. 하나님이 인간을 위해 이러한 것들을 "보존하지 않으셨다면 우리의 반역은 본성의 전적인 파멸을 초래하였을 것이다."[90]

그럼 이렇게 보존된 선물의 상태는 어떠한가? 이에 관해 아우구스티누스는 인간이 창조될 때 그 안에 주입되었던 하나님의 형상인 '이성의 작은 불꽃이 꺼지지 않았다'고 말한다.[91] 이는 이성의 경우, 그 능력은 아주 미약해졌지만, 그 본성은 창조 본연의 것과 동일성을 유지한다는 의미일 것이다. 하지만 칼뱅은 "사람이 선과 악을 식별하여 이해하고 판단하게 하는 이성은 자연적 은사에 속하기 때문에 완전히 지워 낼 수 없지만, 부분적으로 약화되고 부분적으로 부패하여 그 흉한 폐허만 드러낸다"라고 말한다.[92] 이는 이성의 능력이 약해졌을 뿐만 아니라 부패하여 그 본성이 변질되었다는 뜻으로 이해할 수 있다. 작은 불꽃으로 남겨졌다고 하든지 아니면 흉한 폐허만을 드러내고 있다고 하든지 여하튼 이성은 죄로 망가진 상태이고, 이는 망가지기 전의 이성에 비하면 그 기능 면에서 온전할 수 없음을 의미한다.

이와 관련하여 인간의 망가진 이성으로 '자연법'을 알 수 있는가에 관해서는 의견이 대립한다. 아퀴나스의 견해에 따르면, 법은 영원법, 신법, 자연법, 인정법 등으로 분류할 수 있다. 영원법은 최고 통치자이신 하나님 안에 있는 통치 원리를 말하고, 신법(神法)은 구약의 모세오경과 신약의 예수님의 계명을 가리킨다. 그런데 이 두 법은 하나님에 의해 제정되므로 온전하든 그렇지 않든 인간의 이성으로는 알 수도 없고 제정할 수도 없다. 한편, 인정법은 인간이 공동체의 규율을 위해 제정한 법이므로 인간의 망가진 이성에 의해서도 얼마든지 제정 가능하다. 하지만 자연법은 그 개념 정의상 인간의 범죄 이전에 하나님에 의해 인간에게 주어진 것으로서 인간의 이성으로써 파악할 수 있는 법을 말한다(무신론적 자연법론자들은 자연법이 자연에 의해 주어진 것이라고 주장한다). 그러므로 인간이 범죄하기 전에는 자연법을 이해하는 데 아무런 어려움이 없었을 것이다. 하지만 아담과 하와의 범죄 이후 인간의 이성은 망가졌다. 그렇다면 망가진 이성으로 자연법을 파악할 수 있는가? 이에 관해 의견이 대립하고 있다.

논의를 진행하기 전에 우선 학자들이 사용하는 '자연법'에는 두 가지 의미가 있다는 것을 염두에 두어야 한다. 먼저, '자연계시의 하나로서의 자연법'인데, 이를 주장하는 사람은 프레임이다. 그는 "저는 자연법이 과거에 거부한, 거의 잊힌 성경의 가르침에 대한 흐릿한 기억이라고 생각합니다. 물론 반드루넨의 의견에 대한 저의 논점은 수사학적이라기보다는 신학적이고 인식론적이었습니다. 1. '자연법=자연계시'라는 것이 존재한다. 2. 자연법은 세속적이지 않다. 자연법은 근본적으로 참되신 하나님에 대한 증거다. 3. 죄인들은 자연법의 진리를 억누른다. 이로써 자연법이 지니는 사회적 토대로서의 기능이 저하된다. 4. 자연법을 올바르게 이해하는 유일한 방법은 성경이라는 안경을 통해서다. 5. 자연법의 근거에 관해 의문이 제기된다면 오직 성경으로만 답할 수 있다"라고 주장한다.[93] 그런 다음 프레임은 로마서 1장 19~20절과 2장 14~15절을 근거로 자연법을 포함하는 "자연계시는 모든 사람을 유죄로 만든다"고 주장한다.[94] 이는 하나님이 자연계시를 통해 하나님의 능력과 신성을 분명하게 보여 주셨으므로 피조물들은 하나님을 모른다고 핑계 댈 수 없는데, 피조물들이 하나님 이외의 것들을 숭배하는 행위에 대해서는 반드시 처벌하겠다는 계시로서의 자연법을 공포하셨으므로 자연계시인 자연법칙과 자연법을 통해서 인간은 유죄 판결을 받을 수밖에 없고, 인간이 유죄 판결을 면하려면 심판자가 베풀어 놓은 은혜인 예수 그리스도의 복음이 절대적으로 필요하다는 것을 의미한다.

자연법의 두 번째 의미는 '실정법의 대향(對向)으로서의 자연법'이다. 법학에서 주로 채용하는 것으로 이러한 의미의 자연법은 원칙적으로는 실정법의 정당화 기준이나 경험적 · 역사적 법의 규범적 기준으로서 그 기능을 발휘하나,[95] 예외적으로 제2차 세계대전 당시 '홀로코스트'를 감행한 자들에 대하여 진행된 '뉘른베르크 전범 재판'에서와 같이 전범(戰犯)들의 행위 근거가 되었던 실정법은 법으로서 승인

할 수 없어 배제된 경우에 그 실정법을 대신하여 직접적인 재판 규범으로서 기능을 발휘한다.[96]

자연법에 관한 논의에서 한 가지 유의할 점은 자연법의 '재판 규범성'에 관한 것이다. 법의 가장 중요한 특성은 일반성(계약과 같이 당사자 사이에서만 구속력을 가지는 것이 아니라 법의 적용을 받는 모든 사람에게 효력을 미침), 지속성(계약과 같이 당해 계약에서의 적용이 끝나면, 그 효력이 상실되는 것이 아니라 법이 효력을 유지하는 한 장래 세대에도 효력이 미침), 강제성(위반 시에는 강제력을 동원할 수 있음)이고, 이 세 가지 특성을 동시에 보여 주는 것이 법의 재판 규범성이다. 법학적 차원에서 자연법에 관한 논의는 결국 자연법이 재판을 통한 강제가 가능한지에 관한 것이다. 그런데 앞에서 보았듯이 자연계시로서의 자연법은 그를 위반하였을 경우 최종적으로 하나님의 심판이 있을 것이라고 하고, 실정법의 대향으로서의 자연법도 예외적인 경우이지만 재판 규범으로 기능하는 경우가 있다고 하므로 이러한 점에서 자연법에 관한 논의는 법학적 차원으로 포섭될 수 있다. 만일 자연법 논의에서 재판 규범성을 배제한다면, 그러한 논의는 '도덕철학'에 불과하다고 하겠다.

다시 인간의 '망가진 이성', 칼뱅의 표현에 따르면 '부분적으로 약해지고 부분적으로 부패한 이성'으로 '자연법'을 알 수 있는가에 관해서 살펴보자. 먼저 아퀴나스는 인간의 남겨진 이성으로 "(인간의) 마음에 새긴 율법"(롬 2:15)인 자연법을 알 수 있다고 주장한다. 아퀴나스가 말하는 바는 인간의 이성으로 '자연계시의 하나로서의 자연법'뿐 아니라 '실정법의 대향으로서의 자연법'도 알 수 있다는 의미로 생각된다. 이에 대해 반드루넨은 "아퀴나스에게 있어서 은혜가 자연에 더

하여 필요한 근본적 이유는 죄의 타락으로 인한 자연의 부패 때문이 아니라, 자연 자체에 본래부터 있는 한계 때문이다. 죄가 타락 이후의 세상에서 은혜의 필요를 심화시켰지만, 아퀴나스의 자연-은혜 구조는 타락 이전과 이후에 본질적인 모든 측면에서 동일하게 남아 있다"[97]라고 말한다. 반드루넨의 설명에 따르면, 아퀴나스는 타락 이전과 이후의 인간 이성이 본성적으로 동일하다고 생각하기 때문에 아담과 하와의 범죄 이후에도 인간이 자연법을 이해할 수 있다고 주장한다는 것이다. 하지만 반드루넨은 칼뱅이 자연법에 대해 아퀴나스와는 다른 의견을 가지고 있었다고 설명한다. 그는 "칼뱅은 죄로 인한 타락에 의해 생겨난 자연 질서의 일반적인 왜곡을 확인했다. 이 왜곡은 또한 인간의 이성에 퍼져서 하나님의 형상을 손상시키고 지식과 이성의 사용마저도 부패시켰다. 이것 때문에 칼뱅은 죄가 하나님에 대한 자연적 지식을 불충분하게 만들고, 결과적으로 도덕적 이해가 계시된 성문법을 요구한다고 강조했다"[98]라고 말한다. 이는 하나님의 자연계시 덕분에 창조주 하나님의 존재와 심판에 대해 인간이 핑계 대지 못할 정도로 지식을 제공하는 법(자연법)을 인간이 찾아내는 것은 가능하나, 이성이 망가진 탓에 구원의 길을 제공하거나 온전한 도덕적 질서를 세우는 데 필요한 법(자연법)을 찾아내어 인간 공동체의 규범으로 만드는 것은 불가능하다는 것을 뜻한다. 엘륄도 인간에게 남겨진 이성은 자연법뿐 아니라 정의나 법을 이해하기에도 불충분하다고 주장한다.[99] 더 나아가 바르트는 자연법에 최종 권위를 주어 인간 공동체를 규율하는 것이 환상일지도 모른다고 결론 내린다. 그의 견해는 다음과 같다.

교회는 그런 방식으로는 확실히 시민 공동체에 봉사하지 못한다. 왜냐하면 시민 공동체에 결여된 것은(하나님 말씀과 영에 대한 중립성 안에서) 소위 자연법이 제공할 수 있는 그 이상의 보다 견고하고, 보다 명확한 정치적 결단을 위한 동기 부여이기 때문이다. '자연법'이란 말로써 우리는 '본성상', 즉 어떤 그럴 법한 전제에 따라 보편적으로 어떤 사람이 옳거나 그르다고 생각하고 어떤 사람이 필요하거나 허용되었거나 금지되었다고 생각하는 것의 구체화를 의도한다. 그것은 하나님의 자연 계시 즉 자연적인 수단으로 사람에게 알려지는 계시와 관련되어 왔다. 그리고 자체로서의 시민 공동체 - 아직 혹은 더 이상은 그 중심으로부터 해명되지 않는 시민 공동체 - 는 의심할 바도 없이 이 같은 단적인 자연법에 근거하여 또는 자연법으로 여겨지는 항소 법원의 특별한 개념 규정에 근거하여 생각하고 말하고 행동할 수밖에 없다. 시민 공동체는 자연법의 이런저런 해석에 대한 몇몇 강력한 주장들을 추정하거나 수용하는 활동에 그치게 된다. 시민 공동체가 할 수 있는 모든 것은 시민 공동체가 '자연법'으로부터 이끌어 낸 확신들을 암중모색하고 시험하는 것이다. 그러나 그것을 최종적 권위로 삼아 의존하고 따라서 항상, 개방적으로든 비밀리에든, 다소간 정제된 실증주의의 왕성한 사용을 야기시키는 것이 결국은 환상이 아닐 수 있을는지는 결코 알 수 없다.[100]

어쨌든 인간은 망가졌지만, 하나님이 남겨 주신 선물들 덕분에 정치, 경제, 사회, 문화를 이룰 수가 있었다. 이 남겨진 선물들만으로도 인간은 자신들이 생각하기에도 놀랍기 짝이 없는 제도와 문명을 구축할 수 있었다. 이것들도 모두 하나님의 은혜의 산물이다. 하나님이 선물들을 남겨 두지 않으셨다면 불가능했을 것들이다. 전적 타락으로 인해 남은 이성의 작은 불꽃만으로도 이러한 일을 할 수 있었는데, 범죄를 저지르기 전 인간의 상태라면 얼마나 놀라운 일을 성취할 수 있었을까? 더 나아가 부활하여 창조 본연의 회복을 넘어 새 창조 본연에 참여한 이후에 누릴 축복은 얼마나 엄청날까? 이러한 점들을 생각하면, 하나님의 능력과 은혜가 무궁하다고 하지 않을 수 없다.

3장

선의
질서와 내용

1. 하나님의 선과 창조 본연의 인간의 선

(1) 선이신 하나님

하나님은 본래적 선이시므로 다른 무엇에 의존할 필요가 없고, 그 자체로 선택되실 뿐 다른 것으로 인해 선택되는 일도 없으시다. 본래적 선이신 하나님이 계셔야만 다른 선한 것이 존재할 수 있고, 하나님으로 말미암아야만 하나님 이외의 존재가 저마다의 온전한 선을 향해 나아갈 수 있다. 한편, 하나님은 '최고선(最高善)', '절대선(絶對善)', '지고선(至高善)'이시므로 다른 무엇을 더 보탤 필요가 없을 뿐만 아니라 다른 무엇에도 의존하지 않는 충만이시다. 지고선이신 하나님은 충만 그 자체이시므로 자신을 채우려고 하시지도 않고 채우실 필요도 없다. 오히려 하나님은 선이요 사랑이시므로 옹달샘 물이 계속 흘러넘치듯이 끊임없이 자신을 나누어 주려고 하시고, 나누어 주시고 난 뒤에도 결핍이 없다. 하나님의 창조는 나누어 주시려는 하나님의 사랑에서 시작되었다. 창조는 하나님의 사랑이다.

(2) 창조 본연의 인간의 선

① 창조 본연의 인간의 선 : 생명(영생)과 하나님 닮은 성품

하나님의 피조물은 자신의 창조주이자 최고선이신 하나님께 절대 의존해야 한다. 이것이 신앙의 출발점이다. 인간은 에덴동산에서 하나님으로부터 선한 것, 다시 말해 '하나님의 형상'을 선물로 받았으므로 선의 문제가 없었다. 하나님은 선이시므로 선악과 명령을 위반하기 전의 인간은 하나님과의 관계에서 '선 자체'는 아니지만, '선한 존재' 또는 '선한 것'이었다. 이러한 인간 존재의 상태를 '창조 본연'이라고 한다. 그런데 인간은 선악과 명령을 위반함으로써 부여받았던 선을 상실하였고, 그 회복을 갈망하게 되었다. 이제 인간에게 있어 선을 이룬다는 것은 창조 본연을 회복하고 새 창조 본연에 참여하는 것, 다시 말해 범죄로 말미암아 빼앗겼던 것을 되돌려받는 것을 넘어 예수님이 성취하신 새 창조 본연에 참여하는 것이라고 할 수 있다.

그럼, 인간이 창조 본연을 이룬다는 것, 다시 말해 창조 본연을 회복하고 새 창조 본연에 참여한다는 것은 어떤 의미인가? 자동차를 가지고 설명해 보겠다.

가솔린차에 경유를 넣으면 '좋지 않다(惡)'고 말하고, 가솔린을 넣으면 '좋다(善)'고 말한다. 반대로 경유차에 가솔린을 넣으면 좋지 않다고 말하고, 경유를 넣으면 좋다고 말한다. 이처럼 가솔린과 경유는 가솔린차나 경유차로 하여금 그 본성을 이루게 하므로 선한 것이 된다.

한편, 자동차의 제조 목적은 전시(展示)가 아니라 주행하는 데 있다. 주행을 위해 제조한 자동차를 단순히 전시만 하는 것은 좋지 않다고 할 것이고, 비록 운행함에 따라 점차 낡기는 하겠지만, 자동차가 도로 위를 질주할 때 비로소 좋다고 할 것이다. 그리고 도로를 주행하기 위해서는 차량이 문제없이 달릴 수 있도록 잘 정비되어 있어야 좋은 것이고, 더 나아가 차주가 운전하는 것이 좋은 것이다. 주인이 차량을 운전하는 경우와 도둑이 차량을 운전하는 경우 어느 쪽이 더 좋은지는 물어볼 필요도 없다. 그러므로 가솔린차가 그 본연을 온전히 이루려면 정비가 잘되어 있는 상태에서 가솔린을 주유한 다음, 차량의 주인이 운전석에 앉은 상태에서 도로를 달려야 한다. 결론적으로, 자동차는 그 차종에 맞는 기름을 넣고 정비가 잘된 상태에서(차의 본성 실현), 차량의 주인이 운전하여 도로를 질주할 때(차의 목적 달성), 다시 말해 그 본성과 목적에 합치될 때 자동차의 본연을 이루었다고 할 수 있다. 그것들을 합치면, 자동차의 선이 된다. 이를 인간에 대입시켜 보면, 인간이 그 본성과 목적에 부합될 때 창조 본연을 이루었다고 할 수 있다. 따라서 인간이 창조 본연을 이룬다는 것은 인간 존재의 본성과 창조 목적을 이루는 것이라고 할 수 있고, 이것이 바로 인간의 선이다.[101]

한편, 아담과 하와의 범죄 이후 인간은 하나님의 자리를 도둑질하여 운전석에 앉아 있다. 이로 인해 인간은 자신이 자신의 주인이라고 생각한다. 하지만 이는 창조의 질서에 부합하지 않는다. 또 인간은 자신 이외의 사람의 주권에 관해서는 인정할 생각이 없다. 자신이 우주의 주권자라는 과대망상을 하고 산다. 그러다 보니 인간 공동체는 갈등과 충돌이 끊이지 않는다. 하나님이 인간의 주인 되심을 인정하는 것,

인간은 모두 하나님의 하나님 앞에 평등하다는 것, 이것들은 질서의 출발점이다. 따라서 질서는 공동체의 선이 된다.

위에서 보았듯이 창조 본연이란 인간 존재의 본성과 창조 목적에 합치되는 것이다. 인간이 창조 본연을 이루기 위해서는 '하나님의 형상'을 온전히 회복해야 한다. 하나님의 형상은 인간에게 있어서 필요 불가결한 선이다. 칼뱅은 "하나님의 형상은 사람 밖에서가 아니라 사람 안에서 찾아야 한다. 실로 그것은 영혼의 내적 선(善)이다"[102]라고 말한다.

기독교 신학은 인간의 목적이 '하나님을 영화롭게 하고, 영원토록 그를 즐거워하는 것'이라고 한다. 이 말을 하나님의 견지에서 다시 쓰면, 하나님이 인간을 창조하신 목적은 인간과 '교제'하시기 위함이고, 교제의 궁극에는 하나님과의 연합이 있다는 것이다. 인간의 목적을 이루기 위해 하나님께서 인간에게 부여하신 것이 자유와 자유 의지이다. 하나님은 인간이 로봇과 같이 프로그램된 대로 행동하시기를 원하지 않으셨고, 자유 의지를 통해 하나님과 교제하시기를 원하셨다. 이것이 인간을 향한 하나님의 목적이다. 그럼, 하나님과 교제하기 위한 조건은 무엇인가? 그 조건은 첫 번째로, 하나님 앞에 설 자격을 갖추는 것이고, 두 번째로 하나님과 교제할 능력(인격과 성품)[103]을 갖추는 것이다.

우선, 하나님 앞에 설 수 있으려면 설 자격을 부여받아야 한다. 그 자격은 무엇인가? 그것은 바로 거룩함이다. 하나님은 거룩하시므로 피조물이 하나님 앞에 설 수 있으려면 거룩해져 있어야 한다. 거룩하지 않은 자는 거룩하신 하나님 앞에 설 때 죽음을 각오해야 한다. 달에 착륙한 우주인들이 태양광에서 살아남기 위해서 우주복을 입어야 하듯이 거룩하신 하나님 앞에 설 때는 반드시 거룩함의 옷을 입어야 한다. 하지만 그 옷은 우리가 준비할 수 없으며 하나님으로부터 받아야만 한다.

한편, 하나님과 교제하려면 하나님을 닮은 인격과 성품을 가지고 있어야 한다. 하나님의 인격과 성품을 닮지 못하면 하나님과 교제할 수 없고, 하나님과의 연합을 이룰 수 없다. 하나님이 자기 형상을 따라 인간을 창조하셨다는 성경 말씀은 바로 이것을 의미한다. 애완견을 예로 들어 보자. 인간과 애완견이 서로 교제한다고 할 수 있을까? 그렇다고는 못할 것이다. 애완견이 인간과 교제하기 위해서는 '인간의 형상', 다시 말해 인간의 인격과 성품을 닮아야 하는데 애완견은 그러한 것들을 가지고 있지 않다. 주인이 애완견을 헤아리는 것과 애완견이 주인을 헤아리는 것은 절대 같을 수가 없다. 더 나아가 애완견은 주인에게 반역하여 주인의 자리를 넘보지 못한다. 하지만 인간은 하나님께 반역할 수가 있고, 끝내 하나님의 자리를 넘보고 말았다. 이것이 바로 하나님이 인간과 교제하기 위해 그들을 하나님의 형상대로 만드셨다는 결정적인 증거다.

그러므로 인간에게 창조 본연이란 의로움을 인정받고, 생명(영생)을 얻어 최고선이신 하나님의 인격과 성품을 닮는 것이다. 그런데 의로움과 영생, 하나님을 닮은 인격과 성품은 다름 아닌 아담과 하와가 선악과나무 열매를 따 먹은 뒤 상실한 것이다. 아담과 하와는 선악과나무 열매를 따 먹기 전에는 생명나무 열매를 마음껏 먹을 수 있었고, 아직 범죄(불의)를 저지르지 않아 죽음이 찾아오기 전이므로 하나님과 교제할 자격을 가지고 있었다. 한편, 아담과 하와는 선악과를 따 먹기 전까지는 하나님이 주신 창조 본연의 인격과 성품을 온전히 보유하고 있었으므로 최고선이신 하나님의 형상을 좇아 인격과 성품을 완성해 가기만 하면 되었다. 칼뱅도 "하나님이 태초에 우리를 자기의 형상대로 형성하신 것은(창 1:27) 우리의 마음을 들어 올려 **덕성**에 대한 열심과 **영생**에 대한 묵상에 이르게 하시려는 뜻(굵은 글씨체는 필자의 강조)"이었다고 말한다. 하지만 아담과 하와는 자신들의 자유 의지를 잘못 사용하여 범죄에 이르렀고, 이후 하나님 앞에 설 수 있는 자격인 거룩함과 생명을 잃었을 뿐만 아니라 '인격과 성품'(칼뱅의 표현에 따르면 덕성)이 부패하고 타락하여 하나님의 인격과 성품을 닮아 갈 능력조차 상실하였다. 인간이 놀랄 만한 문명을 이룰 수는 있을지 모르나 자신들의 힘만으로는 하나님이 의도하신 인격과 성품을 이룰 수 없게 되어 버린 것이다. 인간의 본연이 그 자격 및 인격과 성품의 측면에서 하나님과의 교제를 이룰 수 없는 상태가 되어 버렸다고 할 수 있다. 이를 '인간의 전적 타락'이라고 한다.

이러한 전적 타락 상태에서 우리가 하나님과의 교제를 회복하려면 먼저, 거룩하신 하나님 앞에 설 자격인 거룩함, 다시 말해 '의롭다는 선언에 따라 회복된 생명'을 가져야 하는데, 그것이 바로 '구속(救贖) 또는 속량(贖良)의 성취'다. 한편, 의롭다는 선언인 '칭의'로 인해 구속의 성취를 이룬 사람들은 하나님과 예수님을 좇아 인격과 성품을 완성해 나가야 한다. 결국, 전적 타락 이후 인간이 선을 이루기 위해서는 구속의 성취 및 인격과 성품의 완성 양 측면을 모두 고려해야 하게 되었다. 이것이 바로 창조 본연을 회복하고 새 창조에 참여하는 출발점이다.

선이란 인간 존재의 본연을 이루게 하는 것이라고 했으므로, 결국 선을 이룬다는 것은 인간으로 하여금 구속의 성취 및 인격과 성품의 완성을 이루게 하는 것이 된다. 이는 자신뿐만 아니라 다른 사람도 구속의 성취 및 탁월한 인격과 성품을 만들어 나갈 수 있도록 돕는 것을 의미한다. 그러므로 기독교에서 최종적으로 선을 이룬다는 것은 사람들을 구제하거나 사람들에게 자선을 베푸는 등의 선행을 하는 것이 아니다. 기독교에서 최종적으로 말하는 선은 자신뿐만 아니라 다른 사람에게도 구속의 성취 및 인격과 성품의 완성을 이루게 하는 것이다. 이렇게 보아야만 그 자체로는 선이 아닌 고난(苦難)도 우리의 인격과 성품을 하나님의 선에 이르게 하는 한에서 선한 도구가 된다고 할 수 있다. 기독교는 고난을 악이 아닌 선한 것 또는 가치 있는 것으로 받아들인다.[104] 이것이 사도 바울로 하여금 "우리가 환난 중에도 즐거워하나니 이는 환난은 인내를, 인내는 연단을, 연단은 소망을 이루는 줄 앎이로다"(롬 5:3~4)라고 고백하게 만든 것이다.

위에서 언급했듯이 '구속의 성취'와 '하나님을 닮은 인격과 성품의 완성'은 인간 스스로 결코 해결할 수 없는 문제다. 다시 말해 전적으로 타락한 인간은 자신의 의지와 능력으로는 구속을 이룰 수가 없을 뿐만 아니라 새 창조 본연의 인격과 성품을 이룰 수도 없고, 더 나아가 다른 사람들이 온전한 선을 이루게 할 수도 없다. 하지만 사랑이신 하나님은 인간의 비참함을 그냥 두고 보지 않으시고 문제 해결의 길을 마련해 놓으셨다. "누구든지 주(예수)의 이름을 부르는 자는 구원을 받으리라"(롬 10:13)라고 약속하신 것이다. 이 말씀에 따르면, 자신의 죄인 됨과 죄성을 회개하고 예수님을 자신의 구세주로 영접함으로써 성령으로 거듭난(중생한) 기독교인들은 구속의 성취 문제가 이미 해결되었다. 다시 말해, 하나님 앞에 설 자격을 이미 부여받았다. 그 렇다면 기독교인들에게 남는 것은 아담과 하와가 범죄하기 이전부터 인간에게 계획되어 있던 인격과 성품을 완성해 나가는 것이고, 이는 최고선이신 하나님과 예수님의 선을 닮아 가는 것이다. 이것이 "모든 것이 합력하여 선을 이루느니라"(롬 8:28)나 "선을 이루고 덕을 세우도 록 할지니라"(롬 15:2)라는 말씀이 뜻하는 바다.

② 칭의와 영화 : 모든 것이 합력하여 선을 이룬다

구속의 성취를 이룬 기독교인이라 하더라도 이 땅에서 사는 동안 은 하나님과 예수님의 인격과 성품을 완벽하게 닮을 수가 없다. 이는 우리 힘만으로는 선을 온전히 행할 수가 없다는 것을 의미한다. 그 래서 바울은 자신의 비참한 처지를 깨닫고 "내가 원하는 바 선은 행 하지 아니하고 도리어 원하지 아니하는 바 악을 행하는도다"(롬 7:19), "오호라 나는 곤고한 사람이로다"(롬 7:24)라고 절규한 것이다.

하지만 걱정할 것 없다. 하나님이 우리를 위한 구속 계획을 세우 고 섭리하고 계신다. 예수님도 순도 100%의 육신으로 오셔서 100% 의 선을 이루심으로써 맏아들로서 모범을 보이셨고, 지금도 하나님 우편에서 우리를 위해 간구하고 계신다(롬 8:34). 또 성령이 "처음 익은 열매"(보증금)[105]로서 주어졌고, 연약한 우리를 위해 "말할 수 없는 탄 식으로" "하나님의 뜻대로" 간구하고 계신다(롬 8:26~27). 피조물(우주 만 물)도 탄식하며 죄에서 벗어난 하나님의 아들들이 하루라도 속히 나 타나기를 고대하고 있다(롬 8:18~23). 게다가 우리에게 주어진 고난(환 난, 곤고, 박해, 기근, 적신, 위험, 칼)은 하나님과 예수님의 사랑에서 우리를 끊을 수 없다(롬 8:35~39). 오히려 고난은 우리로 하여금 구속의 확신을 더하게 할 뿐 아니라 하나님과 예수님의 인격과 성품을 더욱 닮아 가게 한다. 이와 같이 성부 하나님의 섭리하심, 성자 예수님의 중보하심, 성령 하나님의 보증금 지급과 간구하심, 우주 만물의 탄식, 우리에게 주어진 고난 등, 이 '모든 것'이 합력하여 우리의 선을 이루게 한다. 다시 말해, 우리로 하여금 날마다 구속의 확신을 더해 가게 할 뿐 아니라 하나님과 예수님의 인격과 성품을 닮아 가는 성화를 이루게 한다. 그로 인해 하나님 나라의 시민은 복 있는 사람, 다시 말해 하나님과 예수님을 영화롭게 하고 영원토록 그를 즐거워하기 위해 열심을 내는 사람이 되어 간다.

이상의 점들을 요약한 것이 "우리가 알거니와 하나님을 사랑하는 자 곧 그의 뜻대로 부르심을 입은 자들에게는 모든 것이 합력하여 선을 이루느니라"(롬 8:28)라는 말씀이고, 이는 "하나님이 미리 아신 자들을 또한 그 아들의 형상을 본받게 하기 위하여 미리 정하셨으니 이는 그로 많은 형제 중에서 맏아들이 되게 하려 하심이니라 또 미리 정하신 그들을 또한 부르시고 부르신 그들을 또한 의롭다 하시고 의롭다 하신 그들을 또한 영화롭게 하셨느니라"(롬 8:29~30)라는 말씀과 결론에 있어서는 뜻이 같다고 볼 수 있다. 다시 말해, 로마서 8장 28절과 29~30절은 병행 구절이라고 할 수 있다.

즉 29절의 '하나님이 미리 아신 자들'과 30절의 '미리 정하신 그들'은 28절의 '그의 뜻대로 부르심을 입은 자들'을 좀 더 상세히 설명한 것이고, 30절의 '부르신 그들을 또한 의롭다 하시고 의롭다 하신 그들을 또한 영화롭게 하셨느니라'는 앞 절의 '선을 이루느니라'를 좀 더 상세히 설명한 것이라고 볼 수 있다. 뒤의 29~30절 말씀은 온전히 선을 이루기까지 성도가 겪게 되는 단계, 즉 최종적으로 영화롭게 되기까지의 단계(부르심, 중생, 회심, 청의, 성화, 견인, 영화)를 보여 주는 것이다. 그중 부르심에서 칭의까지의 단계는 '구속의 성취'에 해당한다고 할 수 있고, 성화부터 영화까지 이르는 단계는 '인격과 성품의 완성'에 해당한다고 볼 수 있다. 이처럼 단계를 나열한 목적은 믿음이 성장해 나감을 보여 주기 위한 것도 있지만, 우리의 믿음이 결코 뒤로 물러서지 않음을(히 10:39), 다시 말해 하나님과 예수님의 사랑에서 절대 끊어지지 않음을 강조하기 위함이다.

'구속'과 '영화'를 합쳐 '구원'이라고 하는데, 이는 성부 하나님, 성자 예수님, 성령 하나님과의 '삼위일체적 연합'을 통해 얻게 된다. 특히 칭의에 이르는 구속과 성화를 통한 영화라는 '이중 은총'은 "불가분의 관계에 있으며 둘 사이에 시간적 간격은 존재하지 않고, 둘 중 하나를 받으면서 다른 은총은 받지 않는 경우는 불가능하다."[106] 그렇다면 삼위일체이신 하나님과의 연합을 통해 성취되는 구원을 이루기 위해서는 단순히 죄 사함(청의=속량=구속)을 받는 것만이 아니라 하나님과 예수님의 인격과 성품을 닮아 가는 성화도 필수적이다. 그런데 하나님과 예수님의 인격과 성품을 두 가지로 압축한다면, 사랑과 공의(정의)라고 할 수 있으므로, 성부와 성자의 인격과 성품을 닮아 가야 하는 기독교인들도 사랑과 공의(정의)의 인격과 성품을 이루어 가거나 그러한 삶을 살아야 한다. 정의에 한해서 말하자면, 정의로운 인격 및 성품과 정의로운 삶은 기독교인에게 있어 선택 사항이 아니라 구원이라는 이중 은총을 받은 데 대한 필연적인 결과물이다.[107]

2. 선의 질서

(1) 최고선, 개인선 및 공동체의 선

① 최고선이자 본래적 선이신 하나님

하나님은 선이시다. 하나님은 선 그 자체이시므로 무엇으로부터 선을 받아서 채워야 하거나 다른 선에 의존할 필요가 없는 본래적 선이시다. 본래적 선은 그 자체로 선택되기 때문에 다른 선의 수단이나 도구가 되지 않는다. 반면에 인간을 비롯한 하나님의 피조물은 하나님으로부터 선을 공급받아야 하고, 이를 통해 선한 존재가 된다. 지구의 모든 생물이 태양 빛을 공급받아야 하고, 이를 통해 생명을 유지하는 것과 같다고 할 수 있다. 그러므로 하나님의 피조물이 보유하고 있는 선은 '전래적(傳來的) 선'이다. 전래적 선은 본래적 선이 아니므로 본래적 선에 의존하지 않으면 선한 상태를 유지할 수가 없다.

본래적 선과 전래적 선은 선의 질서를 전제한다. 이는 피조물들의 선이 하나님으로부터 만들어지는 것을 전제하면 지극히 당연한 귀결이다. 선의 질서 중 최고 위치에 있는 선을 '최고선(절대선, 지고선)'이라 하고, 그 이하의 선을 '하위선'이라고 한다. 선의 질서의 궁극에는 본래적 선이신 하나님이 존재하시고, 그다음으로는 전래적 선인 인간의 구원과 그것을 이루는 데 필요한 선들이 자리를 차지한다. 하나님의 계시가 없으면 인간으로서는 선의 질서의 궁극에 존재하는 최고선을 결코 알 수가 없고, 하나님의 계시가 있더라도 인간의 한계상 그 일부밖에 알 수 없다.

그리고 하나님의 선은 삼위일체의 선이므로 '공동선(共同善)'이다. 하지만 인간의 선은 원칙적으로 개인선이다. 그러므로 하나님과 연합되지 않는 이상 공동선을 완성할 수 없다.

② 개인선

토마스 아퀴나스에 의하면 개인선은 궁극적으로 '나에게 이해된 선 또는 나의 선'이다.[108] 개인선에는 먼저, '구원으로서의 선'(이하 '구원-선')이 있다. 아담과 하와의 범죄로 인해 타락한 인간은 칭의를 통해 '구속'함을 얻은 뒤 하나님과 예수님의 인격과 성품을 닮아 가는 '성화' 단계에서 삶을 살아가고, 부활 때에 '영화'의 단계를 완성한다. 이를 총칭하여 '구원'이라고 한다. 로마서 8장 28절의 "모든 것이 합력하여 선을 이루느니라"에서 '선을 이룬다'는 것은 결국 '구원을 이룬다'는 의미라는 점은 앞에서 본 바와 같다.

그러므로 구원-선은 두 가지로 구분된다. 먼저, 하나님께 절대적으로 의존하여 얻게 되는 '구속으로서의 선'(이하 '구속-선')이 있다. 보통 '영생'이라고 한다. 다음으로, 구속함(영생)을 얻은 기독교인들이 하나님과 예수님을 닮은 인격과 성품이 되어 가면서 이루어지는 선이 있다. '인격 및 성품-선'(이하 '성품-선')이라고 하자. 성품-선을 이루어 나가기 위해서는 인간의 의지와 노력이 필요하고, 때로는 고통이나 환난을 통해서도 성품-선이 단련되어 간다. 하지만 성품-선을 완성하기 위해서는 하나님의 도우심이 절대적으로 필요하다. 특히 성품-선의 최종 상태인 영화는 하나님의 도우심이 없이는 절대 이루어지지 않는다.

요약하면, 구원-선은 구속-선과 성품-선으로 나눌 수 있다. 비기독교인들은 구속-선을 모를 뿐 아니라 인정하지도 않으므로 그들에게 개인선은 성품-선밖에 없고, 그 의미도 성화와 영화를 이룬 상태가 아니라 지적 또는 도덕적으로 탁월한 상태를 의미한다.

다음으로, 구원-선과 성품-선을 이루는 데 필요한 수단적 선들이 있다. 이 땅에 사는 인간들에게는 죽음에 이르기 전까지 구원의 기회가 주어진다. 이러한 기회를 얻기 위해서는 무엇보다도 '육신의 생명'(이하 '생명'으로 쓰고 '영생'은 구속-선을 의미하는 것으로 함)이 유지되어야 하고, 자유와 물질적 조건을 부여받아야 한다. 더 나아가 인간은 생명, 자유, 재산에 관한 권리를 향유하기 위해 공직에 임하거나 사회적 활동을 통해 권리와 의무를 맺어 간다. 이러한 생명, 자유, 재산(소득과 부), 공직과 영광, 권리와 의무는 구원 다음으로 중요한 선이 된다. 이는 정의론에서 분배의 중요한 대상이 되는 것으로 '사회적 가치로서의 선'(이하 '사회적 가치-선')이라고 한다.

③ 공동체의 선[109]

선이란 존재의 본연을 이루는 것이고, 인간에게 있어 본연을 이룬다는 것은 인간의 창조 본연(본성과 창조의 목적)을 이루는 것임은 앞에서 살펴보았다. 이것이 바로 '개인선'이다. 이러한 개인선에서 보면 공동체의 선이란 공동체가 그 본연을 이루는 것이 될 텐데, 공동체는 인간과 같은 본성을 가지지 않으므로 결국 공동체의 선을 이룬다는 것은 공동체 본연의 목적을 이루는 것을 의미한다고 하겠다. 공동체 본연의 목적은 공동체 구성원들이 선을 이루는 데 이바지하는 것이므로, 결국 공동체의 선은 '공동체가 그 구성원 각자가 선을 이루도록 돕기 위한 탁월한 상태'라고 하겠다. 특히, 기독교인에게 공동체의 선이란 '개인이 구속-선과 성품-선을 이룰 수 있도록 돕기 위한 탁월한 상태'라고 할 것이다.

인간이 구원을 이루고, 사회적 가치를 획득하거나 보호받기 위해서는 공동체의 목적이 설정되고, 그 목적을 달성하기 위한 환경이 조성되어야 한다.

우선 공동체, 특히 국가의 목적이 무엇인지에 관해서는 다양한 의견이 제시되고 있으나 가장 기초적인 목적은 질서 유지다. 왜냐하면 질서는 자유주의자가 주장하는 공동체의 목적인 '번영과 공정' 및 공동체주의자가 주장하는 '도덕성 함양'을 이룰 수 있게 하는 기초가 되기 때문이다. 어쨌든 공동체로서는 질서 유지를 포기할 수 없다.

다음으로, 공동체의 환경을 보자. 개인에게 주어진 생명, 자유, 재산을 정당하게 향유하도록 하고, 시민적 덕성을 형성하도록 하기 위해서는 외면적 선으로서 공동체의 환경이 조성되어야 한다. 그러한 환경에는 도로, 교통 시설, 공원 등과 같은 물적 환경과 정치 제도, 공직 제도, 경제 제도, 교육 제도, 종교 제도 등과 같은 사회 제도적 환경이 있다. 공동체의 목적을 선언하고 개인들이 분배받은 사회적 가치를 향유함에 있어 한계를 설정하며 공동체적 환경(물적 및 사회 제도적 환경)을 조성하고 규율하기 위해서는, 다시 말해 공동체적 환경에 질서를 부여하기 위해서는 '규범(도덕과 실정법)'이 필요하다. 그렇게 공동체의 목적뿐 아니라 공동체의 환경에서도 질서가 중요하다는 점이 드러난다. 결국, 공동체의 선 중에 근본적이고 필수적인 것은 질서라고 하겠다.

하나님을 주권자로 섬기지 않는 인간 공동체에서 '질서로서의 선'(이하 '질서-선')은 창조 본연의 모습이 아니다. 그 이유는 아담과 하와가 범죄를 저지른 이후 인간이 하나님의 주인 됨을 부정하고 자신이 스스로의 주인이라고 주장하게 되었기 때문이다. 지금 인간은 인간의 주인이 누구인가에 관해 하나님과 충돌하고 있을 뿐 아니라 인간 상호 간에도 누가 인간의 주인이 될 것인지를 두고 충돌하고 있다. 마치 치킨 게임에서처럼 두 대의 차가 서로 마주 보고 상대를 향해 최고 속도로 질주하고 있는 꼴이다.

(2) 최고선과 하위선

최고선이신 하나님은 자신이 창조하신 만물에 선을 나누어 주신다. 이로 인해 선은 최고선과 하위선으로 단계를 이룬다.

하나님이나 신의 존재를 전제하지 않는 인본주의적 '덕 윤리론'에서는 하나님 대신 행복 또는 자유 등을 최고선의 자리에 앉히고, 그 하위에 성품-선, 사회적 가치-선 및 질서-선을 둔다. 그로 인해 인본주의적 덕 윤리론에서는 최고선의 하위선인 성품-선은 최고선(예를 들어, 행복)에 도달하기 위한 최상의 탁월한 상태를 의미하고, 구원을 이루어 하나님과 예수님의 인격과 성품을 닮아 가는 것을 의미하지는 않는다. 더구나 자유주의에서 사회적 가치 분배와 정의는 선의 실현이 아닌 개인의 권리 실현을 위하므로 선이나 선의 단계에 관해서는 논의하지 않는다. 하지만 기독교는 인간이 실현해야 할 목적이 최고선이신 하나님과의 연합에 있고, 이로써 선은 최고선이신 하나님과 하위선[구원-선(구속-선과 성품-선), 사회적 가치-선, 질서-선]이라는 선의 질서를 인정한다. 그렇다고 해서 기독교가 인간의 행복을 등한시하는 것은 아니다. 덕 윤리론처럼 행복 자체를 최고선이나 목적으로 삼지 않을 뿐이다. 기독교는 인간이 최고선이신 하나님과 연합하면, 땅의 한계 내에서 누릴 수 있는 행복(felicitas)을 넘어 하나님 나라에서 누릴 수 있는 지복(beattitude)의 경지에 이르게 된다고 가르친다. 다시 말해, 인간의 행복은 그 자체가 목적이 아니라 하나님과의 연합을 통해 얻어지는 선물인 것이다.

3. 성경 속의 선의 용법

이상에서 살펴본 바로는, 선은 '선이신 하나님'에게서 발현되어 인간에게는 '구원-선(구속-선과 성품-선)'이 되며, 공동체적으로는 '사회적 가치-선'과 '질서-선'으로 자리 잡는다. 결국, 선이라는 단어는 그 용법에 따라 선이신 하나님, 구원-선, 사회적 가치-선, 질서-선으로 구분할 수 있다.

한글 성경에는 선이라는 단어가 240여 번 등장한다. 원어로는 히브리어 '토브(tov)'와 헬라어 '아가톤(agathon)'[110]과 '칼론(kalon)'[111]이 모두 단일하게 '선(좋다)'으로 번역되어 있다. 하지만 그렇다고 해서 그 문맥의 의미도 단일하게 해석해야 하는 것은 아니다. 성경 말씀을 주의 깊게 살펴보면, 선이라는 용어의 문맥상 의미는 앞에서 본 바와 같은 4가지 유형으로 구분할 수 있다. 다시 말해 성경에서 사용된 선의 의미도 그 용법에 따라 선이신 하나님, 구원-선, 사회적 가치-선, 질서-선 등으로 구분할 수 있다는 것이다. 각각의 예는 다음과 같다.

(1) 선이신 하나님

먼저, 선이 하나님 자신을 의미하는 경우다. 그 예로는 "너희는 여호와의 선하심을 맛보아 알지어다"(시 34:8)[112], "여호와께서 이르시되 내가 내 모든 선한 것을 네 앞으로 지나가게 하고"(출 33:19), "너희는 이 세대를 본받지 말고 오직 마음을 새롭게 함으로 변화를 받아 하나님의 선하시고 기뻐하시고 온전하신 뜻이 무엇인지 분별하도록 하라"(롬 12:2), "악에게 지지 말고 선으로 악을 이기라"(롬 12:21) 등이 있다.

"악에게 지지 말고 선으로 악을 이기라"는 말씀을 보자. 이 말씀에서 선은 악의 대항으로서의 선이므로, 만약 위 말씀에서의 선의 의미를 사회적 가치-선으로 이해한다면, 그러한 선의 대항으로서의 악의 존재를 상정하기가 어려워진다. 예컨대, 가난을 겪고 있는 사람들에게 사회적 가치의 하나인 돈을 주는 것은 그 자체로 선이라고 할 수 있겠으나, '자발적 가난'을 선택한 사람에게는 돈을 주어 가난에서 벗어나도록 하는 것이 반드시 선으로 악을 이기는 것이라고 하기 어렵다. 결국, 위 말씀에서의 선은 적어도 구원-선이거나 궁극적으로는 선이신 하나님을 의미하는 것으로 봐야 한다. 이렇게 이해하면, 선으로 악을 이긴다는 것은 사람들로 하여금 구원을 얻게 하여 죽음이라는 악을 극복하게 하거나 하나님의 선으로 사탄의 악을 비롯한 세상 모든 악에 맞서 승리해야 한다는 뜻이 된다.

(2) 구원-선

구원-선은 아담과 하와의 범죄 이후에 인간이 회복해야 할 선으로, 이 선에는 영생을 얻는 구속-선과 하나님과 예수님의 인격과 성품을 닮는 성품-선이 포함된다. "무덤 속에 있는 자가 다 그의 음성을 들을 때가 오나니 선한 일을 행한 자는 생명의 부활로, 악한 일을 행한 자는 심판의 부활로 나오리라"(요 5:28~29)의 '선한 일'과 "모든 것이 합력하여 선을 이루느니라"(롬 8:28)의 '선'과 "내 속 곧 내 육신에 선한 것이 거하지 아니하는 줄을 아노니 원함은 내게 있으나 선을 행하는 것은 없노라"(롬 7:18)의 '선한 것'은 바로 구원-선을 의미한다. 구원-선을 이루는 유일한 길은 하나님이 우리를 의롭다고 해 주시는 것, 다시 말해 칭의(稱義)다.

"안식일에 선을 행하는 것과 악을 행하는 것, 생명을 구하는 것과 죽이는 것, 어느 것이 옳으냐"(막 3:4)고 물으신 예수님의 말씀에서 '선'은 구원-선 중 영생이거나 사회적 가치-선 중 육신의 생명이라고 할 수 있다.

"선을 행하되 낙심하지 말지니 포기하지 아니하면 때가 이르매 거두리라"(갈 6:9)는 말씀을 보자. 여기서 '선을 행함'의 의미가 사람들에게 재산이나 공직 등과 같은 사회적 가치를 주는 것이라고 한다면, 그것을 줄 수 없다고 해서 낙심할 일은 아니다. 오히려 그러한 시도를 한 것만으로도 자부심을 느낄 수 있을 것이다. 따라서 이 말씀에서 선을 행한다는 의미를 사회적 가치-선을 실천하는 것으로 본다면, 그러한 선을 행하다가 낙심하게 된다는 말씀과의 연결이 어렵다.

그러므로 여기에서 선을 행한다는 것은 일차적으로 사람들로 하여금 예수님을 믿어 생명을 얻도록 전도하는 것을 의미하고, 그다음으로 자신을 포함하여 생명을 얻어 구속함을 입은 사람들로 하여금 하나님과 예수님의 인격과 성품을 닮아 가게 하는 것이라고 할 것이다. 그렇다면 우리가 사람들에게 복음을 전하였으나 그 사람들이 즉시 복음을 받아들이지 않는다고 하여 낙심할 필요가 없다. 그 사람이 하나님이 선택하신 사람이라면, 언젠가는 복음을 영접하게 될 것이므로 그때까지 포기하지 말고 그 사람이 복음을 받아들일 수 있도록 계속해서 기도하고 사랑을 베풀어야 한다. 예수님을 구세주로 영접하여 생명을 얻은 하나님의 백성들은 하나님과 예수님의 인격과 성품을 닮아 가기 위해 힘을 다해야 한다. 하나님의 인격과 성품을 닮아 가는 것은 갈라디아서 5장 22~23절의 성령의 아홉 가지 열매와 같은 '성령의 열매'를 맺는 것으로 증명된다. 하지만 성령의 열매를 맺는 일은 쉬운 일이 아니다. 예수님을 구세주로 영접하고, 곧바로 성령의 열매를 맺지 못한다고 해서 낙심할 필요가 없다. 생명 있는 것은 언젠가는 그 살아 있음을 증명할 것이기 때문에 성령의 열매를 맺는 것에 대해서는 주인이신 하나님께 맡겨야 한다. 이것이 갈라디아서 6장 9절이 가르치고자 하는 바다.

한편, 창세기 4장 6~7절에서 하나님은 가인에게 "네가 분하여 함은 어찌 됨이며 안색이 변함은 어찌 됨이냐 네가 선을 행하면 어찌 낯을 들지 못하겠느냐 선을 행하지 아니하면 죄가 문에 엎드려 있느니라 죄가 너를 원하나 너는 죄를 다스릴지니라"라는 경고의 말씀을 내리셨다. 여기서 "선"은 일차적으로 하나님을 닮은 성품-선이라고 할 수

113

있다. 선으로써, 다시 말해 하나님을 닮은 인격과 성품으로 동생을 해치려는 악한 생각을 잠재우지 못하면 동생을 살해하는 악을 행할지도 모른다는 엄중한 경고의 말씀이다.

구원-선 중 영생을 얻는 구속-선은 한번 취득하면 결코 잃어버릴 수 없다. 하나님의 선택은 영원불변하시기 때문이다. 따라서 이를 '잃어버릴 수 없는 선'[113]이라고 할 수 있다. 하지만 아래에서 보는 구원-선 중 성품-선과 사회적 가치-선 및 질서-선은 한번 취득되었다고 해서 영구히 보유할 수 있는 선이 아니다. 이 점이 영생으로서의 선과 나머지 선의 중요한 차이점이다.

구원-선은 하나님과 인간 사이의 질서를 전제로 한다. 그 질서는 하나님이 제정하시는 것으로 성경을 통해 이해된다.

(3) 사회적 가치-선

선과 관련한 성경 말씀 중에는 선을 하나님이나 구속-선 의미로 이해하기 어려운 말씀이 있다. 성경에서 선은 사회적 가치-선을 실천하는 '선행'의 의미로 사용되는 경우가 많다. 예를 들어, 창세기 44장 4절에서 요셉이 형들을 뒤쫓아 가서 "너희가 어찌하여 선을 악으로 갚느냐"고 질책하는데, 여기서 '선'은 요셉이 그의 형들에게 베푼 선행을 의미한다. 그러므로 위 말씀의 의미는 요셉이 애굽인에게 이방인들로 취급받던 형들에게 곡식을 판매하는 등 선행을 베풀었으나, 형들은 요셉이 베푼 은혜에 감사하기는커녕 요셉이 점치는 데 사용하는 은잔을 훔쳐 감으로써 악행을 저질렀다는 의미다.

(4) 질서-선

선의 의미를 질서로 이해해야 하는 성경 말씀들이 있다. 먼저, "내 하나님이여 이 일로 말미암아 나를 기억하옵소서 내 하나님의 전과 그 모든 직무를 위하여 내가 행한 선한 일을 도말하지 마옵소서"(느 13:14)라는 기도를 보자. 느헤미야가 이러한 기도를 한 시점은 그가 바벨론의 고위직인 '술 관원'직을 내려놓고, 예루살렘의 총독으로 부임하여 성벽을 재건하고, 성전의 직무가 올바르게 수행되도록 하는 등 이스라엘 공동체의 개혁을 통해 하나님의 명령과 규례와 율례(법도)가 온전히 지켜지도록 정비하고 난 뒤였다. 느헤미야는 이 기도를 통해 자신이 행한 일을 한마디로 '선한 일'이라 평가한다. 여기서 '선한 일'이란 어떤 의미가 있을까? 일차적으로는 느헤미야가 이스라엘 공동체와 성전 직무 수행의 질서를 바로 세운 것이라고 하겠으나, 궁극적으로는 하나님에 대하여 느헤미야가 바친 충성, 다시 말해 성품-선으로 이해해야 할 것이다. 어쨌든 위 말씀에서 '선'은 질서-선의 의미도 내포하고 있다.

다음으로, "다스리는 자들은 선한 일에 대하여 두려움이 되지 않고 악한 일에 대하여 되나니 네가 권세를 두려워하지 아니하려느냐 선을 행하라 그리하면 그에게 칭찬을 받으리라"(롬 13:3)의 '선을 행하라'를 살펴보자. 선을 행하라는 말씀을 기독교인은 이웃을 전도하여 구원이라는 선을 이루게 하라는 말씀으로 받아들일 수 있다. 그러나 이 말씀을 포함하고 있는 로마서 13장 1~7절 말씀은 한 국가의 국민으로서의 삶의 태도에 관한 말씀이고, 그러한 국민 중에는 기독교인뿐 아니라 비기독교인도 포함되어 있다. 이러한 점을 고려한다면, 선을 행하라는 말씀은 우선 소극적인 의미로 국법 질서를 지켜 타인의 사회적 가치를 침범해서는 안 되고, 오히려 존중하고 배려하라는 뜻이고, 이같이 질서를 지키는 전제하에 적극적인 의미에서 공동체 구성원들에게 사회적 가치-선을 나누어 주는 선행을 하라는 의미로 해석함이 타당하다.

질서를 잡는다는 것은 각자에게 자신의 몫을 정당하게 나누어 주고(분배), 각자 받은 몫은 각자가 배타적으로 누리게 하며(향유), 누림에 방해가 있는 경우에는 바로잡아 주고(시정), 각자 받은 몫의 차이가 극단적일 경우에는 그 몫의 차이를 줄여 주는(재분배 또는 조정) 것이다. 위 개념을 압축하면, '각자의 몫을 각자에게'라고 할 수 있고, 이는 바로 흔히 인용되는 정의(正義)의 개념이 된다. 이를 볼 때, 질서-선 중 정치·사회적으로 가장 중요한 것은 정의라고 하겠다.

4. 성품 - 선과 덕(德)

(1) 가인의 길과 아벨의 길

칭의는 회개와 함께 시작된다. 회개와 동시에 우리는 하나님과 예수님의 성품을 닮아 가기 위한 출발점에 서게 된다고 하겠다.

회개의 의미에 관해서는 구약의 가인과 아벨, 신약의 탕자와 그 형의 이야기를 통해 살펴본다. 회개의 측면에서 보면, 구약의 가인과 아벨 이야기는 신약의 탕자와 그 형의 이야기와 같은 구조를 지닌 것으로 보인다.

먼저, 가인과 아벨의 이야기를 보자. 가인과 아벨의 아버지인 아담은 농부였다. 하나님이 아담과 하와를 에덴동산에서 쫓아내시어 그들로 하여금 그들의 근원인 땅을 갈게 하셨기 때문에 아담은 가시덤불과 엉겅퀴로 뒤덮인 땅에서 농부의 삶을 시작했다. 하지만 아담의 두 아들은 직업이 달랐다. 가인은 아버지의 가업을 이어받아 농부로서의 삶을 살았으나, 아벨은 목동이 되었다. 그가 어떻게 목동이 되었는지는 성경에 나와 있지 않다.

가인은 아버지의 말씀에 '순응'하며 농사일을 거들었고, 땅에서 소산이 나자 그것으로 제물을 삼아 하나님께 제사를 드렸다. 하지만 아벨은 양의 첫 새끼와 그 기름으로 제사를 드렸다. 창세기 4장 4절을 보면, "아벨은 자기도"라고 표현되어 있는데, 이 표현으로 미루어 보면, 아마도 아벨은 형이 하나님께 제사드렸다는 이야기를 듣고, '자기도' 제사를 드려야겠다고 생각한 것으로 보인다. 어쨌든 제사를 먼저 드린 쪽은 가인이었다.

육신의 아버지인 아담의 입장에서 보면, 하나님이 명하신 농부의 삶을 이어 가는 데다, 먼저 하나님께 제사를 드린 가인이 아벨보다 더 예뻐 보였을 것이다. 하지만 하나님은 가인의 제사는 받지 않으시고, 아벨의 제사만 받으셨다. 히브리서 11장 4절은 아벨이 믿음으로 가인보다 더 나은 제사를 드렸다고 전한다. 여기서 말하는 믿음이란 과연 무엇일까? 그 뜻을 신약의 탕자 이야기와 비교하면서 찾아보자.

탕자의 형과 아버지도 농부였다. 그런데 어느 날 탕자가 아버지에게 아버지가 죽으면 물려받게 될 유산을 당장 내놓으라고 하였다. 당시 풍습에 따르면, 부모가 죽기 전에 유산을 달라고 하는 것은 부모를 죽은 사람으로 취급하겠다는 것이어서 도저히 용납할 수 없는 패륜이었다. 하지만 아버지는 아들의 요구를 순순히 들어주었다. 잘 알다시피 탕자는 아버지로부터 받은 재산을 탕진한 다음 굶어 죽을 지경에 이르자 자신이 "하늘과 아버지께 죄를"(눅 15:21) 지었다는 것을 깨닫고, 잘못을 뉘우치며 아버지에게로 돌아갔다. 아들이 회개한 것을 알아본 아버지는 체통을 무릅쓰고 동구 밖까지 달려 나가 얼싸안고 맞아 주었을 뿐 아니라, 새 옷을 입히고 아들의 지위를 회복하는 반지를 끼워 준 다음 살진 송아지를 잡아 큰 잔치를 벌였다. 아버지는 전문 악사를 불러 연주하게 하고, 동네 사람들을 불러 함께 춤추며 환호성을 질렀다(눅 15:20~25).

한편, 탕자의 형은 밭에서 일을 마치고 뿌듯한 마음으로 집으로 돌아오는 길이었는데, 집에 가까워지자 집에서 울려 나오는 '풍악과 춤추는 소리'를 들었다. 무슨 일이 일어났다고 생각한 형은 집으로 들어가지 않고, 밖에서 한 종을 불러 자초지종을 물었고, 동생이 돌아왔는데 아버지가 크게 환대하며 성대한 잔치를 베풀었다는 이야기를 듣게 되었다. 그 순간, 탕자의 형은 그의 마음에 뿌듯함 대신 분노를 채웠고, 집에 들어가지 않았다. 종이 그 사실을 아버지에게 알렸는지 아버지가 달려 나와 큰아들에게 집으로 들어가자고 했지만, 탕자의 형은 요지부동이었다.

이 지점에서 가인과 아벨, 탕자와 그 형의 이야기를 서로 비교해 보

자. 가인과 탕자의 형은 아버지의 가업을 이어받아 농부로서의 삶을 산 데 비해, 아벨과 탕자는 농부의 삶을 버리고 목동이나 유랑자의 삶을 살았다. 아담이나 탕자의 아버지 입장에서는 아벨과 탕자가 몹시 걱정스러웠을 것이다. 어디에서 무엇을 하는지, 죽었는지 살았는지 소식이라도 듣고 싶었을 것이다. 탕자처럼 아벨도 아버지와의 불화로 집을 나갔다면, 아담의 걱정도 매우 컸을 것으로 보인다. 그런데 그런 아벨이 형이 제사를 드렸다는 소식을 듣고 달려왔다. 그가 돌아올 적의 마음에는 탕자처럼 하나님과 아버지께 죄지었음을 회개하는 마음이 있었을지도 모른다. 그러한 회개하는 마음을 보시고, 하나님은 아벨의 제사를 받으셨던 것이라 할 수 있을 것이다. 회개한 탕자를 환대한 탕자의 아버지처럼 말이다. "모세는 '여호와께서 아벨과 그의 제물은 받으셨으나'(창 4:4)라고 기록한다. 이 본문에서 모세는 여호와가 먼저 사람을 용서하시고 난 후에 그의 제물을 받으신다는 점을 기억하고 있음을 당신은 깨닫지 못하는가? 그러므로 우리로부터 나오는 행위가 하나님께 선하게 받아들여지기 위해서는 마음을 정결하게 하는 것이 앞서야 한다"[114]는 칼뱅의 말도 같은 취지라고 생각한다.

이에 비해 가인과 탕자의 형은 순종의 삶을 산 것이 아니라 자신들의 이해관계 때문에 팀 켈러의 표현대로 순응의 삶을 산 것에 불과하다고 생각된다. 다시 말해, 가인과 탕자의 형에게는 하나님이 아니라 그들 자신이 스스로의 주권자가 되어 있었던 것이다. 하나님의 주권을 인정하는 순종의 삶을 살았다면, 가인은 자신의 제사가 받아들여지지 않더라도 다시 믿음을 가다듬어 순종의 제사를 준비했을 것이고, 탕자의 형 역시 아버지가 함께 잔치에 들어가 회개한 동생과 함께 즐거움을 누리자고 그토록 권유하는데도 여전히 분노하며 밖에 서 있지는 않았을 것이다. 그들이 분노한 것은 그들 스스로 선악의 기준을 정할 수 있다는 망상에 빠져 있음을 보여 주는 명백한 증거다. 특히 가인의 분노에서 우리는 그가 드린 제사가 하나님을 위한 것이 아니라 자기만족을 위한 것이었음을 읽을 수 있다.[115] 제사는 하나님의 주권을 인정하고 전적으로 그분을 만족시켜 드리기 위한 것이다. 인간의 영광이 개입되어서는 안 된다. 가인이 이러한 제사를 드렸다면, 그 후에 하나님이 그의 제물을 받지 않으시더라도 먼저 자신에게 무슨 흠이나 잘못이 있지는 않았는지 돌아봤을 것이다. 그렇지 않았던 것으로 보아 가인이 드린 제사는 하나님을 향한 절대 의존의 제사가 아니라 제사를 빙자한 인간의 잔치에 불과하였다고 할 수 있다.

결국, 가인과 아벨, 탕자와 그 형 사이에 신앙적으로 넘을 수 없는 차이를 만든 것은 바로 회개일 것이다. 하나님의 입장에서 보면 회개하기 전의 가인과 아벨, 탕자와 그 형은 아무런 차이가 없었다. 하지만 아벨과 탕자가 회개하자 그들 사이에는 근본적인 차이가 발생하였다. 자신이 좋아하던 것을 버리고, 하나님을 좋아하기로 선언하는 것이 바로 회개다. 선악의 기준이 인간에게 있지 않고, 하나님께 있다며 주권을 하나님에게 돌려 드리는 것이 회개다. 이러한 회개가 없으면, 우리는 하나님이 주권자이심을 인정할 수가 없고, 하나님을 좋아하며 교제할 수도 없다.

앞에서 우리는 아담과 하와의 범죄 이후 인간이 선악의 기준을 스스로 정하게 된 것과, 인간 상호 간에 선악의 기준이 서로 다르면 결국 충돌할 수밖에 없는데, 그 충돌은 원초적으로 힘의 논리에 따를 수밖에 없다는 것을 보았다. 이것이 바로 선의 부재가 초래한 악이 만들어 내는 논리다. 그런데 가인은 그러한 논리에 굴복하고 말았고, 결국 친동생을 살해함으로써 인류 최초의 살인자가 되었다. 자신의 제사가 받아들여지지 않은 것에 분노하며 선의 부재 상태로 빠져들던 가인을 향해 하나님은 "분하여 함은 어찌 됨이며 안색이 변함은 어찌 됨이냐 네가 선을 행하면 어찌 낯을 들지 못하겠느냐 선을 행하지 아니하면 죄가 문에 엎드려 있느니라 죄가 너를 원하나 너는 죄를 다스릴지니라"(창 4:6~7)라고 친히 경고하시기까지 했다. 그러나 회개하지 못해 하나님의 주권을 인정할 수 없었던 가인은 자신이 친동생의 주권자라도 되는 양 아벨을 무참히 살해하기에 이른다.

(2) 성품 - 선과 덕의 관계

아담과 하와는 선악과나무 열매를 따 먹은 이후 창조 본연의 인격과 성품을 잃어버렸고, 그들 이후 모든 인류가 같은 처지에 놓여 있다. 하지만 인간에게는 창조 본연을 향한 갈망이 남겨졌고, 이로써 인간은 창조 본연의 인격과 성품을 되찾기 위해 각고의 노력을 해야만 하게 되었다. 하지만 인간은 자신의 힘만으로는 의도를 이룰 수가 없다. 이러한 비참한 처지에 있는 인간을 위해 하나님은 예수 그리스도를 이 땅에 보내셨고, 그 덕분에 인간은 예수 그리스도를 통해 영생과 창조 본연의 인격과 성품을 되찾을 길을 걸을 수 있게 되었다.

기독교인은 예수 그리스도를 구세주로 영접한 자들이고, 그들에게는 영생이 주어진다. 앞에서 우리는 영생을 구원-선 중 구속-선이라고 하였다. 누구든지 예수님을 구세주로 영접하는 순간, 구원-선 중 영생의 문제를 해결 받는다. 이후 그들에게 주어진 사명은 창조 본연의 인격과 성품, 다시 말해 하나님과 예수님의 인격과 성품을 닮아 가는 것이다. 비기독교인들은 구속-선을 선의 문제로 다루지 않고, 성품-선도 하나님과 예수님의 인격과 성품을 닮아 가는 것으로 받아들이지 않는다. 그들은 성품-선을 자신이 완성해야 할 어떤 것으로 생각한다. 결국, 기독교인과 비기독교인은 성품-선의 완성에 관해 서로 다른 지향점을 가지고 있다.

기독교인이 회개하고 예수 그리스도를 구세주로 영접하여 중생하였다고 해도 바로 하나님과 예수님의 인격과 성품을 닮는 것은 아니다. 여전히 우리에게는 죄의 잔재들이 있다. 하지만 성령의 도우심으로 인해 죄에 압도당하거나 지배당하지는 않는다. 칼뱅은 다음과 같이 설명한다.

> 이 사악함은 결코 우리 가운데서 중단되지 않고 새로운 열매들(롬 7장), 즉 이전에 우리가 '육체의 일'이라고 기술한 바 있었던 것들을, 마치 불타는 화로가 계속해서 화염과 불씨들을 발산하고 샘이 끝없이 물을 내뿜듯이, 쉼 없이 만들어 낸다. 왜냐하면 사람들의 정욕은 죽음을 통하여서 죽음의 육체로부터 자유롭게 되어 그들 자신의 옷을 완전히 다 벗을 때까지는 그들 안에서 절대 손쉽게 죽지 않으며 소멸되지 않기 때문이다. 우리에게 있어서 세례는 우리의 바로를 수장시키는 것이며(출 14:28) 우리의 죄를 죽이는 것이다. 그것이 더 이상 존재하지 않거나 우리에게 문제를 일으키지 않는다는 점에서가 아니라 오직 그것이 우리를 압도하지 않는다는 점에서만 그러하다. 왜냐하면 우리가 우리 육체의 감옥에 갇혀서 이

세상을 사는 동안에 우리 안에는 죄의 잔재들이 거주하기 때문이다. 그러나 우리가 세례 가운데서 하나님에 의해서 우리에게 주어진 약속을 믿음으로 견지한다면, 그것들이 우리를 지배하거나 다스리지는 못한다.[116]

그러나 기독교인은 염려할 것이 없다. 왜냐하면 우리는 "이 모든 일에 우리를 사랑하시는 이로 말미암아 우리가 넉넉히 이기"(롬 8:37)기 때문이다. 그러므로 우리는 하나님 앞에 설 때까지 하나님의 약속을 굳게 믿고, 성령님의 도우심에 의지하여 하나님과 예수님의 인격과 성품을 닮아 가도록 노력하여 성품-선을 이루어야만 한다.

성품-선을 완성하는 과정에 논의되는 문제가 덕(德)이다. 기독교인의 입장에서 볼 때, '덕'이란 하나님의 도우심과 인간의 노력을 통해 기독교인이 시공간세계에서 살아가는 동안에 하나님과 예수님의 인격과 성품을 탁월하게 닮아 있는 상태라고 할 수 있다. 우리는 덕의 주입과 획득을 통해 하나님을 닮게 된다.[117]

인간이 이룬 덕이 창조 및 새 창조 본연의 성품-선에 이르게 되면, 인간에게 있어 선의 부재는 소멸되므로 결국 최대치에 이른 덕은 '지복의 선'이 된다. 아퀴나스도 "덕은 어떤 능력의 완성을 함축하고 있다. 이리하여 어떤 사물의 덕은 《천체론》 제1권에서 말하는 것처럼, 그것이 지니고 있는 가능한 최대치에 의해서 규정된다. 어떤 능력의 최대치는 필연적으로 선이다. 왜냐하면 모든 악은 어떤 결함을 함축하고 있기 때문이다"[118]라고 말한다.

예수 그리스도는 덕에 있어서 완전하시고,[119] 기독교인이 이루어야 할 덕의 모범이시다. 따라서 기독교인이 이루어야 할 덕의 최대치는 성육신하신 예수님의 인격과 성품의 최대치인 "그리스도의 장성한 분량"(엡 4:13)이다. 이것이 바로 새 창조 본연의 성품이고, 영화를 이루는 것이다. 이것에 소망을 둔 기독교인들은 그리스도의 장성한 분량까지 이를 수 있도록 분발해야 한다.

한글로 번역된 신약 성경에는 '덕'이라는 용어가 자주 등장한다. 그런데 헬라어 성경과 대조해 보면, 덕으로 번역된 단어에는 '아레테(arete)'뿐 아니라 '오이코도메(oikodome)'도 있다는 것을 알게 된다. 이처럼 아레테와 오이코도메를 모두 덕으로 번역하다 보니 한글 성경을 읽는 사람들은 '덕'을 같은 의미로 생각하게 되나, 이는 성경의 의미를 깊이 이해할 수 없게 만든다.

오이코도메는 '건축하다' 또는 '세우다'라는 뜻으로 '탁월하다'라는 뜻의 아레테와는 차이가 있다. 바울은 아레테를 빌립보서에서 단 한 번 사용했을 뿐 나머지 부분에서는 모두 오이코도메를 사용했다. 반면, 베드로는 아레테를 더 많이 사용하고 있다. 그리스 철학자들과 바울의 사상 차이는 양자가 전제한 공동체가 다름에 기인한다. 아레테는 그리스 공동체의 정치적 단위인 폴리스(polis)의 질서(politeia)를 세우기 위해 탁월성을 요구하는 그리스의 윤리학 개념인 반면, 오이코도메는 가족(oikos)에서부터 출발하는 기독교 공동체의 질서(oikonomia)를 세우기 위해 겸손과 용서를 강조하는 기독교 윤리학의 개념이다. 그래서 바울이 쓴 편지들을 보면, 부득이한 경우를 제외하고는 의도적으로 아레테 대신 오이코도메를 사용한 것으로 생각된다.

오이코도메와 아레테의 의미나 바울과 베드로의 단어 선택을 고려해 볼 때, 아레테가 사용된 부분은 공동체 구성원 개인의 '능력'에 초점을 맞추어 그 성품(기능과 자질)이 탁월한 경우(인내, 용기, 절제 등)를 의미한다. 반면 오이코도메가 사용된 부분은 공동체와 그 구성원과의 '관계'에 초점을 맞추어 공동체의 질서나 관계를 세워 가는 데 필요한 성품(화평, 자비, 겸손 등)이 탁월한 경우를 의미하는 것으로 이해하는 것이 타당해 보인다. 따라서 오이코도메로서의 덕의 실천은 자신의 탁월함만 세워 나가는 것이 아니라 다른 공동체 구성원의 탁월함도 함께 이루어 나가는 것으로 이해해야 한다. 그러나 기독교인이라면 이루어야 할 덕이 아레테이든 오이코도메이든 그리스도의 장성한 분량까지 이르도록 해야만 할 것이다.

바울이 활동할 당시는 마케도니아의 알렉산드로스 대왕의 정복 전쟁과 그 뒤를 잇는 로마 제국의 번성으로 동양과 서양을 아우르는 범세계적 국가가 성립되어 가는 상황이었다. 그로 인해 폴리스 단위의 도시 국가는 정치 공동체의 통합 기능을 상실했다. 그렇게 되자 사람들도 자기 정체성의 기반을 지역 공동체인 도시 국가가 아닌 범세계적 국가에 두었고, 이로써 '코스모폴리탄(Cosmopolitan, 범세계주의자, 세계 시민, 사해동포주의자)' 의식이 확산되었다. 코스모폴리탄은 자기 정체성의 기반을 가족 공동체나 신앙 공동체에 두었는데, 그들이 말하는 '오이케이오시스(oikeiosis, 가족 또는 권속)'는 혈연으로 이루어진 사람들이 아니라 인류 전체였다. 다시 말해, 그들은 전 인류를 한 가족으로 생각했다. 이러한 생각으로 인해 사람들은 출신 지역에 구애받지 않고 공동체를 쉽게 형성할 수 있었고, 이는 기독교 전파에 유리한 요소로 작용했다. 고대 그리스 철학자들, 특히 아리스토텔레스는 도시 국가의 질서를 유지하기 위해서는 '좋은 시민'이 필요한데, 개인적으로 좋은 시민이 되는 데 필요한 기능이나 자질을 아레테라 했다.[120] 하지만 바울이 생각한 기독교인의 탁월성을 이루는 오이코도메는 기독교 공동체 내 다른 구성원의 유익을 위해 갖추어야 할 탁월한 기능이나 성품이다. 다시 말해, 기독교인의 덕은 자신을 세우기 위한 것이 아니라 다른 사람을 세우기 위한 것이다. 이는 그리스 철학자들이 인간의 탁월성을 이루는 '사주덕'[지혜, 정의, 용기, 절제로 '사추덕(四樞德)'이라고도 함]으로 꼽지 않았던 덕목인 겸손과 순종을 바탕으로 하는 '믿음', 고난을 통한 '소망', 자기희생을 통한 '사랑'이었다. 이것이 바로 '기독교의 삼주덕'['신학적 덕' 또는 '대신덕(對神德)'이라고도 함]이다.[121] 그런데 명심해야 할 것은 대신덕은 기독교인의 인격을 이루는 덕이다. 대신덕은 인간에 의해 습득될 수 있는 덕이 아니라 하나님으로부터 주입되어야 하는 덕이며,[122] 이러한 덕만이 완전하고 절대적인 의미에서 덕으로 간주되어야 한다는 점이다.[123] 그리고 바로 여기에서 대신덕과 사추덕은 근본적인 차이를 보인다.

성경은 예수 그리스도를 구세주로 영접하여 중생하지 못한 사람들, 다시 말해 대신덕을 가지지 못한 사람들의 덕성에 따른 행동에 대해, 인간이 판단하기에는 선행이라고 할 수 있으나 하나님이 보시기에는 악행에 불과하다고 가르친다. 왜냐하면 전적으로 타락한 인간은 부패하고 타락하여 하나님의 선을 지향할 수가 없고, 지향한다고 해도 하나님의 도우심이 없으면 그 선에 닿을 수 없기 때문이다. 이에 관해 칼뱅은 다음과 같이 설명한다.

한 분 하나님을 섬기는 종교로부터 멀어진 모든 자는 덕성에 대한 그들의 견해가 아무리 경탄할 만하게 여겨진다 해도 어떤 보상도 받을 가치가 없을뿐더러 오히려 징벌을 받아야 마땅하다. 왜냐하면 그들의 부패한 마음이 하나님의 순수하고 선한 것들을 더럽히기 때문이다. ⋯ 사람들의 선행은 마음의 불순함 그 자체로 인하여, 말하자면, 그 원천에서부터 부패했기 때문에 덕성과 밀접하고 유사하게 보이곤 하지만 덕성이 아니라 악행에 속한 것으로 여겨져야 한다. 요컨대 우리가 올바른 행위의 항구적인 목적이 하나님을 섬기는 데 있다는 것을 기억하면서도 그 외에 다른 목적으로 이루려 행한다면 그 행위가 무엇이든지 간에 이미 '올바른 행위'라는 이름을 마땅히 상실하게 될 것이다. 이 경우 하나님의 지혜에 의해 규정되는 목표를 염두에 두지 않기 때문에 그 행위는 선하게 보일지 모르나 그 악한 의도로 인하여 끝내는 죄가 된다.[124]

그렇다고 비기독교인들의 탁월한 덕성과 재능들이 공동체적으로 아무런 의미를 가지지 않는다고 판단해서는 안 된다. 그렇게 판단하는 것은 상식과 동떨어진 것으로서 공동체의 질서를 무너뜨리는 것이다. 아퀴나스는 우리가 이성적인 존재인 한, 우리 안에 본성상 내재하는 덕의 씨앗인 인간 이성 안에 자연적으로 알려지는 몇몇 원리를 통해 어떤 덕의 습성을 획득할 수 있다고 한다.[125] 이렇게 획득된 덕은 개인의 행복과 공동체의 정의를 실현하는 데 완전하지는 않지만, 어느 정도의 기여는 할 수 있다. 이에 관해 칼뱅도 다음과 같이 말한다.

주님은 정숙한 행위들과 추악한 행위들 사이에 무슨 차이가 있는지를 각 개인의 마음에 새겨 주셨을 뿐만 아니라 자기의 섭리의 경륜으로써 그 차이를 자주 확정시키신다. 이런 점에서 하나님은 덕성을 함양하려고 애쓰는 자들에게 현세의 복을 많이 부여하심을 우리는 보게 된다. 이는 덕성의 겉모습이 하나님의 복을 최소한이라도 누릴 가치가 있어서가 아니라, 하나님이 그들의 의가 외적이고 가장된 것이라 해도 그냥 지나치지 않으시고 그것에 대한 일시적인 보상을 베푸심으로써 자기가 참된 의를 얼마나 귀하게 여기는지를 증명하시기 위해서다.[126]

5. 질서의 내용으로서의 정의와 사랑

앞에서 선의 체계 중 질서-선을 보았다. 질서에는 형식뿐 아니라 내용도 있다. 내용이 없는 형식뿐인 질서는 전체주의로 가는 지름길을 제공한다. 이러한 국가를 법학에서는 '형식적 법치주의 국가'라고 한다.

그렇다면 질서에 무엇을 담을 것인가? 그것은 바로 사랑과 정의(성경에서 대부분 공의로 번역되는 '체다카'와 대부분 정의로 번역되는 '미쉬파트'를 포함하는 개념으로서의 정의)다. 이러한 사랑과 정의의 관념은 하나님으로부터 받은 것이다. 그렇다면 하나님께도 사랑과 정의가 있다는 것이 된다. 하나님의 사랑은 구약에는 헤세드, 신약에는 아가페로 표현되며, 하나님의 정의는 유죄의 인간에게 아무런 대가 없이 무죄를 선언해 주는 칭의다. 하지만 인간의 사랑은 다양한 모습(아가페, 필리아, 스토르게, 에로스)을 띠고, 정의는 '눈에는 눈, 이에는 이'라는 엄격한 상호성의 원칙을 기본으로 한다. 바르트가 하나님 나라의 의는 칭의(Rechtfertigung)이고, 세속 국가의 의는 정의(Recht)[127]라고 한 것도 바로 이 구분에서 시작된 것이다.[128]

정의와 사랑은 질서-선의 내용을 이루므로 원칙적으로 다른 사람을 위한 선이라고 할 수 있다. 따라서 특정한 사람들을 위한 질서가 아니라 공동체 구성원 모두를 위한 질서가 되려면, 사랑과 정의가 질서를 통해 구현되어야 한다. 이러한 국가를 법학에서는 '실질적 법치주의 국가'라 한다.

정의는 제도로서의 정의, 실천으로서의 정의, 성품으로서의 정의로 구분할 수 있다.[129] 정의가 기본적으로 그 모습을 드러내는 것은 공동체가 제정한 법을 통해서이며 이를 제도로서의 정의라고 한다. 제도로서의 정의는 한 공동체가 실현해야 할 정의의 최소한이다. 그래서 '법은 정의의 최소한'이라 하는데 이는 공동체가 제정한 법만으로는 온전한 정의를 실현할 수가 없음을 뜻한다. 한편, 공동체의 발전에 따라 정의의 영역이 법의 영역으로 포섭(包攝)되어 간다. 이는 공동체의 발전과 성숙을 의미하지만, 한계가 있다. 왜냐하면 법의 목적이 정의의 실현에 있으므로 법은 정의의 영역 내에 머물러야 하기 때문이다. 이런 탓에 '정의는 법의 최대한'이라고 한다. 그러므로 원칙적으로 법은 호의의 영역이나 자기희생까지 요청할 수 있는 사랑의 영역은 규율 대상으로 삼을 수가 없다. 이는 법이 사랑의 실천을 법의 원칙적인 내용 또는 목적으로 삼을 수가 없다는 뜻이다. 사랑의 영역의 내용은 법으로 규율해서는 안 되고, 신앙이나 개인의 신념에 맡겨야 한다.[130]

그런데 인간의 능력으로는 온전히 정의와 사랑을 실현할 수 없다. 왜냐하면 하나님이 사랑이시고, 최고선이시며, 완전한 정의이신데 인간으로서는 하나님을 알 수가 없으므로 사랑, 최고선, 정의에 관하여도 모른다고 할 수밖에 없고, 그 모르는 것을 실현할 수 있다고 말할 수는 없기 때문이다. 게다가 인간은 아담과 하와의 타락 이후 이기적 본성을 안고 살아가는 존재로 전락하였기 때문에 이타적 성품을 전제로 하는 정의와 사랑을 온전히 실천하기는 불가능하다.

한편, 사랑과 정의를 이룰 수 없다는 것은 완전한 질서도 이룰 수가 없다는 것을 의미한다. 그럼에도 우리는 사랑과 정의를 추구하고 실천하여 질서를 유지하려는 노력을 포기할 수가 없다. 이는 공동체와 국가라는 제도를 허용하신 하나님의 뜻에 위반되는 것이다.

6. 이 세대를 본받지 말라

(1) 귀 있는 자는 들으라

기독교인이 하나님과 예수님과 성령님의 도우심으로 선을 이루고, 이웃으로 하여금 선을 이루게 하는 데 있어서 극복해야 할 것들이 너무도 많다. 이는 기독교인의 성화 과정이 결코 쉽지 않음을 의미한다. 이 주제는 성경이 다루는 주제 중 아주 중요한 위치를 차지하고, 그런 만큼 성경은 그에 대해 아주 다양한 사례와 말씀을 전한다. 마태복음 13장 3~9절도 이러한 주제를 담고 있다고 생각한다. 이 말씀은 '씨 뿌리는 비유'로 유명한데, 그 내용은 아래와 같다.

예수께서 비유로 여러 가지를 그들에게 말씀하여 이르시되 씨를 뿌리는 자가 뿌리러 나가서 뿌릴새 더러는 길가에 떨어지매 새들이 와서 먹어 버렸고, 더러는 흙이 얕은 돌밭에 떨어지매 흙이 깊지 아니하므로 곧 싹이 나오나 해가 돋은 후에 타서 뿌리가 없으므로 말랐고 더러는 가시떨기 위에 떨어지매 가시가 자라서 기운을 막았고 더러는 좋은 땅에 떨어지매 어떤 것은 백 배, 어떤 것은 육십 배, 어떤 것은 삼십 배의 결실을 하였느니라 귀 있는 자는 들으라 하시니라

(2) 이 세대를 본받지 말라

마태복음 13장 서두에 보면, 예수님은 바닷가에 모여든 수많은 군중 앞에서 위와 같은 내용의 비유를 말씀하셨다. 하지만 그 뜻은 나중에 제자들에게만 풀어 주셨는데, 그 풀이가 10~23절에 나와 있다.

씨가 뿌려진 밭이 하나인지 아니면 네 개인지는 분명하지 않으며 어느 쪽으로도 해석이 가능하다. 많은 주석가와 설교자들은 씨 뿌린 밭을 네 개, 즉 길가, 돌밭, 가시떨기 밭, 좋은 밭 등으로 나눈다. 하지만 이렇게 네 밭을 전제하면, 예수님의 비유를 설명할 때 사람을 네 가지 유형으로 나누거나, 아니면 한 사람을 신앙의 과정에 따라 네 단계로 나눌 수밖에 없다. 그렇게 전제하게 되면, 이 말씀을 기독교인은 종말의 때가 아니라 '지금 여기'에서 '좋은 밭'이 되어 백 배, 육십 배, 삼십 배의 결실을 맺어야만 하는 것으로 해석할 가능성이 높다. 또 좋은 밭이 되면, 결코 나쁜 밭으로 되돌아가지 않는다고 해석할 가능성이 높으며, 만약 그런 일이 발생할 경우에는 그동안의 믿음이 모두 거짓이었다고 심하게 비난을 가할지도 모른다. 하지만 '지

금 여기'를 살아가는 기독교인 중에 완벽하고 온전한 좋은 밭을 이루어 백 배, 육십 배, 삼십 배의 결실을 맺는 사람은 드물다. 오히려 밭의 관리 여하에 따라 좋은 밭이 되었다가 나쁜 밭이 되기도 하고, 나쁜 밭이었다가 좋은 밭이 되기도 하는 경우가 대부분일 것이다. 좋은 밭인지에 대한 최종 평가는 예수님의 재림 때에 예수님의 심판권에 따라 이루어져야 한다. 종말을 향해 가고 있는 '지금 여기'에서는 그러한 평가를 함부로 남발해서는 안 되고, 최후의 심판권자가 아닌 인간에게는 그런 평가를 내릴 권한이 없다. 따라서 사람을 네 유형으로 나누거나 한 사람의 인생 발전 과정을 네 단계로 나누어서 해석할 때는 신중에 신중을 기해야 한다.

'지금 여기'를 살아가는 기독교인에게는 앞선 두 가지 전제보다는 밭을 하나로 전제한 다음 기경(起耕)을 잘하여 밭의 좋은 부분에 말씀의 씨앗이 뿌려져 싹이 나고, 열매를 맺어 가는 것으로 이해하는 편이 나을 수 있다. 현실적으로도 밭은 길과는 구분되고, 밭 중에 돌이 들어 있는가 하면 한쪽 구석에서는 가시떨기가 자라기도 한다. 이러한 점을 감안하면, 씨 뿌리는 비유는 씨를 뿌린 자가 하나의 밭에 씨를 뿌렸는데 그중 어떤 것은 의도대로 좋은 흙이 있는 부분에 떨어졌으나, 또 다른 어떤 것은 의도했던 부분이 아니라 그 옆 길가나 돌이 많은 부분, 가시떨기가 자라고 있는 부분에 떨어진 것으로 해석할 수 있다. 이러한 해석을 전제로 길가, 돌, 가시떨기와 좋은 땅이 각각 무엇을 의미하는지 살펴보자.

먼저 '길가'는 우리가 흔히 '길가 밭'으로 표현하지만, 엄밀히 말하면 밭이 아니다. 따라서 씨 뿌리는 비유에서 길가란 기독교인의 믿음의 경계 밖으로서, 하나님의 주권을 인정하지 않는 가인의 삶의 영역이라고 할 수 있다. 아벨의 길을 걷는 사람은 길가에서 통용되는 가인의 삶의 방식이나 사상이나 철학을 따라서는 안 되고, 그 방식, 사상, 철학 등에 유혹되어서도 안 된다. 그렇다면, 하나님 말씀의 씨앗이 길가에 떨어졌다는 것은 우리가 가인의 삶의 방식, 사상, 철학 등에 현혹되어 '자발적으로' 가인의 길을 따르는 것을 의미한다고 할 것이다. 이것은 그 무엇보다 심각한 일이다. 왜냐하면 돌밭과 가시떨기 밭은 여전히 아벨의 삶의 영역 안에 있으나 길가는 아벨의 삶 경계에서 벗어나 있기 때문이고, 그러한 벗어남도 박해나 환난으로 인해서가 아니라 스스로 그 길을 선택한 결과이기 때문이다. 이는 하나님을 버리고, 무신론과 거짓 영의 길로 들어서는 것이기에 심각하다고 하는 것이다.

다음으로, '돌밭'은 기독교인으로서 환난과 박해를 당하고 있는 상태를 의미한다. 하나님 말씀의 씨앗이 뿌리내리려고 하는데, 외부에서의 환난과 박해로 뿌리가 말라 버리는 것을 의미한다. 돌밭에 닥친 환난과 박해는 욥의 경우와 같이 고소자인 사탄에 의해 초래되거나 스데반의 경우처럼 분리배척주의자인 이 세상 군주, 마귀나 사람들로 말미암은 환난이나 박해를 의미한다. 그래도 돌밭은 길가보다는 사정이 낫다. 아예 무신론과 거짓의 길을 걷는 것이 아니라 하나님께 대한 믿음을 가진 상태에서 환난이나 박해를 당하는 것이므로, 하나님과 예수님과 성령님의 도우심으로 돌이 제거될 때까지 끝까지 견뎌 내면 되는 것이다.

세 번째로, '가시떨기 밭'은 하나님에 대한 믿음을 가지고 살아가나 때때로 허무주의나 회의주의나 배금주의(물질만능주의)에 빠지게 되는 것을 의미한다고 볼 수 있다. 하나님에 대한 믿음 없이 죽음이라는 심연을 앞에 둔 인간이 허무주의와 회의주의에 빠지는 것은 지극히 당연하다. 이를 극복하기 위해 술, 향정신의약품, 마약 등이 동원되지만 결과는 뻔하다. 한편 "돈을 사랑함이 일만 악의 뿌리"(딤전 6:10)가 된다고 배웠지만, 맘몬(돈)을 사랑하지 않기는 너무도 어렵다. 인생에 아무런 의미가 없다는 허무주의나 하나님이나 천국이 진짜로 있느냐는 회의주의, 돈을 사랑하는 배금주의는 길가보다는 조금 낫다고 할 수는 있겠으나 기독교인 내부에서 일어나는 문제이므로 결코 가볍게 넘어갈 문제가 아니다. 현대 포스트모더니즘 사회의 가장 큰 문제가 바로 가시떨기 밭 문제라고 할 수 있다.

끝으로, '좋은 밭'이다. 예수님의 비유 말씀을 한 개의 밭으로 전제해서 이해하면, 좋은 밭이란 밭 중에서 길가 부분도 아니고, 흙이 얕아 돌이 많은 부분도 아니며, 가시떨기가 자라는 부분도 아니다. 좋은 밭이란 길가도 아니고, 돌과 가시떨기가 제거된 부분이다. 이런 밭을 만들어 가는 것이 바로 선을 이루어 가는 과정이라고 할 수 있다. 하지만 우리 밭은 항상 길가에 접해 있으므로 욕망이 우리 시선을 길가로 돌리게 할 수도 있고, 사탄이나 외부인들이 우리 몰래 돌을 옮겨다 놓을 수도 있으며, 우리 스스로 가시떨기를 자라게 할 수도 있다. 그럴 때마다 우리는 다시 좋은 밭이 되도록 길가로 향하는 시선을 하나님께로 향하게 하고, 돌과 가시떨기를 제거해 나가야 한다. 이것이 바로 이 세대를 본받지 않는다는 것의 진정한 뜻이다.

'이 세대'는 바로 '길가, 돌, 가시떨기'다. 우리는 늘 깨어 있어야 한다. 좋은 밭이 되었다가도 이 세대에 현혹되거나 환난과 박해와 시험에 부딪힐 수도 있기 때문이다. 하나님이 완성해 주실 영화에 이를 때까지 "이 세대를 본받지 말고 오직 마음을 새롭게 함으로 변화를 받아 하나님의 선하시고 기뻐하시고 온전하신 뜻이 무엇인지 분별"(롬 12:2)하는 삶을 살아야 한다.

7. 요약

아담과 하와는 선악과 명령을 위반함으로써 창조 본연을 상실하였다. 하지만 사랑이신 하나님은 즉시 그들이 창조 본연을 이룰 수 있는 계획을 세우고 실행하셨다. 그 계획은 예수 그리스도께서 재림하시는 날에 최종적으로 완성되는데, 그날에는 인간이 영생을 회복하고, 하나님과 예수님을 닮은 인격과 성품을 완성하며 새로운 낙원에서 하나님과 온전한 교제를 하게 될 것이다.

그날이 올 때까지는 인간들은 창조 본연을 넘어 새 창조 본연을 향해 달려가야만 한다. 먼저, 아담과 하와의 범죄로 말미암아 상실했던 생명과 하나님을 닮은 인격과 성품을 회복해 나가야 한다. 그런데 그 회복을 향한 길은 인간적인 연약함과 아담과 하와를 넘어뜨린 사탄이 매복해 있는 길이므로 목적지까지 무사히 가기가 결코 쉽지 않다. 하지만 사망의 음침한 골짜기를 지날지라도 해를 두려워할 필요가 없다. 하나님에 대한 믿음만 온전히 간직한다면, 하나님과 예수님과 성령님이 우리와 함께하실 것이고, 피조물도 우리가 그 길을 온전히 걸어갈 것을 고대하고 있으며, 환난, 곤고, 박해, 기근, 적신, 위험, 칼은 오히려 우리 믿음과 성품을 더욱 강하게 만들어 줄 것이다. 그러므로, 좁고 험한 길을 완주함에 있어 잠시의 좌절은 겪어도 최종 실패는 겪지 않을 것이다. 모든 것이 합력하여 '선', 곧 '칭의와 영화'를 이루어 줄 것이므로 예수 그리스도의 십자가를 바라보며 새 에덴동산을 향한 걸음을 멈추지 말아야 한다.

그 길에는 우리를 가로막는 '이 세대들'이 있다. 이 세대들은 우리를 유혹하는 세상적 삶의 방식, 사상, 철학 등이고(거짓의 영, 거짓말하는 영), 우리에게 환난과 핍박을 주는 무신론자들(범신론, 이신론, 진화론) 및 유사 유일신론자들(신플라톤주의의 영향을 받은 이슬람, 진화적 창조론)과 그들과 결탁한 자유주의적 권력자들[사탄(고소자), 마귀(분리배척주의자)와 이 세상 군주]이며, 우리를 염려(무의미와 허무)에 빠뜨리는 허무주의자들과 회의주의자들이고(죽음에 대한 공포), 하나님과 대적하게 만드는 맘몬(돈)이다. 하지만 우리는 "이 세대를 본받지 말고 오직 마음을 새롭게 함으로 변화를 받아 하나님의 선하시고 기뻐하시고 온전하신 뜻이 무엇인지 분별"(롬 12:2)하며 나아가야 한다.

인간이 죽어 천국에 갈 때, 살면서 성취한 물질적인 것들은 모두 땅에 둔 채 생애의 기억과 삶에서 성취한 인격과 성품만 가지고 간다. 이는 부활 때도 마찬가지다. 만약 영혼이 기억과 성품조차 없는 상태로 천국에 간다면, 천국은 서로 구분되지 않는 동일한 유령들이 모인 곳일 뿐이라 애타게 가고 싶은 생각은 들지 않을 것이다. 그러나 천국에 갈 때 우리 생애의 기억과 성품을 가져가는 것이라면, 우리는 반드시 땅에서 성실하고 바른 삶을 살아야 할 것이다. 하나님

앞에 서게 될 독자(獨者)로서 선을 이룬다는 것은 바로 이것을 의미
한다.

4장

공동체와
법

1. 인간은 공동체적 피조물이다

인간에게는 존재론적으로 두 가지 근본 전제가 주어져 있는데, 그 첫 번째는 창조된 존재라는 것이고, 두 번째는 공동체적 존재라는 것이다. 창조된 존재라는 것은 인간을 만든 창조주가 있다는 뜻이고, 공동체적 존재라는 것은 태어나는 순간부터 타자와 관계를 맺어야 한다는 뜻이다. 이 두 가지 전제는 기독교인 정체성의 근본이다.

그런데 많은 사람이 이 두 가지 전제를 부정한다. 특히 인간을 만든 창조주 하나님의 존재에 대해 올바르지 못한 생각을 가진 사람들이 그렇다.

먼저 무신론자, 진화론을 필두로 하는 이들은 하나님의 존재를 인정하지 않는다. 우주 만물은 '우연'과 '필연(우연에서 비롯된 자연법칙)'의 조합이 만들어 낸 산물에 불과하다고 말한다.

두 번째로, 신(神)의 내재성만 인정하는 견해가 있다. 우리는 이들을 범신론자(汎神論者)라고 부르는데, 범신론자는 우주 만물을 초월하는 신은 없고, 우주 만물 안에 내재하고 있는 신만 있을 뿐이라고 주장한다. 신이 산과 바위와 강과 바다와 나무와 풀과 동물과 인간 안에 존재하고 있다는 주장으로, 스토아 철학, 불교, 힌두교, 현대 포스트모더니즘 시대의 영성주의자들이 내세우고 있는 바다.

세 번째로, 신의 초월성만 강조하는 견해가 있다. 이는 신이 우주 만물과 인간과 자연법칙을 만든 다음에는 더 이상 인간이나 우주 만물의 질서에 개입하시지 않는다는 견해다. 여기에는 이데아 세계와 현실 세계를 구분하여 이데아 세계만이 진실한 세계라는 플라톤주의자, 영의 세계와 육의 세계를 엄격히 구분하여 영의 세계만이 선하다는 영지주의자, 신이 우주 만물을 창조하였으나 그 이후의 우주 만물에 대한 인격적인 섭리는 인정하지 않고, 자연법칙과 인간의 이성을 통해 파악할 수 있는 자연법에 우주 만물의 운행을 맡겨 버렸다는 이신론자(理神論者), 신플라톤주의의 영향을 받은 이슬람교인, 하나님이 우주 대폭발(big bang)을 일으키고 진화의 법칙을 제정하신 이후 140억 년 동안 우주 만물의 질서에 개입하지 않으셨다는 진화적 창조론자가 있다.

기독교인은 우주 만물을 만드신 하나님이 자신의 창조물을 초월하실 뿐만 아니라 우주 만물에 내재하시는 존재임을 고백한다. 초월적 하나님은 인간으로서는 감히 근접조차 할 수 없는 존재로서의 하나님, 하나님의 계시가 아니면 인간으로서는 절대 알 수가 없는 절대 타자로서의 하나님을 말한다. 초월적 하나님의 가장 고유한 특성은 '거룩성'이고, 거룩성에는 심판이 필연적으로 따른다. 한편, 내재적 하나님은 우주 만물과 인간 세상에 사랑으로 섭리를 펼치시는 존재를 말한다. 내재적 하나님의 가장 선명한 형태는 예수님이 인간으로서 '땅(세상)'에 오신 것이다. 이를 '임마누엘'이라 한다. 내재적 하나님에게는 사랑이 필연이다.

그런데 '하나님이 죽었다'는 근대 계몽주의 사상과, '우주와 성경'이라는 '텍스트'에 대한 해석권이 저자인 하나님께 있는 것이 아니라 인간에게 있다는 포스트모더니즘 사상에 의해 기독교 신앙은 심각하게 오염되었다. 기독교 신학과 삶의 태도에 있어 예수님은 성자 하나님이 아니라 인간에 불과하다고 주장할 뿐만 아니라, 하나님에 대한 죄는 인간에 대한 악으로, 죄의 결과는 인간 본연의 상실이 아니라 인간에게 해로운 질병으로, 하나님에 대한 지식의 추구는 인간의 자아에 대한 지향으로, 하나님의 심판은 인간에 대한 사랑으로, 하나님의 주권적 섭리는 인간의 자율로, 성도의 인격은 인간으로서의 성격(개성)으로, 기도는 명상으로, 죄 사함을 통한 인간 본연의 회복을 구하는 기독교적 영성은 인간의 심리적 위안을 얻기 위한 현대적 영성으로, 신학은 심리학이나 상담학으로 대체해 버리는 경향이 광범위하게 퍼져 있는 것이 그 증거다.[131] 이러한 경향은 하나님의 초월성을 명시적이지는 않지만, 실질적으로 부정하는 것이며, 하나님을 인간의 '심리' 속에 가두어 버림으로써 하나님의 내재성마저도 부정하게 되고, 결국에는 입으로는 하나님의 이름을 부르지만, 실질적으로는 하나님의 존재를 부정하는 결과에 이르게 한다.

이러한 사태를 계속 두고 볼 수만은 없다. 무너진 주의 제단을 다시 수축하여 닥쳐올 위기의 시대를 철저히 대비해야 한다. 올바른 신학과 신앙의 바탕은 하나님의 초월성과 내재성을 동시에 그리고 실질적으로 인정하는 것임을 잊어서는 안 된다.

  인간에게 주어진 두 번째 전제는 '인간은 공동체적 존재'라는 것이
다. 인간관계는 부부 관계에서 출발하여 부모·자녀 관계, 이웃 관계,
동포 관계, 인류 관계 등으로 확장되어 가고, 이로써 인류 공동체는
부부에서 가족으로, 가족에서 씨족 또는 부족 공동체로, 씨족 또는 부
족 공동체에서 국가로, 국가에서 지구촌 공동체로 발전해 왔다. 이러
한 공동체의 발전이 자연 발생적이라고 주장하는 사람도 있겠지만,
아담과 하와의 부부 관계가 하나님으로부터 비롯되었듯이 세상의 모
든 공동체도 하나님의 주권적 섭리에 따라 세워진 것이다. 특히 교회
는 성육신(成肉身)하신 예수님의 특별한 작품이지 인간의 고안물이 아
니다. 이러한 관점에서 출발하면, 인간에게 가족과 국가를 포함한 모
든 공동체(사회)는 근원적으로 이미 주어진 것이라 볼 수 있고, 인간은
'서사적(narrative) 존재'[132]로 볼 수 있게 된다. 하지만 사회계약론자들은
인간 본성에 대해 비현실적인 '자연 상태'의 인간을 전제한 다음, 국
가를 비롯한 사회의 성립이 자연 상태의 인간 상호 간의 자발적 계약
에서 비롯된다고 말한다. 이러한 주장을 '사회계약설'이라고 하는데,
대표적 사회계약론자로는 토머스 홉스, 존 로크, 장 자크 루소가 있
다. 하지만 사회계약론자들의 주장은 인간의 역사와 인간 사회의 실
제 모습에는 부합하지 않는다. 인간의 자연 상태가 실제 모습이 아님
에도 그렇다고 전제하는 의제적 이론에 불과하다. 더구나 사회계약
론자들이 전제하는 자연 상태의 모습도 제각각이다.[133] 하지만 자연
상태 이론은 현대 정치적 및 사회적 자유주의의 가장 중요한 근간이
되고 있을 뿐만 아니라 공동체와의 관계성을 모두 배제하는 극단적

인 개인주의의 뿌리가 되고 있다.

아담과 하와의 범죄로 인해 잃었던 생명을 되찾는 일은 하나님과의 일대일 관계를 통해서만 가능하다. 그 누구도 다른 사람을 대신하여 구원을 이루어 줄 수가 없다. 한편, 어떤 사람들은 기독교 공동체에서 태어나서 선을 이루는 데 좋은 조건을 부여받지만, 어떤 사람들은 하나님과 하나님의 선을 알지 못한 채 죽음을 맞이하기도 한다. 이러한 상황에서 우리는 선을 이룸에 있어 공동체적 관계가 그 무엇보다도 큰 영향을 끼친다는 것을 직감할 수 있다.

하나님의 인격과 성품을 닮아 가는 데는 하나님과의 관계뿐 아니라 인간 상호 간의 관계도 영향을 끼친다. 인간은 하나님으로부터 일방적으로 사랑을 받을 수밖에 없는 존재다. 우리가 태양으로부터 받은 빛과 온기를 태양에 돌려줄 수 없듯이 하나님의 사랑은 되갚을 수 없는 수직적 사랑이다. 인간이 하나님께 드릴 수 있는 유일한 사랑은 하나님으로부터 받은 사랑에 감사하여 하나님을 영화롭게 하고 영원토록 그를 즐거워하는 것이다. 하나님은 본래적 선이시므로 인간으로부터 무언가를 받아 채울 필요가 없다. 하나님은 자신의 사랑을 인간에게 보여 주신 다음 그 사랑을 하나님께 갚을 수는 없으니, 대신 인간 상호 간에 갚으라고 요청하신다. 이것이 바로 인간들이 할 수 있는, 하나님을 사랑하고 이웃을 사랑하는 길이다. 이웃 사랑을 위한 출발점이자 종착점은 이웃으로 하여금 선을 이루게 하는 것이다. 다시 말해, 이웃으로 하여금 잃었던 생명을 회복하고, 하나님의 인격과 성품을 닮아 영화롭게 되도록 하는 것이다. 우리가 행한 구제 행위나 위로의 말들은 어려움에 처한 이웃에게는 인생의 큰 계기가 될 수도 있다. 하지만 기독교인은 거기에서 더 나아가야 한다. 이웃으로 하여금 하나님과 교제할 수 있는 자격을 회복하고, 하나님과의 교제를 통해 영화를 회복하게끔 해야 한다. 이것이 바로 '전도'다.

앞에서도 말했듯이 공동체적 존재인 인간은 선을 이루어 감에 있어 공동체 및 구성원 상호 간의 관계가 결정적인 영향력을 행사한다고 볼 수 있다. 한편, 공동체 구성원 상호 간의 관계에는 질서가 있어야 한다. 질서가 없는 공동체에서는 선을 이루어 가기가 매우 어렵다. 이러한 질서를 규범화한 것이 '넓은 의미에서 법(관계의 준칙)'이 된다. 결국, 인간이 '어떤 공동체'에 소속되어 있고, 그 공동체가 '어떤 법'에 따라 규율되는지에 따라 한 사람의 인생은 이루 말할 수 없이 큰 영향을 받는다고 할 수 있다.

2. 공동체

(1) 두 개의 공동체 : 가인공동체와 아벨공동체

아담과 하와는 에덴동산에서 쫓겨난 뒤 가인과 아벨을 출산했다. 이로써 아담과 하와의 공동체는 부부 공동체에서 가족 공동체로 확대되었다. 그런데 하나님에 대한 제사 문제로 장남 가인이 친동생 아벨을 살해하는 끔찍한 폭력이 발생한다. 이러한 폭력의 근원에는 아담과 하와의 선악과 명령 위반, 다시 말해 인간이 하나님의 주권을 배제하고 스스로 선악의 기준을 설정하고자 한 범죄가 자리 잡고 있다는 것은 앞에서 살펴보았다.

  가인은 비록 동생을 살해하였지만, 하나님은 가인을 처벌하지 않으셨다. 오히려 가인에게 표를 주시고 가인을 죽이는 자는 벌을 일곱 배나 더 받을 것이라며 가인이 타인으로부터 살해당하는 것을 막아 주셨다. 이러한 하나님의 결정에 대해 정의롭지 못하다고 주장하는 사람이 있을지도 모른다. 하지만 이는 하나님의 신실하심을 제대로 이해하지 못한 것이다. 하나님은 '자의적으로' 심판권을 행사하시는 분이 아니다. 하나님은 어떤 행위에 대한 벌을 내리실 때면 인간에게 이러이러한 행위를 하면 벌을 받게 된다고 미리 알려 주신다. 특히, 하나님이 내리시는 벌이 아무리 엄정하다 해도, 하나님께서는 그 내용을 사전에 공포하시며 위반 행위가 생길 때마다 벌의 종류와 내용을 달리하시지 않는다. 현대식으로 말하자면, 하나님은 '법치주의'의 원칙을 따르시는 분이다. 가인이 동생을 살해하기 전에 하나님은 아담과 가인에게 '사람을 살해하면 사형에 처한다'는 법을 선언하신 적이 없다. 사람을 살해하는 것은 분명히 하나님의 뜻에 위반되고, 그에 대해 어떠한 벌이 내려져야 함은 분명하다. 하지만 하나님은 사람을 살해한 데 대한 벌로써 사형에 처한다는 명령을 내리신 적이 없다. 그러므로 하나님은 가인에게 사형으로 응보 하실 수가 없었던 것이다. 이것이 바로 하나님의 신실하심이다.

  어쨌든 가인은 부모를 떠나 에덴동산의 '동쪽'에 있는 놋 땅에 정착했고, 그곳에서 결혼하고 아들을 낳았다. 가인이 에덴의 동쪽을 택했다는 것은 하나님을 버리고 태양으로 대표되는 우상들을 숭배하였다는 것을 상징한다.[134] 이처럼 하나님을 배신한 가인은 아들을 출산한 뒤 성(城)을 쌓고, 자기 아들의 이름을 따서 '에녹'이라 불렀다. 가인이 성을 쌓은 것은 스스로를 죽음에서 보호하기 위함이었다. 하나님은 가인에게 피살되는 것을 면하게 해 주는 표를 주시고, 가인을 죽인 자에게는 벌을 일곱 배나 더 내릴 것이라는 약속까지 하셨으나 가인은 그 표와 약속을 믿지 못하고, 제힘으로 자기 생명을 지키려고 했다. 그리고 에녹 성을 기반으로 가인의 후손들이 태어났다. 씨족 공동체가 만들어졌고, 다시 부족 공동체로 확대되어 갔다. 가인의 후손은 축산업자, 예술가(수금과 통소를 잡는 자), 장인(구리와 쇠로 여러 가지 기구를 만드는 자)들을 배출했는데 모두 성을 중심으로 정착 생활을 하는 공동체에서 필수적인 직업이었다.

한편, 아담과 하와는 아벨을 잃은 뒤 아들을 출산했는데, 그 아들에게 '부활'을 뜻하는 '셋'이라는 이름을 지어 주었다. 셋의 후손들을 보면, 가인의 후손들처럼 직업에 관한 기록이 없다. 오히려 "비로소 여호와의 이름을"(창 4:26) 불렀던 에노스, "하나님과 동행"(창 5:24)하다가 죽지 않고 하나님께로 간 에녹, "의인이요 당대에 완전한 자"(창 6:9)였던 노아 등으로 언급될 뿐이다. 여기서 우리는 가인의 길을 걸어간 사람들과 아벨의 길을 걸어간 사람들로 나누어 볼 수 있다. 이렇게 대조하는 것은 셋은 '슬픔'이라는 뜻의 이름을 지닌 아벨을 대신해서 주어진 아들이고(창 4:25), 엘륄의 말처럼 "아벨 없이 가인을, 혹은 가인 없이 아벨을 생각할 수 없다는 것이다. 그들은 서로 묶여 있다. 그리고 그들은 서로 인간성으로 묶여 있다. 그리고 아마도 우리는 그들이 모든 사람과 서로 묶여 있다고 말해야"[135] 하기 때문이다.

가인의 길을 걸어간 사람들은 자신들이 주권자가 되어 권력을 집중시키기 위해 성을 세웠고, 공동체를 유지하기 위해 역할 분담에 필요한 직업들을 만들어 나갔다. 그들은 하나님을 중심으로 하는 공동체가 아니라 '세속 인간들'을 중심으로 하는 공동체를 만들어 자신들의 힘으로 운명을 개척해 나가려 했던 것이다. 엘륄은 다음과 같이 설명한다.

> 왜냐하면 하나의 저주에 직면할 때 인간은 다음과 같이 대답하기 때문이다. "나는 내 문제들을 나 혼자서 지겠다." 그러고는 그는 힘이 강해지며 그 저주가 효력을 갖지 못하도록 하는 데 모든 것을 투자한다. 예술과 과학을 창조하며 군대를 일으키고 전차를 만들며 도시를 건설한다. 힘의 정신은 하나님의 처단에 대한 하나의 대응이다. 그리고 만약 최초의 저주가 없었다면, 그러한 정신은 결코 존재하지 않았을 것이라고 거의 말할 수 있을 것이다.[136]

가인공동체의 대표적인 상징은 '도시'인데, 험준한 요새에 만들어진 도시는 적들의 침략이 어려운 곳일 뿐 아니라 하나님에 대한 '반역의 심장'이었다. 가인공동체를 결집시켰던 도시는 '전쟁 문명'으로 상징되는 '도시 문명'을 형성시켜 나갔고,[137] 기술, 창의, 자연에 대한 지배의 도성인 '레센'(창 10:12)을 거쳐,[138] 최종적으로는 인간의 반항과 과학기술 그리고 시도된 자율성(attempted autonomy)의 결정의 상징인 바벨과 바벨론에 이른다.[139] 엘륄의 설명을 다시 보자.

> 가인은 한 도시를 건설했다. 그는 하나님의 에덴을 자신의 도시로 대체한다. 하나님에 의해 그의 생애에 부여된 목표 대신 그는 스스로 선택한 한 목표를 취한

다. 마치 그가 하나님의 보장을 자신의 안전으로 대체하듯. 그것은 가인이 그의

삶에서 하나님의 손길을 거부하면서 자신의 운명을 자기 어깨에 짊어진 행위다.

… 그 성은 에녹이라고 불린다. '에녹'은 '시작' 혹은 '개벽'을 의미한다. 가인은 새

로운 세계를 연다. 즉 창세기 1장 1절의 태초(Reshith)에 대립되는 '에녹', 창조에 대

립되는 '시작', 동산 낙원에 반대되는 것으로서의 개벽, 에덴에 반대되는 것으로

서의 도시를 … 가인이 그가 만든 것에 이 이름을 부여한 것은 확실히 우연이 아

니다. … 말하자면, 그는 하나님을 하나의 가설로 떨어뜨리며, 불필요하고 비실재

적인 존재의 영역으로 떨어뜨린다.[140]

이처럼 가인공동체의 사람들은 자신들이 자신들과 공동체의 운명
을 지배하며 자유를 누리고 있다고 생각한다. 하지만 그들의 생각은
착각에 불과하다. 하나님의 주권과 섭리는 그들과 그들의 공동체를
떠난 적이 없었기 때문이다. 다만, 그들은 현실적으로는 "공중의 권
세 잡은 자"(엡 2:2)에 의해 지배되고 있다. 영적 힘을 가진 공중의 권세
잡은 자가 "불순종의 아들들"(엡 2:2)인 가인공동체 가운데서 역사하고
있지만, 그들은 그 사실을 알지 못한다. 다시 말해, 그들은 하나님으
로부터 자유를 누린다고 하지만 공중의 권세 잡은 자로부터는 자유
롭지 못하다는 것조차도 알지 못한다.

반면에, 아벨의 길을 걸어간 사람들은 하나님을 주권자로 모시고,
인간의 힘이 아니라 하나님의 도우심에 의존하는 공동체를 만들었
다. 그들이 만든 것은 도시가 아니었다. 아벨공동체의 우선적인 관심
사는 하나님과의 관계 회복에 있었다. 그들은 하나님에 대한 반역과
인간의 힘을 기념하기 위한 도시가 아니라 하나님을 기념하기 위한

제단을 먼저 쌓았다. 아벨공동체는 가인공동체와 그들의 도시가 생긴 뒤에 만들어졌다. 그로 인해 그들은 가인공동체의 상징인 도시에서 나그네로 살아가야 했다. 왜냐하면 그들이 정착할 곳은 천상의 도성인 에덴동산이었기 때문이다. 엘륄은 다음과 같이 말한다.

> 이스라엘은 어디서나 도시로부터 분리되었다. 그는 유랑민이었으며 도시 창설에 아무것도 함께하지 않았다. 그는 그 정신에 함께하지 않았으며 사실상 장소를 가지지 않은 이방인이었고, 스스로 그것에서 분리되어야 할 필요를 보았다. 어떻게 세워야 하는지에 대해 그가 아는 전부는 하나님께 영광 돌릴 한 무더기의 돌 제단뿐이었다. 그것은 증인이라는 뜻의 갈르엣(증거의 돌무더기)이었다. 그는 자신을 위하여 건설하지 않았으며 누군가 다른 사람에게 주목하도록, 증인으로 섬기기 위해 제단을 쌓았다(창 31:47), 그는 어떤 유용한 것, 자기방어를 위한 것, 그의 힘을 확고하게 하는 어떤 것을 세우지 않았다.[141]

그리고 아벨공동체가 제단을 쌓은 곳은 생수가 솟아나고, 높은 산 위에 있어 적이 쳐들어오기 힘든 천연의 요새가 아니라 짐승이나 적들로부터 보호받을 수 없는 메마른 광야였다. 하나님 외에는 그 누구도 도움을 줄 수 없는 절대 고독의 땅이었다. 엘륄은 광야의 의미를 다음과 같이 설명한다.

> 광야는 인간의 힘이 포기되어야 하는 장소다. 광야에서는 인간 자신의 수단에 의해 끌어내는 것 같은 더 이상의 계책도 아무런 환상도 없으며, 도움의 자연적인 원천들에 희망을 둘 아무 가능성도 없다. 인간은 그의 모든 기술, 그의 문명의 모

든 가능성을 박멸당한다. 그는 무기도 장비도 없이 홀로 있으며 그러므로 그는 언제든지 먹힐 준비가 된 악마의 밥임과 동시에 하나님에 의해서만 도움을 받을 수 있는 그런 위치에 있다. 그러므로 광야는 시험의 장소로 나타난다. 왜냐하면 그것은 정직의 장소이기 때문이다. 광야로 가는 것은 진실의 순간이다. 광야는 구약의 보다 오래된 본문에 의하면 특별히 영혼들의 거처다. 이것은 속죄의 숫염소가 이스라엘의 죄를 지고서 거기서 악마들의 먹이가 되도록 보내지는 장소다. 그러나 그것은 훨씬 더 영혼들이 만나지는 장소처럼 보인다. … 우리는 선지자들이 하나님으로부터 계시를 받기 위해 광야로 옮겨지는 것을 본다. 다윗도 그렇다. 엘리야도 그렇다. 예수님도 그렇다. 겟세마네에서처럼 또한 거기서 유혹을 받기 위해. 하나님의 직접적인 보호하에 광야로 도망친 계시록의 여자도 그렇다. 광야로의 후퇴는 늘 인간의 힘으로부터의 하나의 분리이며 영적 싸움의 한 체험이다.[142]

이처럼 아벨공동체의 근거지는 광야다. 이곳은 하나님의 임재를 가장 잘 포착할 수 있는 곳이다. 하지만 아벨공동체였던 이스라엘은 가나안 정복 이후 자신의 근거지를 버리고, 세상 사람들처럼 도시를 건설한다. 도시는 이스라엘 백성들로 하여금 하나님과의 관계가 멀어지게 하고, 자신들의 힘에 의존하게 할 위험성을 내포하고 있다. "인간이 하나의 도시를 건설할 때, 그것은 가인의 아들의 한 반영이다. 그러나 이스라엘이 도시를 건설할 때, 그것은 단순한 반영 이상의 것이다. 그것은 가인의 안정을 좋아하여 하나님께 대해 의식적으로 거부하는 진정한 거역이다."[143] 이스라엘의 도시 건설은 반역의 세력이 가인공동체뿐 아니라 아벨공동체에서도 그 힘을 발휘하게 되었다는 것을 의미한다. 이로써 아벨공동체는 외적 문제뿐 아니라 내적 문제와도 싸워야 할 곤궁한 처지에 이르게 되었다.

현대에 이르러 도시가 보편화되고, 그 영향력이 확대됨으로써 광야가 거의 사라졌다. 광야는 아벨공동체의 생명의 터전이므로 광야가 없으면 영적인 호흡을 할 수가 없다. 우리는 매일 광야로 나가서 하나님의 임재를 체험하고 해방을 만끽해야 한다. 도시 속의 교회는 인간에게 광야가 되어야 할 곳이다. 그런데 교회가 도시의 포로가 되어 광야의 본성을 잃어 가고 있다. 엘륄은 "도시는 교회 공동체와는 정반대다. 도시는 교회가 포로가 되고 전쟁과 위협의 먹이가 되는 장소이며, 교회가 혈과 육에 대한 싸움이 아니라 우상에 대한 싸움, 도시의 본질적 성격인 영적인 힘에 대하여 싸우는 장소다"[144]라고 말한다. 광야가 죽으면 인간성이 죽음에 이른다.

이스라엘 백성들이 출애굽하여 해방을 누렸던 것처럼 아벨공동체는 도시에서 분리되는 구원의 날을 기다리고 있다. 하지만 해방의 그날까지 숨어서 지내거나 세상과의 소통을 단절한 채 고립의 삶을 살아서는 안 된다. 왜냐하면 기독교인들에게는 예수님이 내려 주신 지상명령이 있기 때문이다. 그러므로 기독교인은 "광야에서 외치는 자의 소리"(눅 3:4)가 되어야 한다. 이는 대립 관계에 있는 가인공동체를 향한 우리의 사명이다. 이 사명을 감당하기 위해 우리는 그들과의 갈등을 감수해야만 한다. 가인공동체가 아벨공동체를 "평화 속에 버려둔다면 그것은 하나님의 일에 대한 충성스러운 증인으로서의 우리의 임무를 소홀히 하고 있기 때문일 것임이 틀림없다."[145]

이처럼 성경에서 전제하고 있는 인간의 역사는 아벨공동체가 가인공동체에 대립하며 존속해 나가는 것이다.[146] 두 가지 사랑이 두 가지 공동체를 만들었다.[147] 아우구스티누스는 다음과 같이 말한다.

> 우리는 인류를 두 부류로 나누어, 사람의 생각대로 사는 사람들과 하나님의 뜻 대로 사는 사람들이라고 했다. 그리고 그들에게 '두 도성'이라는 비유적인 이름 을 붙였는데, 이것은 '두 사회'라는 뜻이다. 그중 한 도성은 하나님과 함께 영원 히 지배하기로 예정되었고, 다른 도성은 마귀와 함께 영원한 벌을 받기로 예정 되었다.[148]
>
> 그런데 인류의 처음 조상에게서 장자로 태어난 가인은 사람의 도성에 속했고, 그 다음에 난 아벨은(창 4:1~2) 하나님의 도성에 속했다.[149]
>
> 두 가지 사랑이 두 도시를 건설했다. 심지어 하나님까지도 멸시하는 자기 사랑이 지상 도성을 만들었고, 자기를 멸시하면서 하나님을 사랑하는 사랑이 천상 도성 을 만들었다. 따라서 지상 도성은 자체를 자랑하며 천상 도성은 주를 자랑한다(고 후 10:17). 지상 도성은 사람들에게 영광 받기를 원하고, 천상 도성은 우리의 양심을 보시는 하나님을 최대의 영광으로 여긴다.[150]

아우구스티누스가 '천상 도성'과 '지상 도성'으로 구분하여 표면상 으로는 두 도시의 공간적인 성격을 강조하고 있는 듯하나, 반드루넨 의 견해에 따르면, 아우구스티누스의 두 도성은 두 백성과 대응된다 고 한다.[151] 그렇다면 아우구스티누스의 천상 도성과 지상 도성은 각 각 아벨공동체와 가인공동체에 대응시켜도 무리가 없다고 생각한다.

한편, 두 공동체는 인간의 의도가 아닌 하나님의 예지와 섭리에 의 해서 이루어진다. 이에 관해 아우구스티누스는 다음과 같이 설명한다.

우리는 태초에 창조된 그 처음 사람과 함께 인류 사이에 두 도시 또는 두 사회가 나타났다고만 말하겠다. 아직 밝히 눈에 보인 것이 아니지만, 하나님의 예지 안에서는 이미 나타났다. 처음 한 사람에게서 인류가 일어나기로 정해졌으며, 그 일부는 악한 천사들과 짝하여 벌을 받으며 다른 부분은 선한 천사들과 함께 상을 받기로 정해졌다. 이것이 하나님의 숨은, 그러나 공정한 판단에 의해서 된 결정이었다.[152]

인류의 역사가 진행되는 동안에 아벨공동체와 가인공동체는 서로 영향을 주고받으며 존속하였으나, 노아 대에 이르러서는 아벨공동체마저 하나님으로부터 멀어지게 된다. 하나님의 아들들인 아벨공동체 소속의 남성들이 하나님의 뜻에 따르지 않고, 자기들의 원하는 바에 따라 사람의 딸들인 가인공동체 소속의 여성들을 아내로 삼았는데, 이로써 하나님을 주권자로 모시는 아벨공동체가 인간을 주권자로 삼는 가인공동체에 물들어 그 정체성을 상실해 갔기 때문이다(창 6:1~2). 아우구스티누스는 다음과 같이 말한다.

선한 자들에게 특유한 위대한 선을 하나님의 아들들이 버렸을 때, 그들은 선한 자들에게 특유하지 않고 악한 자들도 공유하는 보잘것없는 선에 기울어졌다. 그래서 그들은 사람의 딸들에 매혹되어 그들을 아내로 삼아 즐기려고 지상적 관습을 채용하고, 그들의 거룩한 사회에서 따르던 경건한 생활을 버렸다. 이와 같이 하나님이 지으신 것은 사실이지만, 일시적이며 육적이며 가장 저급한 선인 신체적 아름다움을 사랑하고, 영원하며 내면적이며 변치 않는 선이신 하나님을 제쳐놓았다.[153]

그로 인해 전 인류가 대홍수의 심판을 당할 지경에 이르게 된다. 그럼에도 노아의 홍수 이야기는 아벨공동체의 승리에 관한 이야기라고 할 수 있다. 왜냐하면 아벨공동체에 속한 노아와 그 가족 8명은 대홍수에서 살아남았으나 가인공동체의 사람들은 멸절되었기 때문이다. 그런데 어찌 된 영문인지 가인공동체가 역사에 다시 등장한다. 대홍수에서 살아남은 노아의 가족 8명은 자손들을 낳으며 인류의 역사를 이어 나갔는데, 그로부터 다시 가인공동체가 형성되어 나왔기 때문이다. 그만큼 아담과 하와의 범죄로 인해 전적으로 타락한 인간의 죄성은 끊기가 어렵다. 하지만 이것은 다른 측면에서 보면, 하나님이 아벨공동체뿐 아니라 가인공동체도 주권자로서 통치하고 계신다는 증거다. 하나님이 가인공동체를 절멸시킬 수 있음에도 그러지 않으셨다는 것은 그들 역시 하나님의 섭리 아래 보존되고 있음을 의미한다. 이렇게 가인공동체를 남겨 두신 하나님은 이제 선택받은 백성들을 위해 한 도시의 건설을 허락하신다. 이것이 바로 '예루살렘'이다. 인류 역사의 종국에는 아벨공동체가 가인공동체를 극복하고 최종 승리를 거두게 되며, 인간이 건설한 반역의 도시는 역사에서 사라질 것이다. '큰 도성(都城) 바벨론'이 무너지고 포로 된 백성들이 바벨론 유수에서 풀려나 새 하늘과 새 땅을 위한 영구한 도성인 새 예루살렘으로 거처를 옮기게 될 것이다. 이로써 가인공동체는 인류 역사에서 사라지고, 아벨공동체만 존속하여 영원히 하나님을 찬양하며 복을 누릴 것이다.

(2) 이스라엘과 예수님

① 야곱 도피 사건의 개요

아벨공동체였다고 할 수 있는 노아의 가족 8명은 대홍수에서 살아 남아 자손들을 낳으며 인류의 역사를 이어 나갔다. 그런데 이미 언급 하였듯이 하나님으로부터 의인이라는 평가를 받은 노아의 후손 모두 가 아벨공동체를 형성한 것은 아니다. 아이러니하게도 노아의 후손 들로부터 다시 아벨공동체와 가인공동체가 형성되어 나온다. 심지어 아벨공동체는 다시 소수로 전락해 갔다. 노아 이후 아브라함에 이르 기까지 아벨공동체가 없었다고 볼 수는 없으나, 성경에는 특별한 기 록이 없다. 아벨공동체의 명맥은 사라진 것인가? 그렇지 않았다. 하 나님은 아벨공동체의 명맥을 유지시켜 나가시다가 때가 되자 특별 한 사람을 부르신다. 그 사람이 바로 아브라함이다.

하나님은 아브라함 대에 이르러 아벨공동체를 위한 새 시대를 여 셨다. 아브라함, 이삭, 야곱은 아벨공동체와 그 모태인 이스라엘의 기 반을 구축하는 데 쓰임을 받은 사람들이다. 그러면 그들은 어떻게 해 서 아벨공동체라는 거룩한 계보를 이어 가게 되었을까? 그 질문에 대 한 대답은 바로 하나님의 택하심이다. 하나님은 우주의 구원이라는 심오하고 원대하고 장엄한 계획을 이루기 위해 그들을 선택하셨다. 인간들의 의지로 그렇게 된 것이 결코 아니다. 이스라엘 민족은 메시 아이신 예수님의 탄생을 위한 민족으로 선택되었을 뿐이다. 이스라 엘 민족과 그 국가의 조상이 된 야곱과 그의 쌍둥이 형 에서의 이야 기는 하나님의 예정과 택하심이 무엇인지를 잘 보여 준다. 하나님이 야곱은 선택하시고, 에서는 유기하시는 것에 관해 바울 사도는 "그 자식들이 아직 나지도 아니하고 무슨 선[154]이나 악을 행하지 아니한 때에 택하심을 따라 되는 하나님의 뜻이 행위로 말미암지 않고 오직 부르시는 이로 말미암아 서게 하려 하사 리브가에게 이르시되 큰 자가 어린 자를 섬기리라 하셨나니 기록된바 내가 야곱은 사랑하고 에서는 미워하였다 하심과 같으니라"(롬 9:11~13)라고 한다. 다시 말해 하나님이 야곱을 택하시고 에서를 유기하신 것은 그들의 공로나 자질 때문이 아니라 오로지 창세전부터 예정된 하나님의 택하심 때문이라는 것이다.

야곱은 네 명의 부인들에게서 열두 명의 아들과 한 명의 딸을 낳아 이스라엘 공동체의 민족적 기틀을 놓았다. 그의 아버지는 이삭이고, 그의 할아버지는 아브라함이다. 야곱에게 형제는 쌍둥이 형 에서뿐이다. 두 사람의 충돌은 어릴 적부터 시작되었다. 어느 날, 솜씨 좋은 사냥꾼인 에서가 사냥하러 들에 나갔다가 허기진 상태로 귀가하였는데, 그때 야곱은 집에서 죽을 쑤고 있었다. 에서는 야곱에게 죽을 좀 달라고 하였고, 야곱은 형이 가진 "장자의 명분"(창 25:31)을 넘겨주면 죽을 주겠다고 했다. 배가 고파 참을 수 없었던 에서는 장자의 명분을 넘기는 대가로 죽을 받아먹었다. 이로써 장자권이 실제적으로 야곱에게 넘어간 것은 아니다. 하지만 죽 한 그릇에 장자의 명분을 넘기겠다고 말한 데 대해 심한 불쾌감을 가지고 있었던 에서는 실제로 장자의 명분을 빼앗길지 모른다는 불안감으로 평생 야곱에 대한 적의를 품고 살게 된다.

세월이 흘러 생의 말년을 맞은 이삭은 때가 되었다고 생각하고, 장남인 에서에게 들에 나가 사냥하여 잡은 짐승으로 평소 자신이 즐기던 별미를 만들어 달라고 부탁했고, 그 별미를 먹고 나서 축복을 내려 주겠다고 했다. 이삭은 거부였으므로 가축을 아주 많이 보유하고 있었을 터인데, 이상하게도 집에 있는 가축의 고기로 만든 음식이 아니라 에서가 사냥해서 잡아 온 짐승으로 만든 음식을 더 좋아했다. 축복을 내린다는 말에 에서는 기분이 좋아 서둘러 집을 나섰다. 이를 지켜보고 있던 리브가는 막내아들 야곱에게 장남 에서의 옷을 입히고, 염소 새끼의 가죽을 둘러쓰게 한 다음 아버지를 속여 에서가 받아야 할 축복을 탈취하게 했다. 에서는 그 사실을 알고 분노하여 야곱을 죽이겠다고 길길이 날뛰었고, 야곱은 죽지 않으려고 가족들의 품을 떠나 외삼촌이 있는 하란을 향해 빈손으로 도피했다. 거기에서 야곱은 20년간 억울한 종살이를 해야만 했다.

야곱의 축복 탈취 사건을 보면, 마치 한 편의 가족 막장 드라마를 보는 것 같다. 그 근원적인 출발점은 어디에 있을까?

이삭은 리브가와 결혼한 이후 오랫동안 임신이 되지 않자 결국 하나님 앞에 나아가 자녀를 달라고 간절히 구하였다. 하나님은 이삭의 간구에 응답하셨고, 리브가로 하여금 임신하게 하셨다. 리브가는 자신이 쌍둥이를 임신한 것과 아이들이 태에서 싸우고 있음을 감지했다. 걱정이 된 리브가는 하나님께 물었고, 하나님은 그녀에게 "두 국민이 네 태중에 있구나 두 민족이 네 복중에서부터 나누이리라 이 족속이 저 족속보다 강하겠고 큰 자가 어린 자를 섬기리라"(창 25:23)라고 말씀하셨다. 출산일이 되어 리브가가 쌍둥이를 낳았는데, 에서가 먼저 나오고, 그의 발꿈치를 잡고 야곱이 뒤따라 나왔다. 예사롭지 않은 일이었다.

쌍둥이의 출산 이후 양육 과정에 이삭과 리브가의 쌍둥이 형제에 대한 선호는 극단적으로 나뉘었다. 그것을 암시하는 것이 "이삭은 에서가 사냥한 고기를 좋아하므로 그를 사랑하고, 리브가는 야곱을 사랑하였더라"(창 25:28)라는 말씀이다. 리브가는 장자를 선호하는 당시 전통과는 달리 차남인 야곱을 편애하였다. 그 이유는 출산 전에 하나님으로부터 받은 말씀 때문이다. 그가 야곱을 바라봄에 있어서는 늘 하나님의 시선도 함께하고 있었다. 하지만 이삭은 하나님으로부터 직접적인 계시를 받지 않았다. 그로 인한 탓인지 그는 장자를 선호하는 전통에 따라 쌍둥이 형제들을 바라보았고, 게다가 에서가 사냥한 고기로 만들어 준 음식으로 인해 에서에게 더 마음을 쏟았다. 성경에는 기록이 없으나 리브가는 자신이 하나님으로부터 받은 말씀을 이삭에게 알렸을지도 모른다. 만약 그것이 사실이라면 이삭은 하나님의 말씀보다는 전통을 우선시하고 있다고 볼 수밖에 없다.

결론적으로 말해, 이삭의 가족은 아버지와 장남 대 어머니와 차남의 구도로 가족 관계가 형성되어 있었다고 볼 수 있다. 굳이 분석하자면, 전통 대 신앙의 대립 구도라고 할 수도 있을 것이다. 이러한 대립 구도야말로 야곱의 축복 탈취 사건의 근원이라고 할 수 있을 것이다.

② 야곱에 대한 여섯 가지 질문과 답

O 첫 번째, 야곱은 형인 에서가 배가 고파 먹을 것을 좀 달라고 할 때, 형으로부터 '장자의 명분'을 넘겨받은 다음 죽을 주었는데, 그 동기와 배경은 무엇일까?

야곱의 어릴 적 행동의 동기와 배경에는 어머니 리브가의 영향이 있었을 것이라 생각한다. 그는 자신을 사랑하는 어머니로부터 어머니가 출산 전에 하나님으로부터 받은 말씀과 태중에서 있었던 일, 출산 시에 있었던 일을 귀에 못이 박히게 들었을 것이다. 리브가로부터 "야곱아, 너희가 태중에 있을 때 큰 자가 어린 자를 섬길 것이라고 하나님이 말씀하셨단다. 그러니 장남이 아니라고 아버지의 유산을 물려받지 못하더라도 불평하지 말아라. 네게는 하나님이 계시단다. 하나님이 너를 선택하셨으니 절대 하나님의 말씀에서 떠나지 말아야 한다"는 말을 항상 듣고 살았을지도 모른다. 그런 교육 효과 때문인지, 어려서 철이 없었던 탓인지 모르지만, 야곱은 형이 배가 고프다며 죽을 달라고 하자 이를 기회로 삼아 장자의 명분을 넘겨 달라고 한 거라 볼 여지도 있다. 한편, 야곱이 죽 한 그릇에 장자의 신분을 살 수 있었던 것에는 에서의 경솔함도 한몫했다. 이렇게 경솔하게 장자의 신분을 버린 에서에 대해 히브리서 12장 16절은 "망령된 자"라는 평가까지 내린다.

○ **두 번째, 에서는 이삭의 장자이므로 장자 상속 관습에 따라 이삭의 유산 대부분을 차지할 것인데, 이삭이 인생의 말년에 에서에게 주려고 한 축복은 무엇인가?**

하나님은 아브라함에게 친히 "내가 네게 큰 복을 주고 네 씨가 크게 번성하여 하늘의 별과 같고 바닷가의 모래와 같게 하리니 네 씨가 그 대적의 성문을 차지하리라 또 네 씨로 말미암아 천하 만민이 복을 받으리니 이는 네가 나의 말을 준행하였음이니라"(창 22:17~18)라고 말씀하셨다. 또 하나님은 이삭에게 직접 "내가 네 아버지 아브라함에게 맹세한 것을 이루어 네 자손을 하늘의 별과 같이 번성하게 하며 이 모든 땅을 네 자손에게 주리니 네 자손으로 말미암아 천하 만민이 복을 받으리라"(창 26:3~4)라고 말씀하셨다. 이는 아브라함에게 하신 약속과 거의 같은 약속이다.

그러나 하나님은 이삭의 장자인 에서에게는 아무 말씀도 내리지 않으셨다. 이삭은 에서에게 하나님의 말씀이 임하지 않자 마음이 불안했을지도 모른다. 이에 이삭은 자신의 인생 말년에 이르러 에서가 할아버지인 아브라함과 아버지인 자신이 받았던 축복을 받기를 바라는 마음에서 하나님을 대신하여 에서에게 축복을 내리고자 했을 수도 있다. 이삭이 에서에게 주려고 했으나 야곱이 받게 된 아래의 축복 내용을 보면 이삭의 마음이 어떠했는지를 엿볼 수 있다.

> 내 아들의 향취는 여호와께서 복 주신 밭의 향취로다 하나님은 하늘의 이슬과 땅의 기름짐이며 풍성한 곡식과 포도주를 네게 주시기를 원하노라 만민이 너를 섬기고 열국이 네게 굴복하리니 네가 형제들의 주가 되고 네 어머니의 아들들이 네게 굴복하며 너를 저주하는 자는 저주를 받고 너를 축복하는 자는 복을 받기를 원하노라(창 27:27~29).

하나님은 쌍둥이들이 태어나기 전부터 아브라함과 이삭에게 내렸던 계시의 계승자는 야곱이라고 정하고 계셨다. 그리고 에서를 피해 도망하던 야곱에게 나타나셔서 그 사실을 비로소 확인시켜 주셨다. 하나님은 벧엘에서 야곱에게 아래와 같이 축복하셨는데, 그 내용은 아브라함과 이삭에게 약속하신 말씀과 거의 같다. 이를 통해 하나님은 아브라함과 이삭의 계승자가 야곱이라는 것을 선포하셨다고 할 수 있다.

> 나는 여호와니 너의 조부 아브라함의 하나님이요 이삭의 하나님이라 네가 누워 있는 땅을 내가 너와 네 자손에게 주리니 네 자손이 땅의 티끌 같이 되어 네가 서쪽과 동쪽과 북쪽과 남쪽으로 퍼져 나갈지며 땅의 모든 족속 이 너와 네 자손으로 말미암아 복을 받으리라(창 28:13~14).

이에 관해 사도 바울도 로마서에서 하나님은 야곱과 에서가 태어 나기 전부터 "야곱은 사랑하고 에서는 미워하였다"(롬 9:13)라고 기록 한다.

○ 세 번째, 야곱의 어머니 리브가가 야곱을 에서로 변장시킨 다음 이삭 으로부터 축복을 받게 한 이유는 무엇인가?

리브가는 출산 전에 하나님으로부터 받은 약속을 잊은 적이 없고, 비록 야곱이 아버지의 재산을 물려받지는 못할지라도 하나님의 축복 을 풍성하게 누릴 것이라고 굳게 믿고 있었다. 그런데 느닷없이 이삭 이 에서에게 하늘의 축복을 빌어 주겠다고 하자 리브가는 놀랐을 것 이다. 그리고 그것만은 에서에게 넘겨줄 수 없다는 생각에 모략을 꾸 몄고, 야곱도 거기에 가담시켰던 것이다. 이에 관해 칼뱅은 다음과 같 이 설명한다.

> 리브가는 자기 아들 야곱의 택하심에 관한 하나님의 말씀을 확신하여 사악한 속

임수로 야곱을 위한 축복을 얻어 낸다(창 27:29). 그녀는 하나님의 은혜에 대한 증인이며 하나님의 일꾼인 자기 남편을 속이고, 자기의 아들이 거짓말을 하도록 강요하고, 다양한 눈속임과 궤계로 하나님의 진리를 오염시킨다. 요컨대 그녀는 하나님의 진리를 경멸하면서 가능한 한 파괴시킨다(창 27장). 이 일은 비록 사악하고 비난받아 마땅한 것이었음에도 불구하고 믿음이 없지는 않았다. 왜냐하면 그녀는 땅에서 누릴 혜택을 얻을 소망조차 전혀 부여되지 않고, 도리어 헤아릴 수 없는 난관들과 위험들만이 가득한 무엇을 흔들림 없이 이루어 내고자 많은 사소한 장애들을 극복해야만 했기 때문이다.[155]

○ 네 번째, 야곱은 자신의 행위가 아버지와 형을 속이는 일인 줄을 알면서도 왜 어머니의 권고에 따라 속임수로 축복을 받았는가?

야곱은 아버지와 형에게 비난을 받는 한이 있더라도 축복을 받아야 한다고 생각했을 것이다. 어릴 적에 형에게서 장자의 명분을 산 적도 있으므로 그렇게 해도 악행을 저지르는 것이 아니라고 생각했을지도 모른다. 거짓이 발각되어 아버지로부터 저주를 받을 것이 두려웠으나, 저주는 어머니가 받겠다고 하자 어머니의 제안을 물리칠 수가 없었다. 그리하여 그는 형의 축복을 탈취하는 파렴치한이 되어 버렸다.

○ 다섯 번째, 이삭이 야곱을 에서인 줄 알고 축복하였음에도 그 축복의 효력이 야곱에게 미치는가? 미친다면, 야곱이 아버지로부터 받은 축복의 결과는 무엇인가?

야곱의 인생과 그로 인해 이스라엘이라는 나라가 시작되는 결과만을 보면 이삭이 야곱에게 내린 축복이 효력을 미쳤다고 할 수 있다. 하지만 엄밀히 말하면, 이 복은 이삭에게 받은 축복이 아니라 야곱이 하란으로 도주하다가 벧엘에서 하나님으로부터 받은 축복으로 말미암은 것이었다. 바로 이 점, 다시 말해 야곱의 복이 벧엘에서 받은 하나님의 말씀에서 비롯되었다는 점을 염두에 두지 않으면, 야곱이 이삭을 속여서 축복을 탈취했으므로 그가 축복을 받는 것이 정의로운지에 관해 의문을 가질 수밖에 없고, 이는 에서의 입장에서 볼 때 하나님이 선하지도 정의롭지도 않으시다는 의심까지 들게 만든다. 하지만 축복의 근원은 하나님이시다. 이것은 불변의 진리다. 아무리 이삭이 야곱에게 축복을 내린다고 해도 하나님이 허락하지 않으시면, 그 축복은 효력을 발생시킬 수 없다. 야곱이 받은 축복은 하나님에게서 나온 것이므로 에서의 입장에서 하나님이 정의롭지 못하다고 항변하는 것은 옳다고 인정받기 어렵다.

한편, 이러한 결론이 부모가 자녀를 위해 내리는 축복이 중요하지 않음을 뜻하는 것은 아니다. 오히려 부모는 자녀를 위해 축복을 빌어야 하고, 그 축복이 하나님의 뜻에 합치할 때 더 큰 축복으로 다가온다는 것을 잊어서는 안 되겠다.

○ 여섯 번째, 이삭은 왜 자신을 속인 리브가와 야곱을 비난하지 않았는가? 이에 대한 하나님의 뜻은 무엇인가?

이삭은 자신이 에서가 아니라 야곱에게 축복을 내렸다는 것을 뒤늦게 알게 된다. 우리 같으면 이삭이 야곱을 에서로 착각하여 축복을 내렸으므로 그 축복은 무효라고 하며 다시 에서에게 축복을 내릴

지도 모르겠다. 하지만 이삭은 하나님의 뜻이 견고하다는 것을 깨달았다. "큰 자가 어린 자를 섬기리라"(창 25:23)라는 리브가의 말을 진정으로 이해하게 된 것이다. 그래서 이삭은 자신이 이미 야곱에게 내린 축복의 말을 주워 담을 수 없었다. 그리고 축복을 바라는 에서에게 다음과 같이 예언하며, 이미 야곱에게 준 축복을 재확인하기까지 한다.[156] 야곱과의 관계에서 보면, 축복이 아니라 저주라고 할 정도였다.

> 네 주소는 땅의 기름짐에서 멀고 내리는 하늘 이슬에서 멀 것이며 너는 칼을 믿고 생활하겠고 네 아우를 섬길 것이며 네가 매임을 벗을 때에는 그 멍에를 네 목에서 떨쳐버리리라(창 27:39~40).

③ 저주에서 축복으로

에서에게 축복을 내리고자 했던 이삭의 의도는 완전히 빗나갔다. 이로써 이삭의 아들들은 회복하기 어려운 불화를 겪게 된다. 하지만 이 사건으로 당장 야곱이 현실적으로 얻은 이익은 없다. 오히려 그는 거부의 아들이었지만, 빈털터리로 집을 도망쳐 나와 노예 생활을 해야만 했고, 그로부터 20년 뒤에는 노예 생활을 통해 피땀 흘려 모은 재산을 빼앗기는 손해까지 입게 된다. 어쩌면 이 사건의 최대 피해자는 야곱일지 모른다. 인간적으로 볼 때, 야곱이 받은 저주는 다음과 같다.

첫째, 야곱은 빈손으로 가족을 떠나게 된다. 야곱으로서는 이런 일이 발생하리라고는 꿈도 꾸지 않았을 것이다. 둘째, 야곱은 한 번도가 본 적 없는 '하란'으로 간다. "조용한 사람"(창 25:27)이었던 그는 이런 장거리 여행을 하는 것만으로도 고통이었을 것이다. 셋째, 야곱은 거부의 아들로 태어났으나 이 사건으로 인해 타국 땅에서 20년간 종살이를 하게 된다. "들사람"(창 25:27)이 아니라 조용한 사람이었던 야곱에게는 고난의 세월이었다. 넷째, 야곱은 형과 화해할 때까지 형으로부터 죽임을 당할지 모른다는 두려움과 불안에 시달렸다. 호전적인 형이 언제라도 찾아오거나 자객을 보낼 수도 있었기 때문이다. 또 아버지 이삭의 재산은 단 한 푼도 물려받지 못했던 것 같고, 오히려 아버지를 속여서 형으로부터 탈취한 축복에 대한 피해 배상으로 하란에서 20년간 종살이해서 모은 재산 중 많은 부분을 형에게 바쳐야 했다.

칼뱅은 야곱의 인생을 "극단적인 불행을 보여 주는 가장 두드러지는 본"[157]이라고 요약한 뒤 다음과 같은 평을 내렸다.

이렇듯 나쁜 일들이 무더기로 몰아닥치는데, 어떻게 한순간이라도 평온히 숨을 내쉴 수 있었겠는가? 그리하여 자기에 대한 최고의 목격자인 바로에게 지상에서의 자기의 날은 짧았으나 험악했다고 증언했다(창 47:9). 계속되는 비참한 일들로 자기 삶을 보냈다고 선포하고, 여호와가 자기에게 약속하신 번성을 느꼈는지에 대해서는 절대적으로 부인했다. 그러므로 야곱은 적대적이고 배은망덕하게 하나님의 은혜를 평가한 자였거나 아니면 지상에서 비참한 삶을 살았노라고 솔직하게 공표한 자였거나 할 것이다. 그의 주장이 참될진대, 이로부터 귀결되는바, 그는 땅의 것들에 자신의 소망을 두지 않았다.[158]

하지만 야곱에게 닥친 저주는 결국에는 축복으로 가는 길이었다. 야곱과 에서의 형제간 충돌에 관한 성경의 이야기를 이해하기 위해서는 인간의 시각이 아닌 하나님의 시선으로 바라봐야 한다. 그러기 위해서는 반드시 염두에 두어야 하는 부분이 리브가가 하나님으로부터 받은 계시의 말씀이다.

이 말씀을 배제하고 야곱과 에서의 이야기를 읽으면, 야곱이 시기와 질투가 많고, 아버지와 형까지 속이는 사기꾼이었다는 인상을 지울 수 없다. 그렇게 이해하면 리브가는 남성적인 에서보다 여성적인 야곱을 사랑하여 그의 욕심을 채워 주고, 야곱이 축복을 탈취하자 이삭을 설득하여 야곱을 하란으로 도피시키는 공범에 불과하다.

하지만 이러한 해석은 하나님의 계시의 말씀이 리브가에게 임하였다는 점에서 보면 받아들이기 어렵다. 야곱과 에서 형제 사이의 충돌의 뿌리는 하나님의 계시를 실현하고자 하는 리브가와 전통과 관습을 중시하는 이삭의 대결이라고 할 것이다. 이른바 아벨공동체와 가인공동체 간 대립의 전조라고 할 수 있다. 이렇게 보면, 쌍둥이 형제의 충돌 사건의 주범(主犯)은 바로 리브가이고, 야곱은 종범(從犯)이라고 해야 한다. 야곱은 어머니의 말씀에 순종한 사람이다. 그가 축복 탈취 사건으로 얻은 것은 세속적으로 보면 아무것도 없다. 아니, 그는 인간적으로나 사회적으로 모든 것을 잃었다. 야곱의 축복 탈취 사건으로 당장 덕을 본 사람은 야곱이 아니라 오히려 에서다.

야곱은 당장은 그렇게 피해를 입은 듯하지만, 결국 큰 축복을 받게 된다. 에서의 후손은 국가를 이루지 못한 채 역사의 뒤안길로 사라졌지만, 야곱이 낳은 열두 명의 아들들은 아벨공동체의 뿌리가 되는 이스라엘이라는 나라의 위대한 선조가 되었다. 결과적으로 이삭의 기도로 인해 야곱에게 복이 임했다고 할 수 있지만, 그러한 축복에 이르게 한 진정한 근원은 하나님이 벧엘에서 하신 말씀임을 잊어서는 안 된다. 이렇게 이해할 때 야곱의 축복 탈취 사건을 제대로 이해할 터를 얻게 된다.

④ 인류를 향한 하나님의 축복

하나님을 주권자로 섬기는 아벨공동체는 인간이 공동체를 만들어 놓고 하나님을 주권자로 청빙한 것이 아니다. 오히려 아벨공동체는 하나님이 주권자가 되셔서 공동체에 속할 사람들을 택하여 하나님과 연합하게 하심으로써 이루어졌다. 그렇게 택함을 받은 자가 아브라함, 이삭, 야곱과 그들의 후손이었다. 하나님이 아벨공동체를 만드신 이유는 인류를 구원하시기 위함이다. 다시 말해, 하나님은 인간을 향한 구원의 계획을 이루시기 위해 온 인류 중에서 아브라함을 선택하셨고, 그에 이어 야곱과 이스라엘 민족을 선택하셨다. 인간의 공로는 개입시킬 여지가 없다. 이는 야곱의 후손 가운데 그리스도께서 나실 것이라는 이삭의 기도(창 27:28~29)에서 명백히 드러난 것이다.

하나님이 택하신 인간은 온전한 자들이 아니라 아담과 하와의 범죄로 인해 전적으로 타락한 인간들이었다. 다시 말해, 하나님이 선택하신 아브라함과 이삭과 야곱과 그들의 후손도 인간 문제의 일부였다. 특히, 이삭의 가정은 한 편의 막장 드라마를 보여 주고 있다. 이런 문제 인간들을 사용하심으로 인해 문제는 당연히 많이 발생할 것이었지만, 하나님은 그마저도 감수하셨다. 인간을 하나님의 역사에서 배제시키지 않으시겠다는 뜻이다. 이것이 바로 하나님이 인류 역사에 섭리하시는 방식이다. 또 이것은 하나님의 선하심의 증거다. 왜냐하면 "애초에 세상을 만든 책임자로서 정말로 선하신 하나님이 존재한다면, 만일 하나님이 타락으로 혼돈의 조짐을 보이는 세상을 건져 내기 위하여 세상 자체의 선함, 질서, 구조를 부인하는 방식으로 일하신다면, 그것은 하나님의 성품을 부인하는 꼴이 되고 말기"[159] 때문이다.

하나님에 의해 선택된 이스라엘이 정착한 곳은 제국의 각축장이었던 '레반트'(해가 뜨는 동쪽이라는 뜻으로, 보통 팔레스타인, 시리아, 요르단, 레바논 등이 있는 지역을 의미함) 지역이었다. 이스라엘 사람들은 용광로와도 같은 지역의 한가운데에서 잠시도 쉴 날 없이 거의 600년 동안 제국들의 지배와 수탈 속에서도 선택받은 백성으로서의 정체성을 지키며 힘겹게, 아주 힘겹게 하나님의 말씀과 예루살렘 성을 지켜야 했다. "만약 고대 히브리인들이 바벨론의 문화에 동화되었다면, 세상의 빛이 되기를 중단했을 것이다."[160] 한민족이 일본 제국주의의 지배를 받았던 35년 동안 한민족의 정체성을 지키기도 결코 쉽지 않았는데, 600년간 제국들의 지배를 받으면서도 자신들의 정체성을 지켜 낸 이스라엘 민족을 생각하면, 이 민족이 특별하다고 하지 않을 수가 없다.

하나님의 때가 이르자 이스라엘은 성자 하나님이신 예수님을 그들의 민족으로 품는 영광을 얻게 되었다. 예수님이 성육신하신 것은 인류를 구원하기 위함이다. 구원은 행위가 아니라 믿음을 통해서만 얻는다. 이것은 예수님의 민족으로 선택된 이스라엘 민족에게도 예외는 아니다. 다시 말해 이스라엘 민족이 하나님에 의해 메시아의 민족으로 선택되었고, 하나님의 택한 백성으로서 예수님이 탄생하실 수 있도록 이루 다 말할 수 없는 민족적, 개인적 고초를 당하며 예루살렘을 지켰다고 하더라도 그러한 행위만으로 자동적으로 구원을 얻는 것은 아니었다. 이는 하나님에 의해 선택된 이스라엘 민족도 아벨공동체와 가인공동체로 구분될 수 있다는 것을 의미한다. 하지만 예수님이 활동하시던 당시의 이스라엘 사람들은 대부분 그렇게 생각하지 않았다. 그들은 율법만 지키면 당연히 구원을 얻을 것으로 생각했다. 거기에 그들의 약점이 있었다. 사도 바울은 이러한 이스라엘 사람들에 대한 안타까운 마음을 로마서 9장부터 11장까지에서 잘 드러내고 있다.

이스라엘 안에서의 아벨공동체와 가인공동체의 명확한 구분은 성부 하나님과 성자 예수님께서 '이스라엘'을 대신하여 세우신 '교회'를 통해 확증된다. 예수님은 승천하신 이후 한 지역에 국한되어 있던 '이스라엘'을 대신하여 세상 땅끝까지 '교회'를 세울 계획을 선포하셨다. 이는 '교회가 곧 국가'였던 '이스라엘' 시대가 마감되고, 아벨공동체를 대표하는 '교회'와 가인공동체를 대표하는 '국가'의 이원화가 시작되었음을 의미한다. 이로써 교회가 없던 이방 국가에 교회가 세워지게 되었고, 교회가 바로 국가였던 이스라엘은 교회와 국가의 분리라는 역사적 상황에 직면하게 되었다.

어쨌든 하나님의 계획과 섭리, 예수님의 성육신과 십자가 지심 및 부활과 승천, 이스라엘 민족들의 수고를 통해 모든 인류에게 구원의 기쁜 소식인 복음이 전해지게 되었다. 감사밖에 할 수 있는 것이 없다.

(3) 하나님 나라와 세상(땅)

① 하나님 나라의 네 가지 뜻

'하나님 나라'는 성경과 신학 서적에서 아주 다양한 의미로 사용된다. 각 텍스트에서 사용된 하나님 나라라는 개념이 어떤 의미인지를 정확히 파악하여 읽지 않으면, 의미를 제대로 이해할 수가 없을 때가 많다. 성경과 신학 서적에서 사용하는 하나님 나라라는 용어는 통합세계로서의 하나님 나라, 영원세계로서의 하나님 나라(천국), 통치권이 회복된 하나님 나라, 세상 속에서의 하나님 나라로 나누어 볼 수가 있다.

○ 첫째, 통합세계로서의 하나님 나라

하나님은 우주 만물, 다시 말해 영원세계와 시간세계 모두를 창조하신 창조주이므로 초월세계인 영원세계뿐 아니라 인간과 만물의 기반이 되는 시공간세계를 다스리시는 주권자이자 통치자이시다. 따라서 영원세계와 시공간세계가 모두 하나님 나라에 포함된다.[161] 이를 '통합세계로서의 하나님 나라'라고 하겠다.

통합세계로서의 '하나님 나라(the kingdom of God)'는 하나님이 주권자로서 통치하시는 영역으로, 이 세상에 존재하는 어떤 나라보다 광대하고 심오하며 영광스럽다.[162] 이러한 하나님 나라는 이상에 불과한 것이 아니라 현재 실재하고 있다. 교회는 통합세계로서의 하나님 나라가 아니다. 다만 이러한 하나님 나라에 대한 지식을 가졌을 뿐이다.[163] 하나님은 인간을 비롯한 우주 만물의 창조주이시므로 초월세계인 영원세계뿐 아니라 인간과 만물의 기반이 되는 시공간세계도 그의 통치 영역에 포함되고, 그의 섭리가 미치게 된다. 따라서 하나님은 초월적 존재이시므로 우주 만물의 창조 이후에는 아무런 개입도 하지 않으신다는 사상은 받아들일 수 없다. 한편, 영원세계와 시공간세계는 서로 독립적으로 존재하나 언젠가는 통합된다. 영원세계인 하늘과 시공간세계인 땅이 하나가 되는 날은 바로 예수님이 재림하시는 날이다.

○ 둘째, 영원세계로서의 하나님 나라(천국)가 있다

예수님이 재림하실 때까지 세계는 초월세계인 영원세계와 인간과 만물의 기반이 되는 시공간세계로 나뉘어 있게 되고, 사람들이 죽으면 그 육신은 시공간세계에 남게 되나 영혼은 영원세계로 가게 된다. 이러한 영원세계를 일반적으로 '천국(the kingdom of heaven)'이라 하고, 우리가 살고 있고 우리의 죽은 육신이 머무는 시공간세계는 보통 '세상' 또는 '땅'이라고 한다.

그러므로 예수님이 재림하시기 전의 천국은 하나님 나라 중 영원세계를 뜻한다고 보면 된다. 한편, 예수님의 재림 날에는 영원세계와 시공간세계가 통합되는데, 이를 '새 하늘과 새 땅'이라고 한다. 새 하늘과 새 땅도 하나님 나라 또는 천국으로 불린다. 하지만 '새 하늘과 새 땅으로서의 천국'은 '예수님이 재림하시기 전'의 영원세계인 천국과는 의미가 다르다는 것을 기억해야 한다.

천국이라는 용어는 하나님 나라라는 용어와 같은 뜻으로 사용될 때도 있지만, 그렇지 않을 때도 있으므로 두 용어는 완전히 같은 의미가 아님을 염두에 두고 있어야 한다. 신약에서 '천국'으로 번역되는

'the kingdom of heaven'은 마태복음에만 32회 등장하고, 이를 제외한 나머지 신약에서는 찾아볼 수 없다. 한편, '하나님 나라'로 번역되는 'the kingdom of God'은 마태복음에는 5회밖에 나오지 않지만, 나머지 신약에서는 일상적으로 등장한다. 한글 성경 중 디모데후서 4장 18절에 '천국'이라는 말이 등장하나 이 말의 원어는 '그분의 하늘나라(His heavenly kingdom)'로, 다시 말해 하나님 나라로 번역하는 것이 맞다. 위와 같은 점으로 본다면, 신약에서 하나님 나라와 천국은 똑같은 의미로 사용된 말이 아니라는 것을 알 수가 있다.

○ 셋째, 하나님의 통치권이 회복된 영역으로서의 하나님 나라

통합세계로서의 하나님 나라에는 영원세계뿐 아니라 시공간세계도 포함된다고 했다. 따라서 예수님이 재림하시기 전까지는 사탄의 권세에 굴복하여 하나님께 반역하는 영역(사람과 지역)도 있겠지만, 여전히 하나님의 주권은 그곳에도 미친다. 천국에 해당하는 영원세계 및 피조물이 하나님의 통치권에 복종하는 시공간세계에서는 하나님의 주권과 통치권에 실질적으로 복종하고 있으므로 샬롬(평화, 평강)이 있다. "하나님의 나라는 먹는 것과 마시는 것이 아니요 오직 성령 안에 있는 의와 평강과 희락이라"(롬 14:17). 이러한 샬롬이 존재하는 곳을 '통치권이 회복된 하나님 나라'라고 할 수 있다. 이러한 하나님 나라에 대항하여 반역이 존재하는 영역을 '세상 또는 땅'이라고 한다. 이 점에 관해 히브리서 2장 8절은 "만물로 그에게 복종하게 하셨은즉 복종하지 않은 것이 하나도 없어야 하겠으나 지금 우리가 만물이 아직 그에게 복종하고 있는 것을 보지 못하고"라고 기록하고 있다. 그러므로 세상(땅)의 의미는 두 가지로 나눌 수 있다. 먼저, 위에서 본 바와 같이 '영원세계인 천국의 대항'으로서의 세상(땅)이 있고, 두 번째로 '통치권이 회복된 하나님 나라의 대항'으로서의 세상(땅)이 있다. 두 번째 의미로서의 세상(땅)은 하나님 나라의 의미를 이해하면 자동적으로 이해할 수 있게 된다.

통치권이 회복된 하나님 나라 이외의 세상(땅)에서는 사탄과의 격전을 예상해야 한다. "우리의 씨름은 혈과 육을 상대하는 것이 아니요 통치자들과 권세들과 이 어둠의 세상 주관자들과 하늘에 있는 악의 영들을 상대함이라"(엡 6:12)라는 사도 바울의 비장한 선언은 이를 두고 한 말이다. 어려운 싸움이겠지만, 하나님 나라의 병사들인 기독교인은 물러설 이유가 없다. 왜냐하면 예수님이 '이미' 승리를 이루어 놓으셨기 때문이다. 최종 승리는 '아직' 오지 않았지만, 우리는 그날이 반드시 온다는 것을 알고 있다.

ㅇ 넷째, 세상 속의 하나님 나라로서의 교회

예수님은 영원세계인 '하늘'에서 시공간세계인 '땅'으로 내려오셨다. 예수님이 땅에 오신 것은 우주의 왕으로서 사탄의 권세 아래서 신음하는 하나님의 백성들을 회복시켜 새 창조를 성취하시기 위함이다. 성육신하신 예수님은 인간들을 위해 십자가에서 죽으시고 부활하신 다음, 제자들에게 땅끝까지 이르러 복음을 전파하라는 '지상명령(至上命令)'을 내리고 승천하셨다. 그 명령으로 기독교인들은 왕이신 예수 그리스도의 병사가 되어 세상(땅)에서 하나님 나라의 통치권이 회복되지 못한 영역을 지배하는 사탄과 치열한 전쟁을 벌여야 한다.

교회는 예수 그리스도의 병사들의 전초 기지다. 이런 점에서 그리스도와 성도의 연합을 이룬 교회는 세상(땅) 속에 있는 하나님 나라다. 스나이더는 다음과 같이 말한다.

> 교회는 그리스도의 몸이다. 매우 실제적인 의미에서 교회는 하나의 표징일 뿐 아니라, (그리스도께 충성하고 성령에 의해 인도함을 받을 때) 땅 위의 하나님 나라의 대리자(agent)다. 교회는 하나님의 나라는 아니지만, 그렇다고 하나님 나라와 무관하지도 않다. ··· 예수가 실제로 자신의 몸을 통해 일하고 있을 때는 언제나, 그곳에서 교회는 하나님 나라의 진정한 표징이다. 그리고 만일 충실한, 시공의 공동체로서의 교회가 정말로 예수 그리스도의 몸-체형(the embodiment), 화신(the inflesment)-이라면, 교회는 (하나님은 교회 밖에서도 그리고 교회를 초월해서도 일하시기 때문에 비록 유일한 대리자는 아닐지라도) 현 질서에서 땅 위의 하나님 나라의 대리자라고 말해도 과언은 아니다. 교회는 하나님 나라의 새 질서가 현재의 역사 속으로 들어오는 일차적인 장이다.[164]

예수님이 백성들을 회복시키는 방법으로 선택하신 것은 '구약시대의 이스라엘'이 아니라 창조 본연의 성품을 잃은 인간과 그들의 공동체인 교회였다. 국가나 군대를 선택하신 것도 아니고, 법과 제도를 선택하신 것도 아니고, 새로운 인간을 만드신 것도 아니었다. 피로 사신 교회에서의 예배를 통해 평범하기 짝이 없는 타락한 한 사람을 변화시켜 타락한 시공간세계를 회복해 가겠다는 것이 '하나님의 모략'이다. 한 사람이 예수님을 왕으로 영접하게 되면, 그는 예수님의 통치를 받게 되고, 그로부터 하나님 나라의 회복이 시작된다. 하지만 세상 모든 사람이 예수님을 왕으로 영접하는 것이 아니므로 땅에는 여전히 악의 권세에 눌린 영역(사람과 지역)이 남아 있다. 이런 영역을 '세상' 또는 '땅'이라고 한다. 하나님 나라의 시민권자는 하나님의 통치권을 거부하는 영역에 하나님의 통치권이 회복되기를 소망하면서 살아간다. 예수님이 재림하실 때까지 이루어 내어야 할 사명이 바로 하나님 나라의 회복과 확장이다.

신학적으로 교회는 '무형교회(비가시적 교회)'와 '유형교회(가시적 교회)'로 나뉜다. 무형교회는 선택받은 기독교인들이 예수 그리스도를 통해 연합을 이룬 교회를 가리킨다. 이러한 의미로서의 교회는 '하나님의 통치권이 회복된 영역으로서의 하나님 나라'와 거의 같은 의미로 봐도 될 것이다. 하지만 선택받은 백성과 그렇지 않은 백성으로 구성된 유형교회는[165] '하나님의 통치권이 회복된 영역으로서의 하나님 나라'와 같은 의미로 이해할 수 없다. 이 땅에 유형교회가 존재한다는 사실은 세상 속의 하나님 나라로서의 교회라는 개념을 상징적으로 보여 준다.

② 이원론적 신앙의 극복

앞에서 언급하였듯이 세계는 영원세계와 시공간세계가 공존하고 있고, 영원세계뿐 아니라 시공간세계도 하나님의 통치를 받고 있다. 시공간세계에 속한 세상(땅)도 하나님이 선하게 창조하신 곳이므로 하나님 나라에 속한다. 그러므로 하나님 나라를 영원세계인 천국으로만 이해해서는 안 된다. 하나님 나라를 이렇게 이해하게 되면, 하나님 나라는 세상의 공적 또는 정치적 삶과는 아무런 관련이 없다고 하게 되고, 기독교인의 공적 활동은 신앙의 영역이 아니므로 개입해서는 안 된다고까지 주장하게 된다. 주로 '근본주의자'나 '영지주의자'가 주장하는 바다.

우선, 근본주의 세계관은 "이원론적 우주에 살면서, 이 창조 세계의 선함을 부인하고 완전히 다른 세상으로의 도피를 도모하며, 부활을 그런 도피를 돕는 초자연적인 능력의 표징으로 이해한다."[166] 한편, 영지주의 세계관은 인간이 영과 육으로 나뉘어 있는데, 영은 영원히 존재하므로 거룩하고, 육은 썩어 없어질 것이므로 악하다고 한다. 영지주의자는 "우주의 비밀이 우리 안에 있고, 우리 내면 깊숙한 곳에 신성의 불꽃이 존재하며, 그 불꽃에 충실히 사는 것이 인생의 목적이고, 그 불꽃이 이끄는 대로 어디든 따라가야 하며, 외향적 형식과 역사적 뿌리를 가진 신앙을 거부하고, 세상의 제약들을 벗어 버리며, 영원한 영적 영역으로 들어가야 한다"[167]고 주장한다. 위 두 세계관이 기독교에 끼친 치명적인 영향은 기독교인들의 삶을 사사화(私事化)시켰다는 데 있다. 다시 말해, 기독교 신앙을 개인화하여 기독교인들이 공적인 세상으로 나가는 것을 극단적으로 꺼리게 만들어 버린 것이다. 톰 라이트도 "막대한 부와 권력을 쥔 사람들이 세상을 좌지우지한다고 느낄 때, 그리고 자신들이 무슨 수를 쓰든 그것을 바꿀 수 없다고 느낄 때, 사람들은 별수 있겠느냐는 듯이 어깨를 한번 으쓱하고는 공적인 세상에서 물러나서 자기 내면이나 들여다보는 편이 낫겠다고 생각한다"[168]고 말한다.

하지만 위 두 세계관은 성경에서 가르치는 세계관이 아니다. "피조물이 고대하는 바"는 "하나님의 아들들이 나타나는 것"(롬 8:19)이지 지구와 우주의 파멸이 아니다. 예수님의 재림 때도 이 땅이 새 하늘과 새 땅으로 변화될 뿐 사라지지는 않는다. 또 '죄 많은 이 세상은 내 집 아니네 … 나는 이 세상에 정들 수 없도다'라는 복음성가 가사처럼 내가 예수님을 믿어 구원받고 죽어서 천국만 가면 된다는 신앙 고백은 문제가 없다고 할 수 없다.

세상은 죄로 물들어 있지만, 사탄에게 영구적으로 소유권이 넘어간 것은 아니다. 오히려 하나님과 예수님의 통치권이 회복되어야 할 곳이다. 하나님과 예수님은 지금이라도 당장 통치권을 회복하실 수 있다. 하지만 때가 이르기까지 오래 참고 계시며, 기독교인이 하나님의 사역에 동참할 수 있도록 그 능력을 잠시 보류하고 계신다. 그러므로 우리는 세상에 나가 하나님의 통치 영역이 넓어지도록 복음을 전해야 한다. 세상과 담을 쌓고 교회 안에서만 하나님을 찬양하는 것은 예수님의 지상명령을 온전히 지키는 것이 아니므로 기독교인들은 용기를 내어 소속 국가나 공동체의 공적 영역으로 삶의 지평을 넓혀 가야 한다. 이것이 올바른 '창조관'이자 '세계관'이자 '종말관'이다. 우리는 세상으로 나가 하나님 나라의 통치권을 회복시키기 위해 선택된 하나님의 병사요 파트너다. 영원세계인 천국과 사탄의 지배를 받은 세상이라는 이원론적 신앙은 지양되어야 하고, 하나님 나라의 통전성(通典性)을 바탕으로 하는 신앙이 회복되어야 한다. 땅끝까지 하나님의 복음을 전하기 위해서는 세상으로 나가야 한다. 우리가 고민하고 준비할 것은 세상으로 나가서 어떻게 살아갈 것인지에 관한 것이다.

(4) 네 개의 공동체 : 교회, 가정, 국가, 지역 사회

성경의 역사는 개인의 역사이기도 하지만 공동체의 역사이기도 하다. 우리는 성경을 개인의 역사로 읽는 데에는 익숙하나 공동체의 역사로 읽는 데는 아주 서투르다. 이는 근대 계몽주의로 인해 시작된 개인주의의 쓴 뿌리가 교회 내에 깊숙이 침투해 있기 때문이다. 성격의 역사는 공동체에서 시작하여 공동체로 끝을 맺는다. 공동체의 시작은 에덴동산에서의 삼위일체이신 하나님과 인간의 연합이었고, 공동체의 끝이자 새로운 시작은 새 예루살렘에서의 하나님과 인간의 연합의 회복이다. 이에 관해 스나이더는 아래와 같이 말한다.

"하나님의 나라는 하나님의 도시(the city of God)를 가져온다. 어떤 사람들은, 성서는 한 동산에서 시작하여 한 도시에서 끝난다고 말한다. 더 정확히 말하면, 성서는 하나님과 더불어 존재하는 이상적인 인간 공동체를 위한 환경으로서의 한 동산과 함께 시작하고, 우리가 앞으로 보게 되듯이, 한 동산으로서의 도시와 함께 끝난다."[169]

예수님의 재림 전까지 기독교인이 실천적으로 관련을 맺는 공동체는 크게 네 가지가 있다고 할 수 있는데, 그것은 교회, 가정, 지역 사회 및 국가다. 인간은 부부 관계에서 시작하여 가정과 지역 사회를 만들었고, 최종적으로는 국가라는 공동체를 만들었다. 하지만 가정, 지역 사회와 국가는 인간이 만든 것이지만 실상은 하나님의 섭리가 이끈 결과물로서 모두 하나님이 제정하신 것이다. 질서와 조화의 하나님은 무정부 상태를 원하지 않으신다. "그리스도인들은 무정부주의자가 되라고 부름받지 않았다."[170] 교회는 가정, 지역 사회, 국가와는 달리 예수님의 부활·승천 이후에 성령님의 도우심으로 제정된 것이다. 교회가 인적 공동체라는 점에서 위 세 공동체와 같은 성격을 가지고 있다고 할 수 있으나, 예수님을 머리로 하는 '영적 공동체'라는 점에서 세 공동체와 큰 차이점을 보인다.

국가는 세상(땅)에 사는 사람들에게 가장 큰 영향을 미치는 공동체다. 아직 전 세계를 포괄하는 단일한 정치 공동체는 성립되어 있지 않고, 예수님의 재림 이전까지 그런 공동체가 성립될 가능성이 매우 희박하므로, 현재 인간이 소속하고 있는 가장 큰 공동체는 국가라고 할 수 있다. 국가를 제외한 나머지 공동체를 정치학적으로 '중간 단계의 공동체(communities intermediate)'라고 부른다. 지역 사회는 가정이나 교회와는 달리 국가와의 차별성이 크게 부각되지 않으나, 그 속에는 기업(영리 및 비영리)이나 자발적 사회단체 등이 포함되어 있으므로 국가 못지않게 중요한 역할을 감당하고 있다.

아벨공동체는 원칙적으로 교회를 중심으로 그 모습을 드러낸다. 하지만 가정, 지역 사회, 국가 내에도 아벨공동체는 존재한다. 가정, 지역 사회, 국가 속에서 아벨공동체의 역할에 따라 공동체와 하나님과의 관계의 모습이 크게 달라진다.

(5) 예수 공동체와 그로 인한 파문

① 예수 공동체의 모습

'교회'는 예수님을 머리로 하는 통합된 하나님 나라를 지향하는 공동체이고, '세상 속의 하나님 나라'다. 이 땅 중에 예배당으로서의 교회가 아니라 삼위일체이신 하나님과 하나님이 택하신 자들이 연합되어 있는 교회는 "공중의 권세 잡은 자"(엡 2:2)의 지배에서 해방되어 하나님 나라의 회복이 이루어져 있는 곳이다. 교회의 주인은 하나님이시고, 기독교인은 머리 되시는 예수님을 통해 하나님과 교통하며, 몸을 구성하는 지체들 상호 간에 코이노니아(교제)를 나눈다. 교회는 삼위일체이신 하나님과 하나님이 불러 모으신 기독교인들의 연합이므로, 교회에서 성도들은 하나님과 관계를 맺을 뿐 아니라 기독교인 상호 간에도 관계를 맺는다. 예수님은 3년간의 공생애 동안 기독교인들 상호 간의 관계, 다시 말해 기독교인 공동체가 어떤 모습이어야 할지에 관해 비전을 제시해 주셨다. 예수님이 제자들을 통해서 가르쳐 주신 공동체를 '예수 공동체'라고 하는데, 그 특징은 다음과 같다. 예수 공동체는 어른과 아동이 동등한 인격체로 존중되는 아동 친화적 공동체이고, 남성과 여성이 평등하게 대우받는 여성 친화적 공동체이며, 불치병자, 장애인, 고아와 과부, 외국인 등 당시 사회에서 약자라 할 수 있는 사람들 편에 서려 했던 사회적 약자 존중의 공동체이고, 예수의 가르침을 따르고자 하는 자는 누구든 제자로 받아들였던 열린 공동체이며, 권위적인 관계에서 탈피하여 평등한 인간관계를 즐기는 탈권위적인 공동체였다.[171]

② 예수 공동체의 전파와 파문

예수님은 부활·승천하시면서 제자들에게 "오직 성령이 너희에게 임하시면 너희가 권능을 받고 예루살렘과 온 유대와 사마리아와 땅 끝까지 이르러 내 증인이 되리라"(행 1:8) 하고 말씀하셨고, 실제로 성령님이 오순절에 마가 다락방에 있던 120명의 제자들에게 강림하셨다. 그 이후 제자들은 예수님의 말씀에 따라 땅끝까지 복음을 전파하였고, 그와 더불어 예수 공동체도 전파되었다.

아동 및 여성 친화적 공동체, 사회적 약자 우선 공동체, 열려 있으며 탈권위적인 예수 공동체의 모습은 당시 사회 현실에 비추어 볼 때, 너무도 급진적이고 파격적이었다. 초대 교회는 다양한 계층의 사람들로 구성되어 있었고, 부자나 관직을 가진 사람도 있었으나 전반적으로는 가난한 사람들이 많았다고 볼 수 있다.[172] 이런 공동체적 상황에서 예수 공동체의 전파는 초대 교회에 파문을 일으키지 않을 수가 없었을 것이다. 예수 공동체의 모습은 현대를 살아가는 사람들에게도 신선한 충격으로 다가오는데, 로마 제국의 지배를 받고 있던 피지배층에게 끼친 영향력은 감히 상상할 수가 없다.

그야말로 각 지역의 공동체에 큰 파문이 일었다고 할 수 있고, 이는 예수님의 제자들과 사도 바울의 서신에 깊이 새겨져 있다. 이와 관련하여 박영호는 다음과 같이 설명한다.

우리가 복원할 수 있는 예수 운동 최고의 사회적 지향은 갈라디아서 3장 28절에 선명히 나타난다. "너희는 유대인이나 헬라인이나 종이나 자유인이나 남자나 여자나 다 그리스도 예수 안에서 하나이니라"(갈 3:28). 이는 바울의 말이 아니라, 바울 이전의 교회가 세례를 베풀면서 수세자에게 선포한 공식 선언문이다. 세례는 한 사람을 예수님에게로 연결할 뿐 아니라 새로운 가족에 속하게 만든다. 갈라디아서 3장 28절의 세례 선언문은 새로운 가족 내에서 어떻게 새로운 방식으로 살아가야 하는지 알려 준다. 이 선언의 급진성은 세월이 흐르면서 무뎌지기도 하였

으나 그 핵심은 전해져 왔다.[173]

○ 부부 관계의 파문

예수 공동체의 모습 중 여성 친화적 모습은 여성으로 하여금 부부 관계의 평등성에 눈을 뜨게 하였고, 그로 인해 초대 교회 소속 여성들의 일부는 당시 지배적이었던 가부장제에 강력한 도전장을 던졌던 것으로 보인다. 이러한 실정에 맞춰 제자들은 부부 관계의 지침이 될 권고를 내린다. 박영호는 당시 로마의 가부장제에 대해 다음과 같이 설명한다.

> 로마의 가부장은 적어도 이론적으로는 모든 식솔을 죽이고 살리는 권리를 가졌었다. 물론 이 권리는 일차적으로는 노예에 대한 퀴리오스(주인)의 권리였다. 그러나 당시에 아내가 남편을 퀴리오스라 부르는 관행이 있었으며, 신약 성경 역시 이 관행을 지지하고 있다는 점은 충격적이다(벧전 3:6).[174]

우선, 초대 교회 공동체는 성도들이 결혼해야 하는지, 결혼한 이후 부부 관계를 어떻게 유지해야 하는지에 관해 논의했던 것 같고, 그에 관한 권고가 고린도전서 7장 1~40절로 보인다. 그다음으로, 초대 교회 공동체에서 부부 사이의 평등을 주장한 사람들이 있었던 듯하고, 그에 관한 권고가 에베소서 5장 22~33절, 골로새서 3장 18~19절, 베드로전서 3장 1~7절 말씀이라고 할 수 있다.

○ 부모 · 자식 관계의 파문

어린아이 하나를 영접하는 것이 곧 예수님을 영접하는 것이라는 예수님의 가르침은[175] 초대 교회 공동체가 아이들을 결코 무시할 수 없게 만들었다. 실제로 순교 역사를 보면 아이들도 어른들과 동등한 박해를 받았던 것으로 보인다. 이러한 흐름 속에서 일각에서는 부모와 자식 관계도 평등해야 한다고 주장했을 수도 있다. 이러한 주장에 관한 가르침이 에베소서 6장 1~4절, 골로새서 3장 20~21절에 나타나 있다.

○ 공동체 내의 신분 관계의 파문

예수 공동체는 탈권위적이고, 사회적으로 신분과 계층이 높은 사람이 그렇지 않은 사람을 섬기는 섬김의 공동체다. 이러한 공동체의 모습은 초대 교회 시절부터 큰 파문을 일으켰을 것이다. 그러한 사정을 엿볼 수 있는 말씀은 아래와 같다.

우선, 공동체 구성원 상호 간의 평등을 주장하는 사람들이 있었던 것 같고, 그러한 현실을 두고 공동체 내의 질서를 유지하기 위해 내려진 권고가 고린도전서 13장 12~31절, 14장 26~40절, 에베소서 4장 11~16절, 베드로전서 5장 1~5절 말씀이다. 다음으로, 초대 교회 내에서 예수님을 구주로 영접하여 얻은 자유를 방종의 기회로 삼는 사람들이 있었던 것으로 보이고, 그에 관한 권고가 갈라디아서 5장 13~15절, 로마서 6장 1~23절 말씀이다. 끝으로, 공동체 내에서 남녀 간의 평등에 관해 문제가 제기되었던 듯하며, 그에 관한 권고가 고린도전서 11장 2~16절, 디모데전서 2장 8~15절 말씀이다.

○ 노예와 주인 관계의 파문

초대 교회가 속한 사회는 노예제를 바탕으로 하는 신분제 사회였다. 그런데 복음을 믿어 기독교인이 된 사람들 중에는 주인과 노예 관계에 있는 사람들도 있었다. 대표적인 사례는 빌레몬서의 오네시모와 빌레몬이다. 어떤 사람은 노예와 함께 초대 교회의 일원이 되었을지도 모른다. 그런데 교회는 하나님 앞에 모두 평등하다고 가르쳤을 것이고, 그에 따라 초대 교회 공동체에서 주인과 노예 사이에는 예상치 못한 파문이 일었을 것이다. 이러한 시대적 상황을 앞에 두고 주인과 노예의 관계를 어떻게 정립할 것인지에 관한 권고가 에베소서 6장 5~9절, 골로새서 3장 22절~4장 1절, 디모데전서 6장 1~2절, 디도서 2장 9~10절, 빌레몬서 1장 8~22절 말씀이다.[176]

○ 유대인과 이방인 관계의 파문

사도 바울 같은 이방인을 위한 사도들로 인해 복음이 이방인에게 전파되었고, 그로 인해 초대 교회는 유대인과 비유대인(이방인)으로 구성되게 되었다. 이로 인해 유대 출신과 이방 출신 사이에 민족적 및 문화적 차이로 인한 갈등이 있었던 것 같다(롬 14장). 사도 바울은 로마서 9장에서 11장 사이에 유대 출신 기독교인을 위해 장문의 변호를 하고 있다.

○ 국가에 대한 관계의 파문

예수님의 재림과 부활이라는 종말론적 신앙은 초대 교회 공동체에 세속 국가와 정부에 대한 부정적인 시각을 형성하게 만들었다. 대표적인 것이 이른바 '기독교적 무정부주의'다. 콘스탄티누스 황제가 기독교를 공인하기 전까지는 어떤 기독교인들은 로마 제국에 대한 납세의무나 병역의무의 이행을 거부하기도 하였다.[177] 어떤 사람은 하나님 나라의 시민권(빌 3:20)을 주장하며 예수님의 재림이 당장 이루어질 것으로 생각하고, 세속 국가와 정부에 대한 반역을 꾀하기도 했다. 하지만 이는 매우 위험한 발상이었다. 예수님의 재림의 때는 하나님만 아실뿐 예수님조차 모르는 비밀이었다. 그러니 재림의 때를 확정적으로 말하며 세속 국가에 대한 부정이나 반역 행위를 하는 것은 예수님의 가르침에 부합하지 않는 것이다.

이러한 공동체의 움직임을 두고 바울 사도는 로마서 13장 1~7절, 디모데전서 2장 2절에서 국가 및 통치권에 관한 기독교인의 기본 태도를 제시했고, 베드로 사도도 베드로전서 2장 13~17절에서 비슷한 권고를 하고 있다. 이들의 권고는 박영호의 표현대로 일종의 속도 조절을 주문한 것이고[178], 그 속도 조절은 "하나님의 이름과 교훈으로 비방을 받지 않게 하려는 외부의 시선을 수용한 결과로 보아야 하지"[179], 봉건적 가부장제, 남존여비 관습과 노예제 등 당시의 주류적 제도와 관습을 유지하기 위해 한 것으로 봐서는 안 된다.

초대 교회에 일었던 이상과 같은 파문은 2천 년이 지난 지금도 계속되고 있다. 초대 교회의 파문에 대한 예수님의 제자들과 바울 사도의 권고에 대해 그것들이 시대착오적이라는 주장을 펼치는 사람들이 있는가 하면 성령님의 영감을 통해 계시된 말씀이라며 영구불변의 확고한 진지로 받아들여야 한다는 주장을 펼치는 사람들도 있다. 하지만 하나님의 살아 있는 계시의 우선성을 인정한다면, 기록된 계시의 말씀들을 바탕으로 매일 새롭게 주어지는 하나님의 계시에 따라 우리 삶의 방향을 정해 나가야 한다.

3. 법

(1) 법의 뜻

"법이란 무엇인가?" 이는 법학자들뿐 아니라 신학자들, 철학자들에게 있어 아주 성가시면서도 중요한 질문이다. 수없이 많은 사람이 이 질문에 대하여 나름대로 의견을 제시해 봤지만, 모든 사람이 수긍할 만한 견해는 아직 없다고 할 수 있다.

2인 이상이 공존하는 공동체는 질서 유지가 필연적이다. 다시 말해, 공동체적 존재는 공동체(하나님 나라, 세속 국가, 중간 단계의 공동체)의 질서를 유지하기 위해서 구성원 상호 간에 관계를 형성하고, 유지하고, 소멸시킴에 있어 '지켜야 하는 규칙(준칙)'을 필요로 한다.[180] 관계의 형성, 유지, 소멸에 관하여 지켜야 할 규칙을 '관계의 준칙'이라고 하는데, 이는 '가장 넓은 의미에서 법'이라고 할 수 있다.

하지만 '통상적 의미에서 법'이라고 하면, 세상의 모든 규칙을 의미하는 것이 아니라, 관계의 준칙 중에서 어떤 특성을 지닌 규칙을 뜻한다. 그러한 특성 중에서 가장 자주 거론되는 것이 일반성, 지속성, 강제성이다. 먼저, 법의 '일반성'은 법이 공동체와 그 구성원 모두에 대하여 동등하게 적용되는 특성이다. 계약이 계약을 체결한 당사자 사이에서만 적용되는 것과 비교해 보면, 법의 일반성을 쉽게 이해할 수 있다. 법이 특정 공동체를 넘어 지구촌 공동체 전체에 적용되는 특성을 법의 '보편성'이라고 한다. 두 번째로, 법의 '지속성'이란 법이 계약과 같이 한 사건에만 적용되고 효력을 잃어버리는 것이 아니라 공동체 생활 중에 발생하는 모든 사건에 적용되고, 또 법을 제정한 세대뿐 아니라 미래 세대에도 적용되는 것을 의미한다. 끝으로, 법의 '강제성'은 법이라는 규칙의 실천을 사람들의 의사와는 관계없이 강제할 수 있다는 것을 의미한다. 법의 강제성으로 인해 사람들은 자발적으로 규칙(예를 들어, 교통 법규나 특정한 계약 법규)을 준수하고 싶지 않을 때도 그 규칙을 준수해야만 하고, 규칙을 준수하지 않은 경우에는 그에 대하여 공적 제재(형벌이나 원상회복 등)가 가해진다. 강제성은 법과 도덕의 가장 기초적인 구별 기준이다.

가장 넓은 의미의 법은 위에서 구분한 세 가지 특성의 보유 여부에 따라 세 가지로 구분할 수 있다. 먼저, 법의 일반성을 가지지 않는 '개별적 약속'이 있다. 약속은 약속을 한 당사자 사이에서만 지키면 되고, 약속에 참가하지 않은 사람은 그 약속을 지킬 필요가 없다. 이를 개별성이라고 한다. 다음으로 '규칙'이 있다. 규칙은 일반성과 지속성을 지니고 있지만, 강제성을 가지지 못한 경우를 말한다. 끝으로 우리가 보통 사용하는 '법(좁은 의미의 법)'이 있다. 이러한 법은 일반성, 지속성 및 강제성을 가진다.

위와 같은 법의 특성을 요약해서 보여 주는 것이 법의 '재판 규범성'이다. 재판 규범으로서의 법은 모든 사람에게 평등하게 적용되고, 특정 사건에서 한 번 적용되었다고 폐기되는 것이 아니라 동일 유사 사건에서 계속 적용되며, 법의 강제성을 보장하기 위해서는 정당한 제재나 강제 집행이 이루어지도록 해야 한다. 그러므로 규칙이 법이 되도록 하기 위해서는 재판 규범성이 필수적이고, 이를 위해서는 공정한 재판 제도가 보장되어야 한다. 공정한 재판이 보장되지 않는 규칙은 법이라고 부르기가 어렵다. 다시 말해, 법을 위반한 경우에 심판이나 재판이 이루어지지 않는다면, 규칙은 존재할지 몰라도 법은 존재하지 않는다고 할 수 있다. 이 점은 하나님 나라뿐 아니라 세속 국가에서도 마찬가지다.

관계의 준칙인 법은 쌍방 간의 약속에서 창출된다. 다시 말해, 법은 공동체 구성원 상호 간에 질서를 유지하기 위해 준칙을 지키기로 약속함으로써 만들어진다. 그러면 그 약속은 어떻게 이루어지는가? 현대 민주주의에 익숙한 사람들은 보통 대등한 자격을 가진 자들의 의사의 합치에 약속의 근거를 둔다. 하지만 하나님과 인간 사이의 약속은 하나님의 '말씀'에서 비롯된다. 약속에는 언약과 계약이 있다. 언약과 계약의 근본적 차이는 언약은 약속의 파기를 인정하지 않으나, 계약은 약속의 파기가 가능하다는 점이다. 하나님이 그의 계시를 통해 인간과 맺은 약속이 바로 '하나님의 언약'이다.

(2) 하나님의 법과 인간의 법

① 계명과 율법

하나님이 자신의 존재와 행하신 일을 인간으로 하여금 깨달을 수 있도록 하신 장치가 '계시(啓示)'다. 이미 내려진 계시(계시의 현재성을 강조하면, 계시라고 하기가 어렵겠지만)는 '기록된 계시'와 '기록되지 않은 계시'

로 나눌 수 있다. 성경을 '기록된 계시'라고 한다면, '기록되지 않은 계시'는 역사의 진행에 따라 하나님에 의해 내려지지만, 정경(正經)으로는 기록되지 않는 것을 의미한다. 기록된 계시만 계시로 인정하는 것은 하나님이 살아 계셔서 지금도 우주와 인간에게 섭리와 기적을 베푸시는 것을 부정할 뿐 아니라 기록된 계시인 성경을 읽을 때 하나님이 개개인에게 내리시는 살아 있는 계시를 부정하는 결과에 이르게 된다. 하지만 하나님의 특별한 뜻에 따라 개별적으로 내려지는 기록되지 않은 계시는 다시 정경화(正經化)할 수 없다. 그렇게 하는 것은 예수 그리스도를 통하여 완성된 계시의 말씀을 인정하지 않는 것으로 이단으로 가는 지름길이다.

성경은 하나님의 계시 중 가장 중요한 것이고, 인간의 문자로 주어졌기 때문에 '말씀'이라고 한다. 기록된 계시인 성경 말씀 중에는 하나님과의 관계에서 '믿음의 명령'이 되는 말씀이 있는가 하면, 인간 상호 간의 관계에서는 '윤리 규범'이 되는 말씀이 있다. 믿음의 명령과 윤리 규범을 합쳐 '계명(誡命)'이라고 하고, 학문적으로는 '도덕법'이라 한다. 계명을 도덕법이라고 부른다고 해서 이를 단순한 '권고'로 받아들여서는 안 된다. 예컨대 원수를 사랑하라는 말씀도 인간이 지켜 내야 할 계명에 해당한다.[181] 믿음의 명령의 핵심은 하나님을 사랑하는 것이고, 윤리 규범의 핵심은 이웃을 사랑하는 것이다. 이것이 바로 예수님이 말씀하신 '율법(토라)과 선지자의 대강령'이다. 예수님이 '율법과 선지자'라고 말씀하셨을 때의 그 율법은 구약의 선지서를 제외한 '좁은 의미'에서의 율법인 토라를 의미하고, 율법(토라)과 선지자는 합쳐서 '넓은 의미'의 율법으로 이해할 수 있다. 율법이 '가장 넓은 의미'로 사용될 때는 선악과 명령을 비롯하여 성경이 계시된 '계명 전체'를 의미한다.

② 계명 준수 여부에 대한 조치 : 은혜와 징벌

○ 은혜와 징벌

하나님의 언약은 은혜와 징벌로 그 모습을 드러낸다. 징벌은 책임 추궁의 일종으로 관계의 단절이 전제되어 있다. 관계의 단절을 전제 하지 않는 징계는 은혜의 회초리일 뿐 징벌이 아니나, 징벌은 하나님 이 자기 대적들에 대해 보복하시는 것이다.[182] 사람들이 약속을 맺는 이유는 무언가를 얻거나 주기 위함이다. 예를 들어 언약 관계인 혼 인 관계를 맺는 이유는 단순한 인간관계를 넘어 한 몸이 되고자 함 에 있다. 이것은 혼인 관계에 따른 '은혜'다. 하지만 혼인 관계상 약속 을 어긴 때는 경우에 따라 제재가 작동한다. 관계의 단절인 이혼이나 부정행위에 따른 손해 배상 청구가 그것이다. 이는 약속 위반으로 인 한 것으로 징벌적 '책임 추궁'이라고 할 수 있다. 마찬가지로 하나님 이 인간과 언약을 맺으신 이유는 인간에게 은혜를 주시기 위함이고, 인간이 하나님과의 언약을 위반할 때는 하나님과의 관계가 단절되는 징벌이 내려진다.

타락 이전의 계명인 문화 명령과 선악과 명령은 하나님이 인간과 소통하고 교제하시며 하나님과의 연합을 이루기 위해 주신 선물이었 다. 다시 말해, 하나님의 언약을 통한 계명에는 하나님의 은혜가 담겨 있었다. 왜냐하면 아담과 하와가 선악과를 따 먹지 않는 한 하나님의 징벌은 내려지지 않을 것이기 때문이다. 이러한 은혜가 율법의 본래적 기능이다. 하지만 아담과 하와의 타락 이후 인간은 하나님의 자리를 대신하려는 마음을 먹게 되었고, 이는 하나님과 인간 사이의 소통을 단절시켰다. 그뿐만 아니라 율법의 기능도 은혜적 요소가 아니라 징벌적 요소가 부상(浮上)하게 되었다. 이러한 징벌적 요소로 인해 강제성이라는 법의 특성이 생겨나고, 이러한 강제성은 하나님의 심판을 통해 성취된다.

○ 일반은혜와 특별은혜

하나님의 은혜 중 모든 인류에게 보편적으로 공급되는 하나님의 은혜를 '일반은혜'라 하고, 선택된 사람들에게 구원을 주시는 은혜를 '특별은혜'라 한다. 이 두 은혜는 모두 하나님의 언약 아래 있다. 신실하신 하나님은 변덕을 부리시는 일이 없고, 한 번 정하신 것은 바꾸지 않으시므로 굳이 약속을 체결하실 필요가 없다. 약속은 그것을 깨트릴 가능성이 있는 존재들 사이에서나 체결하는 것이다. 하지만 하나님은 인간의 수준에 맞춰 인간들과 약속, 특히 깨트릴 수 없는 약속인 언약을 체결하셨다. 인간이 하나님과 언약을 체결하였다는 것은 인간으로서는 참으로 영광스러운 일이 아닐 수 없다.

먼저 하나님은 노아와 일반은혜 언약을 맺으셨다. 그 내용이 창세기 8장 20절에서 9장 17절까지 기록되어 있다. 노아는 홍수가 그친 뒤 방주에서 나와 곧바로 "여호와께 제단을 쌓고 모든 정결한 짐승과 모든 정결한 새 중에서 제물을 취하여 번제로 제단에 드렸다"(창 8:20)다. 그러자 하나님은 "그 향기를 받으시고 그 중심에"서 노아와 언약을 체결하셨다(창 8:21). 그중 가장 핵심적인 말씀이 "내가 너희와 언약을 세우리니 다시는 모든 생물을 홍수로 멸하지 아니할 것이라 땅을 멸할 홍수가 다시 있지 아니하리라 하나님이 이르시되 내가 나와 너희와 및 너희와 함께하는 모든 생물 사이에 대대로 영원히 세우는 언약의 증거는 이것이니라 내가 내 무지개를 구름 속에 두었나니 이것이 나와 세상 사이의 언약의 증거니라"(창 9:11~13)이다. 하나님이 노아와 체결하신 언약의 대상에는 전 인류뿐 아니라 모든 생물까지 포함된다. 따라서 일반은혜 언약은 기독교인들만을 위한 언약이 아니다. 이는 이미 아담에게 약속하셨던 것인데, 홍수에서 살아남은 노아와 다시 언약을 갱신하신 것이다.

한편, 하나님은 노아와 특별은혜 언약을 맺으셨다. 그 내용이 창세기 6장 18절에 기록되어 있다. 하나님은 노아와 그의 가족 7인을 제외한 인류에 대한 심판을 내리시기 전에 노아에게 "그러나 너와는 내가 내 언약을 세우리니 너는 네 아들들과 네 아내와 네 며느리들과 함께 그 방주로 들어가고"(창 6:18)라는 말씀을 내리셨다. 이것은 노아와 그 가족만 특별히 구원해 주시겠다는 특별은혜 언약이고, 이 언약은 실제로 노아 홍수로 성취되었다. 이러한 특별은혜 언약은 아브라함과의 언약을 거쳐 예수님과의 '새 언약'을 통해 최종적으로 확정되었고, 이 새 언약은 이스라엘 사람들뿐 아니라 택함받은 인류 전체를 위한 것이다.

③ 하나님의 법과 신법과 인정법

하나님의 계시 말씀에 대해서는 '계시', '말씀', '약속', '언약', '계명', '하나님의 법' 등 다양한 명칭이 부여된다. 그중 하나님의 명령을 하나님의 법이라고 부르게 되면, 하나님의 말씀에서 '심판'의 의미가 부각된다. 앞에서 우리는 법의 주된 특성이 일반성, 지속성, 강제성이라고 하였고, 이러한 법의 특성을 가장 잘 보여 주는 것이 재판이라고 하였다. 그런데 하나님의 계명은 인류 전체에 적용되므로 일반성을 넘어 보편성까지 가지고 있고, 일회적 사건을 넘어 인간의 모든 행위에 대해 적용될 뿐 아니라 모든 시대의 인간들에게 적용되는 지속성을 가지고 있으며, 계명의 위반에 대해서는 하나님의 법정에서 최후 심판을 통해 강제성이 동원된다. 이러한 특성에서 보면, 하나님의 계명도 당연히 법이라고 할 것이다. 하지만 그렇다고 하나님의 법이 인간이 제정한 법으로부터 유래되었다고 할 수는 없고, 우주 만물의 질서로 봤을 때 오히려 인간의 법이 하나님의 법에서 유래했다고 봐야 한다.

하나님은 인간 공동체의 질서가 유지되도록 법을 주셨다. 하지만 법을 주실 때, 이스라엘 백성과 그 외 백성들을 달리 취급하셨다. 이를 기하학적으로 비유하자면, 바르트가 표현한 것처럼 서로 겹치지 않는 두 개의 원이나 겹치는 부분이 조금 있는 두 개의 원도 아니며, 인간 공동체를 규율하는 바깥 원 안에 선택받은 백성들을 위한 작은 원이 하나 들어가 있는 모습이라고 할 수 있다.

먼저, 하나님은 특별히 이스라엘 백성을 택하시고, 하나님과 그들과의 관계 및 그들 상호 간의 관계를 규율하기 위해 십계명을 비롯한 율법을 직접 제정해 주셨다. 이 법을 학문적으로 '신법(神法)'이라고 하고, 신학적으로는 '율법'이라고 한다. 율법도 하나님의 법에 속한다. 하지만 의식법, 재판법, 도덕법으로 구성된 율법은 하나님과 인류 전체를 위한 법이 아니라 하나님과 이스라엘 민족을 위한 법일 뿐이다. 이는 앞에서 본 '특별은혜 언약'에 해당한다. 따라서 예수님이 부활·승천하시기 전까지는 이스라엘 백성이 아닌 사람들에게는 율법을 직접적으로 적용하지 않고, 본성으로 알게 되는 "그 마음에 새긴 율법"(롬 2:15)을 적용해야만 했다.

다음으로, 하나님은 이스라엘 백성 외의 인간들에게 그들 스스로 공동체의 질서를 유지할 수 있는 법을 제정할 수 있도록 허용하셨다. 이는 앞에서 본 '일반은혜 언약'에 해당한다. 이렇게 인간에 의해 제정된 법을 학문적으로 '인간의 법' 또는 '인정법(人定法)'이라고 한다. 인정법 중에서 가장 오랜 역사를 자랑하는 것은 우르남무 법전(BC 2100년경~2050년경)과 함무라비 법전(BC 1750년경)이고, 그 제정 연대는 십계명(BC 1400년경)보다 앞선다. 성경은 인정법이 인간의 본성상 하나님의 법에 부합하고자 하는 경향성을 가진다고 한다. 그에 관한 말씀이 "율법 없는 이방인이 본성으로 율법의 일을 행할 때에는 이 사람은 율법이 없어도 자기가 자기에게 율법이 되나니 이런 이들은 그 양심이 증거가 되어 그 생각들이 서로 혹은 고발하며 혹은 변명하여 그 마음에 새긴 율법의 행위를 나타내느니라"(롬 2:14-15)라는 구절이다. 하나님을 주권자로 섬기지 않는 가인공동체가 제정한 인정법에는 하나님의 뜻과 다른 법 규정들이 포함될 수 있다. 하지만 이러한 인정법도 최후 심판 때에는 온전하게 되어 하나님의 법으로 포함된다. 왜냐하면 인간의 법은 우주 만물의 질서상 주권자이신 하나님의 법에 종속되어야 하기 때문이다.

존슨은 율법인 모세 법전과, 함무라비 법전과 같은 고대 법전들 사이에는 다음과 같은 근본적인 차이가 있다고 한다.

다른 법전들은 신에게 영감을 받았다는 언급이 있긴 하지만, 함무라비나 이슈타르 같은 개개의 왕에 의해 주어지고 만들어졌다. 즉 법전들은 폐지될 수도 있고 수정될 수도 있는 본질적으로 세속 법전이었다. 이와 대조적으로 성경에서는 하나님만이 홀로 율법을 기술한다. 모세오경 전반에 걸쳐 나오는 모든 율법은 바로 하나님의 것이다. 또한 이스라엘의 어느 왕도 법전을 제정할 권한을 부여받지 않았으며, 심지어 법전을 제정하려는 시도조차 하지 않았다. 모세는 예언자였을 뿐 왕은 아니었으며, 하나님의 중재자였으나 탁월한 법률 제정자는 아니었다.[183]

우리가 기억해야 할 것은, 토라로 대표되는 율법은 인간이 타락한 이후에 주어진 것이므로 율법을 통해서는 구원에 이를 수가 없고, 완전한 하나님의 법에 이를 수도 없다는 점이다. 왜냐하면 율법이 불완전해서가 아니라 모든 인간은 타락으로 인해 율법을 한 치의 과오도 없이 온전히 지켜 낼 수가 없기 때문이다. 이에 하나님은 인간으로 하여금 온전히 영생에 이를 수 있는 길을 주셨는데, 그 길이 바로 예수님이다. 태초에 하나님과 함께 계셨던 말씀이신 예수님은 하나님이 인간을 위해 제정하신 새 법, 새 언약으로 이 땅에 오셨다.[184] 새 법과 새 언약은 바울 사도의 표현에 따르면, "그리스도의 법"(갈 6:2)이고, 학문적으로 말하면 '새로운 신법(新神法)'이라고 할 수 있다. 다시 말해, 그리스도의 법은 율법의 도덕법 부분이 재해석되어 통합된 새롭고 완전한 신법(神法)이다.

(3) 자연법과 영원법, 인정법과 신법

① 자연법과 영원법

인간 공동체를 규율하는 관계의 준칙(規範) 중에는 인정법에 포함되지 않는 규범이 존재한다. 그 이유는 인간의 한계와 공동체의 사정으로 인해 모든 규칙을 인정법에 포함시키기가 불가능하기 때문이다. 인정법에 포함되지 않은 규범을 '도덕규범'이라 부른다.

도덕과 법과의 관계에 관해서는 견해의 대립이 심하다. 법으로 포섭되지 못한 도덕규범에 대해 규범성을 인정하지 않는 사람들을 '실정법주의자'라고 부르고, 반대로 규범성을 인정하는 사람들을 '자연법주의자'라고 부른다. 바로 이 지점에서 '자연법(自然法)'이라는 개념의 필요성이 등장한다. 아벨공동체만으로 구성된 공동체는 인정법에 포섭되지 않은 도덕규범을 신법이나 하나님의 법으로 인정하여 규범성을 부여할 수 있으므로 굳이 자연법이라는 개념을 사용할 필요가 없다. 자연법이라는 개념을 사용하게 되면, 앞에서 보았듯이 '계시로서의 자연법'과 '실정법의 대향으로서의 자연법'을 구별할 수밖에 없고, 이는 자연법의 이해에 있어 어려움을 주게 된다. 그러므로 자연법이라는 법의 개념이 필요한 공동체는 가인공동체만으로 구성된 공동체나 가인공동체와 아벨공동체가 공존하는 공동체다.

아퀴나스는 법을 "완전한 공동체를 다스리는 통치자 안에 있는 실천이성의 명령이다"라고 말한다.[185] 이를 전제로 아퀴나스는 '영원법'이라는 개념을 만들어 낸다. 그가 말하는 영원법은 최고 이성이신 하나님의 신적 이성이고,[186] 최고 통치자이신 하나님 안에 있는 통치 원리다.[187] 하나님의 섭리 아래 있는 모든 것은 영원법에 의해 규제되고 재어지지만,[188] 영원법은 섭리가 아니라 '섭리의 원리'와 같은 것이라고 한다.[189] 아퀴나스는 영원법에서 시작해 자연법의 개념을 도출해 낸다. 그는 자연법을 영원법이 이성적 피조물에 분여(分與)한 것으로 정의한다. 그는 자연법은 하나님에 의해 인간의 "마음에 새긴 율법"(롬 2:15)이며, 그로 인해 인간은 누구나 "본성으로 율법의 일을 행할"(롬 2:14) 수 있다고 말한다. 이에 관한 아퀴나스의 설명은 다음과 같다.

> 위에서 말했듯이 신의 섭리 아래 있는 모든 것은 영원법에 의해 규제되고 재어진다. 그런데 모든 것이, 그것에 자연법이 각인됨으로써 그 고유한 작용과 목적에 경향성을 가진다는 한에서 어떤 방식으로 영원법을 분유하는 자가 되어 자신이나 다른 이들에게 주의 깊은 한에 있어서, 다른 것들보다 신의 섭리에 더 뛰어난 방식으로 순종한다. 그러므로 (이성적 피조물은) 영원한 이성 자체를 분유하게 되어, 그것을 통하여 마땅한 행동과 목적으로의 자연적 경향성을 갖는다. 그리고 영원법이 이성적 피조물에 그렇게 분여한 것을 자연법이라고 부른다.[190]

아퀴나스는 실천이성에 있어 제1원리는 선(善)이라는 개념 위에 기초하는데, 그 원리는 "선은 추구하는 것"이라는 것이고, 여기에서 자연법의 일차적 계명인 "선은 행해야 하고 추구해야 하는 것이고, 악은 피해야 하는 것이다"라는 명제가 도출된다고 한다.[191] 그리고 이러한 일차적 계명에서 자연적 성향의 질서에 따라 '존재의 보존', '생식과 양육', '진리 추구와 사회생활'과 관련된 '세 가지 경향성'에서 비

롯된 이차적 계명들이 도출된다고 한다.[192]

아퀴나스의 자연법론의 대전제는 인간의 자연 본성적 이성으로 하나님의 신적 이성인 영원법을 인식할 수 있다는 것이다. 그는 인간을 비롯하여 이성적 피조물은 "영원한 이성 자체를 분유하게 되어, 그것을 통하여 마땅한 행동과 목적으로의 자연적 경향성을 갖는다"고 전제한다. 그리고 영원한 이성인 하나님으로부터 분여(分與)되어 분유(分有)하게 된 자연 본성적 이성에 의한 하나님의 인식은 선한 사람에게나 악한 사람에게나 다 같이 적합할 수 있다고 한다.[193] 이는 인간의 이성으로 자연법을 발견할 수 있다는 결론으로 이끈다. 다시 말해, 아퀴나스는 자연법 규정을 첫째, 하나님과 이웃 사랑에 대한 계명처럼 그 내용이 지극히 명확하여 누구나 오류를 범하지 않고 명백히 알 수 있는 규정, 둘째, 비교적 정확한 규정들로서 심지어 못 배운 사람들도 누구든지 그것들의 개념을 즉각적으로 쉽게 이해할 수는 있으나 다만 인간의 판단에 왜곡이 발생할 수 있어 '십계명'처럼 법으로 공포가 필요한 규정, 셋째, 모든 사람에게 명백한 것이 아니고 오직 현자들에게만 명백한 것들로서 '십계명에 첨가된 도덕 규정'과 같이 하나님의 가르침이 필요한 규정으로 구분한 다음,[194] 인간의 이성만으로 이러한 자연법 규정을 인식할 수 있다고 한다. 다만, 자연 본성적 이성에 의한 인식을 넘는 하나님에 대한 완전한 인식, 예컨대 '하나님은 삼위이시며 하나'라는 진리의 인식 같은 것은 하나님의 은총이 있어야 가능하므로,[195] 은총을 받지 못한 자연 본성적 이성을 가진 사람은 그러한 진리를 인식할 수 없다고 말한다.[196]

이에 비해 엘륄은 아퀴나스의 자연법 이론을 '본성적 자연법 이론'

이라 칭하며,[197] 영원법과 자연법 사이의 형식적 관계를 결정짓는 아퀴나스의 이론을 받아들일 수 없다고 한다.[198] 엘륄은 자연법은 규범이 아니라 사실에 불과하므로 자연법을 인정하더라도 '현상으로서의 자연법'으로 인정할 수 있을 뿐이라고 주장한다.[199] 그는 현상으로서의 자연법을 다음과 같이 설명한다.

> 결론적으로, 우리는 사회 발전의 어떤 시기에 우리가 보기에 인간의 지성 이외에 그 어떤 다른 자산도 가지지 않은 미개인에 의하여 만들어진 하나의 법체계가 조성되었다고 주장한다. 이런 법은 다음 세 가지 사실과 일치한다. 즉 (1) 일정한 정의감. 이것은 근본적으로 유사한 제도들을 발생시켜 주기 때문에 일정한 시기에 있어서의 모든 인간들에게 대체로 동일한 것이라고 보지 않을 수 없는 것으로서의 일정한 정의감. (2) 법을 정련시키기 위해서 없어서는 안 되는 법 기술과 인간적 사회적 환경 사이의 균형. 그 결과, 법은 환경의 자동적 및 비이성적 창조물도 아니며, 또 이 환경과는 동떨어진 순전히 이성적 수학적 창조물도 아니다. (3) 법이 실효적이며 준수된다는 하나의 보증으로서, 개인과 법에 복종하는 국가 양측으로부터 법이 필요하다는 분명한 인정이 그것이다. 이들 세 요소는 서로 상관되어 있으며 이들 모두는 역사상의 한 사건으로서의 자연법이라 불리는 그 무엇의 징표라 할 것이다.[200]

엘륄은 피조물이 자연으로서 "허무한 데 굴복"(롬 8:20)하기 때문에 어떤 것도 '자연적' 또는 '본성적'이라는 이유로 선한 것이라 할 수 없고, 본성이 그 자체로 선한 것이 아니라면 본성과 일치하는 것이 자연법으로서의 정의와 불의를 구별하는 규범이 될 수 없다고 말한다.[201] 또 그는 인간의 본성에 새겨진 보편적이고 영구불변하는 자연법을 인정하게 되면, 이성과 계시에 부정확한 자리를 내주게 된다고 말한다.[202] 여기서 이성에 부정확한 자리를 내준다는 것은 인간이 그의 타락한 이성으로 하나님의 완전한 법을 온전히 알 수 있다는 오해를 줄 수 있다는 뜻이고, 계시에 부정확한 자리를 내준다는 것은 영구불변의 자연법이 있다면 살아 계셔서 지금도 역사하시는 하나님의 의지인 계시와 충돌하는 문제를 일으킨다는 뜻으로 생각된다.

한편, 엘륄보다 한 걸음 더 나아가 자연법에 관해 주의를 기울이지 않거나, '창조법'이나 '신법'만 있으면 되므로 자연법을 신학적으로 따로 논할 필요가 없다고 하거나 거부하는 사람들도 있다. 반드루넨은 신칼뱅주의자들이 하나님의 창조법에 대한 연구는 무엇보다 우선시하고 있으나 개혁파 전통의 자연법 논의에 관해서는 관심이 적고,[203] 특히 헨리 스톱은 자연법이라는 용어가 성경을 희생시키고 이성을 높이는 로마 가톨릭의 접근 방식이라며 그 가치를 폄하하고 있다고[204] 주장한다. 더 나아가 반드루넨은 신율주의자(神律主義者, 인간의 윤리는 자율적이 아니라 신율적이어야 한다는 사상)인 그렉 반센이 "모세의 시민법이 계속해서 오늘날 이 세상의 국가들에게 기준이 된다. … 역사적 개혁파의 의미를 지닌 자연법 개념은 없으며, 사실상 실제로 거부된다."[205]는 주장을 하고 있다고 지적한다.

아퀴나스와 엘륄이 자연법을 달리 파악하게 되는 것은 법 개념과 이성과 계시의 관계에 관한 그들의 생각이 근본적으로 다르기 때문이다. 아퀴나스는 주지주의(主知主義)적 입장에서 법은 '이성의 질서(ordinatio rationis)'라고 말하지만, 이성적 진리는 계시와 모순될 수 없다고 주장하며 자연법과 계시의 관계성 및 계시의 우선성을 덧붙인다. 더 나아가 영구법에서 분유된 일반적 원리인 자연법의 일차적 계명은 불변의 것이기 때문에 개정되거나 인간의 마음에서 제거될 수 없다고 주장한다.[206]

이에 비해 엘륄은 하나님의 법은 '하나님의 의지'에 따른 활동의 산물이라고 하면서 법 개념에 관해 주의주의(主意主義)적 입장에 선다. 주의주의자들은 법을 '의지의 질서(ordinatio voluntatis)'로 본다. 다시 말해, 그들은 법이 주어진 질서 구조 내지 질서 원리로부터 단순히 합리적으로 연역될 수 있거나 정의(定義)될 수 있는 것으로 나타나지 않고, 사회적 충돌에 대처한 규율 및 해결로서, 한 입법자의 권위에 힘입어 그때그때 만들어지게 되는 하나의 장치로 나타난다고 말한다.[207] 주의주의의 선구는 둔스 스코투스와 유명론(唯名論)[208]을 체계화한 오컴의 윌리엄이다. 특히 스코투스는 영구한 것은 법이 아니라 '입법자' 또는 입법자인 신의 '절대적 의지'이므로 그것 자체로서 영구한 법은 존재하지 않는다고 말한다.[209] 그 이유는 영구한 법이 존재한다면, 모든 만물과 법을 창조하신 하나님 이전에 존재하는 법을 인정할 가능성이 있기 때문이다. 그리하여 주의주의자들은 인간이 절대적 의지인 하나님의 계시가 없이는 그 타락한 본성만으로 하나님의 절대의지에 합치되는 정의로우면서도 영구불변의 자연법을 발견해 내거나 그러한 자연법 규정에 합치되는 법을 만들어 낼 수가 없다고 주장한다. 엘륄은 십계명을 포함한 율법은 법이 아닐 뿐 아니라 법의 원리도 내용도 아닌 하나님의 계시일 뿐이라고 말한다.[210] 그는 또 율법은 하나님의 '완전한 법'의 내면에 있는 일부이지만, 하나님의 의와 완전히 일치하는 것이 아니고, 자연법에 대한 기초를 제공하지도 못하며, 자연법과 일치하지도 않는다고 말한다.[211]

이와 같은 논쟁에 관한 칼뱅의 입장에 관해서는 학자들 간의 견해가 대립한다. 어떤 학자들은 칼뱅이 주의주의적 전통에 속해 있다고 주장한다. 하지만 반드루넨은 칼뱅이 자연법에 대해 주의주의적 전통에서 기대할 수 있는 것처럼 확실히 하나님의 뜻을 강조한 것은 맞지만, 동시에 자연법이 결코 하나님의 임의적인 의지의 반영이 아니라 하나님 자신의 지성과 성품의 완전함에 근거한다고 믿었다고 말한다.[212] 즉 칼뱅은 중도적 입장에 있었다고 할 수 있다. 반드루넨은 칼뱅의 입장을 아래와 같이 정리한다.

자연법의 신적 기원을 다루는 더 어려운 문제는 자연법과 하나님 자신의 도덕적 성품의 관계다. 2장에서 언급된 것처럼, 자연법이 하나님의 도덕성 본성과(또는) 하나님의 의지를 반영하는 정도와 하나님이 지금과 다른 자연법을 만드실 수 있었는지, 아니면 그것에 예외 조항을 둘 수 있는지에 대한 문제는, 특히 실재론이나 주의주의로 그 소속이 확인되는 중세 신학자들 가운데 생겨나는 논쟁과 불일치의 사항이었다. 칼뱅은 3장에서 살펴본 대로 창조물에 대한 도덕적 기준을 설정할 때 하나님의 의지(뜻)의 수위성을 강조했지만, 그는 또한 하나님이 법 밖에(ex lex) 계시지 않다고 주장하고 하나님의 율법의 원리를 하나님 자신의 거룩함의 반영이라고 하면서 강조했다. 이것은 칼뱅과 중세의 실재론 전통 사이의 유사성을 나타내며, 적어도 칼뱅을 더 극단적인 형태의 주의주의 전통과 구별시킨다.[213]

구약을 보면, 이스라엘 백성이 가나안 땅을 점령해 들어갈 때, 하나님이 그들에게 가나안 민족을 진멸(殄滅)하라는 명령을 내리시는 것을 볼 수 있고(신 7:2), 진멸 행위를 용인하시는 경우도 볼 수 있다(신 2:31~34). 이러한 진멸 행위를 히브리어로 '헤렘(Herem)'이라고 하는데, 구약에서 헤렘이라는 말은 80여 회 등장한다. 헤렘 명령에 대해 인본주의자들은 사람을 살해하는 것은 자연법에 위반되는 것이고, 자연법은 변경될 수 없는 규범인데 어찌 정의롭고 선하신 하나님이 집단 학살 명령을 내림으로써 자연법이 변경되게 하실 수 있느냐면서 자신들이 상상할 수 있는 모든 비난을 쏟아붓는다. 특히, 신무신론자(新無神論者)의 거두인 리처드 도킨스는 이러한 명령들을 따른다면 "종교인이든 아니든 현대 문명인이라면 누구라도 불쾌함을 느낄 도덕 체계가 조장된다"라고 주장한다.[214] 바르트는 이러한 인간의 의문과 불쾌감은 당연한 것으로 그런 저항의 대상이 되지 않는 하나님은 하나님이 아닐 것이라고 말한다. 왜냐하면 하나님은 인간이 탐구하여 이해할 수 있는 분이 아니기 때문이다.[215]

올바른 신학이 뒷받침되지 않으면 헤렘 명령은 사람들로 하여금 하나님에 대한 부정뿐 아니라 기독교 및 기독교윤리에 대한 극도의 혐오감에 이르게 할 가능성이 매우 크다. 기독교인들도 하나님의 도움 없이 빠져나오기 어려운 곤궁에 빠질 가능성도 있다. 헤렘 명령의 이해에 관하여는 아퀴나스와 엘륄의 접근 방식이 다르다.

먼저, 아퀴나스는 "어떤 자가 어떠한 여인에게 접근하든지, 신적 명령에서 나온 것이면 간통도 아니고 간음도 아닌 것이다. 그리고 같은 추론이 다른 사람의 물건을 취하는 도둑질에 대해서도 성립한다. 왜냐하면 주인의 의지 없이 어떤 것을 취하는 것은 도둑질인데, 어떤 자는 만물의 주인이신 하느님의 명령에 의해 무엇을 취하든지 주인의 의지 없이 취하는 것이 아니기 때문이다. … 자연적인 것에 있어서도 하느님이 행한 것은 무엇이든지 어떤 방식으로 자연적인 것이 된다"[216]라고 하면서 하나님의 계시와 자연법 사이에 발생하는 논리상의 충돌에 대해 신학적인 해결책을 제시한다. 그러나 이러한 해결책은 결국에는 하나님의 의지에 따른 단발적인 사건에서이긴 하지만 하나님의 계시만 있다면 사람들이 자연법의 원칙을 지키지 않아도 된다고 인정하는 것이 될 수 있고, 이는 자연법의 일차적 계명이 변경될 수 없다는 전제에 대한 중요한 반론으로 인정될 여지도 있다. 이에 반해, 엘륄은 규범으로서의 자연법을 인정하지 않으므로 헤렘 명령 등으로 인한 자연법의 변경 문제는 애초부터 발생하지 않는다고 본다. 특히 그는 헤렘 명령 사례는 "하나님의 명령이 곧 선이고, 인간의 양심에 의해 비난받는 행위라도 하나님의 명령이라면 선이 된다는 사실을 입증하는 아주 명백한 사례가 된다. 그러므로 모든 인간적 판단들을 훨씬 넘어서는 선의 진리가 존재한다. 그 앞에서 우리는 단지 겸손한 태도를 취할 수밖에 없다"[217]라고 말한다.[218]

자연법의 존재와 관련하여 아퀴나스의 입장을 취하든 엘륄의 입장을 취하든 두 이론 모두 최고 명령인 하나님의 계시를 인정하므로 헤렘 명령 등과 관련한 성경의 해석상 결론에 있어서는 큰 차이가 없는 것으로 보인다. 하지만 자연법 이론에서 하나님의 의지를 배제하게 되면, 아퀴나스의 자연법론은 공동체의 법 실무상 예상하지 못한 방향으로 흐를 가능성이 있다. 왜냐하면 아퀴나스의 이론에 의하면 자연법, 특히 그 일차적 계명은 영구불변의 법칙이라고 하게 되므로 자연법 이론에서 하나님을 배제해 버리면 결국 인간 이성으로 영구불변의 법칙을 발견하거나 만들 수 있다는 결론을 도출하게 되고, 이는 무신론적 자연법 이론을 가능하게 하는 도구로 사용될 수 있기 때문이다. 실제로 근대 계몽주의 기획은 이러한 이론 구성을 해 왔고, 이는 자연법과 관련하여 하나님의 계시의 개입을 막는 결정적인 역할을 함으로써 이신론(理神論)의 도입을 가능하게 하였다.[219]

그런데 아퀴나스의 이론에 따라 인간의 이성으로 자연법을 발견할 수 있다고 하더라도, 인간의 이성은 타락했기 때문에 그렇게 발견한 자연법을 제대로 지키지도 않을 뿐 아니라, 자연법으로는 하나님의 완전한 법에까지는 이를 수 없다고 해야 한다. 그래서 칼뱅은 하나님께서 율법의 도덕법 부분인 자연법을 주신 목적은 오로지 사람들이 하나님의 법에 대하여 무지했다는 핑계(송용원의 번역에 따르면, '변명'-저자 주)를 대지 못하도록 하는 데 있을 뿐이라고 한 것이다.[220]

② 인정법과 신법

앞에서 보았듯이 인간 공동체를 규율하는 법으로는 하나님이 제정해 주신 신법(옛 신법인 율법 + 새로운 신법인 그리스도의 법)과 인간이 제정한 인정법이 있는데, 인정법의 권위가 어디에서 오는지에 관하여는 공동체별로 의견이 나뉜다.

먼저, 선악의 기준이 인간에게 있다는 가인공동체는 인간 대 인간이라는 양자적 관계가 공동체의 근간을 이룬다. 가인공동체는 하나님의 법은 인정하지 않고 인간에 의해 제정된 인정법만 법으로 인정한다. 그리하여 가인공동체의 최고의 법은 '헌법'이고, 그 헌법을 정점으로 법률, 명령, 조례, 규칙[221]이라는 법의 위계질서가 만들어진다. 이와 같이 가인공동체가 주장하는 인정법의 근거는 인간 이성이나 공동체의 약속 또는 결단에 있다. 따라서 가인공동체에서는 인정법이 하나님의 법에 위반된다는 관념이 존재하지 않는다. 다만 인간 이성에 의해 발견되거나 만들어지는 자연법의 존재를 긍정하게 되면 인정법이 자연법에 위반된다고 주장할 수는 있다.

하지만 하나님을 선악의 기준으로 삼는 아벨공동체는 공동체의 구성에 있어 하나님의 임재가 절대적이므로 하나님, 인간 자신 및 타인이라는 3자적 관계가 공동체의 근간을 이루며, 신법의 근거가 되는 하나님의 법이 공동체의 최고법이 된다. 이는 아벨공동체에서는 인정법의 존재 근거가 하나님의 법에 있으므로 하나님의 법에 위반되는 인정법은 그 효력을 인정받지 못한다는 것을 의미한다.

신법을 포함하는 하나님의 법의 존재와 권위를 통해 질서를 유지하는 아벨공동체는 '신법주의'라고 할 수 있고, 이와 대립한 가인공동체는 인정법에 따라서만 질서를 유지하므로 '인정법주의'라고 할 수 있다. 신법주의와 인정법주의는 여러 점에서 차이를 보이지만, 자연법과 관련해서도 시각차를 보인다.

신학자들은 율법을 도덕법 부분, 의식법 부분, 재판법 부분으로 나누는데, 그 근거는 "이는 곧 너희의 하나님 여호와께서 너희에게 가르치라고 명하신 명령과 규례와 법도라"(신 6:1)라는 말씀이다. 위 말씀 중 '명령'(commandments, praecepta)은 도덕법을, '규례'(statutes, caeremoniae)는 의식법(예식법)을, '법도'(judgements, judicia)는 재판법(사법)을 의미한다고 한다.[222] 첫 번째, 십계명으로 요약되는 도덕법은 하나님 사랑에 대한 관계된 계명들과 이웃 사랑에 대한 계명들로 나눌 수 있는데, 아벨공동체는 도덕법에 위 두 계명을 모두 포함시키나, 가인공동체는 도덕법에 이웃 사랑에 관한 계명들만 포함시킨다. 두 번째, 의식법(儀式法) 또는 예식법(禮式法)은 제사, 음식, 의복, 절기 등 공동체가 준수해야 할 의식과 관련된 부분을 말한다. 세 번째, '재판법(裁判法)' 또는 '사법(司法)'은 형사처벌, 손해배상과 보상 및 그를 위한 재판 절차와 관련된 부분을 말한다.

국가의 3요소는 국민, 주권, 영토이다. 주권의 가장 중요한 표현인 실정법의 존재 근거는 국가의 존립에 있다. 일제의 침략으로 주권을 빼앗긴 조선은 자신의 법을 상실했고, 조선의 백성들은 일제의 법을 따를 수밖에 없었다. 마찬가지로 옛 신법인 율법(토라)은 이스라엘 민족에게만 부여되었던 실정법이므로 정치적으로 볼 때 신정 국가인 이스라엘이 지구 상에서 사라진 이상 법으로서의 효력을 상실하였다.[223] 한편, 율법은 성경적으로 볼 때 '약속하신 자손이 오시기까지 있을 것'(갈 3:19)이었으므로 약속하신 자손인 예수께서 이 땅에 오셔서 십자가에 못 박히심으로써 폐지되었다. 폐지된 것은 의식법과 재판법뿐 아니라 도덕법도 포함된다. 하지만 하나님은 그리스도의 법이라는 새로운 신법을 제정해 주셨다. 특히 도덕법 부분은 그리스도의 법으로 재해석되어 온전하게 성취되기에 이르렀다.[224] 따라서 구약 성경의 말씀을 읽을 때에 주의해야 할 점은 신약 성경의 산상수훈을 포함한 예수님의 가르침이라는 필터에 통과시켜 읽어야 한다는 것이다. 한편, 율법의 폐지로 모세의 도덕법은 강제성을 상실하였으나 보편성과 지속성은 그대로 지니고 있으므로 자연법으로서 여전히 유효하고 소중한 가치가 있는 것으로 이해되어야 한다.[225] 특히 십계명은 가장 명확하고 포괄적으로 자연법을 확인하고 성문화한 것으로 이해되어야 한다.[226] 스칸드롤리오에 따르면 하나님이 십계명을 주신 이유는 이미 인간의 마음에 새겨져 있는 본성적으로 금지된 것들을 문자로 작성하여 강조하기를 원하셨기 때문이다.[227] 하지만 앞에서 본 바와 같이 엘륄은 이러한 자연법 이론, 다시 말해 규범으로서의 자연법 이론을 받아들이지 않는다.

자연법론자 중 신법주의자는 자연법의 근거를 성경에서 찾고, 자연법론자 중 인정법주의자는 자연법의 근거를 인간의 이성에서 찾으며, 실정법론자 중 인정법주의자는 자연법의 존재를 법의 연원(淵源)으로 인정하지 않으므로 자연법의 근거에 관해서는 논하지 않는다.

③ 실정법과 법을 넘는 법

결국, 현재 우리가 사는 이 땅에는 완전한 법으로서 신법인 그리스도의 법과 완전한 법의 거울로서의 인정법이 존재한다고 할 수 있다. 위 두 법이 공동체에 실질적인 효력을 미치는지의 여부를 보면, 아벨공동체는 두 법의 효력을 모두 긍정하나, 가인공동체는 원칙적으로 인정법만 그 효력을 인정한다.

한편, 신법인 그리스도의 법을 배척하는 가인공동체의 경우 인정법의 정당성의 근거는 어디에서 찾을 것인가? 이에 관해서는 그 정당성의 근거를 자연법에서 찾는 자연법주의자가 있는가 하면, '근본 규범(한스 켈젠)'이나 '승인 규칙(허버트 하트)' 등에서 찾는 실정법주의자가 있다.

그래서 법학 실무상으로는 보통 법을 신법과 실정법이 아니라 자연법과 실정법으로 구분하게 된다. 법을 이렇게 구분하게 되면 신법은 자동적으로 자연법으로 분류되게 된다. 하지만 신법 중 일부, 특히 그리스도의 법은 그 특성상 자연법으로 분류하기가 어렵다. 그러므로 신법을 법의 체계에 포함하기 위해서는 자연법과 실정법이 아니라 법을 넘는 법과 실정법으로 구분하는 것이 유익하다.

법을 넘는 법과 실정법을 구분하는 가장 중요한 기준은 책임(응보적 정의)의 원리다. 이 원리를 적용하여 법을 구분하면, 인간 공동체 내에서 책임의 원리가 적용되어 '법적 강제'가 가능한 법을 '실정법'이라고 하고[228], 인간 공동체 내에서 책임의 원리를 넘어 사랑의 원리가 적용되어 실정법의 영역으로 편입될 수 없는 법을 '법을 넘는 법'이라고 할 수 있다. 이렇게 법을 구분해 두고 보면, 법을 넘는 법에는 자연법과 신법을 모두 포함할 수 있게 된다.

한편, 아벨공동체만으로 구성된 국가는 인정법과 신법 모두를 법적 강제가 가능한 실정법으로 수용할 것이지만, 가인공동체만으로 구성된 국가는 인정법만 실정법으로 인정할 것이다. 그런데 실제로는 현재 지구 상에 존속하는 대부분 국가에는 가인공동체와 아벨공동체가 공존한다. 이러한 국가들은 원칙적으로 강제성을 부여할 수 없는, 법을 넘는 법의 영역에 신법을 위치시킨다. 이러한 공동체를 기준으로 법의 체계를 도표화하면 아래와 같을 것이다.

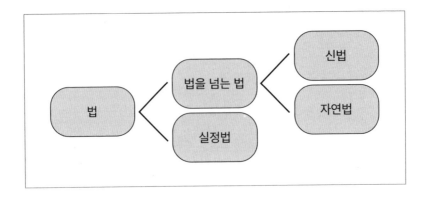

하나님은 실정법뿐 아니라 법을 넘는 법의 최종 권위이시다. 왜냐하면 그는 우주의 최고 통치자로서 법을 제정하고 공포할 수 있는 주권을 가지고 계시기 때문이다. 그리고 하나님의 의지는 완전한 법이다. 왜냐하면 하나님은 전지전능하시고 영원히 변함이 없으시므로 그의 의지도 완전하고 변함이 없기 때문이다. 완전한 법인 하나님의 의지는 실정법뿐 아니라 법을 넘는 법의 정당성의 근원이다. 하지만 현재 일반적인 국가 공동체에서는 하나님의 법(신법)이 강제력을 갖고 있지 않다. 그러나 재림 날에는 하나님의 의지가 가장 보편적이고 현실적으로 강제성을 드러낸다. 그 두려운 때를 준비하는 자가 가장 '법적인 인간'이다.

(4) 신법과 인정법의 충돌과 조화

대한민국을 비롯한 정교분리 국가, 다시 말해 국가의 종교에 대한 중립성을 표방하는 국가에는 신법(그리스도의 법)을 최고법으로 존중하는 아벨공동체와 인간이 제정한 법만을 최고의 법으로 인정하는 가인공동체가 공존한다. 두 공동체의 세력이 비슷한 국가에 있어서는 공동체 구성원 상호 간의 관계의 준칙인 법을 제정할 때, 두 공동체 사이에 첨예한 대립 양상을 보이기도 한다. 최근 세계적으로 논쟁이 되고 있는 장기매매, 혼인 관계와 동성혼, 낙태, 대리모 출산, 인간배아의 이용과 태아의 유전자 조작, 안락사와 조력 자살, 동성애와 차별 금지 등과 같은 문제의 배경에는 아벨공동체와 가인공동체의 대립이 자리 잡고 있다고 볼 수 있다. 최근에 각광 받고 있는 공공신학 관련 논의도 이러한 대립의 시대를 맞아 기독교인이 어떤 태도를 취할 것인지에 관한 것이다.

아벨공동체에 속하는 기독교인들은 가인공동체 구성원들과 공존하기 위한 삶의 태도를 정하지 않을 수 없다. 어떤 사람은 세상에 나가 가인공동체의 법과 타협하지 않고 광신자라는 비난도 감수한 채 신법을 선포하며 세상을 향한 선지자적 역할을 감당한다(선교적 삶의 방식이라고 할 수 있다).[229] 또 어떤 사람은 세상에 나가 생활할 때, 신법이 아닌 가인공동체가 정한 인정법을 기준으로 살다가 가정이나 교회로 돌아와서는 신법에 따른 삶을 살아간다(세속적 삶의 방식이라고 할 수 있다). 또 어떤 사람은 아벨공동체의 구성원으로서의 정체성을 지키면서 가인공동체와의 소통과 화해를 위해 부단히 노력한다.[230] 그중 어떤 사람들은 가인공동체와 화해하기 위해 그들의 주장을 수용함으로써 자신의 신앙을 일시적으로 양보하기도 한다(화해적 삶의 방식이라고 할 수 있다).

어쨌든 정교분리 시대의 국가는 공적 영역에서 하나님과 관련된 사항의 언급을 금한다. 예를 들어, 동성혼의 허용 여부에 관한 토론에서 '하나님이나 성경이' 그것을 금지한다는 주장은 그 자체로 배제된다. 최근 미국 제46대 대통령인 바이든 대통령의 취임식에서 실버스타 비먼 목사가 축원 기도를 하였는데, 그는 기도 마지막에 "예수님의 이름으로 기도합니다"라고 하지 않고, "우리의 집합적 신앙의 강력한 이름, 아멘(And the strong name of our collective faith, Amen!)"이라고 했다. 이렇게 공적 영역에서 삼위일체이신 하나님을 의도적으로 무시하거나 배제하는 것을 두고 '괄호 친다'(bracket)고 말한다. 세기의 정의론자로 불리는 존 롤스의 표현대로 하면, 하나님과 관련한 사항을 '무지의 베일'로 가려 버리는 것이다.

이러한 사태를 두고, 바르트[231], 하우어워스[232], 개혁파 신칼뱅주의자[233] 등의 반대 의견도 있지만, 최근 기독교 신학자 중에는 하나님의 특별계시인 신법 대신에 일반계시인 '자연법'을 내세워서 세상과 소통하려는 자들이 다시 생겨나고 있다.[234] 왜냐하면 신법에 해당하는 율법 규정 중 인간 사랑에 관한 도덕법 부분은 그리스도의 법을 통해 여전히 그 효력을 가지고 있고, 그러한 도덕법에 자연법이라는 명칭을 부여하면 신법인 성경 말씀을 직접적으로 언급하며 초래될 마찰을 회피하면서도 세속법의 정당성을 평가할 수가 있기 때문이다. 이러한 태도에는 "기독교도와 비기독교도들 사이의 마주침을 위한 하나의 공동의 광장을 발견하려는 것"이라는 입장이 반영되어 있다.[235] 이러한 태도를 유지하는 사람들 가운데 한 부류가 바로 '기독교적(유신론적) 자연법론자'다. 자연법론에 관한 대표적인 신학자가 아퀴나스인데, 그를 중심으로 중세를 지배했던 자연법론은 19세기에 이르러 '법역사학파(법은 진화의 역사적 산물이라는 견해)'와 '법실증주의(법이란 입법 문언에 규정된 것 그 이상은 아니라는 견해'의 기세에 눌려 아사 직전까지 갔으나, 20세기에 들어 홀로코스트 등과 같은 인류 최악의 참사를 맞아 부활하기에 이르렀다. 칼뱅과 초기 개혁파 전통을 이어받은 반드루넨은 정교분리 시대에 가인공동체와 공존해야 하는 아벨공동체에 있어 자연법이 어떤 의미가 있는지 아래와 같이 자신의 의견을 피력한다.

따라서 고전적 개혁파의 신학 패러다임은 그리스도인이 구별된 두 나라의 시민이라는 점을 제시한다. 그런데 이 두 나라는 하나님에게서 임명받았고 하나님의 법 아래에 있지만, 다른 목적을 위해 존재하고 다른 역할을 가지고 있으며, 다른 규칙에 따라 작용한다. 그리스도인은 그리스도의 영적 나라 시민의 자격으로 비폭력과 평화의 방법을 주장하여 그리스도의 나라를 위한 무기 소유를 거부한다. 하지만 그들은 시민적 나라 시민의 자격으로 국가의 강제적인 사역에 필히 참여하여, 기회가 보장될 때 나라를 위해 무기를 소지한다. 그들은 영적 나라의 시민으로서 어떤 지상 국가에도 애국적 충성심을 갖지 않지만, 시민적 나라의 시민으로서는 건강한 애국심을 확실히 가질 수 있다. 그들은 영적 나라의 시민으로서 그리스도의 구속적인 주권에 복종하지 않는 모든 이론과 관습과 제도를 철저하게 비판할 수 있지만, 시민적 나라의 시민으로서는 국가가 지상의 삶을 위해 가져오는 중요한 혜택에 감사할 수 있고 인간 문화의 놀라운 산물을 향유할 수 있으며, 다양한 사회 기획안에 대해 비그리스도인과 공동 전선을 펼칠 수 있다. 그들은 영적 나라의 시민으로서 성경의 구속 윤리에 복종하지만, 시민적 나라의 시민으로서는 성경에 충실한 것을 문화사업에 참여하기 위한 시험으로 삼지 않고 일반적으로 접근 가능한 자연법을 통해 타 종교인들과 진정한 도덕적 대화에 참여할 수 있다. 그들은 영적 나라의 시민으로서 국가와 다른 사회 기관들을 일시적이고 사라져 버릴 운명의 것으로 볼 수 있지만, 시민적 나라의 시민으로서는 지금 여기서 인간 사회의 복지를 증진시키는 데 강렬한 관심을 가질 수 있다.[236]

하지만 기독교인들이 자연법의 존재를 인정함에 있어서는 신중한 태도를 취해야 한다. 하나님의 살아 움직이는 현재적 계시와는 관계 없이 작동하는 영원불변의 자연법을 인정하게 되면, 논리적으로는 자연법을 변경할 수가 없게 되어 인간과 우주 만물에 대한 하나님의 현재적 계시와 섭리를 부정하는 결과에 이를 수도 있기 때문이다. 자연에는 하나님도 깨트릴 수 없는 '불변'의 자연법칙이 있고, 그것을 통해서 하나님을 알 수 있다는 주장도 마찬가지다. 왜냐하면 이들의 주장도 하나님의 우주 만물에 대한 현재적 섭리와 동정녀를 통한 예수님의 탄생 등 초자연적 기적을 부인하는 결과에 이를 수 있기 때문이다.[237] 더구나 법과 도덕에 관한 (유신론적 및 무신론적) 자연법론 및 자연에 관한 자연법칙론은 모두 인간의 이성이 하나님이 정하신 불변의 자연법 및 자연법칙을 찾아낼 수 있다는 전제에 서 있다. 하지만 이는 아담과 하와의 범죄로 인하여 인간이 전적으로 타락했다는 것을 근본적으로 부정하는 결과에 이른다. 왜냐하면 타락한 인간이 하나님의 도움 없이 불변의 자연법 및 자연법칙을 찾을 수 있다는 것은 인간이 타락하지 않았다고 주장하는 것과 다름이 없기 때문이다. 더 나아가 우리는 이성을 통하여 최고선, 정의, 법에 관한 완전한 이해에 이를 수 없다는 점도 명심해야 한다. 최고선, 완전한 정의, 완전한 법은 하나님만 아실 수 있을 뿐 전적으로 타락한 인간의 이성으로는 결코 이해할 수 없기 때문이다.[238] 따라서 우리는 세상과 소통하고자 하더라도 인간의 이성에 대해 절대적 신뢰를 주는 양보를 해서는 안 된다. 이것은 하나님이 우리의 주권자이심을 거부하는 것이다. 이 점에 관한 칼뱅의 생각을 빌링스는 다음과 같이 설명한다.

《기독교 강요》 1권에서 칼뱅은 로마서 1장 18~32절을 역설적이고도 매우 독창적으로 해석하여 하나님에 대한 자연적 지식은 하나님이 건네시지만, 인간들이 받지는 못한다고 주장한다. 타락으로 인해 눈이 먼 탓에 (첫 번째 돌판과 관련되는) 하나님에 대한 자연적인 지식은 최소한의 내용, 즉 하나님은 존재하시는 분이고, 심판하시는 분이라는 것 정도에 그친다. '자연적인' 인류가 소유하는 하나님에 대한 지식과 하나님에 대한 적법한 예배에 대한 지식은 인간이 충분히(어떤 의미에서는) 책임을 질 수 있게, 따라서 '변명할 수 없게' 만들 만큼만이다. 그러나 자연법과 도덕법의 두 번째 돌판은 사정이 다르다. 타락한 인류는 하나님의 계시를 받을 때까지 두 번째 돌판에 대해 왜곡된 견해를 가지고 있긴 하지만, 그래도 사람은 선악에 대해 상당히 신뢰할 만한 지식을 타고난다. 한편으로 이것은 인간이 선과 악의 차이를 알고 있으면서도 악한 것을 행한다는 로마서 1장에 기인하는 칼뱅의 주장을 확장한다. 하지만 이것은 시민 사회의 윤리와 규범 안에 있는 '자연법'을 설명하기 위한 열린 문도 제공한다.[239]

한편, 아벨공동체가 자연법으로 가인공동체와 소통하게 된다면 주의해야 할 점은 개개의 자연법 규정이 아니라 자연법을 지배하는 근본 원리에 따라야 한다는 점이다. 왜냐하면 세상과 소통이 필요한 곳은 분쟁과 갈등이 있는 곳이고, 그러한 곳에서는 새로운 규범의 정립이 필요한데, 이를 위해서는 "도둑질하지 말라"(출 20:15)는 명령과 같이 이미 인정법에 받아들여진 개별적 자연법 규정이 아니라 자연법을 지배하는 근본 원리나 자연법적 질서가 새로이 정립되는 규범에 관철될 수 있도록 하기 위함이다. 그 근본 원리로는 아퀴나스가 말한 일차적 계명(선은 행해야 하고 추구해야 하며, 악은 피해야 한다)이나 정의, 형평, 평화의 원리 등이 있고, 자연법적 질서로는 남성과 여성을 전제로 한 혼인 질서와 인류의 생식이 있다. 십계명을 하나님께 대한 예배와 관련된 첫 번째 돌판과 인류에 관한 사랑의 의무를 규정하는 두 번째 돌판으로 나눠 보는 전통적인 구분을 대단히 중요하게 다루는 칼뱅은 십계명의 두 번째 돌판과 관련된 '자연법'을 지배하는 근본 원리가 '공평'이라고 하며 다음과 같이 설명한다.

> 우리가 도덕법이라고 부르는 하나님의 법은 자연법의 증언과 하나님이 모든 사람의 마음에 새겨 주신 양심의 증언에 다름 아니다. 지금 우리가 말하고 있는 공평은 그 질서 전체가 자연법 그 자체에 규정되어 있다. 그러므로 공평 자체가 또한 모든 법의 목표이자 규범이자 한계가 되어야 한다. 우리는 무슨 법이든지 간에 이 규범에 따라 형성되어야 하고, 이 목표를 향하여 이끌림을 받으며, 이 한계에 의해서 제한이 된다면, 유대인들의 법이나 여타 법들 자체와 다르다고 해서 부인할 이유가 없다.[240]

하지만 아퀴나스의 자연법의 일차적 계명이나 칼뱅의 공평의 원리도 하나님의 완전한 법의 시현(示現)이자 신법인 그리스도의 법의 테두리 내에서 실천되어야 한다. 책임과 사랑의 원리를 모두 요구하는 그리스도의 법의 차원이 아니라 인간적 차원에서 추구되는 형평과 정의는 인간들 사이의 분쟁과 갈등을 온전히 해결할 수 없다는 것을 기억해야 한다. 빌링스는 형평, 정의 및 사랑의 관계에 관한 칼뱅의 사상을 다음과 같이 설명한다.

보편적 이웃 사랑의 근거는 하나님 형상에, 그리고 인간이 어떤 의미에서는 '하나님 안에 있는' 존재하는 인간관에 뿌리를 두고 있지만, 칼뱅은 이러한 보편적 이웃 사랑의 의미를 표현하는 데 스토아 사상과 여타의 고전적 자원을 활용한다. 하스가 보여 준 것처럼, 칼뱅은 자신의 사상의 사회·정치적 측면에서 '사랑, 형평, 정의' 사이의 매우 긴밀한 관계를 분명히 표현하면서 이러한 연관성을 이웃 사랑의 황금률을 해석하는 광범위한 방법으로 사용한다. 이러한 과정의 일부로서, 칼뱅은 정의와 형평에 대한 고전적 개념을 사용한다. 형평성(aequitas)은 이웃에게 속한 것을 그들에게 제공하는 것이다. 각 사람에게 자기 몫을 주면서 말이다. 이것은 우리가 다른 사람이 우리를 대우하기를 바라는 대로 우리가 다른 사람을 대우하는 '자연법'에 비추어 이루어진다. 정의는 이 형평성을 모든 사람에게 확장하여 모든 사람에게 '그의 몫'을 베푸는 것을 포함한다. 형평과 정의가 이웃 사랑의 연장선 상에 있기는 하지만 칼뱅은 사랑의 의무가 가난한 사람과 어려움에 처한 사람에게 특별히 적용된다고 평가한다. 칼뱅은 예루살렘 교회의 가난한 이들을 도우라는 바울의 권고를 주석하면서 이것을 특별히 분명히 했다.[241]

(5) 율법과 율법주의

① 율법의 제정

하나님은 아담과 하와에게 선악과 명령을 내리셨다. 그 명령의 핵심은 하나님과 인간은 창조주 대 피조물의 관계에 있는데 인간이 그 관계만 깨트리지 않으면 영생할 수 있다는 것이었다. 하지만 아담과 하와는 선악과 명령을 어기고 하나님과의 관계를 깨트렸을 뿐만 아니라 자기 존재의 근원을 망각하고 선악의 기준을 자신들이 설정하고자 하는 교만까지 저질러 영생을 잃는 비극을 초래했다.

그럼에도 하나님은 인간에게 영생을 회복할 기회를 부여하셨다. 하나님의 아들을 이 땅에 보내 인간들의 죄를 대신 치르게 한다는 우주 최대의 계획을 세우신 것이다. 하나님은 이 계획을 실현시키기 위해 한 무리의 사람들을 택하신다. 그렇게 선택하신 이들이 바로 노아, 아브라함, 이삭, 야곱, 요셉, 모세, 마리아 등이다. 그들은 어떤 위대함을 지닌 사람들이 아니었다. 오히려 그들은 평범하기 짝이 없는 사람들이었다. 하지만 하나님은 그들을 택하셔서 장차 이 땅에 보내실 하나님의 아들의 육신의 조상이 되게 하셨다.

하나님의 아들의 계보에 들어가게 될 사람들은 아벨의 길을 가야 하는 사람들이고, 아벨공동체를 이루어야 하는 사람들이었다. 아벨공동체의 시작은 아브라함이었고, 아벨공동체를 국가의 반열로 견인하는 데 중요한 역할을 한 사람은 모세였다. 모세는 80세 나이에 당시 강자로 군림하던 이집트에서 이스라엘 민족을 해방시키기 위해 하나님이 택하신 사람이다. 이스라엘 사람들은 이집트에서 이방인으로서 노예 생활을 할 동안에는 이집트 국법하에 있었으므로 특별히 법을 제정할 필요가 없었다. 하지만 이집트에서 해방되어 공동체 생활을 시작하면서 이스라엘 민족에게도 법이 필요하게 되었다. 모세가 하나님으로부터 일일이 계시를 받아 수백만의 사람들에게 전달하는 방식으로 공동체를 운영하기에는 그 규모가 너무 커진 것이다. 이에 하나님은 모세에게 십계명이라는 계시를 내리셨고, 이후 필요할 때마다 계시를 내리셨다. 이런 계시를 모은 것이 바로 모세 오경인 '토라(율법)'다.[242] 하지만 율법이 규율하는 첫 번째 관계는 가인공동체가 지향하는 바와 같은 인간과 인간 상호 간의 관계가 아니라 하나님과 인간과의 관계이고, 이 관계는 그리스도를 통해서만 완성된다. 이는 십계명의 첫 번째 돌판의 핵심 전제다. 칼뱅은 이를 다음과 같이 설명한다.

> 아브라함의 죽음 이후 약 400년이나 지나서 율법이 더해진 목적은(갈 3:17) 우리가 지금까지 계속해서 살펴보았던 것에 비추어 유추해 볼 때, 택함 받은 백성을 그리스도로부터 떼어 놓으려는 것이 아니라 그들의 마음을 그가 오실 때까지 준비시키고 나아가 그를 향한 갈망에 불을 붙이며 그에 대한 기대를 확정시킴으로써 그가 오심이 더욱 지체되더라도 상심치 않게 하려 함이었다.[243]

선악과 명령도 율법(토라 및 구약 성경)도 하나님의 계시에 해당한다. 이것이 뜻하는 바는 선악과 명령이나 율법에 나타난 계명은 인간이 만든 것이 아니라 하나님이 명령하신 것이고, 그 해석에 있어서도 인간이 기준이 되어서는 안 되고 살아 계신 하나님의 뜻이 기준이 되어야 한다는 것이다. 이는 우리가 율법을 온전히 지켜 내야만 하나님 으로부터 의롭다는 판결을 받을 수 있게 된다는 뜻이다. 이에 칼뱅은 "진실로 우리는 율법 가운데서 의의 완전함을 배우게 된다. 이로부터 율법에 대한 완전한 준수가 하나님 앞에서의 의라는 사실이 귀결된 다"[244]라고 말한다.

② 율법의 기능

율법은 인간이 타락한 이후에 주어진 것이다. 율법은 "인간을 하나 님과 연합시킬 의도로 하나님이 인류에게 적용하신 것이다. 그 '원칙 적 목적'은 인간이 '하나님과 하나 됨'이라는 '진정한 행복'을 경험하 도록 하나님에게 초대하는 것이다."[245] 칼뱅은 "율법은 그 자체로는 영생에 이르는 길이라고 여겨지며, 만약 우리의 타락이 없었다면 우 리에게 구원을 가져올 효력을 지녔을 것"이라고 말한다.[246] 인간은 타 락 이후 율법으로는 구원에 이를 수가 없다. 왜냐하면 타락으로 말미 암아 그 어떤 인간도 율법을 한 치의 과오도 없이 온전히 지켜 낼 수 가 없기 때문이다. 이러한 타락 이후의 상황을 전제로 해서 칼뱅은 율법이 세 가지 기능을 가지고 있다고 주장한다. 당연히 그 기능에 구원을 얻게 하는 기능은 없다.

칼뱅이 말하는 율법의 첫 번째 기능은, 율법이 하나님의 의, 즉 하 나님께 받아들여지는 유일한 의를 드러내면서 모든 사람에 대하여 각각 그들 자신의 불의에 따라 경고하고, 불의를 들춰내며 비난하고 정죄하는 것을 의미한다.[247] 율법은 마치 어떤 거울과 같아서 그 속에 서 우리는 우리의 무능을 보고, 거기서 비롯된 불의를 보며, 마지막으로 이 둘로 인한 악의를 관조하게 만든 다음,[248] 우리로 하여금 절망 속에서도 하나님의 자비 속으로 도망치게 만든다.[249] 이러한 기능을 '거울 기능'이라고 부를 수 있겠다.

율법의 두 번째 기능은 사람들이 형벌에 대한 두려움 때문에, 다시 말해 공포 또는 수치로 가로막혀 자기들의 마음에 품었던 것을 감히 실행하지도 못하고, 자기들의 거센 육욕을 감히 불태우지도 못하게 하는 기능이다.[250] 율법은 굴레 또는 고삐와 같아서 그것이 없으면 육체의 욕정이 무분별하게 끓어오르고 끝 간 데 없이 퍼져 나가게 된다.[251] 율법의 두 번째 기능은 기독교인뿐 아니라 비기독교인에게도 적용된다. 이러한 율법의 기능을 '굴레 또는 고삐' 기능이라고 부를 수 있겠다.

율법의 세 번째 기능은 기독교인들에게만 미치는 기능이다. 율법은 기독교인들이 그들이 열망하는 주님의 뜻이 어떠한지를 날마다 더욱 잘 그리고 더욱 확실히 배우도록 해 주고, 그 뜻을 이해하는 가운데 확정하게 해 주는 기능(율법의 가르침 기능)을 가지고 있으며, 더 나아가 율법을 묵상함으로써 경성(警醒)되어 순종에 이르고 그 가운데서 강하여지며, 범범하도록 미끄러지게 하는 것으로부터 돌이키게 하는 기능(율법의 권고 기능)을 가진다.[252] 율법은 마치 게으르고 무기력한 당나귀를 자극하고 재촉하여 일하도록 다그치는 육체의 채찍과 같다. 영적인 사람이라 하더라도 아직 육체의 짐으로부터 자유롭지 못하기 때문에 율법은 그를 빈둥거리지 못하게끔 부단히 찌르는 가시로 존재한다.[253] 이러한 기능을 율법의 '도덕적 스승 기능'이라고 부를 수 있겠다.

공동체의 질서 유지를 위해서는 율법의 두 번째 기능이 무엇보다 중요하다. 죄의 억제를 통한 질서 유지는 국가의 목적이기도 하다.

그러면 예수님의 초림 이후 율법의 운명은 어떻게 되는가? 갈라디아서 3장 19절에는 율법이 약속하신 자손, 다시 말해 예수님이 오시기까지 있을 것이라고 한다. 그렇다면 예수님 초림 이후의 신약시대에는 율법을 비롯한 구약 성경[타나크 = 토라(모세 오경) + 네비임(선지서) + 케투빔(성문서)]은 폐지되어야 하는가? 다시 말해, 기독교인은 신약만 읽으면 되고, 구약은 더 이상 읽지 않아도 되는가? 감히 그렇다고 답변할 사람은 없고, 그렇게 신앙생활을 하는 사람도 없다. 예수님도 자신이 이 땅에 온 것은 율법이나 선지자를 폐하러 온 것이 아니라 완전하게 하기 위함이라고 하셨다. 그러면 우리는 율법을 어떻게 읽고 받아들여야 하는가? 단순히 칼뱅이 말한 율법의 세 가지 기능을 중심으로 율법을 받아들여야 하는가?

이에 관해 셋 D. 포스텔, 에이탄 바르, 에레즈 쪼레프(이하 '포스텔'이라 함)는 '시내산 언약과 그 계명들을 포함하는 율법'은 '토라'라고 불리는 더 큰 이야기의 일부로 "하나님께서 태초부터 항상 정하신 것, 곧 개인 교사와 그림자와 신학과 사랑과 지혜와 우리에 대한 불리한 증거로서, 모든 사람이 하나님의 영광에 이르지 못하여 우리가 율법을 지킬 수 없게 된 문제를 해결해 줄 다른 곳을 바라보게" 하는 기능을 가진다고 말한다.[254] 다시 말해 율법은 '개인 교사'와 '그림자'와 '신학'과 '사랑'과 '지혜'와 '검사(檢事)'로서 기능하며[255] 우리를 율법 준수라는 인간의 행위가 아닌 '다른 곳', 즉 예수 그리스도가 아니면 구원을 얻을 수 없다는 것을 바라보게 하고, 겸손히 하나님의 은혜

를 구하도록 하므로 여전히 하나님의 말씀으로 받아들여야 한다는 것
이다.

하지만 그렇다고 해서 율법의 613개 계명을 모두 지켜야 한다는 것
은 아니다. 예를 들어, 돼지고기를 먹거나 먹지 않는 것은 개인적인
취향 문제이지 돼지고기를 먹는다고 해서 계명을 위반한다고 정죄
할 수는 없다. 또 할례나 구약 성경의 절기는 더 이상 지킬 필요가
없다. 더구나 근본적인 장애가 우리를 막고 있다. 율법을 지키기를
원한다고 해도 지킬 수가 없기 때문이다. 율법을 지키기 위해서는
그 핵심이자 본질적 요소인 제사장직과 성전과 제사 체계가 존재해
야 하는데, 그것들은 이제 더 이상 존재하지 않는다.[256] 왜냐하면 구
약의 제2성전이 파괴된 이후 새로운 성전은 건축되지 않았고, 아론
의 반차를 따르는 제사장 계보가 끊어져 더 이상 찾을 수 없게 되었
으므로 성전이 새로 건축되더라도 성경에 따른 제사를 드릴 수 없기
때문이다.

그런데 유대교인과 달리 기독교인에게는 아론의 반차(班次)가 아닌
멜기세덱의 반차를 따르는 한 제사장이 계신다. 바로 예수 그리스도
이시다. 그리고 예수 그리스도를 영접한 우리가 바로 성전이다. 이는
우리에게 제사장이 있고 성전도 있다는 것을 의미한다. 그렇다면 우
리는 계명을 지킬 수 있다. 아니, 지켜야 한다. 그런데 그 계명은 십
계명을 비롯한 율법이 아니라 '새 계명'이다. 예수님은 "새 계명을 너
희에게 주노니 서로 사랑하라 내가 너희를 사랑한 것 같이 너희도 서
로 사랑하라"(요 13:34)라고 명령하셨다. 새 계명은 율법과 선지자의 대
강령이다. 그러므로 우리는 성경의 율법이나 교훈들을 새 계명이라

는 필터에 통과시켜 예수님의 본을 따라 해석해야 한다. 예수님은 산상수훈을 통해 십계명에 관한 새로운 해석을 내려 주셨다. 우리도 예수님을 따라야 한다. 사랑하라는 새 계명의 필터를 통과한 옛 계명과 교훈들은 철저히 지켜져야 하고, 그 필터를 통과하지 못한 옛 계명이나 교훈들은 과감하게 버릴 수 있어야 한다. 이것이 포스텔이 말하는 율법에 있어서의 사랑의 기능이다.[257]

③ 율법의 준수와 율법주의

그럼, 율법은 왜 지켜야 했는가? 율법은 하나님의 명령이기 때문이고, 율법에는 그것을 온전히 지켜야만 의롭다는 인정을 받고 하나님의 형상을 회복할 수 있다는 언약이 담겨 있기 때문이다. 하나님의 형상을 회복한다는 것은 아담과 하와의 범죄 이후 타락한 인간이 의롭게 되고 영생을 얻어 하나님 앞에 설 자격을 얻고, 하나님과 교제할 능력을 회복한다는 의미다. 율법을 온전히 지킬 수만 있다면 구원을 이룰 수가 있을 것이다. 이러한 구원을 '행위구원'이라고 하고, '율법의 의'라고 한다. 칼뱅은 "율법은 그 자체로 완전한 의를 포함하고 있으며 이러한 측면에서 그것을 준수하는 것이 영원한 구원의 길이 된다고 보인다"고 말한다.[258]

하지만 인간 중에는 율법을 온전히 준수한 자가 발견되지 않고, 완전한 율법 준수도 불가능하다.[259] 타락하기 전의 아담과 하와도 준수하지 못하였는데, 전적으로 타락한 우리가 율법을 온전히 준수할 수 있다는 것은 어불성설이다. 이것이 바로 '율법의 저주'다. 좀 더 풀이하면, 생명의 길이 되어야 할 율법이 인간의 타락으로 말미암아 인간을 죽음으로 몰고 가는 가파른 비탈길이 되어 버린 것이다. 바로 이 지점에서 하나님의 '은혜의 법'과 '은혜구원'이 요청된다. 인간의 구원을 위해서는 죄인을 용서하시는 하나님의 은혜가 절대적으로 필요하다는 뜻이다. 그러므로 하나님께서 인간에게 지킬 수 없는 율법을 주신 것은 하나님의 은혜에 절대 의존해야 한다는 것을 가르쳐 주시기 위함이었다고 할 수 있다. 아퀴나스도 "그분께서는 사람들이 자신들의 능력만으로는 지킬 수 없는 율법을 부여하기를 원하셨다. 그렇게 함으로써, 교만한 인간들이 죄인임을 자각하고 겸손한 자가 되어 은총의 도움에 의탁하게 되었다"라고 말한다.[260]

그러므로 우리는 하나님께서 인간에게 지키지도 못할 율법을 주셨다는 이유로 율법과 그것을 제정하신 하나님을 악하다고 원망해서는 안 되고, 오히려 '거룩하고 의롭고 선한 율법 및 계명'(롬 7:12)[261]과 그것을 넘어 은혜를 준비해 주신 거룩하고 의롭고 선하신 하나님께 감사할 수 있어야 한다. 그 은혜가 바로 예수님이시다. 하나님은 인간 중 누군가가 율법을 완전히 지켜 행위구원을 이루어 내길 원하셨고, 행위구원을 온전히 이룬 한 인간을 통하여 나머지 인간들을 구원하실 계획을 세우셨다. 행위구원을 이룬 한 사람이 바로 예수님이시다. 예수님은 율법의 죄에 대하여 죽었던 인간들을 다시 살리기 위한 희생양이시다.

이와 같이 율법을 통해서는 구원을 얻을 수 없다. 그런데 여전히 율법을 온전히 지켜 구원을 이루고자 하는 자들이 있다. 이들이 바로 율법주의자들이고, 그들의 가르침을 '원래의 율법주의'라고 할 수 있다. 하지만 이러한 율법주의자들도 율법을 온전히 지킬 수 없다는 것을 깨달을 수밖에 없다. 게다가 인간의 교만과 그러한 교만을 부추기는 사탄의 속임수가 인간으로 하여금 율법을 온전히 지키지 못하게 한다. 그것은 결국 인간을 죽음으로 인도한다. 인류 역사상 한때는 가장 온전한 사람이었다고 할 수 있는 아담과 하와조차 결국 죽음의 길에서 벗어나지 못했다. 이러한 인간의 비참한 모습에 사도 바울은 "생명에 이르게 할 그 계명이 내게 대하여 도리어 사망에 이르게 하는 것이 되었도다 죄가 기회를 타서 계명으로 말미암아 나를 속이고 그것으로 나를 죽였는지라"(롬 7:10~11)라며 절규하고 있다.

이러한 인간 실존의 비참함을 직시하면, 인간의 창조주이자 구속주이신 하나님의 은혜를 구하는 것이 인간으로서 취할 마땅한 태도가 아닌가? 하지만 어떤 사람들은 그러지 않고 오히려 율법의 의미를 인간의 편의대로 변경하는 꼼수를 부림으로써 율법을 지켰다고 자랑한다. 그들 중에는 율법을 '명령 조항'과 '권고 조항'으로 나눈 다음, 권고 조항은 지키지 않아도 된다고 가르치는 사람들까지 있다. 더 나아가 그들은 율법의 해석권을 손에 쥐고 자신이 내린 해석을 율법의 본래 내용보다 더 중요시하도록 만들고, 그것으로 사람들을 옥죄기까지 한다. 전적으로 타락하기 전의 아담과 하와도 선악과 명령이라는 하나님의 계시를 인간의 기준으로 임의로 변경해 버렸는데, 하물며 전적 타락 이후의 인간들이 하나님의 계시인 토라를 인간의 기준으로 변경하는 것은 얼마나 쉬운 일이겠는가? 이것을 '변형된 율법주의'라고 할 수 있을 것이다. 원래의 율법주의에 비해 변형된 율법주의는 율법을 율법 그대로 지키고자 하는 순수성마저 내던져 버린 것으로 '사악한 율법주의'라고 할 수 있다.

이러한 율법주의자들의 전형적인 모습을 모아 보면 다음과 같다. 먼저, 율법주의는 하나님의 은혜로 말미암은 믿음이 아니라 율법의 준수를 통해 구원을 얻을 수 있다고 주장한다. 율법주의는 하나님의 계시인 율법을 살아 계신 하나님께로 인도하는 도구로 삼지 않고, 인간이 반드시 지켜야만 하는 최고의 법으로 삼음으로써, 의도한 것은 아니겠지만 율법과 하나님을 분리시켜 버린다. 다음으로 율법주의는 기록된 계시인 성경 말씀을 통하여 하나님이 기독교인 개개인에게 때에 따라 새롭게 내려 주시는 계시를 인정하지 않는다. 대신 종교지도자들의 율법 해석에 최고의 권위를 부여함으로써 인간으로 하여금 하나님의 지위를 차지하게 만든다. 쉽게 말해, 율법과 하나님의 계시를 분리해 버리는 것이다. 그리고 율법주의는 하나님의 살아 있는 말씀이 아니라 율법에 최고의 권위를 부여하고 율법을 영원한 법으로 숭배하게 함으로써 율법을 통해 인간의 주인이신 하나님을 항상 기억하도록 하신 하나님의 뜻을 막아 버린다. 또 율법주의는 율법에 관한 최종 해석 권한을 율법의 제정자이신 하나님으로부터 부여받았다고 주장하는 종교 지도자를 중심으로 공동체의 위계질서를 만들어 감으로써 인간 공동체에 대한 하나님의 주권을 찬탈해 버린다. 최종적으로 율법주의는 종교 지도자들에게는 그들이 해석한 율법에서 자유로울 수 있도록 해 주지만, 그들을 제외한 다른 사람들에게는 그 해석에 강제로 복종하게 함으로써 자유의 법인 율법을 노예의 법으로 만들어 버린다. 예수님이 서기관들과 바리새인들에게 그들이 "무거운 짐을 묶어 사람의 어깨에 지우되 자기는 이것을 한 손가락으로도 움직이려 하지 아니"(마 23:4) 한다고 하신 것은 율법주의 및 율법주의자에 대한 심각한 경고였음을 알아야 한다.

그러므로 우리가 율법주의의 늪에 빠져들지 않으려면 믿음을 도덕으로 변질시키거나 계시를 율법으로 변질시키지 않도록 늘 깨어 있어야 하고, 기록된 계시인 성경 말씀을 통해 살아 있는 하나님의 말씀을 날마다 새롭게 들을 수 있도록 해야 한다. 그리고 그렇게 들은 하나님의 말씀을 먼저 자신에게 적용해야지 다른 사람에게 먼저 적용해서는 안 되고, 다른 사람에게 적용해야 하는 경우 극도로 주의를 기울여야 한다. 자기 눈에 든 들보(통나무)는 뽑아내지 않고, 타인에게 그 눈에 들어 있는 티(티끌같이 작은 나무 조각)부터 빼내라고 악을 써서는 안 된다는 예수님의 말씀을 늘 상기해야 한다. 자기 눈에 들보가 박혀 있는데, 다른 사람의 눈에 들어 있는 티끌같이 작은 나무 조각이 어찌 보이겠는가? 보인다고 하는 것이 명백한 거짓말이다.

결국, 토라의 준수와 관련된 율법주의는 선악과 명령을 위반한 아담과 하와의 범죄와 궤를 같이한다고 할 수 있다. 이러한 율법주의는 인간을 구원해 주실 하나님의 아들 예수 그리스도께서 이 땅에 오실 때까지 계속되었을 뿐만 아니라 더욱더 심화되어 갔다. 다시 말해, 이스라엘은 "하나님의 의를 모르고 자기 의를 세우려고 힘써 하나님의 의에 복종하지 아니"(롬 10:3)하였다. 하나님의 계시를 받은 예수님은 이렇게 배역하는 이스라엘을 철저히 책망하셨다. 그로 인해 "이방인의 충만한 수가 들어오"(롬 11:25)게 되었고, 이스라엘은 "남은 자만 구원을 받"(롬 9:27)게 되었다.

④ 그리스도의 법과 신(新)율법주의

하나님이 제정하신 율법에는 하나님을 저버린 인간들을 정죄하고 벌을 내린다는 저주만 있는 것이 아니다. 그 안에는 인간들로 하여금 자신의 비참함을 깨닫고, 죄를 억제하여 하나님의 뜻을 깨달아 순종하게 만드는 하나님의 은혜도 있다. 하지만 앞에서도 말했듯이 율법에 규정된 사항을 온전히 지킬 수 있는 사람은 아무도 없다. 의인은 없나니 하나도 없다는 것은 바로 이를 두고 하신 말씀이다. 이것을 아신 하나님은 인간을 위해 의롭다고 인정받을 수 있는 길을 계획하고 성취하셨다. 그 길은 바로 "길이요 진리요 생명"(요 14:6)이신 예수님이다. 하나님은 자신의 독생자인 예수님으로 하여금 인간들을 대신하여 율법 위반에 대한 벌을 모두 짊어지도록 하셨다. 그런 다음 예수님을 구주로 영접하는 인간들에 대해서는 그들의 죄악에도 불구하고 의롭다고 간주해 주셨다. 그 결과, 인간은 율법의 실천을 통해서가 아니라 하나님이 주시는 은혜의 선물인 믿음을 통해 의롭다는 인정을 받을 수 있게 되었다. 이러한 '믿음의 법'은 '행위의 법'인 율법에서 드러난 하나님의 은혜를 초월하는 '은혜 중의 은혜의 법'이다.

이처럼 예수님이 십자가를 지심으로써 율법이 아니라 믿음의 법이면서 율법의 완성인 그리스도가 모든 인류에게 선물로 주어졌다. 하지만 그렇다고 행위의 법을 더 이상 지킬 필요가 없다고 해서는 안 된다. 왜냐하면, 율법은 폐지된 것이 아니라 예수님의 십자가로 온전하게 되었을 뿐이다. 더구나 중생하지 않은 세속 인간들에게는 여전히 율법이 자연법으로서 지배권을 행사하고 있고, 중생한 기독교인들도 몸의 감옥에 거주하는 한 계속해서 자신의 부패한 본성에 속한 악 그리고 본성적 영혼과 씨름해야 하는데, 이 씨름에서 이기기 위해서는 죽음의 길로 가지 말라고 경고하는 율법이 필요하기 때문이다. 그러므로 우리는 믿음의 법이 우리에게 주어졌음에도 불구하고 율법, 특히 그중 도덕법은 그것이 그리스도의 법, 다시 말해 법의 완성인 '새로운 신법'에 위반되지 않는 한 지켜야만 한다. 특히 예수님이 이 땅에 계시는 동안 십계명의 의미를 하나님의 완전한 법에 합치되도록 분명하게 가르쳐 주셨으므로 그 가르침을 따라 율법을 온전히 지켜 내야만 한다.

하지만 우리 힘으로는 율법을 온전히 지켜 낼 수 없다. 아무리 중생한 기독교인이라고 해도 자신의 힘으로는 율법을 온전히 준수할 수가 없다. 율법을 지키기 위해서는 예수님과 성령님의 도우심이 절대적으로 필요하다. 이러한 겸손은 믿음의 법이 주어진 이후의 기독교인에게 있어 율법을 준수하는 마음의 근본 태도가 되어야 한다.

그러면 우리는 어떤 마음 자세로 율법을 지킬 것인가? 세속 인간들은 이익을 얻거나 적어도 불이익은 당하지 않기 위해서(목적론적 윤리론), 공동체 구성원으로서의 의무이기 때문에(의무론적 윤리론), '외적 규범(법)'이 '내적 규범(덕)'화되어 성품에 따라 규범을 지키는 것이 좋은 삶으로 이끌기 때문에(덕 윤리론) 법(율법)을 지킨다고 말한다. 하지만 중생한 기독교인들은 위에서 든 이유들 때문에 율법을 지킨다고 말해서는 안 된다. 우리에게는 세속 인간들이 누릴 수 없는 믿음의 법이 있다. 믿음의 법은 하나님의 은혜 중의 은혜다. 이러한 하나님의 은혜에 대해서 우리가 할 수 있는 것은 감사뿐이다. 따라서 이제 우리가 율법을 지키는 것은 믿음의 법을 주신 하나님에 대한 감사 때문이어야 한다. 다른 이유가 있어서는 안 된다. 벌이 두려워서 율법을 지키는 기독교인이 있다면, 그는 여전히 '하나님의 양자의 영'을 받지 못하고 '무서워하는 죄의 영'을 받은 죄의 종이라는 사실을 증명하는 것이다.

이상에서 보았듯이 구약의 율법(도덕법)은 폐지된 것이 아니라 예수님의 구속 사역으로 온전하게 되었으므로, 우리는 예수님의 말씀뿐 아니라 구약의 율법도 예수님의 가르침을 따라 지켜 내야 한다. 더구나 예수님이 율법의 의미에 관해 명확하게 가르쳐 주셨으므로, 율법의 규정이 불명확하여 지킬 수 없다고 변명하거나 인간의 해석을 덧붙이는 것은 더 이상 통하지 않는다.

그런데 예수님이 그토록 경계하였던 율법주의는 예수님의 부활·승천 이후에 그 모습을 다시 드러낸다. 4복음서를 포함한 신약 성경과 구약 성경을 한마디로 말하면, '예수님'이라고 할 수 있다. 진리와 법을 한마디로 해도 예수님이 된다. 이는 예수님이 하나님의 계시의 완성이시라는 것을 의미한다. 이제 우리에게는 완성된 계시인 예수님이 주어졌다. 그리고 신구약 성경은 예수님을 알게 하는 통로가 되었다. 따라서 우리는 신구약 성경을 대할 때, 먼저 하나님과 예수님을 볼 수 있어야 하고, 모든 기준을 하나님과 예수님의 기준에 맞추어야만 한다. 인정법도 예수님의 가르침에 합치되어야 한다. 하지만 예수님이 부활·승천하시고 2천 년이 지난 지금 하나님의 계시인 성경 말씀, 특히 예수님의 말씀은 원래 말씀하신 것에서 심하게 왜곡되어 있다. 이에 대해 어떤 사람들은 예수님의 말씀을 가능한 한 문자 그대로 지켜야 한다고 주장하며 현실을 비판하는가 하면, 또 어떤 사람들은 라인홀드 니버와 같이 예수님의 가르침이 이 악한 세상에서는 불가능한 이상주의라며 경우에 따라 문자적으로 지킬 수 없는 말씀도 있다고 주장한다.[262] 그중에 어떤 사람들은 아예 예수님의 하나님 되심을 부인함으로써 계시의 권위 자체를 부정하는 한편, 자신들 임의대로 예수님의 말씀을 해석하여 그것이 예수님의 말씀이라고 가르치기도 한다. 이러한 경향은 율법주의와 너무도 흡사하다. 그래서 '신율법주의'라고 이름을 붙여 본다.

신율법주의는 선악과 명령을 위반한 아담과 하와의 범죄의 뿌리가 인간의 본성에 얼마나 깊이 뿌리박고 있는지를 적나라하게 보여 준다. 하지만 우리는 율법주의자들에게 들이닥친 결과를 똑똑히 알고 있다. 그러므로 그들의 전철을 밟아서는 안 된다. 율법주의로 인해 수많은 이스라엘 사람들이 구원의 족보에서 삭제되었듯, 신율법주의로 인해서도 수많은 기독교인이 구원의 족보에서 삭제될 수 있다는 것을 절대 잊어서는 안 된다.

그러므로 신율법주의로 빠지지 않기 위해서는 먼저, 예수님의 계명을 우리 판단으로 더하거나 빼거나 인간이 지킬 수 있는 수준으로 해석하는 등 변형시키지 말고, 예수님이 가르쳐 주신 뜻 그대로 받아들여 계명을 지키기 위해 최선을 다해야 한다. 동시에 스스로의 힘과 의지로는 예수님의 계명을 온전히 지킬 수 없는 인간의 비참함을 자각하고 겸손해져야 한다. 또한 이러한 인간 조건에도 불구하고, 예수님의 보혈이 우리 허물과 죄를 씻어 주시므로, 계명을 지키지 못해 받아야 할 벌을 면제받게 된 것에 대하여 넘치는 감사의 마음을 가져야 한다. 특히 예수님이 우리에게 감당할 수 없는 계명을 주신 것은, 인간이 구원을 이루려면 계명이 아닌 예수님의 보혈에 절대적으로 의존해야 함을 가르쳐 주시기 위함임을 생각하자. 그러면 신율법주의의 유혹에서 벗어날 수 있을 것이다.

5장

가정, 국가, 지역 사회

1. 이 장에서 논하는 공동체

예수님의 재림 전까지 기독교인이 실천적으로 관련을 맺는 공동체는 교회, 가정, 지역 사회, 국가가 있다. 이 네 개의 공동체 중 교회와 관련해서는 4장에서 어느 정도 언급했고, 이번 장에서는 국가에 관해 살펴볼 때 다시 언급할 것이다. 그러나 교회에 관해 포괄적으로 논하는 것은 공동체와 공동선을 탐구하는 본서의 주제를 넘어서는 것이기도 하다. 따라서 이 장에서는 세 개 공동체에 관해서만 살펴보기로 한다.

2. 가정과 혼인 제도

인간이 함께 생활하는 곳에는 여러 가지 제도가 존재한다. 그중에 대표적인 제도가 혼인 제도와 국가 제도다. 이러한 제도들은 모두 하나님의 주권과 섭리에 따라 시작되었다. 가정의 출발점이 되는 혼인 제도는 하나님이 가장 먼저 만드신 제도다. 혼인 제도에서 비롯되는 부부 관계는 아담과 하와가 선악과나무 열매를 따 먹기 전과 후로 나누어서 살펴봐야 한다.

(1) 돕는 배필

하나님은 인간을 제외한 천지 만물을 먼저 창조하시고 나서 아담을 창조하셨다. 그리고 "동방의 에덴에 동산을 창설하시고"(창 2:8) 아담을 거기에서 살게 하셨으나, 아담이 "혼자 사는 것이 좋지" 않다고 여기셔서 그를 잠들게 한 다음 그의 옆구리에서 갈빗대를 떼어 "돕는 배필"로 하와를 창조하시고는 아담에게로 이끌어서 두 사람을 짝지어 주셨다(창 2:18~22). 여기서 우리는 부부 관계의 존재 의미를 찾는다.

그런데 아담이 먼저 만들어지고, 하와가 돕는 배필로 만들어졌다는 점과 아담과 하와가 범죄를 저지른 후에 아담이 하와를 다스릴 것이라는 하나님의 선포를 잘못 이해하면, 여필종부(女必從夫)라는 극단적으로 왜곡된 부부 관계를 설정할 수도 있다. 그러나 하나님은 인간을 평등하게 창조하셨고, 혼인 관계로 인해 그 평등이 깨어진다는 것은 있을 수 없는 일이다. 따라서 돕는 배필의 의미는 부부가 '서로' 돕는다는 것으로 받아들여야 한다.

돕는다는 것은 어떤 의미인가? 하나님은 자신의 형상대로 아담을 창조하시고, 만물을 그의 손에 맡기심으로써 하나님의 완전한 사랑을 보여 주셨다. 아담이 하나님에게서 받은 사랑을 하나님에게 되갚는다는 것은 불가능하다. 그 사랑을 온전히 갚는 길은 아담 자신을 제외한 타자에게 사랑을 베푸는 것이고, 이로써 인간은 온전한 사랑의 인격체가 되어 간다. 그 타자가 바로 돕는 배필인 하와다. 정신과 의사이자 신학자인 제닝스는 "아담은 자신을 내주고 희생할 수 있는 대상이 필요했다. 하와는 아담의 이타적 사랑의 수혜자로서 지음을 받았다"고 말한다.[263] 따라서 돕는다는 의미는 내게 어떤 유익을 준다는 것이 아니라 내가 유익을 베풀 수 있도록 기회를 준다는 의미로 받아들여야 한다. 또 하와는 아담과 '한 몸'을 이루기 위해 만들어졌다. 남성과 여성은 서로 간의 사랑을 통해 하나님이 바라시는 온전한 인격체가 되어 간다. 그러므로 남성과 여성은 서로 온전한 인격체가 되기 위해 창조되었다고 할 것이다. 이를 돕는 존재가 바로 돕는 배필이다. '돕는 배필'에서 가부장적 권위를 도출해 내는 것은 성경을 제대로 이해한 것이 아니다.

돕는 배필은 인간관계의 기본이 된다. 여기에서 출발해 우리는 이웃 관계의 준칙도 정립할 수 있다. 보통 이웃이란 나를 기준으로 해서 나를 도와주고 나도 그를 도와주는 관계로 해석하지만, 예수님의 가르침은 그렇지 않다. 선한 사마리아인의 비유에서 예수님이 가르치시고자 한 바는, 내가 이웃 사랑을 실천할 수 있도록 상대가 되어 주는 모든 사람이 나의 이웃이라는 것이다.[264] 돕는 배필의 의미가 내가 사랑을 실천할 수 있는 상대가 되어 주는 것이라는 것과 마찬가지다. 그 상대가 가난하든 부유하든 상관없다. 우리에게 사랑을 베풀 기회를 주는 모든 사람이 우리 이웃임을 명심해야 한다. 그러므로 우리가 사랑을 베풀어 준 이들에게 감사하다는 말을 들을 필요가 없다.

오히려 우리 사랑을 받아 주어 감사하다고 해야 할 것이다.

(2) 공동체의 근간, 가정

가정은 가족 구성원들이 하나님과의 연합이라는 인간으로서의 목적을 성취할 수 있도록 돕기 위해 하나님이 제정하신 제도다. 그리고 가정을 통하여 인간은 생육하고 번성하여 하나님 나라에 들어갈 것으로 예정된 성도의 수를 채우게 된다.[265] 이를 위해 남성과 여성을 전제로 하는 혼인 관계와 가정을 통한 믿음의 전수는 필수이다. 국가나 개인이 기독교인으로 하여금 위와 같은 가정의 목적을 이루지 못하게 하는 것은 그 정당성을 잃은 것이다.

이러한 가정의 목적을 이루기 위해서는 남성과 여성이 돕는 배필로서 연합하여 혼인 관계를 이루어야 한다. 다시 말해, 혼인 관계는 남성과 여성의 결합으로만 성립된다. 대한민국 헌법도 혼인 관계는 양성(兩性) 평등을 기초로 성립되고 유지된다고 되어 있다(대한민국 헌법 제36조 제1항). 양성을 전제로 하지 않는 관계는 그 어떤 형태라도 혼인 관계로 인정될 수 없다. 그렇게 하는 것은 헌법에 위반된다.

혼인 관계를 바탕으로 가족이 성립되고, 가정이라는 공동체가 이루어져 간다. 가정은 공동체의 근간이다. 가정이 없으면, 더 큰 공동체는 이루어질 수 없다. 참된 가정은 하나님의 백성의 모임인 교회가 되어야 한다. 스나이더는 가정이란 "당신의 집에 있는 교회(the church in your house)"라고 말한다.[266]

가정은 신앙을 배울 수 있는 공동체의 시작이다. 드레허는 다음과 같이 말한다.

> 미국의 신앙의 운명은 가족의 운명과 불가분적으로 엮여 있고, 가족의 운명은 공동체의 운명에 엮여 있다. 문화 비평가인 메리 에버스타트는 자신이 2015년에 쓴 책《어떻게 서구는 실제로 하나님을 잃었는가》에서 신앙은 언어와 같다고 주장한다. 우리는 그 언어를 오직 공동체 안에서만 배울 수 있으며 그 시작은 가족이라는 공동체에 있다.[267]

지금 공동체 중 그나마 명맥을 유지하고 있는 것이 가정이다. 가정이 무너지면 다음 세대에 신앙과 공동체의 도덕을 전수하기가 매우 어렵다. 이 때문에 사탄은 가정의 해체를 끊임없이 주도해 왔다. 실질적으로 거의 성공 직전이라고 볼 수 있다. 왜냐하면 2015년에 미국 연방대법원은 '오버거펠 대 호지스(Obergefell v. Hodges)' 사건에서 동성혼 합헌 판결을 내렸고, 그 파급 효과는 결코 무시할 수가 없다. 미국 연방대법원의 대법관 9명 중 5명이 미국의 3~4%에 불과한 동성애자들의 기세에 눌려 70억에 달하는 인류 역사의 흐름을 바꾸어 버린 것이다. 그 증거로 동성혼의 인정이 전 세계적으로 확산되고 있다. 드레허는 이 판결로써 성 혁명이 결정적으로 승리를 거두게 되었고, 1960년대부터 시작된 문화전쟁이 종료를 고하게 되었다고 말한다.[268] 하지만 사탄은 동성혼자들의 인권을 보호하려는 마음은 추호도 없으며 그것은 그의 본성에도 맞지 않다. 사탄이 그렇게 하는 것은 그들의 인권을 위해서가 아니라 그 반대편에 있는 가정과 공동체의 해체를 위해서다. 그래야만 자신이 하나님의 창조하신 세상을 차지할 수 있다고 생각하기 때문이다. 이러한 사탄의 전략을 우리는 알아야 한다. 그리고 무슨 일이 있어도 가정을 지키겠다는 맹세와 의지를 보여 주어야 한다.

이러한 암울한 상황에서 부모가 자녀에게 신앙을 전수할 때, 자녀의 입에서 다음과 같은 고백은 나오지 않도록 주의해야 한다. "부디 부모들에게 말해 주세요. 만약 당신의 자녀가 그리스도인으로 남아 있기를 원한다면 우리 부모님이 했던 일은 하지 말라고요. 우리 부모님은 우리를 질식시켰고, 반항아로 만들었어요."[269]

삶의 자유와 기쁨이 동반되지 않는 믿음의 전수는 우물에서 숭늉 찾는 격이다. 다음 세대에 믿음을 전수하는 데 있어 인간의 교만이 개입되는 순간, 아담과 하와가 저지른 실수와 같은 돌이킬 수 없는 치명적인 결과가 초래된다는 것을 늘 명심해야 한다.

(3) 성(性)의 왜곡을 통한 연합의 파괴

성은 남자와 여자를 한 몸(육체적 및 영적)으로 연합하게 하는 하나님의 선물이다. "성은 하나님의 선물로 올바로 간직된다면 부부와 그들 공동체에 기쁨과 풍요와 번영의 근원이 된다."[270] 하지만 아담과 하와의 범죄 이후 인간은 서로에게서 분리되었고, 이는 성을 연합의 도구가 아니라 쾌락의 도구로 사용하는 것을 가능하게 만들었으며, 현대에 이르러서는 성을 사적인 문제이자 권리 중 하나로 보기에 이르렀다.

드레허는 이렇게 성을 무질서하게 사용한다면, 그것은 지상에서 가장 파괴적인 힘 가운데 하나가 될 수 있고, 아버지 없이 자란 자녀들이 겪는 고통, 수백만의 상상력을 파괴하는 포르노라는 재앙, 부정(不貞)과 성적 학대로 무너진 가정 등이 그 결과라고 말한다.[271] 이러한 문제들 외에도 현대에 이르러 대두된 LGBTQ(Lesbian, Gay, Bisexual, Transgender, Queer)와 동성혼(同性婚) 문제는 혼인 관계와 부부 간의 성생활에 관한 기독교의 가르침에 거센 도전을 제기하고 있다. 이 문제는 향후 기독교인들에게 가장 심각한 시련을 안겨 줄지도 모른다.

드레허는 오버거펠 대 호지스 사건에서 동성애자들이 동성혼을 인정하는 판결을 받을 수 있었던 가장 중요한 요인은 이성애자들에게 있어 성의 의미가 자율 결정에 따른 쾌락 추구라는 점에서 동성애자들이 추구하는 성의 의미와 같아졌기 때문이라고 지적한다. 그는 "동성혼이 이성 간 성과 결혼의 의미에 대해 그들이 이미 믿어 오게 된 것과 공명했기 때문이다. 동성혼은 다수의 이성애자가 섹슈얼리티는 일차적으로 개인의 쾌락과 자기표현에 관한 것이고 단지 부차적으로만 출산에 관한 것으로 보게 되었기 때문에 가능해졌다"고 말한다.[272] 이는 LGBTQ 문제가 그것을 인정하는 자들만의 문제가 아니라 그들에 대항하는 기독교 세계의 성교육과 관련해서도 중요한 의미가 있다는 뜻이다. 그렇다면 무엇보다 먼저 해야 할 일은 기독교인들이 결혼 및 성의 의미에 관한 성경적 가르침을 따르게 하는 것이다. 이는 남녀의 혼인 관계와 그를 전제로 한 성생활이라는 전통적인 가르침을 버려서는 안 된다는 것을 의미한다. 드레허의 말처럼 그것을 버리는 것은 "근본적인 온전한 신앙을 잃을 위험을 각오하는 것"[273]이라는 점을 잊어서는 안 된다.

(4) 이혼 문제

이혼은 하나님의 창조 질서에 위배된다. 인간 공동체의 기본 중의 기본인 혼인 제도는 하나님이 직접 제정해 주신 반면, 이혼해도 된다는 계명은 하나님이 내리신 바가 없으므로, 한 번 부부가 된 이상 이혼해서는 안 되는 것이 원칙이다. 그 때문에 예수님이 "이제 둘이 아니요 한 몸이니 그러므로 하나님이 짝지어 주신 것을 사람이 나누지 못할지니라"(마 19:6)라고 말씀하신 것이다.

인간은 관계를 맺을 때 약속을 한다. 약속에는 절대 깰 수 없는 '언약'과 깰 수는 있되 약속을 어긴 자의 배상이나 보상이 뒤따르는 '계약'이 있다. 남녀의 혼인 관계는 '언약'의 범주에 속한다. 하지만 지금은 대부분의 사람들이 혼인 관계를 '계약'으로 이해하고 있고, 최근에는 그러한 계약의 의미조차 없어져 찰나적 만남을 즐기려는 사람이 늘어 가는 추세다. 언약이 계약이 되고, 계약이 찰나적 만남으로 변질되어 가는 과정에는 병든 개인과 병든 관계만이 남게 될 뿐이다.

혼인 관계가 이렇게 변질된 근본 원인은 아담과 하와의 타락에 있다. 아담과 하와의 타락 이후 인간은 '본성적으로' 자신이 만든 법이나 약속마저 위반할 수 있는 존재가 되어 버렸다. 자신을 창조한 신의 법도 위반했는데, 자신이 만든 법은 오죽하겠는가. 이로써 아담과 하와의 혼인 관계에는 심각한 위기가 찾아왔고, 인류의 역사가 진행될수록 그 위기는 더욱 심화되고 있다. 검은 머리가 파뿌리 되도록 살겠다는 혼인 서약을 파기하는 이혼도 그중 하나다. 앞서 우리는 하나님이 하와에게 하신 "너는 남편을 원하고 남편은 너를 다스릴 것이니라"(창 3:16)라는 말씀을 하나님이 타락 이후의 부부 관계를 위해 제정해 주신 '법적 또는 윤리적 규범'이 아닌 하나님의 예지적 선포로 봐야 함을 이미 살펴보았다. 그렇게 이해해야만 우리는 현재의 실상에도 불구하고 창조 본연의 부부 관계를 지향할 수가 있게 되고, 이는 인간 공동체의 부패를 조금이라도 늦추는 길이다.

이혼은 십계명 중 제7계명에도 위반한다. 하나님은 하와를 '아담의 돕는 배필'로 만드셨다. 돕는다는 것의 의미는 앞에서 보았다. 그런데 범죄 이후 타락한 아담의 후손들은 '돕는 배필'의 의미를 왜곡하였을 뿐만 아니라 창세기 3장 16절 말씀을 근거로 남성에게 우월적 지위를 주어 강제 이혼과 축첩을 가능하게 했다. 그로 인해 사회적 약자인 여성들은 매우 비참한 지경에 이르렀다. 그러한 문제점에 직면하여 모세는 여성을 보호하기 위해 남편들에게 부인과 이혼할 때는 반드시 이혼 증서를 주라고 했던 것이지, 이혼을 허락한 것이 아니었다. 하나님의 창조 명령이 이혼을 허용하지 않는 점을 악용하여 여성을 괴롭히는 남성들의 완악함에 대한 임시적 대책이었을 뿐이다. 예수님은 이 점을 분명하게 지적하셨다.

그런 다음, 예수님은 그러한 임시적 대책이 어떤 결과를 초래하는지를 똑똑히 보라고 하신다. 예수님은 이혼의 허락은 남성들의 완악함 때문에 내려진 어쩔 수 없는 조치이지만, 이는 하나님 앞에서 십계명 중 7계명인 간음죄를 범하는 것임을 강력하게 선포하셨다. 예수님은 간음죄를 이혼 문제와 관련지어, 아내가 음행하지 않는데도 아내를 버리면 이는 아내로 하여금 간음죄를 저지르게 하는 것이며, 버림받은 여자에게 장가드는 자도 간음죄를 저지르게 되는 것이라고 선포하셨다(마 5:27~32). 참으로 파격적인 말씀이 아닐 수가 없다. 이 말씀의 실질적인 의미는 다음과 같다.

당시 유대 사회의 시대적 상황을 보면, 여성은 경제적으로도 신분상으로도 자유롭지 않았다. 여성의 신분은 결혼 전에는 부권(父權)에, 결혼 후에는 부권(夫權)에 종속될 수밖에 없었다. 따라서 남편에게서 버림받은 여성들은 생계를 이어 나가기 위해 다른 남성의 정부(情婦)나 후처(後妻)가 되어야 했고, 극단적인 경우에는 매춘부(賣春婦)가 될 수밖에 없었다. 이는 버림받은 여성으로 하여금 원치 않는 성관계를 하게 만들므로, 결국 그 여성으로 하여금 간음하게 만드는 것이고, 그 상대방 남성도 동일한 입장에 처하게 된다는 뜻이다.

현대에는 여성이 신분상 남편에게 종속되어 있지는 않지만, 여전히 남편에게 경제적으로 의존하는 경우가 많다. 따라서 경제적으로 우위에 있는 자가 아무런 배려 없이 이혼하는 것은 상대방에게 몹쓸 짓을 하게 되는 것임을 예수님의 말씀을 통해 깨달아야 한다.

이혼을 원칙적으로 허용하지 않는 태도는 이혼 소송에 있어 '파탄주의'를 지지할 수가 없다. 이혼 소송에서의 파탄주의는 법이 정한 일정한 요건만 갖추어지면, 불륜 등과 같은 잘못을 저지른 유책 배우자의 이혼 청구도 허용해야 한다는 주장이다. 이혼 소송에 있어 파탄주의의 도입은 이혼을 원칙적으로 인정한다는 것이고, 이는 하나님의 뜻에 결코 부합하지 않는 것임을 알아야 한다. 임시 대책으로 이혼을 허용할 수밖에 없다고 하더라도 파탄주의가 아니라 유책주의에 따라 이혼 여부를 판단해야 한다.[274]

3. 국가

(1) 국가의 기원과 목적

    역사에서 보듯이 인류의 대다수가 가인의 길을 따랐고, 인류 역사 거의 대부분은 가인공동체가 중심부를 차지해 왔다. 반면에 아벨공동체는 이른바 '나그네'로서 주변부의 삶을 살았다. 국가도 가인공동체에서 먼저 출발했는데, 성경에 등장하는 대표적인 국가는 이집트와 바벨론이다. 국가는 인간이 만든 것으로 보여도 실상은 하나님의 섭리가 이끈 결과물이고, 그 과정은 성경에 잘 나타나 있다.[275] 하나님은 노아 홍수 이후 국가의 성립에 개입하시고 국가의 통치권을 인간에게 맡기셨다. 그 이유는 아담과 하와의 범죄로 인하여 타락한 인간의 본성이 노아 홍수를 통해서도 완전히 제거되지 않았으므로, 폭력을 사용하는 국가를 통해 죄의 번성을 억제하지 않으면, 죄악이 다시 들판에 퍼져 나가는 잡초처럼 인간 공동체에 급속히 전파되어 하나님이 다시 인간을 심판해야 하는 상황이 전개될 것이었기 때문이다. 이를 방지하고, 하나님의 최종 심판 때까지 아벨의 길을 가는 인간들을 '보존'하기 위해서 하나님은 국가를 만드시고 국가 권력을 허용하셨다.[276] 다시 말해, 하나님은 최후의 심판 날을 대비하여 자연 질서와 공동체(사회) 질서가 보존되도록 하기 위하여, 즉 하나님 나라의 시민권을 부여받은 사람들이 하나님의 보좌 앞에 앉고, 그러한 시민권을 부여받지 못한 사람들이 영원히 타오르는 불에 던져지는 심판이 행해지는 날까지 인간을 비롯한 모든 생명체의 생명 조건인 자연의 질서와 공동체적 삶의 조건인 사회의 질서가 보존되도록 한시적 또는 잠정적으로 국가라는 제도를 허용하셨다. 이것은 가정이 예수님의 재림 날까지 한시적으로 존재하는 것과 마찬가지다(마 22:30, 고전 7:29~31, 계 18:23). 이러한 국가관을 '보전의 질서로서의 국가관'이라고 할 수 있다.[277]

이러한 국가관 이외에 '자연법의 구체화로서의 국가관'이 있다.[278] 이러한 국가관은 그리스 철학과 로마법의 영향을 받은 '기독교 합리주의'가 주장하는 국가관이다.[279] 윌 허버그는 이러한 국가관에 관하여 다음과 같이 설명한다.

> 이 개념에서는 사회적 정치적 삶의 근본 원리는 사람의 본성에서 주어지는 것으로 파악된다. 사람은 특수한 본성을 가졌는데, 그것은 합리주의적 측면에서 지성적인 본질로서 그 기능의 아주 분명한 규정성을 지니고 있다. 이것은 바로 그 존재의 자연적 법칙이기도 하다. 이 자연법은 도덕적이기도 하고 정치적이기도 하다. 행동의 어떤 유형과 정치적 삶의 어떤 형태 및 구조들은 행동과 정치적 삶의 완정성을 추구하는 인간 본성에 의하여 요구된다. 물론 이러한 것들은, 역사적 변환(variation)의 광범위 영역에 대한 적절한 고려로써, 일반적으로 규정될 수도 있는 것이지만, 바꾸어 말하자면 자연법 철학은 '자연 질서'의 개념과 더불어 움직이는 것이다.[280]

이러한 국가관에 따르면 "자연법은 궁극적으로 보아서 하나님에게서 나왔다. 그래서 사람은 스스로 이성의 훈련을 통하여 사회와 국가가 하나님을 따라 적합하게 질서화하도록 하는 원리들에 대한 이해를 가지게 된다. 물론 이 원리들은 하나님이 제공한 것이다"라는 주장에 이르게 된다.[281] 이러한 국가관은 로마 가톨릭 학자들과 앵글리칸 교회의 다수가 주장하는 견해이고, 또 특별한 어떤 종교적 동맹에도 소속되지 않은 수많은 사람도 채택하는 견해다.[282]

하지만 자연법의 구체화로서의 국가관은 죄의 침투성과 창조의 타락을 전적으로 무시하므로 창조-타락-구속의 신앙을 가진 사람들이 받아들일 수 없는 주장이다.[283] 한편, 보전의 질서로서의 국가관은 신앙의 기본에 있어서는 받아들일 만한 것이나, "창조를 구속으로부터 분리시키고 또 그래서 기독교적 신앙의 그리스도 중심적 성격을 그르쳐 놓는다"[284]는 비판을 받으므로 이 점을 반드시 보완할 필요가 있다고 본다. 이 점은 뒤에서 보게 되겠지만, 국가와 교회의 관계를 논함에 있어 중요한 논점이기도 하다.

보전의 질서로서의 국가관, 다시 말해 국가의 존재 목적이 적극적으로 하나님 나라의 성취에 기여하는 데 있는 것이 아니라 소극적으로 하나님이 만드신 자연과 공동체의 질서를 보존하는 데 있다는 주장에 대한 근거로 제시되는 말씀은 이른바 '노아 언약'으로 불리는 창세기 8장 20~22절, 9장 1~7절과 베드로후서 3장 7절이다. 특히 창세기 8장 22절은 "심음과 거둠과 추위와 더위와 여름과 겨울과 낮과 밤이 쉬지 아니"하고 창조의 질서에 따라 보존될 것이지만, 다만 "땅이 있을 동안" 그러하다고 기록하고 있다. 베드로 사도도 "이제 하늘과 땅은 그 동일한 말씀으로 불사르기 위하여 보호하신 바 되어 경건하지 아니한 사람들의 심판과 멸망의 날까지 보존하여 두신 것"이라고 가르친다. 하지만 이러한 국가관에 대해서는 다른 의견들이 있다.

특히 도예베르트 및 이른바 '신칼뱅주의자들'은 시민 영역을 대표하는 국가가 일시적이고 잠정적이기는 하지만, 질서의 보존은 국가의 주된 목적이 아니라 하나님 나라를 '종말론적 성취'로 이끄는 목표와 함께 수행된 기독교의 본질적 과제 속에 포함되는 종속적 또는 수단적인 성격의 것에 불과하다고 말한다.[285] 이러한 '종말론적 성취관'에 따르면, 국가는 적극적으로 하나님 나라의 성취에 기여해야만 한다. 하지만 바르트는 이러한 국가관에 반대한다. 바르트는 국가 권위가 "하나님의 명령으로 결정되고 한정"[286]되었고, 국가는 "원래적으로 그리고 궁극적으로 예수 그리스도에 속한다"[287]고 전제한다. 하지만 "진리의 문제에 대하여 국가는 중립적"[288]이라고 하는 한편, "국가가 '일정한' 정치적 성격을 떠맡아야만 했다는 사실은 교회가 국가 내의 '일정한' 교회적 성격을 인식하고 존중해야 한다는 사실과 균형을 이룬다"고 하는 등 국가가 교회의 종속적, 수단적 성격을 가진 것은 아니라고 한다. 특히 바르트는 "교회는 이 정치적 질서 없이는 어떤 기독교적 질서도 있을 수 없다는 것을 알고 있다. 교회는 광역집단 내의 내적 집단으로서 시민 공동체가 제공하는 보호를 공유할 수 있다"고 말한다.[289] 더 나아가 그는 "마찬가지로 모든 국가 심지어 악하고 가장 왜곡된 나라까지도 어느 날 천상의 예루살렘의 영광에 기여하고 불가피하게 그 헌물을 피안으로 가져갈 것이라는 불멸의 운명을 소유하고 있다"고 말한다.[290] 이러한 국가관을 '종말론적 보전관'이라고 하자.

'종말론적 보존관'과 '종말론적 성취관'의 결정적인 차이점은 인간의 '문화사역'이[291] 예수님의 재림 이후에도 계속되느냐의 여부에 있다고 할 것인데, 전자는 불연속성을 강조하며 인간의 문화사역이 새 하늘과 새 땅에서 연속되지 않는다고 주장하나, 후자는 연속성을 주장하며 인간의 문화적 개발은 실제로 새 하늘과 새 땅에서의 완성 이후에도 계속된다고 주장한다.[292] 어쨌든 국가는 그 목적에 따라서만 운영된다면 인간에게 선한 영향력을 줄 수 있는 제도적 장치다. 법치주의를 표방하는 근대 국가의 등장이 범죄 사망률을 현저하게 떨어뜨렸다는 것이 바로 그 예다.[293]

그런데 국가 제도는 순기능만이 아니라 역기능도 있다. 예를 들어, 역사를 통해 알 수 있듯이 전제적 통치권자나 국민 다수가 폭정을 펼칠 경우 약자들에게는 오히려 재앙이 될 수도 있다. 더 나아가 국가는 일차적으로 법과 폭력으로 유지되는 공동체이므로 그로 인해 권력을 가진 자들이 신격화될 가능성도 배제할 수 없다. 하나님은 그것마저도 감수하셨다. 하지만 하나님은 인간의 비참함과 교만함을 그냥 방치해 두지는 않으셨다. 하나님은 인간을 구원할 메시아를 보내기 위한 원대한 계획을 세우셨고, 그 계획의 성취를 통해 인간의 교만을 만천하에 드러내 보이기로 작정하신 것이다. 그 놀랍기 짝이 없는 계획은 인간 중에서 약하고 보잘것없는 한 사람을 통해, 그것도 "고향과 친척과 아버지의 집을 떠나"(창 12:1) 타국에서 나그네 생활을 해야만 했던 한 사람을 통해 성자 예수님이 성육신하도록 하시는 것이었다. 바로 아브라함, 그의 아들인 이삭과 그의 손자인 야곱을 통해 아벨공동체는 힘겹게 명맥을 이어 나간다. 특히 야곱은 하나님의 택하심으로 인해 "험악한 세월"(창 47:9)을 보냈으나, 종국에는 이스라엘 국가의 초석이 되는 12지파의 아버지가 되는 영광을 누린다.

기독교에서 종말론을 빼면 남는 게 없다. 태초에 있었던 창조 행위는 이미 과거의 일이 되어 버렸고, 종말론이 없는 기독교에서는 하나님이 인간과 우주의 보전을 위한 존재로 전락해 버리시기 때문이다. 한편 종말론을 전제로 하면 기독교인은 원칙적으로 인류가 무한히 진보되어 간다는 진화론적인 입장에서 세상을 더 좋게 만들어 나간다는 생각은 할 수가 없다. 종말론 위에 서게 되면 세상은 인간에게 생의 기회 동안 선을 이루기 위해, 다시 말해 영생을 회복하고 하나님의 성품을 닮아 가게 하기 위해 보존되는 것에 불과하다. 바로 여기에서 국가와 법의 기독교적 목적이 도출된다.

그런데 아담과 하와가 범죄를 저지르지 않았더라도 국가와 같은 공동체가 만들어졌을지에 관해서는 의견이 대립되고 있다. 아브라함 카이퍼는 "참으로 죄악이 없었더라면 관리나 국가 질서도 존재하지 않고 정치적 생활은 가족생활로부터 가장 제도 양식을 따라 완전한 것이 되었을 것이다."[294]라고 한다. 반면에 양낙흥은 "우리가 정치의 본질을 권위, 책임성, 집단적 의사 결정, 그리고 공동생활을 위해 필요한 집단 책임 등으로 본다면, 에덴에도 정치 질서라고 불릴 수 있는 어떤 것이 존재했음을 발견할 수 있다"[295]고 말한다.

그러면 아담과 하와가 범죄를 저지르지 않은 상태에서 국가의 목적은 무엇이었을까? 그것은 바로 '번영(flourishing)'이라고 할 수 있다. 그 근거는 창세기 1장 28절의 "생육하고 번성하여 땅에 충만하라, 땅을 정복하라"는 문화 명령이다. 그렇다면 위 말씀을 근거로 현재 존속하고 있는 국가의 목적을 '번영'이라고 할 수 있을까? 그 답은 '그럴 수 없다'이다. 아담과 하와의 타락 이후 우주를 포함한 인간들은 최종 심판의 날을 기다리게 되었고, 인간으로서는 창조 본연의 에덴 동산을 갈망하며 번영을 추구하겠지만, 그러한 노력들은 헛되고 헛될 뿐이다. 하나님은 아담과 하와의 범죄 이후 죄의 번성을 막기 위해 국가를 허용하셨지, 종말을 맞아야 할 타락한 인간들의 번영을 위해 국가를 허용하신 것은 아니다. 따라서 성경적으로 볼 때 현재 존속하고 있는 국가의 일차적이고 근본적인 목적은 번영이 아니라고 해야 한다. 칼뱅의 입장도 같다고 생각한다.

> 국가는 부패한 인간성을 억제하기 위한 힘을 가진 필요악이라고 이해했던 루터와는 달리 칼뱅은 그것을 하나님이 주신 '탁월하고 유익한 기관'으로 보았다. 인간들 사이에서 정부의 기능은 '빵, 물, 태양, 그리고 공기만큼 중요'하며 그 명예로운 위치는 그것들보다 '훨씬 더 탁월'했다. 그 이유는 정부가 인간성이 야수와 같은 상태로 타락하는 것을 막아 주기 때문이었다. 만일 정부가 없어지면 인간 사회는 '짐승 같은 무정부 상태'로 전락하게 된다고 칼뱅은 경고했다. 하나님께서 정부를 세우신 목적은 인간들이 '개나 고양이처럼' 살지 않게 하기 위함이었다.[296]

그러나 국가의 목적이 질서 유지에만 있는 것은 아니다. 국가는 질서 유지 외에 땅끝까지 복음을 전파하고 선을 실천하는 등 기독교인들이 하나님 나라의 백성으로서 의무를 다하는 데 방해되지 않도록 국가 제도를 만들어 가야 할 의무가 있기 때문이다(각 국가의 사정에 따라 도움을 주는 정도는 다르다). 하지만 이를 두고 번영이라고 하기는 어렵다. 왜냐하면 아담과 하와의 범죄 전 국가의 목적인 번영이 아담과 하와의 범죄 이후에는 종말론적 제약하에서 추구될 수밖에 없기 때문이다. 이에 대해 스미스는 "국가는 죄를 예방할 뿐만 아니라, 사회 구성원들이 서로 협력해서 자신들의 삶을 더 성취하고 그들 각자가 혼자서 살 수 있는 것보다 더 잘 살 수 있도록 돕는다"고 말한다.[297] 국가의 일차적 목적이 번영이나 진보가 아니라고 해도 기독교인 개개인은 자신의 믿음의 진보를 이루는 것을 등한시하거나 포기해서는 안 된다. 칼뱅은 "하나님의 뜻을 섬기고 모든 방편을 다하여 오직 그의 영광만을 바라며 진보해 가는 것이 우리의 으뜸가는 뜻이 된다"고 말한다.[298] 이러한 중생한 기독교인의 진보를 통해 국가와 사회가 조금씩 나아져 갈 것은 분명한 일이다. 그것을 금지할 이유는 없다. 오히려 적극 장려되어야 한다.

그렇다면 아담과 하와의 범죄 이후 하나님이 세속 국가를 허락하신 목적은 질서를 유지하여 죄를 억제하는 등 공동선을 실현하기 위함에 있다고 할 것이다. 간단히 말해 '악을 억제하고 선을 증진하는 것'[299]이 국가의 목적이고, 이것은 다름 아닌 아퀴나스가 말한 자연법의 제일차적 계명이다. 국가의 목적 실현을 통해 하나님 나라의 회복에 도움이 되는 것은 부인할 수 없다. 하지만 국가를 단순히 하나님 나라의 회복이나 확장을 가능하게 하는 수단으로만 보아서는 안 된다. 모세 통치 당시의 이스라엘과 같이 하나님의 특별한 계시가 없는 이상 국민 전체가 기독교인이라고 하더라도 이 목적은 유지되어야 한다. 왜냐하면 국가는 예수님이 제정하신 교회가 될 수 없고, 되어서도 안 되며, 반대로 교회도 국가가 될 수 없고, 되어서는 안 되기 때문이다.

(2) 국가의 통치 형태와 주권

하나님은 타락한 인류의 질서 유지를 위해 국가 제도를 제정하셨지만, 국가의 통치 질서의 모습이 어떠해야 하는지는 정해 두신 바가 없다. 따라서 인간은 시대와 지역과 구성원들의 상황에 맞는 통치 형태를 정할 수 있다. 이런 이해를 바탕으로 하면 이스라엘 민족이 국가라는 형태를 갖추기 전에 이미 이집트, 바벨론 등에서 국가 제도가 시작되었던 경위를 이해할 수 있다.

국가의 최고 권력을 누가 가지고 있는지를 기준으로 국가의 통치 형태를 나눌 경우, 크게 왕정, 귀족정, 민주정, 혼합정으로 구분할 수 있다. 국가의 최고 권력자는 왕정에서는 왕이고, 귀족정에서는 귀족이며, 민주정에서는 국민이다. 한편 혼합정에서는 국가의 사정에 따라 왕과 귀족이 최고 권력자인 국가가 있는가 하면 왕과 국민이 최고 권력자인 국가도 있다.

국가의 최고 권력을 주권이라 하는데, 민주정에서는 국민이 최고 권력자이므로 주권자는 바로 '국민'이다. 하지만 하나님은 국가 공동체를 포함하여 온 우주 만물의 주권자이시고, 필요에 따라 권한을 위임하신다. 그 근거는 창세기 1장 28절이다. 그렇다면 국가의 주권도 하나님이 국가라는 공동체의 질서를 유지하기 위해 부여하신 것이라 할 수 있다. 이러한 주권은 각 나라의 통치권의 근원이다. 그러므로 한 국가의 통치권은 하나님에서 비롯되어 국민들을 거쳐 통치자에게 위임된다고 할 것이다.

(3) 국가의 권위와 폭력

악은 선의 부재다. 악은 인간으로 하여금 창조주의 자리를 대신 차지하게 하고, 구속의 성취를 이루지 못하게 하며, 하나님과 예수님의 성품과 인격을 닮아 가지 못하게 한다. 그러므로 악이 의도하는 것은 그것이 아무리 '좋아 보인다'고 해도, 기독교적 입장에서 궁극적으로 선이라고 할 수가 없다.

국가는 '정당한 물리적 폭력 행사의 독점을 실효적으로 요구하는 인간 공동체'다.[300] 그러면 국가의 폭력 행사의 정당성은 어디에서 오는가? 현대 정치 이론에서는 국민의 '동의'에서 비롯된다고 한다. 하지만 성경은 국가 폭력의 정당성의 근거가 인간이 아니라 하나님께 존재한다고 한다. 그 근거가 되는 가장 기초적인 말씀이 창세기 9장 6절이다. 하나님은 노아 홍수 이후 노아에게 "다른 사람의 피를 흘리면 그 사람의 피도 흘릴 것이니 이는 하나님이 자기 형상대로 사람을 지으셨음이니라"(창 9:6)라고 명령하셨다. 한편, 로마서 12장 1절은 "각 사람은 위에 있는 권세들에게 복종하라 권세는 하나님으로부터 나지 않음이 없나니 모든 권세는 다 하나님께서 정하신 바"라고 밝히고 있다. 이 말씀과 구약의 예레미야 27장과 29장 및 신약의 베드로전서 2장 등을 근거로 국가의 권위와 사형 집행권 등 폭력 행사의 정당성을 인정할 수 있다.[301] 특히, 예수님은 빌라도의 재판과 그 결과를 받아들이심으로써 국가의 권위와 폭력 및 인정법을 수용하셨고, 하나님의 말씀에 대한 온전한 순종의 모범을 보이셨다. 이에 대해 국가가 폭력이나 강제력을 동원할 수 있는 권위는 하나님이 정하신 게 아니거나 하나님이 정하신 것이라고 명시적으로 말할 수 없다는 주장들이 있다. 반드루넨은 국가의 폭력 행사의 합법성을 부정하거나 그에 대한 언급을 자제하는 '비폭력적 비전'은 "기독교 세계의 주류 밖에서 통상적으로 계속 잠복해 왔지만, 최근 수십 년 동안 존 하워드 요더, 스탠리 하우어워스, 리처드 헤이스 같은 신학자들의 저작을 통해 지성인들 사이에 새롭게 입지를 마련했다"고 지적한다.[302]

폭력은 선의 부재를 초래하므로 악이다. 폭력은 아무리 좋은 동기에서 출발하여 행사되더라도 선의 부재, 다시 말해 하나님을 끌어내려 비워진 심판의 보좌에 인간이 등극하는 악을 만들어 낼 수가 있기에 인류사회에서의 폭력은 합법적이라고 해도 지극히 예외적인 경우에만 행사되어야 한다.

먼저, 폭력은 그것이 합법적으로 인정되는 경우에라도 폭력을 당하는 존재가 그 본연(본성 및 목적)을 이루는 것을 어렵게 한다. 예컨대, 중범죄를 저지른 범죄자에게 선고된 사형 판결을 집행하면, 그 범죄자는 생명을 잃게 되므로 형의 집행을 통해 피해자를 위한 정의는 이루게 되지만, 그 범죄자는 생명을 잃어 성품-선의 완성을 이루지 못할 뿐만 아니라 하나님을 영화롭게 하고 영원토록 그를 즐거워하라는 인생의 목적도 이루지 못한다. 한편, 폭력은 이를 행사하는 자에 대해서도 그 본연을 이루지 못하게 만든다. 우발적으로 폭력을 행사하는 경우뿐만 아니라 상습적으로 폭력을 행사하면, 그 순간 인간에게서 하나님과 예수님을 닮은 성품과 인격이 자취를 감춘다. 인간에게서 선이 자취를 감추게 되는 바로 그때 하나님이 인간의 주인이 되지 못하고, 인간이 자신의 주인이 되므로 인간이 그 본연을 이룬다고 말하기 어려울 것이다.

결국, 폭력은 인간이 그것을 행사하고, 타인을 향해 행사될 경우에 그 동기 여하를 불문하고 악이 될 가능성이 매우 높다고 할 수 있다. 따라서 폭력을 행사할 수 있는 권한은 국가의 형벌권이나 정당방위권의 행사와 같이 아주 예외적으로 부여되어야 한다. 또 합법적인 권한을 가진 자의 폭력이라도 그것을 행사함에 있어서는 신중에 신중을 기해야 한다. 형벌권이나 정당방위권의 행사 등 아주 예외적인 경우를 제외하고는 폭력을 행사할 권한을 인정해서는 안 된다.

형벌권을 포함한 국가의 폭력(강제력) 행사는 그것이 합법적이라 하더라도 그 특성을 충분히 고려하여 행해야 한다. 그 특성이란 국가의 강제력이 한 국가 내에서는 최종적이고 독점적이라는 것이다. 이러한 특성으로 인해 한 국가 내에서 개인의 사적 폭력권의 행사는 정당방위 등 극히 예외적인 경우에만 인정되어야 하고, 그 이외의 경우에는 인정되어서는 안 된다. 그런데 국가의 강제력, 특히 형벌권을 제대로 시행하지 않는 것은 결과적으로는 피해자인 개인에게 폭력을 무한정 수용하게 만드는 것이 된다. 이는 범죄 피해자들로 하여금 국가형벌권의 행사에 대해 불만을 가지게 만드는 중요한 요인으로 작용한다. 한편, 국가가 아무리 엄정하고 정치(精緻)하게 형벌권을 행사한다고 해도 폭력 피해자들의 피해는 완전히 회복되지 않는다. 예컨대 폭력으로 인해 죽은 사람이 살아 돌아올 리는 없을 테니까 말이다. 이처럼 인간의 제도나 법으로는 완벽한 정의를 이루기가 어렵다.

하지만 하나님이 통치하시는 나라에서는 완전한 법을 통한 완전한 정의가 이루어진다. 하나님은 완전한 법이시므로 한 치의 오류도 없는 심판을 주재하시고, 절대선이시므로 티끌만 한 악도 용납하지 않으신다. 하나님의 심판은 선의 완전한 회복을 이루므로, 선의 부재 현상은 있을 수 없고, 결국 악은 소멸하게 된다. 악의 완전한 소멸은 악에 대한 완벽한 응징을 통해 이루어진다. 그러한 응징은 예수님이 재림하실 때 예수님의 심판권을 통해 행사된다. 국가가 폭력을 독점하여 정당한 형벌권을 행사하는 것에 대해 저항하지 못하듯이, 재림의 날에 있을 예수님의 심판은 더 이상의 폭력을 허용하지 않는 최종적인 것이다. 이를 '신적 폭력'이라 한다. 악의 완전한 소멸을 위한 신적 폭력의 내용은 인간의 상상을 초월한다. 읽을 때마다 우리를 두렵게 만드는 요한계시록 등 성경에 계시되어 있는 심판 때의 모습은 바로 이 점을 가르쳐 주기 위함이다. 사랑의 하나님이 정말 그러한 폭력을 행사하실 수 있을까 하는 의문은 정의의 진정한 의미를 몰라서 제기하는 것이다.

하나님 나라에서 사탄에 대한 최종 폭력권은 천지 만물의 창조주이신 하나님께 속해 있다. 예수님은 하나님께 자신이 당한 폭력을 갚아 줄 것을 맡기셨고, 스스로에게는 추호의 악도 용납하지 않으셨다. 이러한 신적 폭력이 없다면, 현세에서 우리가 폭력을 당할 경우에 참아야 할 아무런 이유가 없다. 예수님의 재림 날에 시행될 심판이 없다면, 예수님이 당한 폭력뿐만 아니라 성도들이 당할 폭력도 아무런 의미가 없고, 성도들의 삶도 아무런 소망이 없다. 하지만 하나님이 우리 눈의 눈물을 닦아 주시는 날이 있기에 우리는 소망을 가질 수 있고, 그러한 소망으로 우리는 폭력에 맞서 폭력을 행사하지 않는다고 선언할 수 있는 것이다. 이는 어떠한 폭력도 사용되어서는 안 된다는

'절대적 비폭력주의'가 아니다. 단지 예수님 재림의 날에 하나님의 신적 폭력이 펼쳐질 것을 소망하며 폭력에 대한 심판을 하나님께 일임하는 '종말론적 비폭력주의'라고 할 수 있다. 그래서 예수님은 "칼을 가지는 자는 다 칼로 망하느니라"(마 26:52)라고까지 말씀하셨다. 그리고 악에게 지지 않고, 선으로 악을 이기는 모범을 보이셨다. 이로써 예수님은 이미 승리하셨고, 십자가의 승리도 이미 이루셨으며, 우리에게 신적 폭력을 통한 정의가 이루어질 것이라는 소망을 주셨다. 그래서 우리는 "큰 소리로 불러 이르되 거룩하고 참되신 대주재여 땅에 거하는 자들을 심판하여 우리 피를 갚아 주지 아니하시기를 어느 때까지 하시려 하나이까"(계 6:10)라고 기도할 수 있는 것이다.

(4) 하나님 나라와 세속 국가

예수님이 십자가에 못 박히시기 나흘 전에 대제사장과 서기관 일당이 보낸 바리새인과 헤롯 당원 중 몇 사람이 예수님을 찾아왔다. 그들은 예수님에게 "선생님이여 우리가 아노니 당신은 참되시고 아무도 꺼리는 일이 없으시니 이는 사람을 외모로 보지 않고 오직 진리로써 하나님의 도를 가르치심이니이다"(막 12:14)라고 말하며 예수님을 띄워 주는 척했다. 그런 다음, 예수님께 "가이사에게 세금을 바치는 것이 옳으니이까 옳지 아니하니이까 우리가 바치리이까 말리이까"(막 12:14~15)라고 질문하였다. 질문의 의도는 예수님이 이스라엘을 통치하고 있는 로마 황제(성경에는 '가이사'로 번역하고 있으나, 역사적으로 케사르 또는 시저라고 함)에게 세금을 바쳐야 한다고 대답하시면 예수님을 반민족주의자로 몰아 유대인들을 선동하여 처형하면 되고, 예수님이 세금을 바치지 않아도 된다고 하신다면 로마 황제에게 반역하는 것이 되므로 예수님을 반역죄로 고소하여 처형당하게 하려는 의도였다. 어느 쪽을 선택하여 말하든 단순 논리로 풀릴 문제가 아니라 식민 지배를 당하는 국민의 입장에서, 실질적으로 심각한 곤경에 빠지게 되는 질문이었다. 하지만 예수님은 "그 외식함을 아시고"(막 12:15)는 그들에게 "어찌하여 나를 시험하느냐 데나리온 하나를 가져다가 내게 보이라"(막 12:15)고 말씀하셨다. 영문을 알 리가 없는 그들은 데나리온 동전 하나를 가져왔고, 예수님은 그 동전에 새겨진 얼굴을 그들에게 보여 주시면서 "이 형상과 이 글이 누구의 것이냐"(막 12:16) 하고 물으셨다. 그들이 예수님께 "가이사의 것이니이다"(막 12:16) 하고 대답하자 예수님은 기다렸다는 듯 "가이사의 것은 가이사에게, 하나님의 것은 하나님께 바치라"(막 12:17)고 대답하셨다. 예수님의 대답은 그들이 감히 상상조차 하지 못했던 것이었다. 그들은 예수님의 대답을 "매우 놀랍게"(막 12:17) 여겼다. 예수님을 옭아매려던 섣부른 계획이 수포로 돌아가자 그들은 아무 말도 할 수가 없었다.

하지만 예수님의 이 말씀에는 하나님 나라에 관한 심오한 진리가 담겨 있다. "가이사의 것은 가이사에게, 하나님의 것은 하나님께"라는 말씀은 "내 나라는 이 세상에 속한 것이 아니니라"(요 18:36)라는 말씀과 궤를 같이하는 것으로, 이 말씀들을 실제 삶에 적용하려고 하면 쉽지 않은 질문거리를 제공한다.

먼저 제기되는 질문은, 교회를 비롯한 하나님의 통치권이 유지되고 있거나 회복된 '하나님 나라(교회)'와 가이사(시저)로 대표되는 세속 통치자의 지배 아래 있는 '세속 국가'가 이 땅에서 '대립'하고 있는가 하는 점이다.

이에 관해서는 먼저, '엄격한 두 나라 이론'이 있다. 이 이론에 따르면 칼과 폭력에 의해 통치되는 세속 국가는 사탄에 의해 만들어진 것이거나 사탄에게 넘겨진 것이 된다. 그러므로 우주 만물의 통치자이신 하나님의 통치권은 하나님 나라의 영역으로, 현시점에서 말하자면 교회의 영역으로 축소될 수밖에 없다. 이러한 대립적 시각을 취하게 될 경우, 하나님 나라는 세속 국가와는 그 목적과 통치 원리상 서로 섞일 수가 없고, 극단적으로는 적대 관계에 있으므로, 영적 나라로서 하나님 나라에 속하는 교회는 시민적 나라인 세속 국가와 문화적으로 공통 요소를 가지고 있지 않고, 세속 국가에 대한 '대항 세력'으로서 존재한다고 한다.[303] 이러한 엄격한 두 나라 이론에 서면 기독교인은 '정치학적으로' 세속 국가의 시민권을 보유하고 있음에도 '신학적으로' 하나님 나라의 시민권만 가지고 세속 국가의 시민권은 갖지 않은 채 나그네나 거류민의 삶을 살아가야 한다는 주장을 하게 된다.

두 번째로, 하나님 나라와 세속 국가가 상호 고유하고 독립된 목적을 가지고 존재하면서도 기독교인은 하나님 나라와 세속 국가의 시민권을 동시에 가진다는 주장이 있다. 칼뱅 등과 같은 초기 전통적 개혁주의자들이 이러한 이론을 지지한다.[304] '엄격한 두 나라 이론'과 구별하기 위해 '개혁주의 이론'이라고 하자. 이 이론은 교회와 세속 국가가 대립성만 가지고 있는 것이 아니라 공통성도 가지고 있고,[305] 이러한 공통성을 기반으로 아벨공동체와 가인공동체가 공존하며 나름의 평화를 이룰 수 있다고 한다. 또 이 이론은 세속 국가는 한시적이고 잠정적인 목적을 가지고 예수님의 재림 날까지 존속될 뿐이라고 한다. 다시 말해, 예수님이 재림하실 때 세속 국가의 제도와 활동들이 구속적으로 변혁됨으로써 새 하늘과 새 땅과 연속성을 가지게 되는 것이 아니라 한시적 및 잠정적으로 보존되었다가 급작스럽게 그리고 철저히 종결되기 때문에 새 하늘과 새 땅과의 연속성은 가질 수가 없다.[306] 또 우리가 하는 문화적 노력의 산물이 새 창조까지 살아남을 것을 기대해서도 안 되며,[307] 문화 활동을 하는 것이 새 창조의 성취에 기여하기 위해서가 아니라 새 창조가 이미 성취되었다는 사실에 호응하기 위해서라고 주장한다.[308]

세 번째로, 영적 나라에 속하는 교회와 시민적 나라에 속하는 세속 국가는 각자 '독자적인 나라'가 아니라 그 둘을 포괄하는 유일하면서도 보편적인 하나님 나라에 속한 특수한 '영역들'이나 '공동체'에 불과하다는 주장이 있다. 이러한 이론 중에는 '신칼뱅주의자'에 의해 주로 주장되는 '한 나라 이론'이 있다.[309] 이 이론은 하나님의 주권과 통치권은 세속 국가에도 미치고, 세속 국가는 종말론적으로 볼 때 교회에 종속되는 수단적 성격을 지니고 있으므로 하나님의 나라의 통치권을 세속 국가 영역까지 회복 및 확장시키기 위해, 다시 말해 세속 국가를 문화적으로 변혁시키거나 기독교화하기 위해 세속 국가를 향한 문화적 투쟁을 전개해야 한다고 주장한다. 또 이 이론은 기독교인의 문화 활동은 새 창조의 성취에 기여하는 것이므로 기독교인들로 하여금 그가 속한 일터를 변혁하라고 하거나 평범한 일들을 기독교적으로 수행하는 고유한 방법으로 찾으라고 압력을 넣기도 한다.[310] 하지만 신칼뱅주의의 한 나라 이론은 공동체의 모든 영역에서 교회의 우선성과 우위성을 주장하는 것이므로 받아들이기 어렵다. 이는 하나님께서 세속 영역의 일을 주관하는 "각 사람은 위에 있는 권세들에게 복종하라"(롬 13:1)는 말씀에 위배될 여지가 있기 때문이다.

한편, 이와는 다른 '한 나라 이론'이 있다. 바르트가 주장하는 이 이론은 교회로 대표되는 기독교 공동체와 세속 국가로 대표되는 시민 공동체가 하나님으로부터 상호 독립적으로 권위와 목적을 부여받았으므로, 교회는 국가에 종속될 수 없고 국가는 교회가 될 수 없다는 이론이다. 이 이론은 교회는 칭의를 이루고, 국가는 정의를 이루기 위해 하나님이 권위를 부여한 상호 독자적 공동체로 본다. 하지만 이러한 권위의 유지 및 행사는 상호 엄격한 분리를 통해서는 달성될 수 없고, 칭의의 일을 감당하는 교회는 국가의 현존을 통해서, 정의의 일을 감당하는 국가는 교회의 현존을 통하여서만 달성 가능하다. 이러한 상호 보장이 두 공동체 관계를 규율하는 핵심 명령이다.

"가이사의 것은 가이사에게, 하나님의 것은 하나님께"라는 말씀에 두 번째로 제기되는 질문은, 우주는 영원세계인 하나님 나라와 시공간세계인 세속 국가가 양립되어 있는가 하는 것이다. 만약 이 질문에도 긍정적인 답변을 하게 되면(이를 '성속 이원론'이라 함) 이 땅은 죄악으로 더럽혀져 있으므로 멸망되어야 할 곳이지 우리가 머무를 곳이 못 되고, 우리가 영생을 누리는 곳은 시공간세계와는 별개인 영원세계(천국)이므로 우리는 이 땅에서 하루속히 벗어나게 해 달라고 기도할 수밖에 없다.

이상의 논의를 토대로 살피건대 먼저, '엄격한 두 나라 이론'과 '성속 이원론'은 결과적으로 하나님이 온 우주 만물의 창조주이시고 주인이시라는 것을 부정할 수밖에 없게 하고, 이러한 결론은 하나님과 성경을 올바르게 이해한 것이 아니라고 생각한다. 예수님도 이러한 이원론을 근거로 하나님의 것과 가이사의 것을 구별하신 것이 아니다. 그렇다면 루터가 종교 개혁 초기에 주장한 '두 왕국 이론'도 일종의 '엄격한 두 나라 이론'이므로 받아들이기 어렵다. 루터는 종교 개혁 초기에 한 국가가 예수님의 통치를 받는 '참된 신자'들로 구성된 '그리스도의 왕국'과 그렇지 않은 '세상의 왕국'으로 엄격히 나누어, 한 사람이 그리스도의 왕국과 세상의 왕국에 동시에 소속되지 않는다고 주장했다.[311] 또, 그리스도의 왕국은 은혜와 복음으로 다스려지는 영적 왕국에 속하므로 세상의 법과 무력이 필요하지 않으나, 세상의 왕국은 무력과 법으로 다스려질 필요가 있다고 주장했다.[312] 하지만 영적 왕국에 속하는 교회도 교회의 영적 사명을 달성하기 위해 세상 왕국인 국가의 권력이 필요할 때가 있고, 이 세상도 최종 심판 때까지 '보존'되기 위해서라도 국가의 권력이 필요하다. 이러한 이유로 루터는 1523년 이후 자신의 입장을 바꾸었고, 1532년 이후의 설교에서는 기독교인이 그리스도의 왕국의 시민권뿐 아니라 세상 왕국의 시민권도 가지고 있다고 하였다.[313]

하나님과 그의 아들이신 예수님이 우주 만물의 통치자라는 신앙 고백 위에 서면 우리는 세속 국가는 사탄이 만든 것이 아니라 하나님이 아담의 범죄 이후 인간 사회에 발생할 것이 예상되는 죄악의 확산을 막기 위해 임시적 내지 잠정적으로 허락하신 것으로 받아들여야 한다. 하나님께서 교회와 별도로 국가라는 제도를 제정하신 이유는 인간들의 죄성을 억눌러 질서를 유지하고, 이를 바탕으로 하나님의 택한 백성들로 하여금 구원-선을 이룰 수 있도록 하기 위함이었다. 따라서 우리는 세속 국가가 그러한 목적을 정당하게 수행하는 한, 통치권자의 권세를 수용할 수밖에 없다. 다시 말해, 세속 국가가 나름의 통치 원리에 따라 정당하게 권력을 행사하면 그 존립은 인정되어야 한다. 그러므로 세속 국가의 통치 아래 있는 사람은 하나님 나라의 시민이든 아니든 관계없이 세속 국가 통치자들의 정당한 권한 행사(국가의 안전보장과 질서 유지와 공공복리를 행할 비용 마련을 위해 세금을 징수하는 등과 같은 공적 행위)에 대하여 그들이 하나님 나라의 시민이든 아니든 관계없이 저항해서는 안 된다. 이것이 바로 "가이사의 것은 가이사에게"(막 12:17)라는 예수님의 말씀을 제대로 이해한 것이다.

한편, 예수님이 빌라도에게 하신 "내 나라는 이 세상에 속한 것이 아니니라"(요 18:36)라는 말씀은 이 땅, 이 세상은 예수님 나라에 해당되지 않고, 죽어서 가는 천국(영원세계)만 예수님 나라에 해당한다는 의미가 결코 아니다. '내 나라'를 '천국'만으로 해석하는 것은 하나님의 나라와 권능을 축소시키는 것이고, 이는 하나님 나라의 시민들로 하여금 "죄 많은 이 세상은 내 집 아니네"라는 복음성가 가사처럼 이 세상을 저주받은 곳으로 인식하게 만들어 서둘러 이 땅에서 벗어나 천국으로 철수해야 한다는 잘못된 생각을 하게 한다. 그러한 생각에 빠지면, 우리는 이 땅에서 예수님이 말씀하신 열매를 맺을 수가 없다. 하나님 나라는 원칙적으로 천국뿐 아니라 세상(땅)도 포함된다. 왜냐하면 하나님은 아담이 범죄하기 전부터 우주 만물의 통치자이시므로 비록 세상이 타락했다고 해도 하나님의 주권이 미치지 않는다고 할 수 없기 때문이다. '내 나라는 이 세상에 속한 것이 아니니라'는 말씀의 진정한 뜻은 하나님 나라는 그 설립의 기원과 목적, 통치권자, 통치 원리, 통치권의 범위가 세속 국가의 것과는 결코 같을 수가 없다는 것이다.

요약해서 말하면, 예수님 나라의 권세는 세습이나 선거를 통해서 '이 세상으로부터'[314] 주어진 것이 아니라 하나님으로부터 주어진 것이라는 뜻이다. 하나님 나라는 인간의 죄악과 관계없이 창조되었고, 이 세상인 시공간세계를 포괄하는 영원하고 완전한 곳이며, 통치권자이신 하나님이 제정하신 통치 원리가 적용되는 실제적인 곳이다. 하지만 세속 국가는 아담의 범죄 이후 이 세상에 속한 죄악의 문제를 임시적으로 해결하기 위한 수단으로 허용된 것이고, 하나님의 통치 원리와는 다른 통치 원리가 적용될 수 있으며, 통치권의 범위가 제한적일 뿐만 아니라 통치권도 스스로의 권위로 창출한 것이 아니라 하나님으로부터 한시적으로 허용받은 것이다. 빌라도가 자신의 법정에서 예수님을 재판하고 십자가형에 처할 수가 있었던 것은 하나님이 통치권을 임시로 허용하셨기 때문이고 예수님이 그의 권위를 수용하셨기 때문이다. 예수님은 빌라도에게 이를 가르쳐 주기 위해 "위에서 주지 아니하셨더라면 나를 해할 권한(엑수시아, exousia)이 없었으리니"(요 19:11)라고 말씀하셨던 것이다.[315]

그러므로 우리는 구원 사역이 아니라 시민 영역에서 기독교 사상과 비기독교 사상의 적대적인 대립을 지향하거나 아니면 하나님의 나라가 삶의 모든 영역에서 드러나도록 하겠다는 생각, 다시 말해 정치, 경제, 사회, 문화 등 세속 사회의 모든 영역을 기독교화하겠다는 생각을 표방하는 데 있어서는 매우 신중한 태도를 취해야 한다. 더나아가 세속 국가와 비교해 볼 때 교회 고유의 영역인 영적 영역과 관련된 사항을 국가에 맡기거나 국가의 도움을 받아 해결하려고 하는 태도도 허용될 수 없다. 이러한 태도는 하나님 나라인 교회와 세속 국가와의 경계를 허무는 것으로, 결국에는 교회에 더 큰 해악을 초래하는 지름길이라는 것을 명심해야 한다.

하나님은 십자가에서 처형당하신 예수님을 부활시키심으로써 자신의 통치권을 회복하기 시작하셨고, 예수님의 재림 날에 완전히 회복하실 것이다. 그날까지 우리는 하나님 나라의 시민으로서, 예수님의 제자로서 하나님 나라의 통치 원리를 실천하는 예수 공동체를 세워 나가야 하고, 하나님 나라와 세속 국가의 경계가 사실상 존재한다는 전제하에 세속 국가의 통치권자나 시민들이 더 이상 타락하거나 부패하지 않도록 하여 예수님이 재림하시는 날까지 국가와 가정을 비롯하여 하나님이 허락하신 제도들을 보존해 나가야 한다. 하지만 그러한 보존이 궁극적이거나 구속적인 목적이 될 수 없다는 것을 잊어서는 안 된다. 이와 더불어 우리는 하나님께서 택하신 모든 백성이 하나님 나라의 시민이 되는 그날까지 예수 그리스도의 복음을 전파하며 하나님 나라의 회복을 위해 노력해야 한다. 세속 국가도 이러한 교회의 사명을 방해해서는 안 된다. 그것은 세속 국가에 통치적 권위를 인정하신 하나님의 주권에 위배된다.

(5) 교회와 국가

① 교회와 국가 관계의 변천

인류 공동체는 부부에서 가족으로, 가족에서 부족 공동체로, 부족 공동체에서 고대 국가로, 고대 국가에서 중세 국가로, 중세 국가에서 근대 국가로 발전해 왔다고 할 수 있다.[316] 현대를 살아가는 기독교인에게 가장 큰 영향을 미치는 공동체는 당연히 국가다. 하나님과 예수님을 주권자로 인정하는 '교회'는 아벨공동체라 할 수 있고, 하나님을 주권자로 원칙적으로 인정하지 않는 '국가'는 가인공동체라 할 수 있다. 인류 역사상 교회와 국가 사이의 관계는 다양하게 전개되어 왔다.

○ 정교일치 시대

정교일치 시대는 '신정(神政)시대'라고도 한다. 이는 이스라엘 백성들이 출애굽하여 광야에서 생활하던 때다. 교회를 넓은 의미에서 현세의 삶을 살아가는 인간들의 공동체 중 하나님이 주인이 되는 공동체라고 한다면 구약시대에도 분명히 교회가 존재하였다고 말할 수 있다.[317] 정치학적으로 볼 때 그 당시 이스라엘은 엄격한 의미에서 국가라기보다 국가 형성 직전 단계의 정치적 공동체라고 할 수 있으나, 어쨌든 교회와 정치적 공동체의 리더십이 한 사람에게 집중되어 교회와 정치적 공동체가 분리되기 어려웠다. 당시의 가장 중요한 특징은 이스라엘 공동체가 정치와 종교가 분리되지 않은 채 모세를 통해 내려진 하나님의 계시에 따라 움직였다는 점이다.

○ 교회 박해 시대

로마 제국으로부터 기독교가 공인되기 전까지는 교회가 박해받던 시대였다. 박해의 정도는 시기별로 차이가 있었는데, 기독교가 국교로 인정되기 직전에 가장 혹독한 박해가 있었다고 한다.[318] 로마 제국은 1세기 후반에 이르러 황제 숭배를 공식화하는데, 이로써 기독교인들과의 마찰은 필연적이었고, 기독교인들에 대한 박해가 심해질수록 황제 숭배에 대한 저항은 더욱 커져 갔다. 어떤 기독교인들은 병역을 거부하는 등 공적 및 정치적으로 저항했는데, 그 이유는 자신들은 하나님 나라의 시민권자이고 그들의 주인은 로마 제국의 황제가 아니라 유일신인 예수님이기 때문이었다.[319] 그러자 로마 제국은 기독교인들에게 끔찍한 박해를 저질렀다.[320] 그들 입장에서는 황제를 비롯한 로마 제국의 '수호신들'에게 합당한 존중을 보이지 않는 '무신론자'인 기독교인들의 행위 때문에 신들이 노하고, 그로 인해 제국에 재난이나 천재지변이 초래됨으로써 제국의 안녕과 번영을 해친다는 이유,[321] 또 제국의 질서에 도전한다는 이유였다. 이러한 박해 속에서도 당시 기독교인들은 믿음을 순수하게 지켰다. 교회가 가장 교회답고 아벨공동체다운 모습을 보여 준 교회 박해 시대는 결국 로마 제국의 굴복과 교회의 변질로 막을 내린다.

ㅇ 교회 협조 시대

이 시대는 콘스탄티누스 황제(274~337년)가 313년에 '밀라노 칙령'을 내려 기독교를 공인한 데서 시작되었다. 기독교의 공인은 기독교인들에 대한 박해를 중단하게 하였을 뿐만 아니라 더 나아가 기독교인들이 대거 국가의 관직을 차지하게 하였고, 그 결과 교회가 정치에 대한 영향력을 강하게 행사할 수 있게 되었다. 이러한 교회 협조 시대의 사조를 '콘스탄티누스주의'라고 한다. 그런데 교회는 국가와의 협조 관계로 인해 얻은 것도 많지만, 훨씬 더 많은 것을 잃었다. 국가로부터 박해당하지 않게 되었을 뿐 아니라 특혜까지 누리게 된 기독교인들은 서서히 타락해 갔고, 이는 국가를 아벨공동체로 변화시키지 못하고 오히려 교회를 가인공동체로 전락하게 만들었다. 이로 인해 교회는 급속히 세속화되어 갔다. 교회의 세속화 과정에 관해서는 아래의 글을 참조하기 바란다.

사람들은 종교적으로 '모호한' 상태에 있었으며 콘스탄티누스는 그것을 이용하기로 했다. 그는 공식적으로 기독교에 가담했으며, 이러한 사실 때문에 교회는 덫에 걸렸다. 그것은 사실상 스스로 덫에 걸려든 것이었다! 당시 교회는 귀족들이 만든 위계질서에 운영되고 있었다. 신학자들은 이것에 저항하고자 하였다. 4세기 후반 바실리우스는 전쟁 중에 사람을 죽인 자는 살인자이며 전쟁에 참여한 병사는 3년간 공동체에 들어올 수 없게 하라고 말한다. 그런데 전쟁은 계속되었다! 그러므로 간단히 말해 군인은 결국 완전히 출교된다는 것이다. 그러나 그것은 저항하는 소수 의견이 되고 만다. 다수의 교회 지도자들은 기독교가 공식 종교가 되었다는 사실로부터 그리고 교회가 거대한 특권을 얻게 되었기에 결국 굴복하였다.[322]

협조주의는 최종적으로 '하나님의 것을 가이사의 것으로' 만들어 버리는 심각한 재앙을 초래하였다.[323] 위티 주니어는 다음과 같이 설명한다.

이 모든 것이 4세기부터 6세기까지 로마의 콘스탄티누스 황제와 후임 황제들이 기독교를 국교화하면서 교회를 로마화시킴으로써 바뀌게 되었다. 특히 나쁘게 작용한 것은 황제들이 주교들을 제국적 모습의 '고위 성직을 가진 군주'들로 만들어 버린 것이다. 더 큰 악영향으로 작용한 것은 성직자의 임명과 해임을 독점적인 '고위 성직자의 특권'으로 만들어, 3세기에 걸쳐 실천된 성직자의 투표와 회중에 대한 의무를 없애 버린 것이다. 따라서 이 '군주제와 고위 성직제'가 '가장 거룩하지 못한 조합'을 이루어 필연적으로 영적 폭정이라는 결과를 낳았다. 국가가 임명한 주교들은 얼마 지나지 않아 더 이상 자신들의 회중을 사랑으로 대하지 않고, '평등한 형제의 대우, 무한한 절제, 정기적인 금식, 끊이지 않는 기도와 설교, 자신의 사역에 대한 지속적인 감독과 노동' 등을 행하지 않게 되었다. 반대로 그들은 첫사랑을 저버리고 탐욕과 자신의 뱃속이라는 두 우상을 만들어 냈으며, 인간의 양심에 대한 자신의 영적 권력을 이용해 몸과 육적인 것들에 열망의 눈을 돌려, 그것을 자신의 권위 아래 놓게 되었다.[324]

협조 시대 이후 교회의 세속화는 가파른 비탈길을 내려갔고, 그 비탈길의 끝에는 세속 권력과의 충돌이 기다리고 있었다. 서로마 제국의 멸망기에 아우구스티누스가《신국론》을 통해 하나님의 도성과 인간의 도성 사이에 존재하는 근본적이고 종말론적인 긴장 관계를 부각시키는 한편, 두 도성 사이의 대립과 공통성을 부각시키면서 교회의 세속화에 대하여 강한 우려를 드러냈으나, 그러한 우려만으로는 역사를 바꾸기가 어려웠다. 교회의 세속화는 교황권과 황제권의 충돌을 낳았고, 힘의 우위 여부에 따라 양 권력은 영욕의 부침을 겪었다.

○ 교황권 우월 시대

로마 제국은 395년 동서로 분열되었는데, 동로마 제국인 '비잔틴 제국'은 이슬람에 멸망할 때까지 1천 년간 존속하였으나, 서로마 제국은 476년에 멸망한다. 서로마 제국이 멸망한 이후 유럽은 중세 봉건 사회로 진입하여 교회와 국가 간 혼전 양상을 띠게 된다. 유럽은 콘스탄티노플을 중심으로 하는 '비잔틴 제국'에 대항하기 위해 '신성 로마 제국'이라는 명칭을 사용하였으나 그것은 실질적으로 존재하는 국가에 붙인 명칭이 아니라 황제권을 계승한 특정 왕가에 붙여진 이름에 불과했다. 신성 로마 제국에서는 교황권과 황제권 사이에 치열한 대립 양상이 노출되었다. 교황권이 황제권에 우월할 때 발생한 대표적인 사건이 1077년에 발생한 '카노사의 굴욕' 사건이다. 독일 왕위에 오른 하인리히 4세와 교황 그레고리우스 7세가 성직 임명권을 놓고 치열하게 다투었으나 결국에는 하인리히 4세가 패배했다. 패장이 된 하인리히 4세는 부인을 대동하고 눈발이 흩날리는 카노사의 성문 앞에서 무릎을 꿇은 채 교황에게 용서를 구하는 굴욕을 감내해야 했다. 이를 카노사의 굴욕이라고 한다.

교황권 우월 시대에 눈여겨봐야 할 것이 교황 겔라시우스 1세의 '두 칼 이론'과 교황 보니파티우스 8세의 이론이다.

먼저 교황 겔라시우스의 두 칼 이론을 보자. 494년에 선을 보인 이 이론에 따르면 세상은 제사장직과 왕권의 신성한 권위에 의해 지배받는데, 제사장직인 영적 칼과 왕권인 세속적인 칼은 모두 하나님에게서 나오고 그 목적에 의해서 명확히 구별된다는 것이다.[325] 반드루넨은 겔라시우스의 두 칼 이론과 아우구스티누스의 두 도성 이론을 다음과 같이 비교 설명한다.

첫째, 겔라시우스의 두 칼 이론은 아우구스티누스의 모델과 구별시켜 주는 교회와 국가의 근본적인 조화와 협력을 상상하는 것 같다. 아우구스티누스가 보기에, 그리스도인은 세상과, 교회는 제국과 공존할 수 있었다. 하지만 (특정 상황에서 국가가 칼을 갖고 교회의 분쟁을 진압해 달라는 교회의 요청과 같은) 일부 예외 사항과 함께, 아우구스티누스는 이런 공존을 현세적인 것들 안에 있는 어색한 협력으로, 그리고 이런 불편한 협력 배후에서 그것들 사이에 존재하는 좀 더 근본적인 반대와 대립을 전제하는 것으로 묘사했다. 겔라시우스의 이론은 여전히 근본적으로 대립 상태에서 공존하는 두 영역이나 두 백성을 전혀 기술하지 않는다. 대신에, 겔라시우스는 단 하나의 몸 된 백성을 상상하는데, 그것은 독특하지만 보완하는 방식으로 그들(과 서로)을 다스리는 두 개의 관계 당국을 지닌다. 그리스도인을 이국땅을 여행하는 순례자로 보는 아우구스티누스(와 디오그네투스의) 관점은 틀림없이 여기서 눈에 띄지 않는다. 그리스도인과 비신자 사이의 공통성 영역이라는 아우구스티누스식 개념에 필적할 만한 것은 전혀 없다. 왜냐하면 비신자들의 자리가 분명하게 심사숙고되지 않았기 때문이다. 둘째, 겔라시우스의 모델은 그것이 국가에 특별한 제도적 적법성을 수여한다는 면에서 아우구스티누스의 것과 구별될 수 있다. 겔라시우스는 황제에게 '제국의 직무는 신의 계획에 의해 당신에게 부여되었습니다'라고 말했다. 아우구스티누스의 글 속에서, 국가의 업무와 국가가 물리적인 칼을 지니는 것은 언제나 큰 의심을 받는 것 같다. 정확히 비규범적이지 않고 엄밀히 문제 되지 않는 위정자들은 그들의 업무를 현재의 악한 시대에 어쩔 수 없이 해야 되는 일로 수행한다. 국가의 존재 자체는 아우구스티누스에게 이런 세속(saeculum)의 비극, 즉 겔라시우스의 이론을 제한하는 것 같지 않은 하나의 관점을 나타낸다.[326]

다음으로, 교황 보니파티우스의 이론을 보자. 보니파티우스는 프랑스왕 필립 4세와의 오랜 대결 상황에 있던 1302년 〈하나의 거룩한 교회〉라는 대칙서에서 겔라시우스의 두 칼 이론을 바탕으로 자신의 이론을 정립하였다. 그의 이론의 핵심은 물리적 칼과 영적인 칼이 교회와 국가 각각의 손에 주어진 것이 아니라 두 칼 모두 교회와 그 권세에 주어졌으나, 교회가 그 칼을 세속 권력에게 위임하였다는 것이다.[327] 반드루넨은 보니파티우스의 이론과 아우구스티누스나 겔라시우스의 이론과의 차이점에 관해 아래와 같이 설명한다.

보니파티우스와 겔라시우스의 두 칼 이론 사이에는 분명한 유사점들이 있다. 그의 선배와 같이 그리고 아우구스티누스와는 다르게, 보니파티우스의 이론은 두 영역이나 두 백성 사이에 아무런 근본적인 적대감도 (공존하는 공통성도) 상상하지 않았다. 대신에 보니파티우스는 그들을 다스리는 세속적인 관계 당국 및 영적인 관계 당국과 더불어 단 하나의 몸으로 된 그리스도인 백성을 상상했다. 그러나 겔라시우스가 두 칼을 하나님에 의해 직접 교회와 국가에 맡겨진 것으로 묘사한 반면, 보니파티우스는 그리스도가 교회에 두 칼을 맡기셨고, 교회는 부가된 수단과 함께 국가에 세속적 칼을 위임했다고 언급했다. 그래서 겔라시우스는 한편에서 황제가 주교에게 답변하고 다른 편에선 주교가 황제에게 답변한 관할권의 간단한 분할을 제시했지만, 보니파티우스는 비록 교회가 일반적으로 세속적 기능들을 직접 집행하는 자가 될 수 없을지라도 교회를 모든 것 위에 군림하는 최고의 것으로 만들었다.[328]

ㅇ 황제권 우월 시대

중세 유럽 사회는 봉건제 사회였다. 봉건제 사회에서 근대 국민국
가로 이행하기 위해서는 황제권의 교황권에 대한 우위가 확보될 필
요가 있었다. 이러한 시점에 발생한 것이 '아비뇽 유수' 사건이다. 프
랑스의 필리프 4세는 1308년 겔라시우스의 두 칼 이론을 수정한 교
황 보니파티우스 8세와 싸워 이겼고, 그 이후인 1309년부터 1377년까
지 7대에 걸쳐 교황들을 로마 교황청으로 돌려보내지 않고 아비뇽성
에 강제로 머물게 했다. 아비뇽 유수는 이스라엘 사람들이 바벨론으
로 끌려간 사건인 '바벨론 유수'에 빗대어 만든 용어다.

ㅇ 일국일교주의 시대

마르틴 루터에 의해 촉발된 종교 개혁으로 구교(가톨릭)와 신교(프로
테스탄트) 사이에 대립이 심화되어 가던 중 참혹하기 짝이 없는 30년
전쟁(1618~1648)이 발발하였다. 이 전쟁은 '베스트팔렌 조약'(1648년 독일
북서부 베스트팔렌주에서 체결)으로 봉합되는데, 이 조약으로 인해 중세 유
럽은 국민 국가 시대의 막을 올리게 된다. 한편, 베스트팔렌 조약 중
에는 '각 지역 주민의 신앙은 지역 통치자의 신앙에 따른다'는 조항
이 있는데, 이 조항으로 인해 이른바 한 국가는 한 종교를 선택할 수
있다는 '일국일교주의 시대'가 막을 열게 된다. 위 조항은 그 국가의
종교를 따르지 않는 일부 시민들에게는 불행한 일이었다. 하지만 칼
뱅은 위 조항으로 스위스 제네바를 복음화할 수 있었고, 가톨릭의 박
해로부터 프로테스탄트들을 지켜 낼 수 있었다.

일국일교주의는 국가와 교회와의 관계에 관한 당시 종교 개혁자들

의 생각을 이해하는 데 있어 매우 중요한 사항이다. 이를 제대로 인식하지 못하고 현대 다원주의 사회에서 칼뱅을 포함한 종교 개혁가들의 생각과 행동을 분석하고 비난하면 심각한 오류를 도출할 가능성이 높아진다. 이에 관해 반드루넨은 다음과 같이 설명한다.

> 교회와 국가는 구별되지만, 더 크고 통일된 기독교 사회의 부분으로 여겨진 기독교 제국의 중세적 유산은 계속해서 종교 개혁 시대를 지배했다. 유럽 전역에 널리 공유된 신념은 오직 한 교회와 한 종교만이 주어진 관할권 안에서 인정되어야 한다는 점이었다. 질서정연하고, 기능을 발휘하고, 종교적으로 다원적인 사회의 구체적인 모델은 당장 사용할 수 없었다. 이 모든 것은 제네바 및 칼뱅과 제네바의 관계를 생각할 때 의미가 있다.[329]

○ 정교분리 시대

종교 개혁 이후에 이어진 르네상스와 산업 혁명은 민족과 지역을 중심으로 하는 국민 국가를 심화·발전시켜 나갔고, 그로 인해 시민과 국민의 영향력이 증대되었다. 그러던 중 프랑스 대혁명이 일어나 '왕권신수설'을 타파하고 '국민 주권 사상'을 세웠으며, 이와 더불어 일국일교주의를 근거로 종교를 강제할 수 없다는 사상을 퍼뜨림으로써 정교분리 시대의 막을 올렸다. 정교분리 시대는 개인의 종교의 자유 보장을 전제로 하는데, 이를 위해서는 국교(國敎)가 부정되고 국가의 각 종교에 대한 정치적 중립이 지켜져야 한다는 주장이 대두되었다. 이러한 의미에서 교회와 국가의 분리를 공식적으로 승인한 헌법적 뼈대를 만든 첫 번째 국가는 미국이다.[330] 미국은 1787년에 7개 조로 구성된 헌법을 제정하였으나 1791년 최초로 헌법을 개정하면서 10개 수정 조항을 삽입했는데, 제1조에 "의회는 종교의 국교화와 관련된 법이나 종교의 자유로운 시행을 금지하는 법을 만들어서는 안 된다"라는 규정이 있다.[331] 이 수정 조항의 핵심 내용은 '국교의 금지'와 '종교의 자유'다. 영국에서의 종교 박해를 피해 신대륙으로 넘어간 청교도들은 미국이라는 나라를 건국하면서 영국 국교회로부터 자신들의 신앙을 보장받기 위하여 국가에 대하여 종교적 중립을 강력하게 요구하여 그것을 수정 조항 제1조에 반영시켰다.[332] 미국은 건국 초기에 청교도들이 국가의 요직을 차지하고 있었으므로 수정 조항 제1조는 청교도들에게 유리한 요소로 작용했다. 당시의 미국 사회는 이른바 '미국식 콘스탄티누스주의'라고 할 수 있을 정도였다. 하지만 미국이 이민을 통해 다인종, 다종교 사회로 변화되어 가면서 종교적 중립 원칙은 '모든 종교'에 대한 자유 보장으로 나아가지 않을 수가 없었다. 다시 말해 다수파 종교의 횡포를 막는 데 활용되는 '국교의 금지 규정'에 의해 다수파인 기독교의 권리 행사는 점차 제약되어 간 반면, 소수 종교를 보호하는 데 활용되는 '종교의 자유 조항'에 의해 여호와의 증인이나 몰몬교 같은 소수 종파의 보호는 점차 확대되었다.[333] 이로 인해 청교도를 중심으로 하는 개신교가 국가나 사회로부터 직접적 또는 간접적으로 받던 수혜는 점차 폐지되어 갔고, 현대에 이르러서는 무신론과 자유주의적 개인주의의 확대로 말미암아 모든 공적 영역에서 기독교적 색채가 거의 제거되기에 이르렀다. 이러한 추세가 심화되어 간다면 미국에서는 기독교에 대한 역차별의 박해가 일어날지도 모른다. 실제로 드레허에 의하면, 2015년 미국 연방대법원이 오버거펠 대 호지스 사건에서 동성혼이 헌법적 권리라고 판결한 이후 미국에서 기독교는 수정 조항 제1조에 규정된 종교의 자유에 따른 보호조차도 받기 어렵게 되었다.[334]

② 교회와 국가의 관계에 관한 비분리주의와 분리주의

이상의 역사적 흐름과는 별개로 교회와 국가 사이의 관계를 한 평면에 놓고 보면 크게 두 가지 시각이 있음을 알게 된다. 국가와 교회가 하나라는 '비분리주의'(콘스탄티누스주의 또는 에라스투스주의)와 교회와 국가는 목적과 기능 면에서 분리되어야 한다는 '분리주의'가 그것이다.

○ 비분리주의

먼저 교회와 국가는 하나라는 '비분리주의'적 시각을 보자. 이러한 시각은 콘스탄티누스 황제 때부터 시작되었다고 할 수 있다.[335] 콘스탄티누스 황제 이후 중세 시대에 벌어진 교황권과 황제권의 다툼은 교회와 국가가 하나의 기관이라는 시각에서 출발하여 누가 교회와 국가의 최종적인 권위를 가지는가에 관한 주도권 쟁탈전이었다. '에라스투스주의'도 본질적으로 교회와 국가가 하나의 기관이라는 사상이다. 이 주장의 핵심 요지는 국가와 교회는 하나의 기관이고 교회는 국가의 종이나 한 국면에 불과하므로 국가의 통제와 권세 아래 복속되어야 한다는 것이다.[336] 에라스투스주의의 원조로 하이델베르크에서 의사로 활동한 토마스 에라스투스는 교회는 성경 말씀을 가르치고 설교할 권한만 있을 뿐이고, 교회 구성원들에 대한 권징이나 출교의 문제는 행정부에 의해 고용된 교회의 직분자들을 통해 이루어져야 한다고 주장한다.[337] 에라스투스주의는 덴마크, 노르웨이, 스웨덴, 핀란드의 국가 교회와 영국의 국교회인 성공회의 배경이 되고 있다. 고대의 신정 국가(神政國家)도 비분리주의에 해당한다고 할 수 있다.

○ 분리주의

분리주의는 교회와 국가는 목적과 기능 면에서 서로 구별될 뿐 아니라 분리되어야 한다는 주장이다.[338] 분리주의는 교회와 국가 간 관계의 긴밀함 정도에 따라 다양한 차이를 보인다.

첫 번째로, '절반의 분리주의'가 있다.[339] 교회와 국가가 그 목적 및 기능 면에서 별개의 기관임을 전제로 하지만 특정 사안에 관해서는 서로 협력해야 한다고 주장하는 입장이다. 벨직 신앙 고백서 제36조, 웨스트민스터 신앙 고백서 제23장에서 이들의 주장 요지를 발견할 수 있다. 한편 교회와 국가 간 협력의 모습에 관해 개별적으로 살펴보면, 국가는 교회의 권징에 대한 감독권을 행사할 수 있고, 교회도 국가에 대하여 특정한 법을 제정하거나 제정되지 못하도록 권한을 행사할 수 있다고 하는 경우(츠빙글리)[340], 이단들 등 십계명 중 첫 번째 돌판(제1계명에서 제4계명까지)의 명령을 위반하는 사람들에 대해서는 교회의 요청에 따라 국가가 형벌을 부과할 수 있고,[341] 국가의 법률이 하나님의 법에 따라 제정되어야 한다고 하는 경우(칼뱅),[342] 기독교인이 아니면 시민권을 주어서는 안 된다는 경우(스위스 제네바의 기독교인들, 메사추세츠 주에 식민지를 개척한 청교도들)[343] 등이 있다. 다음 글은 국가와 교회와의 관계에 관한 칼뱅의 태도를 잘 보여 준다.

사람들에게 있어서 국가는 빵과 물과 태양과 공기에 못지않게 유익하다. 어떤 점에 있어서, 실로 국가의 가치는 이것들 모두보다 훨씬 더 뛰어나다. 국가는 단지 이것들이 제공하는 숨 쉬고, 먹고, 마시고, 따뜻하게 몸을 지키는 편의를 제공하는 데 그치지 않고, 이 모든 일을 통하여서 사람들이 함께 살아갈 수 있도록 할 뿐만 아니라, 나아가 우상 숭배, 하나님의 이름에 대한 모독, 그의 진리에 대한 저주, 그밖에 종교를 공적으로 걸려 넘어지게 하는 것, 이 모든 것이 사람들 가운데서 일어나고 전파되는 것을 금하고, 공공의 평안이 교란되는 것을 금하며, 각자의 재산이 안전하고 무사하도록 하며, 사람들이 서로 간에 나무랄 것 없는 교제를 나누도록 하며, 그들 가운데서 정직과 절제가 함양되도록 한다. 요컨대 국가는 기독교인들 가운데서 종교의 공적인 면모가 드러나고 사람들 사이에서 인간성이 유지되도록 한다.[344]

두 번째로, '진정한 분리주의'가 있다. 교회와 국가는 서로 다른 목적과 기능을 가진 '기관'이므로 각자의 고유한 영역에 관해서는 상대방의 의사에 반하여 침범해서는 안 된다는 입장이다.[345] 진정한 분리주의로 인해 정교분리 원칙이 심화 발전되어 갔고, 교회와 국가와의 관계가 현대화되었다. 진정한 분리주의는 국교 제도 폐지, 특정 종교의 신봉자에 한해서 시민권을 주거나 공직 담임권을 부여하는 제도의 폐지, 공직 유지를 위한 종교적 맹세의 금지, 종교 규율 위반에 대하여 국가가 행정상 또는 형사상의 제재를 가할 수 있도록 한 제도의 폐지(17세기 미국 버지니아 식민지에서는 자녀가 세례를 받지 않은 경우 부모에게 벌금을 부과할 수 있었음) 등의 성과를 이루어 왔다.

하지만 진정한 분리주의를 따르더라도 교회가 국가가 아닌 정치와도 분리되어야 하는지에 대해서는 의견이 나뉜다. 우선, 교회가 국가뿐 아니라 정치적 영역과도 완전한 분리를 이루어야 한다고 하는 그룹이 있다. 그들은 자신들만의 독립적인 공동체를 만든 다음 국가 및 정치와의 관련성을 가능한 한 최소로 줄이려고 한다. 이들을 '대(對) 국가-정치 분리주의'라 하자. 극단적인 대 국가-정치 분리주의자의 모습은 '여호와의 증인'[346]에서 찾아볼 수 있다. 다른 한편, 교회가 국가와는 분리되어야 하나, 정치에서 분리되어서는 안 된다는 그룹이 있다.[347] 이를 '대(對) 국가 분리주의'라고 하자. 교회는 국가 내에서 정치·사회적으로 아벨공동체에 속한다고 할 수 있고, 가인공동체에 대하여 선교적 및 선지자적 사명을 감당할 책임이 있다. 한편, 국가는 교회가 선교적 및 선지자적 사명을 잘 감당할 수 있도록 공동체의 질서를 유지할 의무가 있다. 이러한 상호성의 범위 내에서라면 교회가 정치 영역 등 공적 영역과 관련을 맺지 않을 수가 없고, 국가 및 사회 속에서 '공론' 형성에 참여할 수 있어야 한다. "국가와 교회는 뒤섞여서도, 분리되어서도 안 된다."[348]는 것도 대 국가 분리주의로 이해할 수 있다. 대 국가 분리주의자의 모습은 국가 및 정치에의 참여 정도에 따라 '현대 로마 가톨릭', '원리적 다원주의(영역주권론)', '사회 정의 관점', '시민 종교적 입장', '메노나이트'[349]에 이르기까지 아주 다양한 스펙트럼을 보여 준다.[350]

③ 분리주의에서의 교회의 위상

현대에 이르러 교회와 국가는 분리가 원칙이라는 분리주의가 대세를 차지하고 있다. 그런데 정교분리 시대가 심화되어 가고, 국가가 해결하지 못할 일은 없다는 '국가 만능주의 시대'가 도래하자 국가는 가정, 지역 사회와 같은 중간 단계의 공동체와는 비교할 수 없는 압도적인 힘을 가진 공동체가 되었다. 교회도 정치학적으로 중간 단계의 공동체로 분류된다. 이제 교회는 권력과 세력의 측면에서 국가를 향해 중세 가톨릭교회가 했듯 교회와 국가가 정치적으로 대등한 공동체라고 주장할 수가 없게 되어 버렸다. 이러한 시대적 상황을 두고 신학자들은 교회가 현대적 차원에서 바벨론 유수에 직면해 있다고 표현한다. 이제 국가는 빈민 구제 등 역사적으로 교회가 감당해 온 일들을 공적 영역으로 흡수해 버렸고, 교회 역시 교회가 가장 잘 했던 일들을 국가나 지방자치단체에 맡겨 버리고 국가로부터 위탁받아 사업을 진행하는 지경에 이르렀다. 이러한 시대를 살아가야 하는 교회로서 국가와의 관계를 새로이 정립하지 않을 수가 없다. 빌링스는 "이렇듯 현대 문화에 포로된 상황에서 우리가 해야 하는 것은 단순히 새로운 대안을 모색하는 일이 아니다. 우리에게 필요한 것은 새로운 관점, 새로운 조망이며, 현대 문화에 예속되어 있다는 현대적 차원의 바벨론 유수를 직면해야 한다. 또한 그런 맥락에서 성령께서 성경을 통해 교회에 하시는 말씀을 수용하는 것이 우리가 할 일이다"라고 말한다.[351]

교회와 국가의 관계에 대한 의견으로는 먼저, 교회의 영역이 사적 영역에 한정된다는 주장이 있다(사적 영역설). 사적 영역설에서는 국가와 관련된 영역은 공적 영역에 해당하고 교회와 관련된 영역은 사적 영역에 해당하므로, 개인이나 교회가 공적 영역에서 사적인 정체성을 표현하는 것은 정교분리 원칙에 위배되어 공적 제재도 감수해야 한다고 주장한다. 한 가지 사례를 들어 보겠다. 트럼프가 대통령이 되기 전, 연방정부 공무원들은 성탄절에 동료들에게 '메리 크리스마스 (Merry Christmas!)'라는 표현을 사용해서는 안 되고, 대신 '해피 홀리데이 (Happy Holiday!)'라고 하는 건 가능하다는 말을 미국 연방정부의 한 공무원으로부터 전해 들었다. 이것은 국가 내의 삶을 공적 영역과 사적 영역으로 엄격히 구분하여 적용한 결과임이 틀림없다. 그리고 이러한 경향은 점점 더 심해져 갈 것으로 보인다.

사적 영역설은 교회가 "자신의 종교적 관점을 반영하라고 법과 공공정책에 영향을 끼치는 정부 관료를 설득하기 위한 공적 토론에 참여하는 것을 지지하지 않는다."[352] 다만 교회가 '시민 종교'의 형식을 갖춘다면, 공적 영역에서 종교 활동을 하거나 공적 토론에 참여할 수 있다.[353] 시민 종교란 국민의 삶에 신성한 의미를 부여하는 종교적 형태를 말하고, 정치적인 것들을 연결하면서 국가를 하나 되게 하는 신학적 접착제와 같은 역할을 한다고 한다.[354] 시민 종교는 미국의 전통, 사법, 문화를 통해 공적으로 승인된 종교로, 미국 연방대법원 판결이 공적 영역에서 허용된다고 한 종교적 요소를 모아 놓은 것이라고 할 수 있다.[355] "연방대법원은 미국인의 삶에 녹아 있는 시민 종교의 증거를 가끔 인정한다."[356] 시민 종교는 '합리적 이성'에 절대적 권위를 부여하는 이신론(理神論)으로 근대 계몽주의의 종교적 유산이며 기독교 신앙이 아니다. 미국의 정교분리 원칙은 근대 계몽주의와 결합하여 기독교 신앙을 대신할 시민 종교를 만들어 내더니 급기야 기독교 신앙을 사적 영역으로 내몰고, 하나님을 사적 영역에 유폐시켜 버렸다.[357] 톰 라이트는 아래와 같이 말한다.

마치 치매 걸린 늙은 친척을 다락방에 가두듯 계몽주의가 하나님을 사적인 영역으로 몰아낸 이후로 이런 일들은 꾸준히 일어났다. 우리는 때때로 다락방을 들락거리지만, 그분이 아래층으로 내려와서 우리를 당혹스럽게 하는 일은 없도록 잘 단속한다. 손님이 방문 중일 때는 더더욱 그렇다. 프랑스와 미국처럼 종교와 실제 삶의 분리를 아예 헌법에다 못 박아 놓은 국가들도 있다. 국가별로 결과는 제각각이다. 영국에서도 많은 사람이 종교와 삶의 절대적인 분리를 희망한다. 그뿐 아니라 일종의 이데올로기적 안락사를 시행함으로써 다락방 늙은이를 완전히 제거해 버리기를 원한다. 대학교와 대학의 부속 예배당을 콘서트홀로 바꾸고, 신학 교육을 폐지하고 싶어 하는 사람들도 있다. 미국 지폐에서 '우리는 하나님을 믿는다'(In God We Trust)라는 글귀를 지워 버리려고 애쓰는 사람들이 있는 것처럼, 영국에는 학생들의 공적인 삶에서 하나님의 모든 표식들을 말끔히 제거해 버리고 싶어 하는 사람들이 있다.358

교회와 국가의 관계에 관한 다음 의견으로 교회가 은혜 영역에 대해서만 지배권을 가진다는 주장이 있다(단편 은혜설). 단편 은혜설은 국가에는 '자연의 영역'과 '은혜의 영역'이 있는데 두 개의 영역은 서로 겹치지 않는 두 개의 원처럼 공통분모 없이 완전히 다른 원리에 따라 움직이므로 은혜의 영역에 속하는 교회는 자연의 영역에 있는 정치에 관여해서는 안 된다고 주장한다. 하지만 이 주장에 따르면, 교회가 속한 은혜의 영역에는 하나님의 주권과 섭리가 미치지만, 교회를 제외한 나머지 영역은 자연법이나 자연법칙에 따라 규율되는 자율적이고 중립적인 자연의 영역이므로 하나님의 주권과 섭리가 미치지 않는다고 결론 맺게 된다. 이는 하나님의 통치권이 교회라는 한정된 영역에만 미친다는 주장이다.

끝으로 교회와 국가를 분리하기는 하지만, 교회는 하나님 나라에, 국가는 세속에 포함되는 것이 아니라 이들 모두 하나님 나라에 속한다고 보고, 하나님 나라의 주권이 교회뿐 아니라 국가에도 미친다고 하는 주장(영역 주권설)이 있다. 하지만 이러한 주장은 네덜란드처럼 한 국가 내에서 하나님 나라의 지배권과 교회의 영적 영향력이 아주 우세할 때나 받아들일 수 있다. 그 외에 엄격한 정교분리주의 국가나 기독교에 대한 탄압이 이루어지고 있는 국가 내에서는 내세우기가 어렵다.

성경이 가르치는 교회는 사적 공동체도 아니고 단편 은혜적 공동체도 아니라 '공적(公的) 통전적(通典的) 공동체'로, 공적 공동체로서의 성격과 은혜 통합적(일반은혜 + 특별은혜) 공동체로서의 성격을 가진다. 따라서 우리는 사적 영역설과 단편 은혜설을 받아들일 수 없다. 한편 영역 주권설은 세속 국가의 권력이 월등히 우월한 국가만능주의 국가하에서는 주장하기가 어렵다.

먼저, 교회의 공적(公的) 공동체적 성격을 살펴보자. 교회는 세속 국가의 견지, 다시 말해 정치학적으로 보면 중간 단계의 공동체라고 할 수 있으나 하나님 나라의 견지, 다시 말해 신학적 견지에서는 예수님이 특별히 제정하신 공적 공동체임을 잊어서는 안 된다. 교회는 세상(땅)에서 하나님 나라의 은혜 언약과 동일시할 수 있는 유일한 기관이자 공동체다.[359] 그리스도의 몸이자 영적인 공동체로서의 교회는 사탄의 지배 아래 있는 세상(땅)의 회복을 위한 복음의 전초 기지로서의 공동체다. 이처럼 교회는 공중의 권세 잡은 자가 지배하고 있는 세상

(땅)의 대항 세력으로서의 성격을 가지는 한편, 국가에 대한 '대항적 공동체'로서의 성격도 함께 가진다. 마치 예수님이 한 몸에 신성과 인성을 모두 가지신 것과 같다. 이러한 이중성을 고려하지 않으면 교회의 사명과 공공성을 제대로 이해하기가 어렵다. 또 교회는 사회에 대하여는 단순히 대항하는 것을 넘어 '대안(代案)을 제시해야 하는 공동체'다. 교회를 '대안 공동체'로 부르지만, 이는 독야청청(獨也靑靑)하기 위해 교회를 게토화하여 국가 내 다른 공동체들과 담을 쌓고 닫힌 공동체로 살아가라는 뜻이 아니다. 교회는 국가 내의 공동체들이 그 목적과 기능에 합당한 역할을 하지 못할 때, 사회를 향하여 대안을 제시해 줄 수 있어야 한다. 하지만 가인공동체를 '대신'하는 의미로서의 대안이 되어서는 안 된다. 그랬다가는 적폐 세력으로 내몰려 타도의 대상이 되는 것은 시간문제일 뿐이다. 그러므로 교회는 국가가 될 수 없다. 교회는 국가 내의 공동체들이 교회에 대하여 적대적일 때뿐 아니라 호의적일 때에도 교회 자체의 정체성을 잃지 않고 동화되기를 거부하며 그들 공동체와 병행하여 존속할 수 있는 체제를 갖추고 있어야 한다.[360] 대안의 제시는 말만으로 끝내서는 안 되고 삶으로서 보여 주어야 하기 때문이다. 콘스탄티누스 황제 시절 교회가 실패한 것은 바로 이 병행성을 유지하지 못했기 때문이다. 교회가 세상 풍조에 휩쓸려 정체성을 잃는 것은 교회가 '세상의' 빛과 소금의 역할을 하지 못한다는 것을 의미한다. 이러한 대항성, 대안성 및 병행성이 교회의 공적 성격을 굳건하게 만든다.

한편, 단편 은혜설은 하나님의 주권과 섭리를 심각하게 제한하므로 우리는 이 설을 지지할 수가 없다. 하나님은 온 우주 만물의 주권자이시므로 모든 국가와 민족에게 은혜를 베푸신다. 따라서 하나님의 주권과 섭리가 미치지 않는 피조세계와 피조물은 존재하지 않는다. "하나님의 통치권 밖에 있는 것은 하나도 없고, 사람들이 그 사실을 부정하지만, 그럼에도 불구하고 하나님의 성령의 감화 아래 있다."[361] 이와 같이 하나님의 주권은 인간과 그 공동체 모두에게 미치므로, 하나님은 구원받은 인간들뿐 아니라 그렇지 않은 인간들에 대해서도 동일한 은혜를 베푸신다. 예수님이 "하나님이 그 해를 악인과 선인에게 비추시며 비를 의로운 자와 불의한 자에게 내려주심이라"(마 5:45)라고 말씀하신 것은 바로 이 점을 염두에 두신 것이다. 이를 '일반은혜(은총)'라고 한다. 이러한 일반은혜를 넘어 구원이라는 특별한 은혜를 누리는 사람들도 있다. 이러한 사람들에게 베푸시는 하나님의 은혜를 '특별은혜'(은총)라고 한다. 하지만 우리는 어떤 사람이 특별은혜를 받고 있는지, 다시 말해 '어떤 사람이 구원 백성으로 선택받았는지'에 관해서는 알 수가 없다. 다만 세상 속에 하나님의 통치권이 회복된 하나님 나라인 교회를 중심으로 살아가는 사람들에 대해서는 특별은혜를 누리는 백성으로 간주(看做)해 줄 수 있을 뿐이다.[362] 이러한 간주를 바탕으로 우리는 국가라는 공동체를 원칙적으로 '일반은혜 영역'에 기반을 둔 가인공동체라고 보고, 교회는 특별은혜 영역에 기반을 둔 아벨공동체라고 볼 수 있다. 하나님은 특별은혜의 영역에서 살아간다고 할 수 있는 아벨공동체와 그 구성원뿐 아니라 일반은혜의 영역인 가인공동체와 그 구성원에 대해서도 주권을 가지고 계시고,[363] 두 개의 공동체는 하나의 하나님 나라에 속한다. 공동체를 '기독교 공동체'와 '시민적 공동체'로 나누고 그 두 개의 공동체가 모두 하나님 나라에 속한다고 하는 바르트의 한 나라 이론도 같은 입장이라고 생각한다. 비록 가인공동체의 사람들이 하나님이 그들의 주권자라는 사실을 부정할지라도 그 사실은 변함이 없다.

이처럼 교회는 국가 및 사회에 대하여 대항하고 대안을 제시하는 공동체다.[364] 이러한 교회의 역할을 '선지자(예언자)적 사명'이라고 한다.[365] 그리고 하나님 나라의 전초 기지인 교회는 그 사명의 범위 내에서 하나님의 주권이 미치는 일반은혜의 영역에 관해서도 영향력을 행사할 수 있어야 한다. 따라서 교회는 국가로 하여금 그 목적 달성에 충실하도록 요청하고, 그 통치자들 및 관리들에 대하여 그 직무에 충실하도록 요구하며, 국가와 국가의 권력을 쥔 자들이 자신의 사명에서 벗어날 때 바른길로 들어서도록 하는 선지자적 사명을 감당해야 한다. 또 교회는 가인공동체에 흡수되지 않은 상태에서 부패하고 타락한 사회에 대해 대안을 제시함으로써 사회와 그 구성원에게 정의롭고 선한 길을 제시해 주어야 한다. 이것이 교회의 진정한 공적 활동이다.

교회가 국가와 적대적 대립 관계를 유지하는 것도 지양되어야 하지만, 국가를 교회로 보완하고 대체하려고 하는 시도도 멈추어야 한다. 그것은 예수님의 재림 때에 하나님의 권능으로 이루어지는 것이지 지금 유한한 인간의 의지와 노력으로 이루어지는 것이 아니다. 기독교의 근본적인 입장은 인간의 힘으로는 이 땅에 유토피아를 건설할 수 없다는 것이다. 이것을 망각하는 순간 우리는 다시 헤어날 수 없는 콘스탄티누스주의의 거대한 늪에 빠져든다는 것을 명심해야 한다.

④ 교회의 공동체적 특성

○ **교회는 세상에서 하나님의 통치권이 회복된 영역으로 하나님 나라에
속한다**

하나님의 통전성을 바탕으로 하는 교회는 하나님의 통치권이 회복
되지 않은 영역을 지배하는 사탄과 영적 전쟁을 벌이는 전초 기지의
역할을 한다. 하지만 이런 영적 전쟁은 관념상의 전쟁이 아니라 실존
하는 공동체와 그 구성원들이 겪는 전쟁이다. 이런 영적 전쟁은 국가
사이의 전쟁처럼 적군과 아군이 깃발이나 제복 등을 통해 구별되지
않는다. 전장에 있는 이들이 하나님의 통치 영역에 속하는지 아니면
사탄의 통치 영역에 속하는지 분명히 구별할 수 없는 상태에서 전투
를 치러야 하는 것이다. 아군이라고 생각했던 사람이 적군일 수도 있
다. 이러한 실존에서 최선의 전투 원칙은 '정직'이다. 정직하게 하나
님의 군사로서 전쟁에 임하는 것이다. 어떤 사람에게 물건의 가치를
정직하게 알리지 않고 비싼 값에 팔아 폭리를 취했는데, 나중에 교회
에서 만나게 된다면 얼마나 부끄럽겠는가? 부도덕이나 거짓으로 일
시적인 승리를 거둘 수도 있으나 이는 진정한 승리가 아니다. 사탄은
우리의 부도덕이나 거짓을 지적하며 하나님께 우리의 싸움 방식이
하나님 보시기에 정의롭지 못하다고 고소할 것이다. 그러한 고소가
타당하면 우리 싸움은 즉각 패배로 끝이 난다. 그러니 상대가 부도덕
하거나 정의롭지 못한 방식을 쓴다고 해서 우리도 같은 방식을 사용
해도 된다고 생각해서는 안 된다. 아무리 어렵더라도 하나님의 백성
으로서 하나님의 성품을 가지고 하나님이 가르쳐 주신 원칙에 따라

전투를 치러야 한다.

이것이 바로 예수님이 사탄과 치르셨던 전쟁 방식이다. 우리도 예수님의 방식으로 싸워야 함을 잊어서는 안 된다. 지는 것이 이기는 것이다. 이것이 공공 생활 영역으로 나아가는 기독교인들의 기본적인 마음가짐이 되어야 한다.

○ 교회는 정치·사회학적으로 아벨공동체다

아벨공동체는 하나님을 공동체의 주권자로 승인하므로 가인공동체와는 근본적으로 다른 삶의 태도와 방식을 가지고 살아간다. 아벨공동체인 교회(유형교회)는 특정 지역 사회나 국가에 기반을 두고 있으므로 이 한도 내에서는 소속된 지역 사회나 국가로부터 행정적 통제를 받지 않을 수 없다. 특히, 국가는 가인공동체와 아벨공동체가 공존하므로 이스라엘 공동체가 광야에서 생활하던 때, 다시 말해 '신정(神政)'이 행해지던 때와 같이 특별한 경우를 제외하고는 기독교인이 국민의 과반수 이상을 차지한다고 하더라도 모든 국민에게 아벨공동체의 삶의 태도와 방식에 따라 살아갈 것을 강요할 수는 없다. 왜냐하면 상황이 바뀌어 가인공동체 구성원이 과반수가 되게 되면 그들이 당한 만큼 그리스도인들의 삶을 개조시키려고 할 것이기 때문이다. 이것이 바로 '호혜성 원리'다. 그러므로 현대 정교분리 시대를 살아가는 기독교인들은 이 원리를 마음에 철저히 새겨 두어야 한다.

○ 교회는 공적 변혁적 공동체다

정교분리 시대를 맞아 교회는 국가와의 관계에서는 목적과 기능

면에서 분리되어야 하므로, 콘스탄티누스주의 및 에라스투스주의나 절반의 분리주의에 빠지는 일은 없어야 한다. 한편으로 정교분리 시대를 살아간다고 하더라도 교회는 국가 내의 중간 단계의 공동체로서 국가 내에 존재하는 공동체나 단체들로부터 정치·사회적인 영향을 주고받지 않을 수가 없다.

먼저, 사회가 여론이나 정당 등을 통해 하나님 나라와 그 백성들을 핍박 또는 박해하거나 그러한 것을 가능하게 하는 법을 제정하고자 하는 때에 교회는 국가와 사회에 대하여 하나님의 뜻과 교회의 의사를 분명히 밝힘으로써 그러한 박해나 법의 제정이 중단될 수 있도록 해야 한다. 다음으로, 교회는 사회가 부패되고 타락되어 갈 때 선지자(예언자)적 사명을 감당해 국가와 사회로 하여금 자신을 돌아보게 만들어야 한다. 또 교회는 국가와 사회가 정의나 사회복지 등 분야에서 방향을 제대로 잡을 수 있도록 의견을 제시하고, 국가가 할 수 없는 부분에서는 나서서 앞장서야 한다. 이러한 점 등을 감안해 보면, 교회는 국가와 사회의 여론 등을 통한 정치의사 형성 과정에서 완전히 발을 빼서는 안 된다. 다시 말해 국가와 사회로부터 완전 독립된 공동체에 소속되지 않는 한 '대 국가-정치 분리주의'는 지양되어야 한다.

교회는 그 공적 성격으로 인해 특정한 사안에 관해서는 정치적 리더십을 발휘하지 않을 수가 없다. 하지만 정치와 관련을 맺어야 하더라도 교회는 원칙적으로 국가의 잘못에 대항하고 방향을 잃은 사회에 대안을 제시하는 공동체라는 것을 잊지 말아야 한다. 교회가 적극적으로 국가와 사회를 하나님 나라와 상관없는 유토피아로 만들어가고자 하는 것은 사명의 한계에서 이탈한 것이다. 이 땅에서 인간의 힘으로 유토피아를 만들겠다는 생각은 성경의 진리에 합치되지 않는다. 교회가 지향하는 정치는 다음과 같은 것이 되어야 한다.

> 기독교인 철학자인 스캇 무어는 만약 우리가 정치를 단지 국정 운영에 한정한다면 이는 오류를 범하는 것이라고 주장한다. 무어는 이렇게 기술한다. '정치는 폴리스에서 그것이 도시건 공동체건 심지어 하나의 가정이건 어떻게 우리가 함께하는 삶에 질서를 세우느냐에 관한 것이다. 정치는 어떻게 우리가 함께 사느냐, 어떻게 우리가 가장 중요한 것을 인식하고 보존하느냐, 어떻게 우리가 친목을 도모하고 우리 자녀를 교육하느냐, 어떻게 우리가 어떤 형태의 삶이 정말로 좋은 삶인지 생각하고 말하는 것을 배우느냐에 관한 것이다.'[366]

교회의 사회에 대한 최우선적 사명은 공동체 구성원들로 하여금 부패하고 타락한 사회의 실상을 직시하게 만들고, 거기에서 벗어나 구원의 길로 인도함으로써 하나님의 통치 영역이 확장되게 하는 것이다. 이를 위해서는 우리가 세상으로 나가야 한다. 교회는 부르심을 받은 사람들의 모임이기도 하지만, 세상을 향해 파송된 제자들의 모임이기도 하다. 세상은 우리를 거부할 것이다. 그럼에도 우리는 성령의 새 누룩으로서 지혜롭게 세상을 변화시켜 나가야만 한다.

문화영역에서 기독교인이 어떤 삶을 살아야 할지 일률적으로 말할수는 없다. 하지만 우리가 하나님 나라의 백성이며 하나님의 군사요 파트너라는 점을 잊지 않는 것이 무엇보다 중요하다. 특히 한 가지만 지적하자면 '윤리적 이원론'에 빠져서는 안 된다는 것이다. 윤리적 이원론의 사례에는, 성경의 계시를 모든 기독교인에게 적용되는 말씀과 목사나 수도사와 같은 특별히 헌신된 사람들에게만 적용되는 말씀으로 나누는 경우,[367] 기독교인은 사적으로는 복수나 살인을 거부해야 하나 공적으로는 침략적 전쟁을 통해 복수나 살인을 저질러도 된다고 주장하는 경우,[368] 경제의 영역은 물질적 영역이므로 이윤 추구의 극대화를 목표로 수단과 방법을 가리지 않고 경제 활동을 해도 성경에 위배되지 않는다고 주장하는 경우[369] 등이 있다. 이러한 윤리적 이원론은 교회의 공적 대항적 성격을 없애 버리는 것임을 잊어서는 안 된다.

(6) 로마서 13장 1~7절의 해석

① 문제 제기

개신교의 역사를 보면, 그 초기에는 '절반의 분리주의'에 서 있었다고 할 수 있는데, 웨스트민스터 신앙 고백서 제23장에서 그 흔적을 찾을 수 있다. 하지만 정교분리 시대가 심화되어 감에 따라 분리주의적 시각이 크게 확산되었고, 그 결과 교회와 국가 사이의 관계에 대한 복음주의자들의 입장이 매우 다변화되었다. 이는 교회 및 국가에 관한 기독교인의 시각을 정하는 데 표준이 된다고 할 수 있는 로마서 13장 1~7절의 해석에 매우 다양한 의견이 있음을 의미한다.

② 로마서 13:1~7

각 사람은 위에 있는 권세들(exousiais)에게 복종하라 권세(exousia)는 하나님으로부터 나지 않음이 없나니 모든 권세(ousai)는 다 하나님께서 정하신 바라 그러므로 권세(exousia)를 거스르는 자는 하나님의 명을 거스름이니 거스르는 자들은 심판을 자취하리라 다스리는 자들은 선(agaton)한 일에 대하여 두려움이 되지 않고 악(kakon)한 일에 대하여 되나니 네가 권세를 두려워하지 아니하려느냐 선(agaton)을 행하라 그리하면 그에게 칭찬을 받으리라 그는 하나님의 사역자(diakonoi)가 되어 네게 선(agaton)을 베푸는 자니라 그러나 네가 악(kakon)을 행하거든 두려워하라 그가 공연히 칼을 가지지 아니하였으니 곧 하나님의 사역자(diakonoi)가 되어 악(kakon)을 행하는 자에게 진노하심을 따라 보응하는 자니라 그러므로 복종하지 아니할 수 없으니 진노 때문에 할 것이 아니라 양심을 따라 할 것이라 너희가 조세를 바치는 것도 이로 말미암음이라 그들이 하나님의 일꾼(leitourgoi)이 되어 바로 이 일에 항상 힘쓰느니라 모든 자에게 줄 것을 주되 조세를 받을 자에게 조세를 바치고 관세를 받을 자에게 관세를 바치고 두려워할 자를 두려워하며 존경할 자를 존경하라

○ 위에 있는 권세들

1절의 '위에 있는 권세들'의 권세(엑수시아, exousia)[370]는 "공중의 권세 잡은 자"(엡 2:2)로서 천사를 의미한다는 견해도 있으나, 위에 있는 권세들을 "하나님의 사역자"나 "하나님의 일꾼"으로 표현하는 점, 그들이 선악에 관해 칼로 심판할 권한을 가지고 있고 "조세"와 "관세"도 거두어들일 수 있는 점 등을 고려하면, 여기서 "위에 있는 권세들"이란 '로마 제국이나 식민지 및 그 통치권자나 행정 관료'를 의미하는 것으로 봐야 한다. 또 가톨릭은 "위에 있는 권세들"을 가톨릭교회의

위계질서(Hierarchy) 중 교황을 비롯한 지배층을 의미한다고 주장하나, 바울이 위 서신을 작성할 당시에는 교황제를 비롯한 가톨릭교회의 위계질서가 형성되어 있지 않았으므로 그와 같은 해석은 무리다. 따라서 현대의 정치 구조에 따른다면, "위에 있는 권세들"은 한 국가 공동체의 통치권자를 비롯한 행정관료들이라고 이해함이 타당하다고 생각한다.

1절의 "복종하라"는 '순종하라'는 뜻이 아니라 "그리스도의 대표자들로 인정하고, 우리가 우리 자신을 주장하기보다는 그들이 우리를 주장하도록 허락해야 한다"는 것으로 '굴복하라'의 의미로 이해해야 한다는 의견이 있다.[371] 또 다른 의견은 "'굴복하라'로 번역된 말은 제2인칭의 명령이 아니라, 오히려 제3인칭의 명령형이다. 그러므로 '그로 하여금 굴복하게 하라'로 문자적으로 번역된다. 곧 직접명령이 아니라 간접명령이다. 여기 이 간접명령은 그 권세가 압력으로 굴복케 하거나, 또는 억지로 행하는 것에 반하여, 오히려 '자의적으로' 혹은 '자발적으로'란 뜻이 있다. 그러므로 바울 사도는 그 로마에 있는 교인들에게 솔선적 굴복을 권면한 것이다"[372]라고 주장한다.

특별한 경우에 예를 들어, 느부갓네살 왕이나 고레스 왕처럼 하나님의 섭리로 왕권을 차지하는 것이 허락되었음이 드러날 때도 있으나, 두 왕처럼 하나님에 의해 왕권이 허락되었음이 명시적으로 밝혀진 경우는 매우 드물다. 하지만 하나님의 명시적인 계시가 없다고 하여 그러한 통치자들에게 하나님의 섭리가 미치지 못한다고 할 수는 없다. 아우구스티누스는 네로 황제에 대해서도 다음과 같이 말한다.

이런 악덕의 정점 아니 사실상 정상에 다다른 첫 번째 인물은 네로 황제였다. …
그럼에도 불구하고 가장 높으신 하나님이 섭리로써 인간사의 형편이 그런 인물
들에게 적합하다고 판단하지 않았더라면, 권력과 지배권이 그와 같은 사람들에
게 주어지지 않았을 것이다. 이 문제에 관한 하나님의 말씀은 분명하다. 하나님
은 지혜로써 '나로 말미암아 왕들이 치리하며 방백(tyrannus)들이 공의를 세우며'(잠
8:15)라고 말씀하기 때문이다.[373]

그러므로 1절의 "하나님께서 정하신 바"라는 말씀을 근거로 모든
통치자와 행정관료들을 하나님이 직접 개별적으로 임명하셨다고 함
부로 말하지 않도록 하자. 하나님께서 '다윗과 같이 마음에 합한 자'
는 아니지만, 공동체의 질서 유지를 위해 사령장(辭令狀)을 주시기도
하기 때문이다. 위 말씀은 '일차적으로는' 하나님이 그의 섭리로 특
별한 목적을 가지고 국가와 정부라는 제도를 만드시고, 국가와 정부
의 통치권과 행정권을 사람들이 행사할 수 있도록 하셨고, 그 제도를
운용한 결과, 사람들이 국가와 정부의 통치권자와 행정 관료로서 권
한을 행사할 수 있게 되었다는 취지로 이해하고 적용해야 한다. 그다
음 '2차적으로는' 하나님이 직접 밝혀 주신 경우에만 위 말씀을 근거
로 하나님이 택하신 사람이라고 공포해도 된다는 뜻으로 적용해야
한다. 하나님이 세상의 통치자들에게 통치권을 수여하지 않으신다
고 하면, 온 우주의 통치자이신 하나님의 섭리가 제한되는 문제가 있
다. 따라서 하나님의 섭리 원칙에 비추어 보면, 하나님이 특정한 사람
을 통치자로 지명하셨다고 주장하는 것이 잘못되었다고 할 수 없다.
하지만 하나님이 특정인을 지명하셨다는 것이 명시적으로 밝히시지

않았는데도 특정인이 하나님에 의해 지명된 사람이라고 말하는 것은 인간이 주제넘게 하나님의 뜻이라고 떠드는 꼴이 되므로 옳은 처신이라고 할 수 없다. 그러므로 하나님의 계시가 특별히 드러난 경우, 다시 말해 느부갓네살이나 고레스와 같이 하나님이 특정 통치권자를 정하셨다고 선포한 경우 이외에는 하나님의 계시로 특정인이 통치권자가 되었다거나 그렇지 않다고 함부로 공표해서는 안 된다고 생각한다. 반드루넨도 "바울은 하나님이 통치자들을 세우셨다고 말하지만, 하나님이 어떻게 통치자들을 세우시는지가 즉각적으로 분명해지는 것은 아니다. 하나님은 새로운 국가 관리를 세우실 때마다 하늘에서부터 말씀을 내려 주셔서 그 관리를 공직에 임명하는 것이 아니기 때문이다"라고 주장한다.[374]

이렇게 하지 않고, 가인공동체뿐 아니라 아벨공동체가 공존하는 공적 영역에서 통치권자들과 행정 관료들을 하나님이 임명하셨다고 선포하려면, 다윗과 같은 선한 통치권자뿐 아니라 히틀러 같은 사악하기 짝이 없는 통치권자도 하나님이 직접 임명하셨다고 선포할 수 있어야 한다. 그러나 과연 히틀러에 대하여 그러한 선포를 할 자신이 있는가? 진영 논리에 갇혀 우리 편이면 하나님이 선택하셨고, 우리 편이 아니면 하나님이 선택하지 않으셨다고 말하는 것은 일관성을 잃은 것이고, 하나님의 섭리에도 합치하지 않는다. 하나님의 특별한 계시가 없는 경우에, 일관성을 유지하려면 모든 통치자에 대하여 침묵하든지 아니면 모든 통치자가 하나님에 의해 임명되었다고 하든지 해야 한다. 아우구스티누스는 "마리우스에게 권력을 주신 분은 또한 가이우스 케사르에게도 권력을 주셨다. 아우구스투스에게 그것을 준 분은 네로에게 그것을 주었다. 아주 관대한 황제들이었던 베스파시아누스 부자에게 그것을 준 분은 그것을 또한 잔인한 도미티아누스에게 주었다. 마지막으로 모든 경우를 다 열거하지 않기 위하여 그리스도인인 콘스탄티누스에게 그것을 주신 분은 배교자인 율리아누스에게도 그것을 주었다. … 분명히 이런 일들은 한 분 하나님에 의하여 그 기뻐하심에 따라 통치되고 인도되었다. 하나님이 그렇게 하신 동기가 숨겨져 있다고 하여, 그런 일들이 부당하단 말인가?"[375]라고 주장한다. 칼뱅도 "주님은 왜 자기의 백성이 저 가증스럽고 잔인한 독재자에게 이다지도 다함없는 순종을 하도록 명령하시는가? 그 이유는 그가 왕위를 보유하고 있었다는 사실 외에는 없다. 달리 말하면 하나님의 명령에 의해서 그 독재자가 왕좌에 앉게 되었으며 왕의 엄위를 부여받게 되었다는 사실 외에는 그 무슨 이유도 없다"[376]고 주장한다. 이처럼 두 사람은 신학적으로는 일관성을 유지하고 있다.

그러므로 우리가 선택할 수 있는 최선의 길은 하나님의 뜻이 밝혀지기를 기다리며 침묵하면서 신중을 기하는 것일지도 모른다. 이에 관해 바르트는 다음과 같이 설명한다.

그러므로 '각 사람은 복종하라!'는 말은 인간적인 계산 그 자체가 얼마나 잘못된 것인지를 각 사람이 신중하게 생각하라는 의미다. 우리는 그 결정적인 마이너스 부호를 붙일 수 없다. 우리는 우리가 부가하는 플러스와 마이너스가 그 결정적인 마이너스와 만날 때, 얼마나 부끄러운 것이 될 수밖에 없는지를 확실히 알 수 있을 뿐이다. 그러나 여기서 추천하는 '복종'도 인간이 다시 승리의 기쁨을 느끼면서 정의를 거머쥐게 하는 어떤 새로운 계산, 아주 교묘한 계산도 아니다. 여기서 추천하는 것처럼, 기존의 질서를 소리 없이, 그리고 환상 없이 인정하는 것, 그것보다 힘차게 기존 질서를 전복하는 길은 없다. 정말 그렇다. 국가, 교회, 사회, 실정법, 가족, 전문적 학문 등은 언제나 – 군목의 활력과 온갖 종류의 그럴싸한 허풍을 통해 배양되는 – 인간의 종교심을 먹고 산다. 그것들에게서 파토스(격정)를 빼앗아 보라. 그러면 너희는 그것들을 가장 확실하게 굶겨 죽이리라!377

그러므로 누가 우리에게 '이번 통치자가 하나님에 의해 임명되었는가?'라고 굳이 물어 온다면, "깊도다 하나님의 지혜와 지식의 풍성함이여, 그의 판단은 헤아리지 못할 것이며 그의 길은 찾지 못할 것이로다"(롬 11:33)라고 대답해 주자. 하지만 그렇다고 해서 이러한 침묵이 통치권자에 대한 정당한 비판과 저항권의 행사를 방해하는 것은 아니며, 통치권자의 불법적이고 부정의한 행위에 대해서까지 침묵을 지켜야 한다는 뜻은 아니다. 통치자의 임명에 대한 정당성과 통치자의 통치권 행사에 대한 정당한 비판과 저항권의 행사는 분리하여 생각해야 한다.

○ 심판을 자취하리라

2절의 "심판을 자취하리라"는 통치권자나 행정 관료들의 심판을 자취한다는 뜻도 있으나, 최종적으로는 하나님의 심판까지도 받게 된다는 의미로 해석된다.

○ 선을 베푸는 자

4절의 "선을 베푸는 자"의 의미는 국가의 목적과 관련하여 이해해야 한다. 앞에서 하나님이 국가를 만드시고, 국가 권력을 허용하신 이유는 하나님의 최종 심판 때까지 아벨의 길을 가는 인간들을 보존하시기 위해서라고 했다. 그러므로 기독교인의 입장에서 볼 때, '위에 있는 권세들'이 추구하는 선(공동선)이란 국가가 법과 제도적 폭력을 사용하여 질서를 유지함으로써 기독교인들로 하여금 구원-선을 이루는 데 도움을 준다는 의미로 이해해야 한다.[378] 이것을 구체적으로 표현한 것이 "그러므로 내가 첫째로 권하노니 모든 사람을 위하여 간구와 기도와 도고와 감사를 하되 임금들과 높은 지위에 있는 모든 사람을 위하여 하라 이는 우리가 모든 경건과 단정함으로 고요하고 평안한 생활을 하려 함이라"(딤전 2:1~2)라는 말씀이다. 다시 말해, 로마서 13장 4절에서 말하는 선은 선의 체계 중 세 번째인 사회적 가치-선과 네 번째인 질서-선을 의미한다고 보는 것이 타당하며,[379] 구원-선을 의미하는 것은 아니다. 구원-선의 성취는 교회의 독자적인 사명이기 때문이다. 국가 자체가 절대적 존재가 되어 하나님과 무관한 선을 내세우고, 국민들로 하여금 그 선을 이루도록 법과 제도적 폭력을 행사하는 것을 의미하는 것이 결코 아님을 명심해야 한다. 이렇게 선의 의미를 이해하는 것은 국가를 절대국가화하여 우상화하는 것이다. 또 국가가 구원-선을 이루고자 강제력을 행사하는 것을 허용해서는 안 된다. 이는 하나님이 교회에 맡기신 고유의 권한을 침해하는 월권 행위이므로 절대 용납할 수가 없다.

○ "조세"와 "관세", "두려워할 자"와 "존경할 자"

7절의 "조세"와 "관세"는 현재로서는 그 구체적인 내용은 알 수 없으나, "조세"는 직접세(법률상의 납세 의무자와 실제의 조세 부담자가 일치하는 세금으로, 대표적인 예로 소득세가 있다)를 의미하고, "관세"는 간접세(법률상의 납세 의무가 실제 조세 부담자에게 전가되는 세금으로, 대표적인 예로 부가가치세가 있다)를 의미한다고 한다.[380]

7절의 "두려워할 자"와 "존경할 자"를 모두 같은 의미로 '위에 있는 권세들'로 보는 의견도 있으나, "하나님을 두려워하며 왕을 존대하라"(벧전 2:17)는 말씀을 근거로 "두려워할 자"는 하나님으로, "존경할 자"는 '위에 있는 권세들'로 해석하는 의견도 있다.[381] 후자의 의미로 해석하게 되면, 로마서 13장 1~7절 말씀의 요지는 하나님께서 국가라는 제도를 제정하시고 통치자들 및 행정 관료들에게 통치권을 위임하셨으므로, 하나님을 두려워하는 마음으로 국가 통치자들과 행정 관료들을 존경해야 한다는 것이 된다. 이 점에 관해 반드루넨도 다음과 같이 설명한다.

> 이렇게 시민 정부 권위의 합법성에 대한 신약의 가르침의 아주 많은 부분은 다음과 같은 것들에서 구약 성경의 선례를 발견한다. 즉 하나님이 시민 정부 권위를 세우셨다는 것, 권위자들은 하나님의 종이라는 것, 사람들은 권위자들에게 복종하고 그들을 위해 기도해야 할 의무가 있다는 것이다.[382]

③ 적용

하나님은 아담과 하와의 범죄로 타락한 인간이 '구원-선'을 이루는 데 방해되지 않도록 하기 위해 국가와 법이라는 제도를 허용하셨다. 정교분리 시대의 국가는 아벨공동체와 가인공동체가 공존하는 곳이다. 비록 아벨공동체가 국가를 장악하고 있다고 하더라도 아벨공동체가 추구하는 인간의 선을 이루는 것을 국가의 목적으로 명시적으로 내세워 전 국민에게 강제할 수 없고, 그렇게 해서도 안 된다. 역으로 가인공동체가 국가를 장악하여 전 국민에게 자신들의 주장을 수용할 것을 강제해서도 안 된다. 이러한 공동체적 원칙을 지키지 않을 때 복수가 복수를 낳는 참혹한 유혈 사태가 발생한다는 것을 인류 역사에서 충분히 보지 않았는가? 이런 점에서 보면, 모든 국가의 근본적이고도 최우선적인 목적이 분명해진다. 바로 공동체 내의 폭력을 억제하고, 질서를 유지하며 외적(外敵)으로부터 국민의 안전을 보장함으로써 국가에 소속된 국민과 중간 단계의 공동체가 스스로 선을 이루어 가는 데 방해가 되지 않도록 해 주는 것이다. 이것이 전제되지 않으면 공동체 구성원 전체의 복지 향상은 달성하기 어렵다.

한편, 이러한 국가의 목적을 이루기 위해서는 국가의 권위가 필요하다. 사람들은 그 권위의 근원이 국민이라고 하지만, 기독교인들은 하나님이라고 선언한다. 그래서 바울 사도는 로마서 13장 1절에서 "권세는 하나님으로부터 나지 않음이 없나니 모든 권세는 다 하나님께서 정하신 바"라고 한 것이다. 이는 로마서 12장 19절과 논리적으로 밀접한 관련이 있다. 바울은 "너희가 친히 원수를 갚지 말고 하나님의 진노하심에 맡기라 기록되었으되 원수 갚는 것이 내게 있으니 내가 갚으리라고 주께서 말씀하시니라"(롬 12:19)라고 말한다. 이는 기독교인은 원수에게 직접 복수할 권한을 행사할 수 없고, 하나님을 통해서만 행사할 수 있다는 뜻이다. 그런데 하나님의 복수 권한은 예수님의 재림 시에 종국적으로 행사된다. 하지만 하나님은 기독교인이 이 땅에 사는 동안, 이 땅의 보존이라는 목적의 범위 내에서 하나님의 복수 권한을 임시적으로 국가에 맡기셨다. 그것을 나타내기 위해 바울은 로마서 13장 1절에서 권세는 하나님에게서 나고, 하나님이 정하시는 것이라고 선언한 것이다.[383]

결국, 세속 국가의 권력은 하나님으로부터 부여받은 것이고, 새 창조가 이루어질 때까지 특정한 목적의 범위 내에서 한시적이고 잠정적으로 주어진 것이다. 이로 인해 국가 권력은 절대적일 수가 없다. 비록 국민 주권 국가에서 통치권자들이 국민투표를 통해 선출되고는 있지만, 그것이 국가의 권력과 통치권이 하나님으로부터 나오지 않는다는 근거가 될 수는 없다. 왜냐하면 하나님께서 국가의 권력과 통치권을 수여하시는 것과, 그러한 하나님의 주권적 행위에 따라 특정 국민이 자신이 속한 국가의 권력과 특정한 통치권자를 결정하기 위해서 하는 국민투표는 같은 차원에서 논할 수 있는 것이 아니기 때문이다. 세속 국가들과 그 통치권은 하나님으로부터 비롯되었으므로 하나님을 우리의 주권자로 인정한다면, 세속 국가들과 그 통치권의 권위 자체에 복종하지 않을 수가 없고, 권위에 복종하는 것은 실제적으로는 국가의 통치권자들과 행정 관료인 '위에 있는 권세들'에게도 복종해야 함을 의미한다. 이것은 자신이 선호하는 통치자들과 행정 관료가 아니더라도 그렇게 해야만 하는 것이다. 이는 하나님이 국가와 국가 권력을 만드셨고, 그 결과 통치권자와 행정 관료가 세워졌다는 '양심'을 따르는 것이지, 국가가 가진 '칼'의 '진노'에 위협당해서 복종하는 것이 아니다.

"모든 사람은 죄인들이어서, 권력은 부패하기 마련이다."[384] 절대 권력은 절대 부패한다. 권력은 너무도 쉽게 남용(濫用, 권한 범위 내에서 악용)과 유월(踰越, 권한 범위 밖의 권력 행사)의 유혹에 빠지고, 자신의 신격화를 감행하기도 한다. 더구나 가인공동체는 공중 권세 잡은 자들의 영적 힘에 지배되고 있다. 그럼에도 불구하고 우리는 하나님이 세우신 국가와 국가의 통치권자들을 '하나님의 사역자' 또는 '하나님의 일꾼'으로서 존경해야 한다. 국가와 통치권자가 부패(腐敗, 주어진 범위 내에서 권한을 행사하지만, 그것을 악용하여 불의를 저지르는 것)하고, 타락(墮落, 권한 범위를 넘어 권력을 행사하여 불의를 저지르는 것)하였다고 하더라도 그에 대한 저항권을 행사하겠다고 확정하기 전까지는 그 권위에 복종하고 권세자들을 존경해야 한다. 왜냐하면 국가와 국가 권위의 기원과 정당성의 근거는 하나님께 있다고 하면서, 저항권을 행사할 만한 사유가 없는데도 자신이 선출한 권력이 아니라는 불만으로 국가와 국가 권력에 복종하지 않는 것은 결과적으로 하나님의 주권과 통치권을 무시하는 것이 되기 때문이다. 칼뱅이 말한 것처럼 "관원들에 대한 저항은 하나님께 대한 저항"이 된다.[385] 또 우리의 싸움 대상은 혈과 육이 아니라 통치자들과 권세들과 이 어둠의 세상 주관자들과 하늘에 있는 악의 영들인데, 이들과의 싸움이 그들이 선호하는 폭력이 되어서는 안 되고, 예수님이 우리에게 가르쳐 주신 종말론적 비폭력주의에 따라야 하기 때문이다. 이것이 국가와 통치권자들을 향한 기독교인의 근본적 태도다.

'위에 있는 권세들'에 복종하는 모습을 보여 주는 대표적인 예가 납세 의무의 이행이다. 그래서 바울은 조세를 받을 자에게 조세를 바치고, 관세를 받을 자에게 관세를 바치라고 말한다. "가이사의 것은 가이사에게, 하나님의 것은 하나님께 바치라"(눅 20:25)는 예수님의 말씀도 같은 맥락에서 이해할 수 있다. 그 외에도 국방의 의무를 이행한다든지 공무원으로서 국가를 위해 봉사한다든지 함으로써 '위에 있는 권세들'에 복종하는 모습을 보여 주어야 한다. 그러한 선을 행하면, 그들로부터 "칭찬을 받"게 될 것이다. 하지만 이러한 칭찬도 하나님께로부터 나옴을 명심해야 한다.

이러한 국가의 "권세를 거스르는 자는 하나님의 명을 거스"르는 자이므로 하나님의 심판을 받을 뿐만 아니라 현실적으로는 '국가의 제도적 폭력'도 당하게 된다. 하나님의 명을 거스르는 것은 "악한 일"을 하는 것이고, "악을 행하거든 두려워"해야 한다. 다스리는 자는 "공연히 칼을 가지지 아니하였으니 곧 하나님의 사역자가 되어 악을 행하는 자에게 진노하심을 따라 보응"을 내릴 수 있다. 더구나 그들은 "하나님의 일꾼이 되어 바로 이 일에 항상 힘"쓰고 있음을 잊지 말아야 한다. 하지만 하나님의 일꾼들인 권세들이 사역을 맡긴 하나님의 명보다 우선시될 수는 없다. 왜냐하면 권세를 거스르는 자는 "하나님의 명"을 거스르는 것이라는 말씀에는 권세자들이 하나님의 명을 따른다는 전제가 있기 때문이다. 이것은 권세에 복종할 때, 가장 주요하고 최우선적인 예외가 되어야 한다. 칼뱅은 "통치자에 대한 순종이 결코 우리를 하나님에 대한 순종에서 멀어지게 해서는 안 된다."[386] "우리는 오직 주님 자신 안에서 다른 사람들에게 복종해야 한다. 그들이 하나님을 거슬러 어떤 것을 명령하면, 그 명령은 아무것도 아니며 그 어떤 자리에나 수에 들지도 못하는 하찮은 것이다. 그것은 통치자들이 지닌 어떤 존귀함과도 무관하다. 그 존귀함은 하나님이 지니신 유일하고 참된 최고 권세 앞에 낮아질 때에만 해를 입지 않는다"[387]고 말한다.

어떤 사람들은 '위에 있는 권세들'은 곧 하나님의 사역자이기 때문에 복종하고 존경해야 한다고 말한다. 하지만 이 말은 잘못 해석하면, '위에 있는 권세들'은 세상을 통치하기 위한 하나님의 도구로 사용되고 있으므로 그가 하는 일은 하나님의 뜻에 따른 것이므로 옳다 그르다 판단하지 말고 무조건 복종해야 한다는 생각에 이를 수도 있다. 하지만 그렇게 해석하는 것은 성경을 온전히 이해한 것으로 보기 어렵다. 우리가 '위에 있는 권세들'에 복종하고 존경을 보이는 것은 하나님이 그들에게 맡기신 '사역(使役)'이나 '직책' 때문이지 그들이 하나님의 뜻에 100% 순종하는 하나님의 사역자이기 때문이거나 그들의 사람됨이 고귀해서가 아니다.[388] 그들이 하는 일이 반드시 하나님 나라나 교회에 선하거나 유익한 것도 아니고, 그들의 판단이나 재판이 100% 정의롭지 않은 경우도 있다. 후자의 대표적인 예가 바로 빌라도가 예수님에 대하여 사형 판결을 내리고 집행한 것이다. 따라서 우리가 그들에게 복종하고 존경심을 나타내는 데에는 근본적인 한계가 있다. 그 한계는 다름 아닌 하나님이 그들에게 맡기신 사명이다.

'위에 있는 권세들'의 사명은 '선(공동선)을 행하는 것'이다. 따라서 국가 및 국가의 권력을 쥔 자가 선을 행하기를 거부하거나 악을 행할 때, 예를 들어, 기독교인들이 구원-선을 이루어 가지 못하도록 박해할 때, 국민에게 과도한 세금을 부담시키는 등 국민들로 하여금 사회적 가치를 실현하지 못하도록 방해할 때, 국가의 근본적이고 보편적인 의무인 국가 내 질서 유지와 국민의 안전 보장을 위한 의무의 수행을 거부할 때, 그들은 "하나님의 사역자가 되어 네게 선을 베푸는 자"(롬 13:4)로서의 임무에서 벗어났으므로 국민은 국가 및 국가의 폭력에 대하여 '저항권'을 행사할 수 있다. 예수님이 빌라도의 판결을 수용한 것은 빌라도에 대하여 저항권을 행사하면 안 되었기 때문이 아니다. 오히려 예수님은 하나님의 아들로서 빌라도가 오판을 감행하고 있다는 것을 알고 있음에도 불구하고, 이러한 재판을 통해서라도 인류를 구원하시고자 하는 하나님의 주권에 복종하신 것이다.[389] 이로 인해 예수님은 "너는 내가 내 아버지께 구하여 지금 열두 군단 더 되는 천사를 보내시게 할 수 없는 줄로 아느냐 내가 만일 그렇게 하면 이런 일이 있으리라 한 성경이 어떻게 이루어지겠느냐"(마 26:53~54)라고 말씀하신 것이다. 이러한 예수님의 태도는 소크라테스의 태도와는 근본적인 차이를 보인다. 소크라테스는 자신이 기소되었을 때 해외로 망명할 수도 있었지만, 그 길을 택하지 않고 재판에 임했다. 재판이 자신에게 불리할 수 있다는 것을 알면서도 재판에 임했고, 사형을 선고받았다. 소크라테스는 사형 판결 이후에도 탈옥할 기회가 있었다. 하지만 그는 그러지 않았다. 탈옥하는 것은, 유리하면 재판에 승복하고 불리하면 재판에 불복하는 사람임을 증명하는 것이기 때문이다. 결국 그는 재판의 결과와 관계없이 재판 자체의 권위에 승복하는 방법으로 자신이 도덕적임을 증명하기를 원했고, 그러한 의미로 독배를 마셨다. 이는 자기 의를 이루기 위함이었다. 하지만 예수님은 자신의 의가 아니라 하나님의 의를 이루기 위해 십자가형을 받아들였다. 이것이 소크라테스와 예수님의 근본적인 차이점이다.

그리고 저항권은 칼뱅이 주장하는 바와 같이 '집정관(ephors)'이라고 부르는 '하급의 위정자들'만 행사할 수 있는 것은 아니다.[390] 칼뱅이 그렇게 주장한 것은 당시의 정치적 상황에 맞춘 것이다.[391] 하지만 이제는 시대가 변했다. 하나님은 국가의 공동체 구성원들이 함께 국가의 통치체제를 결정하고, 통치권자를 선택할 수 있도록 허락하셨다. 그러므로 국가의 통치권은 하나님에게서 비롯되어 국민을 거쳐 통치자에게로 위임되었다고 할 수 있다. 그렇다면 특정 국가의 국민은 하나님을 대신하여 국가의 권력을 위임한 자로서, 국가의 권력을 쥔 자가 권력을 남용할 때는 스스로 저항권을 행사할 수 있다. 한편, 칼뱅은 사인(私人)은 저항권을 행사할 수 없다고 하였으나, 앞에서 보았듯이 교회의 공적 통전적 성격을 강조한다면, 기독교인들은 공적 또는 공공적 신분을 가진 자가 되므로, 칼뱅의 논리를 따르더라도 저항권을 행사할 수 있게 된다. 그리고 이 저항권은 종교 문제뿐 아니라 국가의 일반 통치 문제와 관련해서도 행사할 수 있다.[392]

다만 저항권을 행사함에 있어서는 '비례의 원칙'이 적용되어야 한다. 먼저 저항권을 행사하는 목적이 정당해야 하고, 그 방법과 정도가 적절해야 하며(준법 투쟁→시민 불복종→저항권 행사), 피해가 최소로 발생하도록 해야 하고, 저항권 행사로 지켜져야 하는 국가의 질서와 금지시켜야 하는 국가 권력 사이의 균형성이 있어야 한다. 하지만 기독교인으로서는 저항권을 행사함에 있어 무엇보다 우선시해야 할 것이 있다. 그것은 바로 "네 이웃을 네 자신과 같이 사랑하라"(마 19:19)는 말씀이다.[393]

기독교인들은 이러한 시각에서 국가와 통치 권력을 바라볼 수 있어야 한다. 교회와 국가 사이의 관계에 관하여 일원론적 시각을 가지고 국가가 교회로 하여금 선을 이루어 가는 데 중대한 방해가 될 정도로 개입하는 것을 허용해서는 안 될 뿐 아니라, 모든 통치자와 행정 관료들이 하나님에 의해 선택되었다는 입장을 함부로 선포해서도 안 된다. 반대로 극단적인 분리주의의 입장에서 교회와 국가와 아무런 관계가 없다며 병역 의무 이행을 거부하는 등 국가적 의무의 이행을 거부해서도 안 된다.

4. 지역 사회(지역 공동체)

지역 사회 내지 지역 공동체는 그 안에 다시 아주 다양한 소규모의 공동체나 단체(직장, 문중, 동호회, 기관, NGO, NPO 등)가 존재한다. 그들은 각자 고유의 목적을 가지고 있고, 그러한 목적들은 지역 사회의 다양성으로 인해 일반화할 수 없는 것들이다.

앞에서 언급한 네 가지 공동체 중 가정, 교회, 국가의 기원과 기능 및 각 소속 구성원들 사이의 관계 등에 관해서는 성경에 많이 계시되어 있다. 하지만 지역 사회 또는 지역 공동체에 관하여 적용할 계시의 말씀은 거의 없다고 해도 좋을 것이다. 특히 지역 사회의 중요한 부분을 차지하는 '직장'과 '직업 윤리'에 관해서는 포괄적인 문화 명령을 제외하면, 특별한 계시가 없다고 해도 과언이 아니다.

이러한 상황에서 구약 성경의 룻기는 보아스와 룻의 이야기를 통해서 지역 공동체가 어떤 모습을 가져야 하는지에 관한 가르침을 간접적으로 보여 준다.

(1) 하나님이 주권자이신 공동체

룻의 시어머니 '나오미'는 남편의 이름이 '엘리멜렉'이고, 그의 두 아들의 이름은 '말론'과 '기룐'이다. 나오미 가족은 베들레헴에 흉년 이 들자 재산을 처분하여 마련한 돈을 가지고 모압 지방으로 이주하 였다. 그런데 그곳에서 엘리멜렉이 먼저 죽었고, 그 뒤 두 아들이 이 방 여인들과 결혼하였으나 그들도 후손을 남기지 않은 채 모두 죽고 말았다.

이러한 비극적인 상황에서 나오미는 생활고를 겪다가 여호와 하나 님께서 베들레헴에 양식을 주셨다는 소식을 듣고 살아야겠다는 일념 에 수치스러운 마음을 추스르고 고향으로 발길을 내디뎠다. 그의 두 며느리도 나오미를 따랐으나 그중 한 사람인 오르바는 중도에 포기 하고 그녀의 공동체로 돌아갔다. 홀로 남은 룻은 끝까지 나오미를 따 랐고, 나오미가 아무리 돌아가라고 해도 "내게 어머니를 떠나며 어머 니를 따르지 말고 돌아가라 강권하지 마옵소서 어머니께서 가시는 곳 에 나도 가고 어머니께서 머무시는 곳에서 나도 머물겠나이다 어머니 의 백성이 나의 백성이 되고 어머니의 하나님이 나의 하나님이 되시리 니 어머니께서 죽으시는 곳에서 나도 죽어 거기 묻힐 것이라 만일 내 가 죽는 일 외에 어머니를 떠나면 여호와께서 내게 벌을 내리시고 더 내리시기를 원하나이다"(룻 1:16~17)라고 말하며 자신의 뜻을 굽히지 않았다. 그 결과 룻은 베들레헴 공동체 구성원으로 받아들여졌다.

직접적으로 드러나지는 않지만 룻이 베들레헴 공동체 구성원으로 받아들여질 수 있었던 가장 큰 요인은 베들레헴 공동체 구성원들과 함께 한마음으로 하나님을 예배하는 것에 대한 일치가 이루어졌기 때문이다. "어머니의 백성이 나의 백성이 되고 어머니의 하나님이 나의 하나님이 되시리니"라는 룻의 말이 이를 잘 증명해 준다.

한편, 하나님은 룻이 '우연히' 엘리멜렉의 친족 보아스의 밭에 이삭을 주우러 가게 하셨고(룻 2:2), 룻이 이삭을 줍던 날, 보아스가 '우연히' 밭을 방문하게 하심으로써(룻 2:4) 하나님의 주권적 섭리를 펼치셨다.

(2) 열린 공동체

보아스는 다문화 가정에서 출생하였다. 보아스의 아버지는 살몬이고, 어머니는 라합이다(마 1:5). 라합은 이스라엘과 여리고성 사람들이 전쟁을 벌이기 전에 두 명의 이스라엘 정탐꾼들을 선대해 주었고, 그 결과 전쟁이 끝나고 난 뒤 가족들과 이스라엘로 귀화할 수 있었다. 라합의 가족은 여리고성 사람들 중에 유일하게 살아남은 사람들이다. 살몬이 어떤 사람이었는지는 마태복음 외에는 기록이 없다. 그가 두 명의 정탐꾼 중 한 명이었다는 주장도 있다.

그런데 룻기는 보아스가 재산이 많고, 마을 사람들과 식솔들로부터 존경받고 있었으며, 성품이 매우 인자한 사람이라고 기록한다. 하지만 그가 룻에게 "네가 가난하건 부하건 젊은 자를 따르지 아니하였으니"(룻 3:10)라고 말한 것으로 보아 그는 나이가 많았음에도 결혼하지 못하고 있었던 것으로 보인다. 재력도 있고 성품도 탁월했던 보아스가 늦게까지 결혼하지 못한 이유는 무엇일까? 그 이유는 알 수 없으나, 한 가지 떠오르는 생각은 그의 어머니 라합이 이방 여인이었던 데다가 기생이었다는 점이 그의 결혼을 방해했을지도 모른다는 것이다.

보아스의 어머니는 이방 여인이었다. 또 보아스가 속한 유다 족속의 선조인 유다의 부인도 이방 여인인 다말이었다. 그 덕분에 보아스는 이방 여인과 혼인하는 것에 대하여 큰 거부감이 없었을 것이다. 거기에다 룻의 성품과 하나님의 백성이 되고자 한 마음이 보아스의 마음을 감동시켰을 것이다. 그러한 결과로 보아스는 다시 룻과 다문화 가정을 이루게 되었다.

룻기에 나타나는 공동체는 이방 사람에 대하여 열린 공동체였다고 할 수 있다. 함께 하나님을 예배하는 것에 대한 일치가 이루어지면, 그 누구라도 공동체 구성원이 될 수 있었던 것이다.

(3) 하나님의 법이 살아 있는 공동체

베들레헴 공동체는 하나님의 법이 살아 있는 공동체였다. 먼저 이방인과 나그네를 선대(善待)하라는 말씀을 실천하고 있었다. 구약 성경에는 이방인과 나그네를 선대하라는 명령이 자주 등장한다. 그 이유는 이스라엘 백성들도 이집트에서 이방인으로 생활한 적이 있다는 것이다. 출애굽기 23장 9절에는 "너는 이방 나그네를 압제하지 말라 너희가 애굽 땅에서 나그네 되었었은즉 나그네의 사정을 아느니라"라고 기록되어 있다. 베들레헴 사람들은 위 말씀을 그대로 실천하였다. 보아스의 어머니 라합을 공동체 구성원으로 받아들였을 뿐만 아니라 모압 여인인 룻까지도 받아들였다.

다음으로 고아와 과부를 선대하라는 말씀을 실천하고 있었다. 구약 성경에는 고아와 과부를 선대하라는 명령도 자주 등장한다. 그 이유는 하나님이 "고아의 아버지시며 과부의 재판장"(시 68:5)이시므로 고아와 과부를 선대하는 것은 하나님께 대한 사랑을 증명하는 것이라는 것이다. 예를 들어, 출애굽기 22장 22~23절에는 "너는 과부나 고아를 해롭게 하지 말라 네가 만일 그들을 해롭게 하므로 그들이 내게 부르짖으면 내가 반드시 그 부르짖음을 들으리라"라고 되어 있다. 베들레헴 사람들은 위 말씀을 그대로 실천하였다. 그들은 졸지에 남편들을 잃고 과부가 된 나오미와 룻을 보고 "온 성읍이 그들로 말미암아 떠들며"(룻 1:19) 다시 공동체 구성원으로 받아들임으로써 선대하였다.

그리고 베들레헴 공동체는 가난한 이들을 위해 곡식 이삭을 남겨 두라는 말씀도 잘 실천하고 있었다. 구약 성경에는 추수 때 곡식 이삭을 남겨 두라는 명령도 자주 등장한다. 레위기 19장 9~10절에는 "너희가 너희의 땅에서 곡식을 거둘 때에 너는 밭모퉁이까지 다 거두지 말고 네 떨어진 이삭도 줍지 말며 네 포도원의 열매를 다 따지 말며 네 포도원에 떨어진 열매도 줍지 말고 가난한 사람과 거류민을 위하여 버려두라"라고 되어 있다. 하나님이 이런 명령을 내리신 이유는 가난한 사람들을 배려하시기 위함이다. 곡식을 모두 거두어 나누어 주는 것과 곡식 이삭을 남겨 두어 필요한 사람이 남몰래 거두어 가게 하는 것 중 어느 것이 가난한 사람들을 부끄럽지 않게 하는 것인지는 쉽게 답을 찾을 수 있을 것이다. 이처럼 하나님은 가난한 사람들을 구제함에 있어서도 구제받은 사람들의 존엄성이 침해받지 않도록 배려하라고 명하신다. 룻이 보아스의 밭에서 이삭을 거둘 수 있었던 것은 베들레헴 공동체 구성원들이 이러한 말씀을 철저히 지키고 있었기 때문이다.

더 나아가, 베들레헴 공동체는 '고엘(기업 무를 자)의 법'을 철저히 지켰다. 고엘의 법은 형제가 자손이 없이 죽었을 때, 가장 가까운 형제가 죽은 형제의 아내와 결혼하여 아들을 낳아 줌으로써 죽은 형제의 대를 이어 주거나 팔아 버린 땅을 되찾아 주는 제도다. 보아스는 고엘의 법에 따라 이방 여인과 결혼함으로써 그의 공동체 구성원으로서의 의무를 다하였다. 특히 보아스는 룻과 함께 타작마당에서 하룻밤을 보낸 뒤 룻을 아내로 맞아들일 뜻을 굳히고서도 신명기 25장 5~10절 말씀에 근거하여 자신보다 엘리멜렉과 더 가까운 친척에게 룻과 결혼할 기회를 부여하였다. 룻이 먼저 의사를 보였기에 자신의 지위와 재력으로 룻과의 결혼을 선언해 버릴 수도 있었으나 룻의 명예를 지켜 주고, 나아가 자신의 명예까지 지키기 위해 자기에게 차례가 돌아오지 않아 룻과 결혼할 수 없게 되더라도 하나님이 정하신 법을 지키고자 했다. 이러한 보아스의 정직함을 보신 하나님은 보아스에게 지혜를 주시는 등 섭리를 펼치시어 룻과 결혼하게 하셨다.

끝으로, 베들레헴 공동체는 공정한 분쟁 해결 제도를 운영하고 있었다. 보아스는 고엘의 법을 따르기로 하였지만, "아무개"(룻 4:1)에게 개인적으로 담판을 지은 것이 아니다. 만약 그랬더라면 보아스는 '아무개'를 힘으로 눌렀을 수도 있을 것이다. 이런 악이 발생할 수 있다는 것을 안 보아스는 자신의 뜻이 관철되지 않더라도 감수하기로 하고, 분쟁 사건의 해결을 정해진 절차에 넘겼다. 성문에 올라가 있다가 '아무개'가 지나가자 불러 세운 다음 베들레헴 성읍의 장로 10명을 초대하여 고엘의 법에 따라 판단해 줄 것을 부탁했던 것이다. 하지만 하나님은 보아스에게 지혜를 주셨고, 일종의 재판 절차에서 승소할 수 있었다.

이처럼 베들레헴 공동체는 하나님의 법이 살아 숨 쉬고 있었고, 그에 따른 축복이 흘러넘치고 있었다.

(4) 하나님의 성품을 닮은 공동체

베들레헴 공동체는 나오미와 보아스를 비롯한 온 성읍 사람들뿐 아니라 보아스의 일꾼들까지 하나님의 성품을 닮은 모습을 보여 준다.

나오미는 홀로 남아 지낼 각오를 하고 자신을 따라오려는 두 며느리에게 자신에게는 아무런 비전이 없다며 그들의 어머니의 집으로 돌아가라고 강력히 권고했다. 하지만 룻은 결코 시어머니를 버리지 않았다. 이에 대해 나오미는 "너희가 죽은 자들과 나를 선대"(룻 1:8) 하였다면서 고마워했다. 한편, 나오미는 룻에게 고엘의 법이 있다는 것을 알려 주며 룻이 새 출발을 할 수 있도록 길을 터 주었다. 나오미의 성품이 잘 드러나는 장면이다.

베들레헴으로 돌아갔을 때, 온 성읍 사람들이 다 같이 몰려나와 나오미를 위로해 주었고, 이방 여인인 룻을 공동체 구성원으로 받아들여 주었다. 또 룻이 보아스와 결혼한 후 아들을 낳자 다 함께 기뻐하며 그 아이의 이름을 지어 주기도 했다. 이로써 베들레헴 사람들도 하나님 닮은 성품을 보여 준다.

보아스의 일꾼들은 하나님의 법에 따라 룻이 곡식 이삭을 줍는 것을 막지 않았다. 그뿐 아니라 땅 주인인 보아스에게 룻이 "아침부터 와서는 잠시 집에서 쉰 외에 지금까지 계속하는 중이니이다"(룻 2:7)라고 말하며 룻에 대해 선한 평가를 내려 주었다.

보아스는 룻이 이방 여인으로서 타국에 와서 시어머니와 함께 극심한 가난을 겪고 있음에도 불구하고, 어린 소년들과 함부로 어울리지 않고 나오미를 정성껏 공경하며 정숙하게 생활하고 있다는 소식을 이미 듣고 있었다. 그런 상황에서 하나님의 섭리로 룻을 만나게 되자 소년들이 그녀를 희롱하지 못하게 조치하였을 뿐만 아니라 목이 마르면 소년들이 길어 온 물까지도 마실 수 있게 하였다. 점심 식사 자리에 룻을 초대했으며 일을 마치고 귀가하는 그녀에게 곡식을 풍성히 선물하였다. 그리고 고엘의 법에 따라 나이 차가 많이 나는 이방 여인임에도 불구하고 자신의 의무를 다하였다.

끝으로, 룻은 이방 여인으로서 이스라엘 사람들로부터 배척당할 각오를 하고 자기 고향을 떠나 나오미를 쫓아 베들레헴으로 왔고, 나오미를 공경하기 위해 최선을 다하였다. 그리고 나오미의 권고에 따라 심야에 정결하지 못하다는 비난받을 각오를 하고 보아스가 자고 있는 곳으로 가서 함께 밤을 지새웠다. 그리고 보아스가 고엘의 법에 따라 장로들을 찾아갈 때 묵묵히 결과를 기다렸다. 그리고 마침내 보아스와 결혼하였고, 오벳을 낳았으며 오벳이 이새를 낳고, 이새가 이스라엘의 위대한 왕 다윗을 낳게 됨으로써 하나님의 계획을 완성시켰다.

사사 시대에 희망이라고는 찾아볼 수 없었던 이스라엘 공동체에 한 줄기 희망의 빛을 던져 주던 공동체가 바로 보아스와 룻이 속한 베들레헴 공동체였던 것이다. 그리고 수천 년 뒤에 이 베들레헴에서 인류의 구세주인 예수 그리스도께서 보아스와 룻의 후손으로 탄생하시게 된다.

6장

공동선

1. 공동선 문제

(1) 공동선 문제

공동선에 관한 논의는 역사가 아주 오래됐고, 현재까지 여전히 논의가 진행 중이다. 공동선 문제에 관해 이렇게 오랫동안 논의가 지속되는 이유는 무엇인가? 그 첫 번째 이유는 우리가 앞에서 살펴보았듯이 선에는 질서와 체계가 있기 때문이다. 선은 최고선과 하위선으로 나뉘고, 하위선에는 개인선과 공동체의 선이 있다. 개별자(개인과 공동체)는 법적으로 개별적 주체로 취급되므로(법적으로 개별적인 법 주체로 인정되는 공동체를 '법인'이라 함) 개인이 추구하는 개인선과 공동체가 추구하는 공동체의 선은 '개별적 인격체로서의 선', 다시 말해 '개별선'이라고 할 수 있다. 개인과 공동체가 각 개별적으로 추구하는 개별선은 최고선의 하위선이므로 최고선을 지향할 수밖에 없고, 이로 인해 최고선은 개별선이 공유하는 선이 된다. 최고선은 자신을 정점으로 선의 질서를 만들어 나가고, 하위선을 이루는 개별선들은 최고선을 공유하며 그것을 지향한다. 이것이 공동선(the common good) 문제다. 아퀴나스는 "한 사람의 선은 최종 목적이 아니라 공동선을 위해 질서 지어져 있듯이, 한 집안의 선도 완전한 공동체인 한 국가의 선을 위해 질서 지어져 있다"고 말한다.[394] 선과 선이 충돌하는 경우는 권리와 권리가 충돌하는 경우보다는 해결이 더 쉽다. 우열을 가려 줄 최고선이 있기 때문이다. 하지만 권리 사회는 각자의 권리가 무엇인지를 주장하고 최종적으로 법정에서 각자가 주장하는 권리를 인정받기만 하면 되므로 원칙적으로 '공동의 권리' 문제는 논해지지 않고, '누가 옳은가?' 하는 문제만 논해진다. 당사자 사이에 분쟁이 발생한 경우에는 두 사람 모두 옳다고 하거나, 두 사람 모두 그르다고 하거나, 두 사람 중 한 사람만 옳다고 할 수밖에 없다. 특히 법정에서는 반드시 한 쪽이 옳다는 판정을 내려야만 한다. 그래서 진리(진실)를 찾지 않으면 옳고 그름의 문제는 해결할 수가 없다. 권리 사회가 심화될수록 분쟁 해결이 어려워지는 것은 바로 이 때문이다.

공동선 문제가 발생하는 두 번째 이유는 인간이 공동체적 존재이기 때문이다. 인간은 공동체적 존재이므로 개별자의 행위는 타자(개인과 공동체)에게 영향을 끼친다. 이로 인해 개별선은 공동체 안에서, 다시 말해 타자와의 관계 속에서 공유되는 선을 지향하며 추구될 수밖에 없다. 여기서 다시 공동선의 문제가 발생한다. "공동선이란 어떤 공동체를 구성하는 구성원이 '공통적으로(communiter)' 추구하는 선에 그치지 않고, 구성원에 의해 '공유될 수 있는(communicabile)' 선이다"라는 이나가키 료스케의 말도 같은 취지라고 생각한다.[395] 인간이 타자와 단절된 무연고적 존재라는 입장에 선다면, 선의 문제뿐 아니라 타자와의 관계 속에서 추구되는 공동선의 문제는 원칙적으로 발생하지 않는다고 생각한다.

(2) 주목받는 공동선

공동선은 성경에 등장하는 용어가 아니다. 성경에는 선(善)이라는 단어밖에 등장하지 않는다. 공동선은 학문적, 특히 정치철학적 및 신학적 개념이다. 공동선은 고대 그리스 철학에서부터 논의되어 중세 가톨릭을 거쳐 개신교에서도 논의되는 주제였지만, 근대 계몽주의와 개인주의가 사상사의 패권을 차지한 이후 '공익' 또는 '일반이익'과 같거나 그것을 대체할 수 있는 용어로 생각되어 왔다. 그런데 현대에 이르러 상대주의, 이기주의, 개인주의, 소비주의가 기승을 부리고, 그로 인해 국가와 사회에 수많은 문제가 발생하자 그 해결책으로 공동선이 다시 관심사로 떠오르며 화두가 되고 있다.[396] 특히 최근에 이르러 정치철학 분야에서의 공동체주의의 부상과 신학 분야에서의 '공공신학'의 대두로 공동선이 다시 주목받기 시작했다.

2. 공동선 개념의 정립

(1) 개념 정의의 곤란성

많은 학자들이 공동선이란 개념을 사용하지만, 그 개념을 한마디로 정의해 보라고 하면 제대로 답변하지 못한다. 이는 공동선이라는 용어가 사용된 맥락에서 보면 그 개념을 어느 정도 이해할 수 있으나, 그 개념을 일반화할 수 있도록 개념의 한계를 그어 주는 것이 무엇이며 그 한계 내에 무엇을 담을 것인지 답변해 달라고 하면 곤란함을 느끼게 된다는 뜻이다. 이러한 곤란함은 공동선 개념뿐만 아니라 어떤 사물이나 관념의 개념을 규정하고자 하는 경우 일반적으로 발생한다. 이 점에 관해 하트는 다음과 같이 설명한다.

> 우리들 모두는 때때로 이와 같은 곤경, 즉 "나는 코끼리를 볼 때 그것을 인식할 수 있지만, 그것을 정의할 수는 없다"라고 말할 때와 같은 곤경에 처하게 된다. 똑같은 곤경이 성 아우구스티누스가 시간의 관념에 관하여 표현한 유명한 말에서도 나타난다. "그렇다면 시간이란 무엇인가? 누군가가 나에게 묻지 않는다면 나는 그것을 알고 있다. 만일 어느 묻는 사람이 내게 그것을 설명하라고 한다면 나는 그것을 알지 못한다."[397]

이러한 곤경에도 불구하고 공동선이라는 용어가 내포하고 있는 개념 한계를 규정하지 않을 수 없다. 가장 중요한 이유는 공동선의 개념을 정립하지 않는다면, 하나님이 부여하신 공동체의 목적을 성취할 수 없고, 공동선의 실천을 통해 우리가 성취하고자 하는 바가 하나님의 뜻에 합치되는지를 판단할 수 없기 때문이다. 비유하자면, 내 비게이션을 잃어버려 엉뚱한 목적지로 항해하는 배처럼 될 수 있기 때문이다. 그러므로 무모하게 여겨질지도 모르겠으나 공동선의 개념 정립을 시도하고자 한다.

우선, 공동선의 개념에 포섭되어서는 안 되는 것이 무엇인지부터 밝혀 그 한계를 획정하고(공동선 개념의 소극적 의미), 다음으로 그 한계 내에서 무엇을 담을지를(공동선 개념의 적극적 의미) 탐구하는 순서로 공동선의 개념을 정립해 보기로 하겠다.

(2) 공동선의 소극적 의미

공동선과 관련해서는 주로 가톨릭에서 연구가 진행되어 왔다. 개신교 신학계에서는 그동안 공동선을 주제로 한 논의는 심도 있게 전개되지 않았던 것으로 보인다.[398] 하지만 최근 공공신학의 부상으로 공동선에 대해 많은 관심이 집중되고 있다. 공동선에 관한 논의를 전개하기 위해서는 먼저 공동선의 개념을 정립하여야 한다. 하지만 공동선 개념의 사용례는 학자마다 각양각색이다. 이는 공동선 개념을 이해하는 데 있어 혼란과 어려움을 조장한다.

개별선이 이성적 본성에 따라 공동체 안에서 추구될 때 이를 '공동선'이라고 하고,[399] 이와는 반대로 타자와의 단절 속에서 자기 자신만을 위해 추구될 때 이를 '사적 선' 또는 '고립선'이라 한다.[400] 이 같은 공동선의 개념은 아래 아우구스티누스의 글에서도 드러난다.

선한 천사들은 만물에 공통된 선, 곧 하나님 안에 꾸준히 머물러서 그의 영원성과 진리와 사랑을 받아 즐기는데, 악한 천사들은 자기가 자기의 선인 듯이 자기의 힘을 심히 기뻐하며, 모두가 함께 참여해서 행복을 받는 저 더 높은 선을 버리고 사적(私的)인 선에 불과한 것으로 타락했다.[401]

공동선은 어떤 물질적 재화를 의미하거나, 또는 공동체를 구성하는 개별적 인격들로부터 추상되고 소외된 공동체 자체의 선을 의미하는 것이 아니다. 개별자들의 목적과 분리된 것이 아니라 공동체에 속한 모든 개별 인격이 자기 자신에게 좋은 것, 즉 자기의 완성을 이루도록 하는 것이다.[402] 이에 관한 이경재의 설명을 보자.

공동선의 이러한 보편성은 개별자의 구조를 통해 보다 명확히 이해될 수 있다, 개별자, 예를 들어, 철수나 영희는 단순히 철수나 영희라는 개별자에 그치는 것이 아니라 철수-인간, 영희-인간의 전체적 완성을 의미한다. 그렇기 때문에 철수의 행복은 철수로서의 철수의 완성과 인간으로서의 철수의 완성을 모두 포함 동반하는 것이지, 단순히 철수로서의 철수의 완성이나 인간으로서의 인간의 완성만으로는 불충분하다. 철수의 철수로서의 완성은 영희의 영희로서의 완성과 그 내용을 달리하며, 따라서 그 고유성을 주장할 수 있는 개인적 차원의 자기규정일 수 있지만, 철수의 인간으로서의 완성은 영희의 인간으로서의 완성과 그 내용을 같이하는, 그야말로 인간의 인간으로서의 완성을 의미하며, 이러한 완성을 위해 지향되는 것이 바로 공동선이다.[403]

공동선과 공동체의 선 개념을 명확히 구분하지 않고 같은 의미로 이해하는 견해가 있으나, 공동선은 타자와의 관계를 전제로 하므로 공동체의 선은 공동선과 완전히 같은 의미로 사용하기가 어렵다고 생각한다. 왜냐하면 극단적인 이기주의 사회나 전체주의 국가에서처럼 공동체의 선이 타자와의 단절 속에 있으면서도 '공동선이라는 이름으로' 추구되기도 하기 때문이다. 이에 이경재는 "개인의 삶과 무관한 공동체의 선이란 그 구성원을 수단화함으로써만 달성될 수 있는 것으로서 어느 의미에서는 공동선이 아니다"라고 말한다.[404]

이상의 논의를 바탕으로 공동선의 개념을 소극적으로 정의하면, 공동선은 '타자와의 단절 속에서 자기 자신만을 위하여 추구하는 고립선이 아닌 선'이라고 할 수 있다. 하지만 이러한 개념 정의만으로는 공동선이 지향하는 바나 성취하고자 하는 목표를 이해할 수가 없다. 적극적 의미로서의 공동선 개념이 필요한 이유다.

(3) 적극적 의미로서의 공동선의 용례들

공동선의 실천 목표와 방법을 수립하기 위해서는 공동선의 개념을 적극적으로 정의할 수 있어야 한다. 그런데 문제는 적극적인 의미에서의 공동선의 개념에 관해 학자마다 입장이 다양하다는 것이다.

아직 공동선 개념에 관해 어느 정도의 틀이 갖추어져 있지 않은 상황에서, 공동선 개념을 정립하기 위해서는 텍스트들에 나타난 공동선의 사용례부터 살펴봐야 할 것이다. 그런 다음에야 공통적인 개념 요소를 뽑아 공동선의 개념을 정의할 수 있기 때문이다. 공동선 개념과 관련하여 텍스트들에 나타난 사용례는 아주 다양하나 크게 다섯 가지로 나누어 볼 수 있다.

먼저, 최고선이신 하나님과 관련된 사용례다. '정치적 공동체를 통해 실현되는 공동선은 초월적 공동선인 최고선을 향해 질서 지어졌다',[405] '내재적 공동선과 경륜적 공동선',[406] '교회에는 공동선이 충만하다',[407] '어떤 심판 대상도 존재의 행위가 공동선에 반하기 때문에 그 행위가 심판받는다'[408] 등과 같은 사용례가 여기에 해당한다고 할 수 있다.

둘째, 공동체를 중심으로 한 접근 방식이 있다. '영적 공동선', '인류의 공동선', '사회적 공동선', '정치적 공동선', '경제적 공동선', '박애적 공동선', '도시의 공동선' 등과 같은 사용례는 개별 공동체 영역을 중심으로 공동선 문제를 다루는 것으로 보인다.[409] 예를 들어, 영적 공동선은 영적 공동체인 교회의 공동선은 무엇이며 그것을 어떻게 실현할 수 있는지에 관한 것이고, 경제적 공동선은 한 경제 공동체가 이루어야 할 공동선이 무엇이고 그것을 어떻게 이룰지 하는 문제에 관한 것으로 이해할 수 있다. 사회적 공동선과 경제적 공동선의 관계에 관한 송용원의 설명을 보면, 좀 더 이해하기가 쉬울 것이다.

이러한 역사적 상황을 겪어 오면서 오늘날 서구 정치사상에서는 개인의 필요 충족과 공적 통합과 질서 두 가지를 모두 만족시키는 사회적 공동선의 위치를 어디에서 찾을지 고심하고 있습니다. 예를 들어 경제적 공동선은 탐욕적인 자유방임 사회와 독점적인 국가 통제 사회라는 양극단에서는 찾아볼 길이 없을 것입니다. 경제적 공동선은 개인의 선택의 자유와 공동체의 복리 증진이 상호 조화되는 중간 지점을 끊임없이 조절하며 창의적으로 탐색하는 실천에서 닿을 수 있기 때문입니다. 사실에서 정책의 섬세함을 요구합니다. 어쨌든 사회적 공동선은 무정부 상태와 전체주의 사이, 이기적 개인주의와 집단적 전체주의 양극단 사이 어디엔가 자리합니다.[410]

셋째, 공동체의 선과 개인선의 관계를 중심으로 한 사용례다. 이에 관한 텍스트들은 '공동선은 개별적 선익(bonum)의 총체',[411] '개별선의 완성으로서의 공동선',[412] '(공동선은) 온전한 인간의 번영을 추구하는 사회생활 조건의 총화',[413] '(공동선은) 자본주의의 개인적 선과 사회주의의 집단적 선에 우선하는 가치',[414] '공동선이란 공동체 구성원이 자신의 이익이나 인간적 성숙이나 공동의 목적을 달성하는 데 구성원을 도와 그들의 노력이 수월할 수 있도록 그리고 가능할 수 있도록 결정적 역할을 담당하는 주체'[415] 등이 있다.

넷째, 공동체 구성원과의 관계를 중심으로 한 사용례. 이에 관한 텍스트들은 '공동선은 서로를 잇는 공동체의 유대',[416] '공동선은 공동체적 사랑의 계약을 나타내는 존재론적 관계적 개념이다'[417] 등이 있다.

다섯째, 지향하는 가치(또는 가치재)를 중심으로 한 사용례. "요컨대 국가개혁과 국정 개선의 방향을 바르게 세우기 위하여서도 그리고 민주주의의 성공을 위하여서도 우리는 공동선이란 무엇이고, 공익이란 무엇인가를 정확히 알아야 한다."[418] 또는 "사회의 목표로서 공동선은 '평화' 혹은 '한 사회의 단일성 보전(保全)'이라는 한마디 말로 요약할 수 있을 것이다"[419] 등과 같이 이런 의미에서의 공동선의 사용례는 공동선 개념의 정립보다는 실천해야 할 공동선의 구체적 항목을 강조한다. 그리고 그 항목들에는 보통 정의, 공익, 보편적 복지, 공공재 등을 포함시킨다.

(4) 공동선 개념의 범주화에 관한 신학적 입장과 정치·사회학적 입장

앞에서 본 바와 같이 공동선의 개념은 실로 다양한 의미로 사용되고 있으나 크게는 다섯 가지로 유형화할 수 있다. 하지만 이렇게 단순하게 분류하는 것만으로는 공동선을 실천함에 있어 통일된 지표를 제공하기에는 부족한 점이 있다. 따라서 공동선 개념의 사용례들은 좀 더 체계적으로 축소된 항목으로 분류되어야 하며, 그 견해들은 아래와 같이 크게 신학적 입장과 정치·사회학적 입장으로 나누어 볼 수 있다. 이렇게 나누는 결정적 차이점은 공동선의 개념 요소에 선이신 하나님을 포함하는지의 여부다.

① 신학적 입장

신학에서의 공동선의 개념은 토마스 아퀴나스의 개념이 대표적이라고 할 수 있다. 이환구는 토마스 아퀴나스가 추구한 공동선은 세 가지 차원을 가진다고 말한다.

공동선의 첫째 차원은 '초자연적 공동선'으로 신학적·초자연적 차원의 궁극적 의미를 갖는다. 하나님은 우주 전체의 최종적인 공동선이고,[420] 전 우주의 최고선인 동시에 인간의 궁극적 목적 내지 지복(至福, beattitude)이시다.[421] 공동선의 둘째 차원은 자연적·현세적 차원에서 사람들의 선량한 생활에 기초를 두는 '윤리적 공동선'으로, 사람들의 공동체 생활에 있어서 공유된 선의 실현 및 덕의 함양을 의미한다.[422] 공동선의 셋째 차원은 좁은 의미의 정치에 직접 관련된 '정치·사회의 공동선'으로 반드시 사적 선의 총화는 아니고, 신학적 및 윤리적 공동선을 실현하기 위한 외면적 제반 조건의 확보, 즉 공공복지에 관한 것으로 이해된다.[423]

② 정치·사회학적 입장

정치·사회학에서는 기독교 정치·사회학을 제외하고는 공동선을 개념화함에 있어 신의 존재를 전제하지 않는다. 이러한 입장에서 공동선의 개념을 유형화하고 있는 두 가지 견해를 소개한다.

먼저, 이나가키는 토마스 아퀴나스가 공동선의 개념을 세 가지 단계로 구분하고 있다고 말한다. 첫 번째 단계는 모든 사람이 궁극적 목적에 도달하여 행복한 삶을 누릴 수 있는 것이며 이것은 현세에 실현되지 않지만, 그 준비 수준인 사랑에 의거한 여러 인격과의 친교는 현세에서도 실현 가능한 단계이다. 두 번째 단계는 사람들이 행복한 삶의 실현을 위한 태도나 훈련으로서의 윤리적 덕(virtus moralis)에 따라 사는 단계다. 세 번째 단계는 사람들의 착한 삶을 가능하게 하는 여러 가지 외적·물질적 조건의 충족으로 통상 '공공복지'로 불리는 단계라고 한다.[424] 그의 분석은 위에서 본 이환구의 분석과 거의 같다고 할 수 있으나, 첫 번째 단계의 공동선에 관한 설명에서 이환구의 분석과 두드러진 차이를 보인다. 그 이유는 이나가키가 기본적으로 공동선이 시공간세계에 존재하는 세속 국가라는 테두리 내에서 논의되어야 한다는 입장을 취하고 있기에, 그의 견해는 이환구가 전제하고 있는 최고선이시며 우주 전체의 완전성으로서의 초월적인 하나님의 공동선을 공동선의 개념에 포섭하기가 어렵기 때문이다.[425]

한편, 피터슨은 일반 정치학에서의 공동선의 개념이 세 가지 측면에서 해석되고 있다고 한다.[426]

피터슨은 공동선에 대한 첫 번째 해석은 '좋은 삶'의 관점에서 더 잘 이해되는데, 아리스토텔레스로부터 비롯한 이 접근법은 공동선을 '특정한 형태의 생활'로 간주한다고 한다.[427] 그는 어떤 공화주의자들에게 있어 공동선이란 '최고의 생활 형태'이고 본래적인 선으로 인간으로서의 모든 시민에게 공통적인 선을 의미한다고 한다.[428]

피터슨의 공동선에 대한 두 번째 해석은 공동선을 '정치공동체의 일반복지'로 이해하는 것이다.[429] 그는 이런 의미에서의 공동선은 시민들이 자신의 개인적이고 사적인 이해관계를 넘어서서 자신의 생각과 행동에서 더 커다란 공동체의 시민들을 바라봐야 한다는 신념으로 볼 수 있다고 한다.[430] 일반복지로서의 공동선에는 '공익'도 포함되는데, 공익이란 개인이나 사적인 이해관계를 넘어서서 존재하는 좋음으로 가장 잘 이해할 수 있다고 한다.[431]

피터슨의 공동선에 대한 세 번째 해석은 공동선을 비배제성(非排除性)을 가진 것으로 해석하는 것이다.[432] 이러한 공동선은 관련된 집단의 어떤 구성원에게 어떤 선을 증진(또는 감소)하려 할 때 그 선이 그 집단의 다른 구성원에게도 동시에 증진(또는 감소)하는 경우에만 그 선이 공동선이 될 수 있다고 보고, 결국 공동선을 재화나 공공재로 이해하게 된다.[433]

(5) 공동선의 적극적 의미

① 공동선의 개념 요소

　지금까지의 논의를 바탕으로 하여 공동선의 개념 요소를 정리해 보면 다음과 같다. 첫째, 공동선은 최고선 또는 궁극의 존재를 전제한다. 아벨공동체의 공동선은 최고선이자 공동선이신 삼위일체 하나님의 존재를 최우선으로 고려한다. 이에 비해 가인공동체의 경우 인간과 인간의 공동체가 그 궁극적 목적에 도달하기 위하여 의지하는 것은 하나님이 아니라 국가다. 따라서 가인공동체에서 공동선의 궁극에는 국가가 존재한다. 가족이라는 정(正)에 대한 시민 사회라는 반(反)이 국가라는 합(合)으로 귀결된다는 헤겔의 국가관에서도 국가는 궁극적 선으로 존재한다.

　삼위일체 하나님은 본래적 선이시고, 그의 창조물은 모두 그로부터 선한 것(하위선)을 받아야만 생명을 이어 나갈 수 있다. 따라서 인간들이 공동선을 성취하기 위해서는 하나님과의 관계가 절대적이 된다. 그런데 앞에서도 보았듯이 인간은 아담과 하와의 타락 이후 하나님과의 연합에서 분리되었다. 그러므로 아벨공동체에서 공동선을 이루는 첫 번째 일은 최고선이자 공동선이신 하나님과의 연합이다. 그리고 그것은 예수 그리스도와의 연합을 통해 가능하다. 그리스도와의 연합은 아담과 하와의 범죄 이후 잃었던 하나님의 형상을 회복하게 한다. 하나님의 형상을 회복하면 인간은 영생을 얻고, 하나님과 예수님의 성품과 인격을 닮아 갈 수 있게 된다. 칼뱅은 다음과 같이 설명한다.

고대의 철학자들은 선의 최고 목적에 대해서 열의를 다해서 토론했을 뿐만 아니라 심지어 서로 간에 논쟁까지 일삼았다. 그럼에도 불구하고 플라톤 외에는 아무도 사람의 최고선이 하나님과의 결합이라고 인식하지 않았다. 그렇지만 그 역시 그 결합이 무엇인지에 대해서는 실로 희미한 맛조차도 볼 수 없었다. 그는 그 결합의 거룩한 고리에 대해서는 아무것도 배운 적이 없었기 때문에 놀랄 일이 아니다. 우리에게는 유일하고 완전한 행복이 이 지상의 나그네 삶 동안에도 알려졌다. 그러나 이 행복은 하나님과의 결합을 갈망하도록 날마다 우리의 마음에 더 심하게 불타오른다. 이는 우리가 그 완전한 열매에 만족할 때까지 줄곧 계속된다.[434]

이에 반해 가인공동체에서는 하나님과의 연합을 대신하여 국가 공동체에의 통합이 공동선 개념에서 중요한 요소로 등장한다. 하지만 하나님의 존재가 빠진 가인공동체가 추구하는 공동선은 인간과 인간이 만든 공동체로 하여금 그 궁극의 목적에 이르지 못하게 한다. 오히려 절대화된 국가가 공동체 구성원과 공동체를 전체주의로 몰아갈 위험성이 있다. 이것은 나치 독일에서 이미 경험한 바다.

둘째, 공동선은 공동체와 그 구성원을 필요로 한다. 인간이 공동체적 존재가 아니라면 공동선의 개념을 논할 이익은 많지 않고, 설령 공동선이란 개념을 사용하더라도 그것이 공익이나 공공재나 일반복지 이상의 의미를 지닐 수가 없다. 이나가키나 피터슨의 '비그리스도적 공동선'도 모두 공동체, 특히 국가를 전제한다.

공동선의 요소로서의 공동체는 어떤 모습을 가져야 하는가? 이에 관해서는 바르트의 공동체 정의를 통해 그 윤곽을 어느 정도 파악할 수 있다. 그는 "공동체는 어떤 집단도 아니고 유기체도 아니다",[435] "공동체는 그야말로 'communio(공동체, 교제)'이며, 그래서 결코 개인의 다름(타자성)을 지양하거나 제약하거나 지우는 것이 아니라, 오히려 개인의 다름을 요구하고 각기 다름에 나름의 의미를 부여하는 하나 됨이다",[436] "(공동체는) 개인들의 무더기가 아니다. 그렇다고 어떤 총체적인 몸, 혹은 개인 군중도 아니다(전체도 아니다!)"[437]라고 한다.

공동선을 지향하는 공동체는 공동체 구성원 상호 간의 '결합'으로 이루어진다. 하나님으로의 결합은 '연합'이라 하고, 국가와 같은 공동체로의 결합은 '통합'이라고 하자. 이 땅에 존재하는 공동체의 모습은 매우 다양하나, 하나님의 주권성의 인정 여부와 관련해서는 아벨공동체와 가인공동체로 나눌 수 있음은 앞에서 이미 언급하였다. 하나님을 주권자로 섬기고 있는 아벨공동체의 결합 양식은 '연합'이라고 할 수 있다. 하지만 가인공동체는 하나님을 공동체의 주권자로 인정하지 않으므로 가인공동체의 결합 양식은 '통합'이라고 할 수 있다.

셋째, 공동선은 최고선 또는 궁극의 존재와 인간 및 인간이 만든 공동체 사이의 관계를 전제로 한다. 아벨공동체에서는 인생 궁극의 목적인 하나님과의 관계가 전제되어 있으나, 가인공동체에서는 국가와의 관계가 전제되어 있다. 하지만 인간 상호 간의 관계에서도 하나님이 배제되면 기독교적 공동선이 될 수 없다. "공동체를 통한 공동선의 추구는 그러므로 궁극적 목적, 궁극적 선을 향해 가는 도정에 놓여 있는 것이며, 그 자체로 궁극적인 선은 아니다."[438]

한편, 공동체 구성원들 상호 간의 관계의 정도는 크게 '호혜(互惠)'와 '연대(連帶)'로 나눌 수 있다. 호혜는 공동체보다는 개인을 우선시하는 태도다. 하지만 호혜만으로는 공동선의 형성에 대한 삶의 방향을 정하기에는 무리가 있다. 왜냐하면 호혜성 원리는 개인의 권리 실현이 무엇보다 중요한 관심사이기 때문이다. 그러나 연대는 공동체를 우선시하는 태도라 할 수 있고, 이러한 태도는 공동선의 의미와 그 실천에 결정적인 요소가 된다.

넷째, 공동선은 최고선 또는 궁극의 존재와 인간 및 인간이 만든 공동체 사이의 관계를 전제로 하고 그러한 관계를 규율하기 위해 법과 도덕이라는 규범을 필요로 하므로 규범은 질서-선으로서 공동선의 요소가 된다. 한편 공동선은 강제적인 법(실정법)을 통한 성취보다는 자발적인 성품의 함양을 지향하는 도덕(법을 넘는 법)을 통한 성취를 중시하므로, 공동선에 있어 보다 본질적인 것은 인간의 선한 삶과 시민의 미덕 및 도덕적인 의무와 관련 있는 도덕적 요소다.[439] 이러한 도덕적 요소는 공익이나 공공복지의 개념에는 포함시키기 어려운 것이고, 바로 이 점이 공익이나 공공복지 외에 공동선 개념을 논할 실익으로 작용한다.

② 연합과 통합, 연대와 호혜

앞에서 아벨공동체로의 결합은 성경에서의 용어를 빌려 '연합'이라고 하고, 가인공동체로의 결합은 '통합'이라고 하였다. 연합은 교회와 같이 하나님을 주권자로 섬기는 아벨공동체의 결합 모습이다. 하나님과 그리스도 및 인간들과의 연합을 토대로 아벨공동체가 형성된다. 이를 '공동선-연합'이라고 할 수 있다. 송용원은 "그리스도의 인격을 통해 회복된 하나님 형상은 그리스도와 함께하는 공동생활에 바탕을 둔 공동체를 시작하게 만든다. 회복된 형상으로 새로워진 삶은 본질적으로 공동체적이다. 믿는 자들에게 하나님은 공동의 아버지이며 그리스도는 공동의 머리이기 때문이다"[440]라고 말한다.

공동선–연합을 "영적 공동선" 또는 "교회의 공동선"이라고 할 수 있다.[441] "아담의 모든 자손을 결속하는 공통의 끈이 있지만, 하나님 자녀들에게는 여전히 거룩한 연합이 있다"[442]는 칼뱅의 말은 이를 의미한다. 그중 삼위일체 하나님과의 연합을 위해서는 시공간세계에서의 '초월'이 필요한데, 이는 인간의 힘으로는 가능하지 않고 하나님의 섭리가 필수적이다. 하지만 연합으로 인해 구성원 개개인이 독자성을 상실해야 하는 것은 아니다. 연합으로 인해 개인의 독자성이 상실된다면, 이는 비인격적이고 집단주의적인 것이고, 그러한 연합은 진정한 의미의 연합이 아니라 배제를 전제로 하는 단일화에 불과하다.

공동체 구성원들의 결합을 토대로 만들어지는 공동체는 그 목적과 구성원의 범위에 따라 아주 다양한 모습을 띤다. 이로써 공동체별로 공동선의 문제를 논할 필요가 생기는데, '영적 공동선', '인류의 공동선', '사회적 공동선', '정치적 공동선', '경제적 공동선', '박애적 공동선', '도시의 공동선' 등은 이를 위한 범주화라고 보면 되겠다.

공동체의 유대가 '호혜'를 넘어 '연대'를 지향한다면, 그러한 공동체를 공동선적 공동체라고 할 수 있다. 호혜(互惠)는 내가 받은 만큼 갚아 준다는 뜻이고, 연대는 호혜를 넘어 공동체를 위해 내가 받은 것을 초과하여 내어놓는다는 것이다. 이러한 연대를 통해 공동선을 실천하는 것을 "사회적 공동선" 또는 "인류의 공동선"이라 할 수 있다.[443]

③ 적극적 의미로서의 공동선

이상의 논의를 바탕으로 적극적 의미로서의 공동선을 다음과 같이 정의해 본다.

아담과 하와의 범죄 이후 인간은 선이신 하나님과의 연합뿐 아니라 인간 상호 간의 연합에서 분리되어 하나님으로부터 공급받던 선, 특히 구원-선(구속선과 성품선)을 받지 못하게 되었다. 이로 인해 죽음과 전쟁을 비롯한 인류의 모든 문제가 발생하게 된다. 하지만 하나님은 예수님을 통해 인류가 구원-선을 회복하는 길을 마련해 주셨다. 예수님을 통해 인간은 삼위일체 하나님과의 연합을 이룰 수 있고, 이를 바탕으로 다른 사람들과의 연합도 이룰 수 있다. 이렇게 하나님과 인간과의 연합을 통해 만들어지는 공동체가 바로 교회다. 이제 하나님의 선택을 받은 사람들에게 있어 교회를 통한 하나님과의 연합은 선택이 아니라 필수요 명령이다. 이 점을 잊어서는 안 된다.

하나님과의 연합은 인간의 힘과 의지로는 이룰 수가 없고, 오로지 하나님의 주권적 의지에 달려 있다. 하나님과 인간의 연합을 위해서는 하나님의 낮아지심[신학적으로 표현하면 accommodation(적응 또는 조정)]이 필수다. 하나님의 인간을 향한 낮아지심이 바로 하나님의 사랑이다. 하나님의 사랑이 궁극의 모습으로 계시된 것이 예수님의 십자가 지심이다. 하나님과 인간의 연합을 이룰 수 있게 하는 것은 십자가의 중보뿐이다. 한편, 하나님의 주권을 인정하지 않는 가인공동체는 공동체의 통합을 지향한다. 피터슨은 "루소는 공동선을 단일의 실체로 이해한다. 그러한 통일성은 시민의 몸 안에서 정치적 불화가 쓸모없게 되는 정도로까지 총체적이다"라고 말한다.[444] 하지만 하나님의 주권을 인정하지 않는 가인공동체는 원하는 바의 통합을 결코 이룰 수 없다. 그 이유는 그들 모두가 주권자로 행세하기 때문이다. 모두가 주권자임을 강하게 주장하는 공동체는 루소가 말하는 일반의지로의 통합은커녕 통합된 것으로 의제될 뿐이거나 통합이라는 미명하에 전체주의화할 가능성이 매우 높다.

게다가 인간 상호 간의 연합도 하나님의 인간에 대한 사랑과 기독교인들의 이웃을 향한 사랑 없이는 이루어질 수가 없다. 그 사랑의 집결체가 예수 그리스도이시다. 예수 그리스도의 사랑은 연합을 위한 촉매제요 접착제다.[445] 예수 그리스도의 사랑이 없으면, 인간 상호 간의 연합과 연대는 빈껍데기에 불과하다. 정치학적 공동선에서의 통합의 접착체는 '애국심'이라고 주장하는 사람도 있다. 피터슨은 다음과 같이 말한다.

> 애국심은 공화주의 전통에서 두드러진 특징이지만, 대부분의 현대 공화주의 이론의 공식화에서는 중요한 특징이 아니다. 이에 대한 한 가지 예외는 애국심을 그의 공화주의의 핵심 요소로 결합하여 애국심을 공화국에 대한 관대한 사랑 (caritas reipublicae)과 자신의 동료 시민에 대한 자비로운 사랑(caritas civium)으로 규정하는 비롤리다. 비롤리는 애국심을 종교와 비슷한 방식으로 공화국을 결합하는 접착제의 형태로 제시한다.[446]

아벨공동체인 교회(유형교회)에 연합된 사람들은 가인공동체에 속한 사람들을 교회로 연합되라고 초청할 의무가 있다. 이것이 바로 예수님이 부활·승천하신 이후에 제자들에게 내리신 지상명령이다. 기독교인들이 지상명령을 실천하기 위해서는 가인공동체의 사람들에 대해 적대적인 태도를 풀고 그들과 공존하고자 하는 태도를 가져야 한다. 이러한 공존은 호혜와 연대를 통해 이루어진다. 이러한 연대는 이웃을 사랑하라는 하나님의 계명에 근거하고 있고, 우리의 주관적인 감정과 상관없이 그들이 사랑을 받을 만한 존재라는 것은 그들도 우리와 마찬가지로 하나님의 형상을 지닌 존재이기 때문이다.[447] 송용원은 다음과 같이 설명한다.

> 칼뱅에게 실체적 속성[448]은 서로 사랑하며 공공복지를 구현하라는 신적 명령을 향하는 인간에게 끊임없이 동기를 부여한다. 원수를 포용할 수 없을 정도까지 하나님 형상이 말살될 수는 없다. 가치 없어 보이는 죄인들을 향한 사랑과 동료 그리스도인들을 향한 사랑을 견준다면, 죄인들 안에 있는 하나님 형상은 타락 이후에 남은 형상일 것이다. 칼뱅이 볼 때 모든 사람에게 남아 있는 형상은 믿는 사람 안에 회복된 형상과는 별도로 상호 간에 존중받는 근거가 된다. 물론 칼뱅이 명확하고 체계 있게 신자와 비신자 사이에 있는 하나님 형상의 특정한 속성들을 구별하거나 정의하지 않았지만, 그럼에도 그는 타락 이후 남은 하나님 형상이 공동선을 위한 근거가 된다고 강조했다.[449]

한편, 아벨공동체가 가인공동체와 연대할 수 있는 근거는 그들 안에 하나님의 실체적 형상과 공동체적 형상이 남아 있기 때문이다. 송용원의 설명을 보자.

> 그들이 가진 관계적 속성이 아직 회복되지 않았다 하더라도, 그들의 실체적 속성

은 손상된 상태로나마 여전히 남아 있다. 따라서 그들 안에 있는 하나님 형상은 일반은혜로 인류 공동선을 위해 쓰인다. 그 결과, 믿는 자와 믿지 않는 자 모두 하나님 형상을 반영하며 공동선의 삶에 함께 참여하는 창조와 구원 역사로 인간 고유의 공동체성을 나타내며 살아간다.[450]

이상의 점을 모두 종합해 보면, 일반적으로 공동선은 "**최고선과의 결합**(연합 또는 통합)**을 토대로 공동체 구성원 상호 간의 결합**(연합 또는 통합) **및 연대를 통하여 이루어지는 선**"이라고 정의할 수 있다. 그리고 아벨공동체의 공동선은 "**최고선이신 삼위일체 하나님과의 연합을 토대로 공동체 구성원 상호 간의 연합과 연대를 통하여 이루어지는 선**"이라고 정의할 수 있다. 그리고 하나님의 주권을 부정하고, 최고선이 하나님이 아니라 인간의 행복이나 번영이라고 주장하는 가인공동체는 공동선의 개념을 "**최고선인 행복과 번영을 목적으로 공동체 구성원 사이의 통합과 연대를 통하여 이루어지는 선**"이라고 정의하게 될 것이다.[451]

3. 공동선의 본질, 성취 및 비판

(1) 공동선의 본질

공동선의 개념 정의에 관한 이상의 논의를 바탕으로 공동선의 본질을 살펴보면 다음과 같다.

① 공동선은 필연적이고 관계적이다

　인간은 하나님에 의해 창조된 피조물이자 공동체적 존재이므로 개인이 이룬 선은 그 개인에게만 의미가 되는 것이 아니라 공동체와 그 구성원 전체에게도 의미가 된다. 따라서 공동선은 공동체에 소속된 인간에게 있어서는 필연적인 것이라고 하겠다. 예컨대, 어떤 사람이 이룬 탁월한 성품이나 창의적인 지식이나 풍성한 재산은 언젠가는 공동체에 귀속되게 된다. 우리는 솔로몬이 전도서에서 "어떤 사람은 그 지혜와 지식과 재주를 다하여 수고하였어도 그가 얻은 것을 수고하지 아니한 자에게 그의 몫으로 넘겨주리니"(전 2:21)라고 한 탄식을 기억해야 한다. 아퀴나스도 "누군가가 자신의 행위를 통해서 자기 자신에게 행하는 선 또는 악도, 이미 설명한 것처럼 공동체로 흘러 들어간다"고 말한다.[452]

　권리를 강조하는 자유주의는 개인선과 공동체의 선이라는 개념 대신 사익(私益)과 공익(公益) 또는 일반이익(一般利益)이라는 개념을 사용하며 양자를 엄격히 구분한다. 따라서 자유주의의 입장에서는 '공동선'이라는 개념을 사용할 필요가 없고, 최근에는 이에 관한 논의도 거의 없는 것으로 보인다. 그러므로 자유주의자로서 공동선을 이루어 가야 한다고 주장하는 것은 논리적으로 일관된다고 할 수 없다. 사회 정의나 복지 실현의 의미로 공동선이라는 용어를 사용한다면 어쩔 수 없긴 하다. 한편 송용원은 "칼 마르크스는 자본주의 사회에서는 애초에 모든 사람을 위한 공동선이 불가능하다고 보았다"[453]고 말한다. 이러한 마르크스의 입장에 서면, 자본주의 사회에서는 공동선을 논할 실익조차 없게 된다.

인간은 공동체적 존재이므로 관계의 형성은 인간에게 있어 필연이다. 따라서 공동선도 관계적인 것이다. 우주의 관계에는 하나님, 인간, 자연 사이의 관계가 있고, 그러한 관계로부터 공동체가 형성된다. 공동선은 공동체를 전제로 하는 선이므로 관계적이다. 최고선이신 하나님도 공동선이시다. 왜냐하면 하나님은 성부, 성자, 성령 삼위로 일체를 이루시는 존재이기 때문이다. 이를 '삼위일체의 공동선'이라고 한다. 부부 관계도 공동선을 목적으로 한다. 왜냐하면 부부는 '한 몸'이라는 신비를 지향하기 때문이다.

아벨공동체의 공동선은 연합과 연대를 지향한다. 연합은 가족이나 교회 같은 공동체에서 그 구성원을 위해 자신을 희생할 수 있는 '선한 관계'를 의미한다. 이에 반해, 연대는 지역 사회나 국가 같은 공동체에서 구성원 상호 간의 '선한 관계'를 의미한다. 연대로 인한 선한 관계는 받은 만큼 준다는 호혜성 원칙을 넘어 받은 이상으로 줄 수 있는 관계를 의미한다.

결국, 아벨공동체인 교회가 이루어 가야 할 공동선은 이중적인 모습을 띤다. 한편으로는 예수님의 신부(新婦)로서 예수님과 연합하여 교회의 공동선을 이루어야 할 사명이 있고,[454] 다른 한편으로는 예수님과의 연합을 바탕으로 세상에 나가 인류의 공동선을 실천해야 할 사명이 있다고 할 수 있다. 이것이 공동선의 온전한 모습이라고 생각한다. 이와 관련하여 송용원의 설명을 보자.

공동선에 대해 칼뱅이 지니던 두 가지 관점을 새롭게 인식한다면 더 조화로운 길을 찾을 수도 있지 않을까 싶다. 그가 볼 때 인류 공동선은 일반은혜에 바탕을 두고 교회 공동선은 특별은혜를 바탕으로 한다. 칼뱅은 이 둘을 구별한다. 그렇다면 이중 구조로 된 공동선이라는 새로운 렌즈로 위 논쟁들을 살펴보면, 더 밀접하게 연결 지어 통합시킬 수 있지 않을까? 상반되어 보이는 진술에 공동선이라는 공통분모로 다가가면 해결의 실마리를 찾을 수 있다. 인간은 타락했지만, 하나님 형상은 인류 공동선을 위해 어느 정도 남아 있다. 하지만 이 형상 안에 남은 윤곽들이 하나님과 연합되는 영성에 바탕을 둔 공동선에 참여하도록 만드는 힘을 제공해 주지는 못한다. 그리스도 안에서 회복된 온전한 형상만이 영적인 교회 공동선 형성에 이바지한다. 공동선 렌즈야말로 하나님 형상의 여러 측면을 온전히 조화시켜 이해하는 더 나은 방식이 될 수 있음을 새롭게 드러낼 필요가 있다.[455]

② 공동선은 목적적이고 자족적이다

개인선과 공동체의 선 모두 지향해야 할 점이 최고선이다. 그런데 최고선이신 하나님은 삼위일체의 공동선이므로 인간과 공동체가 지향하는 선도 공동선-연합이 되어야 한다. 이처럼 공동선은 최고선에의 참여를 지향하므로 목적적이고, 가치 지향적이다. 공익 또는 공공복지(또는 일반적 복지)는 공동선을 이루기 위한 수단적 선일 뿐이지만, 공동선은 목적을 달성하기 위한 수단적 선이 아니라 그 자체가 목적이다.

한편, 공동선은 본래적 선이신 하나님의 공동선의 부분에 참여함으로써 이루어지는 선이므로 자족적이다. 따라서 공동선에 대립되는 실체나 개념은 없으며, 공동선의 부재는 악일 뿐이다. 이에 비해 공익과 사익의 구분 틀을 사용하는 경우에는 공익은 사익이라는 대립 개념을 필요로 하므로 자족적이라고 할 수 없다. 따라서 사익과의 대립을 전제로 하는 공익은 공동선과는 차원이 다른 개념이다.

③ 공동선은 개인의 완성을 지향한다

○ 공동선은 인격적이다

아벨공동체에서 공동선을 이룬다는 것은 사회적 가치라는 선과 함께 공동체의 질서라는 선의 실현을 전제로 공동체 구성원 성품의 완성뿐 아니라 하나님과의 관계 회복(구속)을 통해 최고선에 참여하는 것을 의미한다. 이를 통해 인간은 완성에 이른다. 이상섭은 다음과 같이 설명한다.

> 결국, 공동선은 공동체의 구성원들 각자의 덕의 완성에 다름 아니며, 공동체는 그러한 완성을 장려, 촉진시키는 기능을 한다. 그런 한에서 개별 인격의 선은 공동선의 본질적 요소가 된다. 한편 각 개인의 완성에는 공동선에로의 질서가 내포되어 있기 때문에, 개별인격의 개별선은 공동선의 실현을 통해 완성되며, 또한 동시에 공동선은 다시 개별선의 완성을 통해서 실현되는 상호적 관계에 놓이게 된다.[456]

공동선은 최종적으로 인간 또는 인격의 완성을 목표로 하므로 인격적이다. 인격적인 공동선은 개인을 단순한 공동선의 실현을 위한 객체나 수단으로 대하지 않는다. 그러므로 공동선은 하나님의 형상을 닮은 인간을 의약품 개발을 위한 생체 실험의 대상으로 삼는 등 인간의 존엄성을 해치는 행위에 대해서 결코 묵인하지 않는다.

○ 공동선은 개인의 독자성을 부정하지 않는다

한 개인에게 있어 그의 최종 목적은 구원을 얻는 것이다. 그러므로 공동선은 개인의 완성을 지향한다. 개인의 완성을 돕는 공동선은 최고선과의 연합을 지향하지만, 개인의 독자성이나 개인선을 결코 무시하지 않는다.[457] 개인의 자유는 제약되는 것이 아니라 오히려 보호받고 확장된다. 성경은 교회의 연합에 관해서 가르치고 있고, 그 연합의 이미지로 '성전'을 제시하고 있다. 그런데 기독교인들의 연합에 관해 에베소서 2장 21절은 기독교인들이 예수님 안에서 "건물마다 서로 연결하여 주 안에서 성전이 되어" 간다는 유비(類比, analogy)를 사용한다. 위 말씀에서 우리가 눈여겨봐야 할 것은 기독교인들이 그리스도를 머리로 하는 교회로 연합될 때, 벽돌 등 아무런 독자성이 없는 건축자재로 사용됨으로써 연합에 참여하는 것이 아니라 '개별 건물'로서 연합에 참여한다는 점이다. 다시 말해, 똑같은 모양과 크기의 벽돌이 건물에 사용되는 것처럼 기독교인 개개인이 자신의 고유성과 독자성을 잃은 채 교회에 연합되는 것이 아니라 개별 건물로서 자신의 독자성을 유지한 채로 성전으로 연합된다는 뜻이다. 그러므로 우리가 지향하는 공동선은 결코 비인격적이거나 획일적이거나 부자유한 것이 아니다. 각자 개별적 아름다움을 유지한 독자적인 건물로서 연결되어 전체 성전을 이루어 가는 인격적인 것이다. 인간의 눈으로 보기에는 화려함을 자랑하는 건물도 있을 것이고, 수수하고 보잘것없어 보이는 건물도 있을 것이다. 하지만 하나님의 공동선에서 보면, 어느 건물 하나 없어서는 안 된다. 그런 일이 있다면 성전은 이루어질 수 없다. 그러므로 우리는 공동체 안에서 인간을 대함에 있어 그들이 어떤 신분과 상황에 있든 존중해야 한다.

공동선은 개인선과 공동체의 선 사이 대립을 방치하지 않는다. 이러한 대립에 대한 입장으로는 개인선과 공동체의 선의 관계에 관해 개인선을 중시하며 시민의 삶의 영역에서 공동체의 선을 부정하는 입장(자유 지상적 자유주의), 양자를 균형 있게 조화시키려는 주장, 개인선을 인정하되 공동체의 선을 우선시하는 주장, 개인선을 부정하며 공동체의 선을 절대시하는 주장(전체주의)으로 나눌 수 있다.[458] 플라톤은 도시 공동체의 선을 개인선보다 우선시하였지만, 아리스토텔레스는 개인을 더 배려하였다.[459] 공동선은 구원-선, 생명, 자유 등과 같은 개인선뿐 아니라 질서-선과 같은 공동체의 선도 함께 이루어 가는 것을 목표로 삼는다. 이로써 개인선과 공동체의 선의 대립은 지양된다.

○ 자기 부정을 통해 자아실현을 이룬다

아벨공동체에서의 공동선은 궁극적 선이신 하나님을 지향하므로 이 땅에서의 번영(prosperity)이나 행복이 최고 목적이 아니라 삼위일체이신 하나님과의 연합을 통한 영생의 획득을 최고 목적으로 삼는다. 이러한 공동선으로 인해 우리는 이 땅에서의 삶에 있어서 양보와 희생을 요청받기도 한다. 이러한 양보와 희생은 공동체의 연합과 연대를 위해 필수적이고, 자기 부정이 전제되지 않으면 온전한 연합이나 연대를 이룰 수 없다. 하지만 자기 부정은 자기 포기가 아니라 자기실현을 이룬다. 이는 역설이지만 진리다. 송용원은 다음과 같이 말한다.

공동선의 삶은 자신의 존재 이유를 따르는 삶이다. 그러한 삶 속에서 신자는 자기를 실현하며, 그 완성을 향해 나아가는 길을 걸어간다. 자기 부정은 단지 비우는 삶이 아니라 우리 안에 그리스도께서 성령으로 살아 계시며 통치하시는 삶이다.[460]

④ 공동선은 유기적 선물 교환 시스템이다

공동선을 성취한다는 것은 하나님과의 연합에 참여함으로써 하나님의 은혜의 선물을 받는 것이고, 그러한 선물을 받은 사람은 그 선물을 다른 사람과 나누는 것을 의미한다. 그러므로 공동선은 송용원의 표현처럼 '선물 교환 시스템'[461]이라고 할 수 있다.

유기적 선물 교환 시스템으로서의 공동선에서 연합의 의미는 한마디로 "즐거워하는 자들과 함께 즐거워하고 우는 자들과 함께 울라"(롬 12:15)로 요약할 수 있다. 그리스도를 머리로 하여 그리스도의 몸으로 연합된 지체들은 한 지체가 즐거워하면 나머지 지체가 그리스도와 함께 즐거워할 수밖에 없고, 한 지체가 슬퍼하면 나머지 지체가 그리스도와 함께 울 수밖에 없기 때문이다. 칼뱅은 이를 다음과 같이 풀이한다.

진정 다음의 생각이 우리의 마음에 각인되고 새겨진다면 우리는 성례에서 아주 특별한 유익을 얻게 될 것이다. 우리가 형제들 중에 어느 하나에게라도 상처를 입히거나, 비난하거나, 조롱하거나, 멸시하거나, 어떤 방식으로도 걸려 넘어지게 함과 동시에 그들 자신 가운데 계신 그리스도를 상처 입히고 그리스도와 불화하지 않을 수 없다는 사실, 우리가 형제들과 불화함과 동시에 그리스도를 사랑함이 없다면 우리들 가운데 그를 사랑함이 있을 수 없다는 사실, 우리가 우리 자신의 몸을 보살피는 그 동일한 돌봄으로 우리의 몸의 지체들인 형제들을 보살펴야 한다는 사실, 마찬가지로 우리 몸의 어느 한 부분이라도 어떤 고통을 느끼게 되면 그 느낌이 나머지 모든 부분에 확산되므로 어느 형제가 어떤 악에 사로잡혀 있을 때마다 우리 자신도 그 형제에 대한 긍휼로 인하여 마음에 감동이 있어야 한다는 사실 말이다.[462]

한편, 유기적 선물 교환 시스템으로서의 공동선에서 연대적 의미의 성취는 각 개인과 공동체가 보유하고 있는 모든 좋은 것, 특히 사회적 가치-선이나 은사는 "우리에게 속한 재화가 아니라 값없이 얻은 하나님의 선물"[463]이고 "교회의 공적인 선을 위하여 사용해야 한다는 조건으로 위탁된 것"[464]임을 고백하는 데 있다. 이러한 고백은 세상과의 연대를 실천하기 위해 우리가 가진 것을 나누는 것은 재량적 호의가 아니라 갚아야 할 채무를 이행하는 것이라는 선한 왕의 마음을 부여한다.

따라서 선물 교환 시스템으로서의 공동선은 '함께라야 좋음'(예를 들어 자신에게 도움이 되어야 공동체 생활을 하겠다는 생각)'을 넘어 '함께라도 좋음'(예를 들어 가난한 사람들을 위해 더 많은 돈을 내더라도 공동체 생활을 하겠다는 생각)을 지향한다.

'함께라야 좋음'은 공동체 구성원들의 이기적 태도를 반영한다. 자신의 생명, 자유, 재산의 안전을 보장받을 수 있을 때만 공동체 활동에 참여하는 경우가 '함께라야 좋음'의 예다. 이러한 삶의 태도는 배타적인 삶의 경계를 정해 놓고, 다른 사람들이 그 경계를 넘어오는 것을 거부하므로 자신을 제외한 다른 사람들과 적대적인 관계를 형성할 가능성이 매우 높다. 이로 인한 결과로 오히려 생명, 신체, 재산의 안전을 보장받지 못하게 될 수도 있다.

한편, 실력과 능력이 있어 굳이 공동체를 만들지 않아도 되는 사람들이 다른 사람과의 관계적 좋음을 유지하기 위해 자신의 것까지 나눌 각오를 하면서 공동체를 만드는 경우는 '함께라도 좋음'이라고 표현할 수 있을 것이다. 공동선은 '함께라도 좋음'이므로 상호성을 넘어 연대성과 연합성을 지향하고, 제로섬 게임이 아닌 비(非)제로섬 게임을 지향한다. '함께라도 좋음'은 자기 부정이 전제되어야 할 때도 있지만, 그것이 자기 포기로 이어지는 것은 아니다. '함께라도 좋음'은 일방적인 헌신을 해야 할 때도 있다. 하지만 그때도 공동선을 지향하는 우리는 모든 것을 하나님의 섭리에 맡겨야 한다. 송용원은 다음과 같이 설명한다.

> 신자들은 어떠한 형편에서든지 오직 하나님의 섭리에 자신을 맡겨야 한다. 이는 단지 현세 생활만이 아니라 다가올 영원한 삶을 위해서도 그러하다. 악한 이들의 경제는 하나님 나라의 공동선에 아무런 기여도 하지 않으며 인간에게 어떤 이익도 제공하지 않는다. 오직 착한 이들의 경제만이 하나님 나라의 공동선에 이바지하며 궁극적으로 인간에게 유익이 된다. 이 선한 경제는 '모든 장애물을 헤쳐 나가며, 그 모든 것을 호의적인 행복한 결말'로 이끈다. 명성과 재물을 쌓은 경건치 않은 사람이 세속에서 성공하고 풍요로운 것은 공동선 형성과 아무런 관계가 없으며, 믿는 자의 삶의 종착지도 될 수 없다. 따라서 어떤 그리스도인도 이를 시샘하거나 부러워해서는 안 된다.[465]

'함께라도 좋음'을 지향하는 공동선은 공동선으로 완성되기 위해 비워 두기를 실천한다. 이러한 공동선은 100마리 양 중에서 한 마리가 사라졌을 때, 남은 99마리만으로 공동체를 이루어 꼴과 초장을 나누어 가지는 것이 아니라 "한 마리가 없어져서 누리지 못하는 모두의 행복을 회복하려면 그 한 마리를 찾아야"[466] 한다는 99마리 양들의 선한 마음이다. 잃어버린 드라크마 한 닢을 간절히 찾는 마음과 탕자가 돌아오기를 간절히 기다리는 아버지의 마음이 바로 함께라도 좋음이 지향하는 바다. 잃었던 것이 돌아오면 분배받을 내 몫이 줄어든다고 생각하며 탕자의 형처럼 배척하는 것이 아니라, 함께 나눌 수 있어 행복하다며 환대하는 것이 '함께라도 좋음'의 공동선이다.

⑤ 공동선은 정의의 실질이다

정의로운 성품과 삶은 '칭의에 이르는 구속'과 '성화를 통한 영화'라는 '이중 은총'을 받은 데 대한 필연적인 결과라는 것은 앞에서 이미 언급하였다. 그렇다면 공동선에 있어서 정의는 임의적인 요소가 아니라 필수적인 요소가 된다. 한편, 구원 속에 포함된 이중 은총은 하나님과의 연합에서 비롯되므로, 정의의 주체와 근원은 바로 하나님이시다.[467] 빌링스는 "궁극적 의미에서, 정의를 그리스도와의 연합이라는 빛 아래에서 비추어 볼 때, 오직 그리스도에게 파생된 것이며 심지어 그리스도와의 연합이 없이는 유지될 수 없는 기생적인 가치일 수밖에 없다"고 말한다.[468] 따라서 하나님의 주권을 인정하는 아벨 공동체는 정의를 실현함에 있어 정의의 주체이자 근원이신 하나님을 정점으로 하는 선의 실현을 추구하지 않을 수 없다. 다시 말해, 아벨공동체에서는 정의를 실현함에 있어 하나님과의 연합을 전제로 하는 공동선의 추구를 목적으로 하지 않을 수가 없다. 이에 아벨공동체에서는 정의를 '공동체 구성원 상호 간에 연합(또는 통합)과 연대를 위해 정당하게 대우하는 것'이라고 한다. 빌링스도 "정의는 그리스도께 참여함을 통해 발견하게 되는 그리스도인의 삶에 있어서 그리스도 중심적 삶이라는 맥락 안에 뿌리박고 있는 것이다. 따라서 이러한 정의는 그리스도인 공동체가 가진 서로 간의 사랑 안에서 언약에 대한 표상으로 드리는 '감사의 제사'에 포함되는 것이다. 그런 측면에서 정의는 언약적인 것이면서 동시에 그리스도인 공동체의 특성이라 할 수 있다"고 말한다.[469]

하지만 하나님의 주권을 인정하지 않는 가인공동체에서는 정의를 '사회 구성원 상호 간에 정당하게 대우하는 것'이라고 규정한다.[470] 이러한 개념이 표방하는 것은 정의를 실현함에 있어 하나님보다는 인간들을 우선시하고, 정의의 내용보다는 '공정하고 정당한 대우'라는 공정한 절차를 우선시하겠다는 것이다. 이러한 정의관은 주로 자유주의자들이 주장하는 것이다.

원칙적으로 공동체주의를 지향한다고 할 수 있는 아벨공동체는 정의를 실현함에 있어 최고선이신 하나님을 정점으로 하는 공동선을 지향하므로 결국 아벨공동체가 추구하는 정의는 '선이 있는 정의'라고 할 수 있다. 이에 비해 정의를 논함에 있어 하나님을 배제하고, 공정한 절차를 중시하는 자유주의의 정의관을 '선이 없는 정의'라 할 수 있다. 먼저, '선이 없는 정의론'의 핵심은 정의를 논할 때, 선 또는 공동선의 문제에 '괄호를 쳐야 한다(bracket)'는 데 있다. 그들은 자신들이 최고의 선(가치)으로 내세우는 개인의 '자유와 평등'이라는 특정한 개인선을 제외한 나머지 선의 문제는 정의를 논할 때 고려 사항에서 배제하는 한편, 모두가 주권자라는 전제하에 주권자에 대한 공정한 대우라는 절차적 정의에만 관심을 집중시킨다. 이에 비해 '선이 있는 정의론'은 정의를 논할 때 개인이나 공동체가 추구하는 최고의 선(가치)이라 할 수 있는 공동선을 반드시 고려해야 하며, 절차뿐만 아니라 사회적 가치-선과 질서-선 등 실질적인 가치도 포함시켜야 한다고 말한다.

그렇다면 공동선은 '선이 있는 정의론'에서 정의가 이루어야 할 실질 또는 내용이라고 하겠다. 따라서 '선이 있는 정의론'에서 공동선을 논하지 않는 것은 그 내용을 버리고 형식만을 탐구하는 것이 되어 그 논의의 정당성을 상실한다. 아퀴나스는 "법은 최우선적으로 공동선을 향해 질서 지어진 것으로 일컬어지기 때문에, 특정한 일과 관련한 다른 명령은 공동선을 향한 질서에 따르지 않는 한, 법의 본성을 가지지 않는다고 해야 한다. 그러므로 모든 법은 공동선으로 질서 지어져 있다"라고 말한다.[471] 한편, 그는 "아우구스티누스는 '정의롭지 않은 것은 법이 아닌 것으로 보인다'라고 말한다. 따라서 법의 효력은 정의로운 만큼 있는 것이다"라고 말한다.[472] 그렇다면 법이 정의로운 한 법과 정의는 같은 것이 된다. 그래서 법은 정의의 최소한이고, 정의는 법의 최대한이라고 하는 것이다.[473] 결론적으로 말하자면, 법과 정의의 목적은 공동선을 성취하는 것이라고 해야 한다. 그래서 가톨릭 사회교리와 사회회칙은 공동선과 사회 정의는 별개가 아니라 동일한 실체로 명칭만이 다를 뿐이라고까지 말하는 것이다.[474]

이처럼 공동선은 '선이 있는 정의론'에서 중요한 의미를 가진다. 그것은 '선이 있는 정의론'에서 성취해야 할 목적이 된다. 아울러 공동선의 성취 정도를 평가하는 지표 중 정의는 매우 중요한 위치를 차지한다.

(2) 공동선의 성취 : 합력하여 공동선을 이룬다

공동선을 "최고선과의 결합(연합 또는 통합)을 목적으로 공동체 구성원 사이의 결합(연합 또는 통합) 및 연대를 통하여 이루어 가는 선"이라고 정의한다면, 공동선은 정태적 견지에서만 볼 수는 없고 동태적(動態的) 견지에서도 살펴보지 않으면 안 된다. 동태적 견지에서 공동선의 문제를 본다는 것은 한 공동체 내에서 공동선의 실천 문제를 살피는 일이 되고, 결국 이는 '합력하여 공동선을 이룬다'는 문제로 집약된다. 그렇다면 공동선을 이룬다거나 성취한다는 것은 어떤 의미인가? 그 의미는 앞에서 정의한 공동선의 개념에 따르면 아벨공동체의 공동선의 성취는 "공동선-연합이 되어, 공동선-연대를 실천한다"라고 할 수 있다.

인간이 삼위일체 하나님과 공동선-연합이 가능한 것은 하나님의 지극하신 사랑 때문이다. 다시 말해 공동선-연합은 하나님의 은혜의 선물이지 인간의 공로로 인한 것이 아니다. 하나님의 사랑으로 이루어진 공동선-연합은 하나님과 이웃에 대한 사랑의 표현인 공동선-연대를 실천해 나갈 힘을 얻게 한다. 그러므로 공동선의 실천은 하나님을 사랑하고 이웃을 나 자신과 같이 사랑하라는 율법의 대강령을 실천하는 것이다.

① 공동선-연합이 '된다'

아벨공동체의 공동선은 먼저 공동체 구성원 사이의 연합을 지향한다. 인간 상호 간의 연합의 출발점은 하나님과의 연합이었고, 그다음으로는 아담과 하와의 연합이었다. 하지만 아담과 하와의 범죄로 인해 전적으로 타락한 인간들은 하나님과의 연합에서 분리되었고, 그로 인해 인간 사이의 연합도 이룰 수 없게 되었다. 이로써 인간은 죽음에 이르렀고, 인간관계는 파탄에 이르렀으며, 인간이 이루는 공동체의 근원적인 문제는 바로 여기에서 출발한다.

하지만 하나님은 인간에게 하나님과 다시 연합할 길을 만들어 놓으셨는데, 그 길이 바로 예수님이다. 예수님은 길이요 진리요 생명이시므로 인간은 예수님과의 연합을 통해서 삼위일체 하나님과의 연합에 이르게 되고, 하나님과의 연합은 인간 사이의 연합을 이룰 수 있게 한다. 따라서 인간의 연합은 예수님을 통하지 않고서는 이루어질 수가 없다. 그렇다면 결국 연합을 통해 공동선을 이루는 것은 '공동선이 됨'을 의미한다고 할 것이다.

인간이 예수님과의 연합을 통해서 이루는 것이 '교회'다. 예수님과의 연합이 전제된 가정도 교회라고 할 수 있다. 삼위일체이신 하나님은 기독교인들이 세상(땅)에서 신앙의 길을 온전히 걸을 수 있도록 하기 위해 '교회'를 선물로 주셨다. 교회의 머리는 예수님이시고, 교회의 몸은 기독교인이며, 교회의 주인은 성부 하나님이시고, 교회의 연합을 이루게 하는 능력은 성령 하나님이시다. 교회는 아담과 하와가 상실한 하나님과의 연합을 다시 이루기 위한 거룩한 신비다. 교회를 통하여 기독교인 한 사람 한 사람은 한 몸이신 예수님의 지체로 연합하게 되고, 그로 인해 기독교인 개개인은 삼위일체 하나님이 연합을 통해 이루시는 선인 하나님의 공동선에 참여하게 된다. 한편, 예수님과 연합하여 예수님의 지체가 된 인간은 예수님으로부터 풍성한 삶을 공급받게 되므로 예수님과의 연합을 통해 이룬 공동선은 개인에게 풍성한 선이 되어 돌아온다. 정확하게 말하면, "그리스도의 부요함과 우리의 가난함 사이에 '놀라운 교환'이 발생한다."[475] 그리스도인 개개인의 개인선은 예수님을 통하여 공동선이 되고, 예수님을 통하여 이루어진 공동선은 다시 그리스도인 개개인의 개인 선을 위한 선물이 된다. 그로 인해 인간은 삼위일체의 공동선이 되어 간다. 이것이 바로 교회의 신비다.

② 공동선-연대를 실천한다 : 세상과의 연대

교회는 그리스도와의 연합을 바탕으로 가인공동체와의 공동선-연대를 실천한다. 공동선-연합은 에덴동산과 같이 세상을 향해 열려 있어야 한다. 공동선-연합의 삶은 살균 처리된 음압실에서의 삶이 아니라 다양한 바이러스와 세균들이 득실거리는 세상을 향해 열린 삶을 지향한다. 그래서 기독교인은 "새롭게 하시는 성령의 사역과 믿음으로 받는 그리스도와의 연합을 통해서만 자기 사랑에서 이웃 사랑으로 이동한다."[476] 이로써 공동선은 더욱 확장되어 간다. 그러므로 공동선-연대를 실천한다는 것은 공동체 사이의 연대를 이루어 가는 것을 의미한다.

정교일치 시대나 일국 일교 시대의 국가에서는 국가나 그 구성원이 이루어야 할 목적으로서 최고선인 하나님과의 연합을 지향하므로, 이러한 국가에서 공동선-연대를 실천한다는 의미는 최고선과의 관계에서 현재의 성취 상태를 평가하여 부족한 부분을 채워 나가는 것을 의미한다. 다시 말해, 국가 구성원 개인으로 하여금 그 본연인 생명을 회복하게 하는 한편 창조주의 성품과 인격을 닮아 가게 할뿐 아니라, 공동체가 공동체 구성원 개개인으로 하여금 각자의 선을이룰 수 있도록 최상의 탁월한 상태를 유지해 나가는 것을 의미한다. 이러한 공동체의 탁월성은 공동체의 질서와 정의의 실현 정도에 좌우된다.

한편, 정교분리 시대의 국가와 같이 당해 국가 안에 아벨공동체와 가인공동체가 공존하는 상황에서는 국가나 그 구성원이 이루어가야 할 목적에 관해 합치된 의사가 존재하지 않으므로 공동선의성취 정도를 평가할 기준으로서 최고선이 존재하지 않는다. 더구나정교분리 시대의 국가는 상대주의라는 이념이 지배하고 있다. 하지만 그렇다고 그들과 연대하기를 멈춰서는 안 된다. "타인에게 나아가야 할 의무를 유기한 대항 문화적 공동체는 결국 '거짓 안에서 사는삶의 더 '정교한 버전'이 될 것이다."[477] 이러한 경우, 공동선-연대를실천하기 위해 기독교인들에게 우선 요구되는 것은 공동체 구성원각자의 세계관과 삶을 존중하는 것이다. 하지만 거기에서 만족해서는안 되고, 더 나아가 선한 이웃의 역할을 제대로 감당해야 한다. 예수님이 말씀하신 선한 사마리아인은 기독교인들의 전형적인 모습이 되어야 한다.

(3) 공동선에 대한 비판 : 공동선과 자유 및 권리

① 공동선과 자유

공동선의 지향과 관련해 정치학적으로 두 가지 중요한 비판이 있는데, 그것은 공동선이 현대 사회의 다원성을 무시한다는 것과 강제를 초래하여 자유를 훼손한다는 것이다. 이러한 공동선에 대한 비판은 기독교인들이 공동선을 성취하고자 공론의 장에 올랐을 때 기독교적 공동선에 대하여도 동일하게 적용할 수가 있다. 따라서 우리는 이에 관한 대비를 해야 한다.

먼저, 다원주의적 비판에 대해 살펴보자. 피터슨은 다원주의의 비판 내용을 다음과 같이 요약한다.

> 다원주의 사회의 기본 전제는 현대 서구 민주주의 사회가 너무 이질적이며 다양하므로 국가가 선한 삶에 대한 한 개념을 우선하거나 장려하는 것이 이제는 불가능하거나 바람직하지 않다는 것이다. 정치 공동체의 구성원은 다양한 사적·종교적·역사적·정치적·사회적·가족적인 이해관계를 가지고 있으며, 이것은 삶을 영위하는 최상의 방법에 관한 상이한 개념을 포함한다. 이러한 이유 때문에 대부분의 자유주의자들은 국가가 공통의 목표에 대한 단일의 개념을 선호하는 시도를 하거나 또는 특정한 선 개념으로 시민을 형성하려는 시도를 하는 것은 개인의 자유를 훼손하고 다원성을 완벽하게 이해하는 데 실패한 것으로 파악한다. 다시 말해, 다원주의 사회에서 권리를 개별적으로 가진 사람들은 자신의 목표에 대한 자기 나름의 이해를 자유롭게 진전할 수 있어야 하고, 법의 구성 내에서 그들이 바람직하다고 여기는 목표를 주어진 경계 안에서 추구할 수 있어야 한다.[478]

이 비판에 관해 기독교적 공동선은 다음과 같이 답변한다. 인간과 공동체, 인간의 정체성과 세계관의 다양성은 이미 우리에게 주어진 것이라고 볼 수 있다. 왜냐하면 모든 인간과 공동체는 하나님이 창조하신 아담으로부터 시작되어 분기되어 나왔기 때문이다. 그러므로 우리는 다원성과 다원주의에 관해 열린 마음으로 접근한다. 나치의 '아리안 민족 우월주의', 호주의 '백호주의(白濠主義)', 남아프리카공화국의 '아파르트헤이트'와 같은 인종차별적 시각은 기독교인으로서는 절대 가져서는 안 될 세계관이다. 하지만 인간과 공동체는 다원성만 가지는 것이 아니라 보편성도 가지고 있다. 왜냐하면 인간과 공동체는 한 분이신 하나님에 의해 창조된 아담과 하와로부터 시작되었기 때문이다. 인간이 다양한 신들에 의해 만들어진 것이 아니라 한 분 하나님에 의해 창조된 존재라는 것은 인간에게 창조 본연이라는 보편성을 지향한다는 것을 의미한다. 그러므로 우리는 다원성과 보편성을 동일한 평면에 두고 '이것이 옳다, 저것이 옳다'라고 해서는 안 된다. 기독교적 세계관은 다원성과 보편성을 모두 인정한다. 하지만 다원성은 창조 본연의 질서상 보편성을 상위에 두어야 한다. 참 진리는 예수 그리스도 한 분뿐이지 여럿일 수가 없다. 진리라고 주장되는 그 '여럿'은 참 진리를 불완전하게 드러내는 것일 뿐이다. 이것이 다원주의에 대한 우리의 대답이다.

다음으로 자유의 훼손에 대한 비판에 관해서 본다. 피터슨은 "현대 시민 공화주의 입장에 도전하는 것은 이질적이고 다양한 이해관계의 존재만이 아니다. 동일하게 설득력 있는 문제는 강제의 문제다. 이것은 시민 공화주의자들이 정치 공동체의 공동선에 관심을 두기 때문

에 개인의 이해관계를 예속하고 심지어 그것을 요구한다는 주장으로 이해될 수 있다"고 말한다.[479]

이 비판에 관해 기독교적 공동선은 다음과 같이 답변한다. 정치학적 자유의 개념에는 세 가지가 있다. 첫 번째는, '불간섭으로서의 자유'로 소극적 자유라고 할 수 있는데, 이는 "사람이나 사람의 신체가 나의 활동을 방해하지 않는 정도 그리고 한 사람이 다른 사람에 의한 방해를 받지 않고 행동할 수 있는 영역과 관련이 있다."[480] 이는 자유주의가 지향하는 자유이다. 두 번째는 '참여로서의 자유'로 적극적 자유라고 할 수 있는데, 이러한 측면에서의 자유는 인간이 정치적 존재로서 공동체의 자치를 행사하는 것에 참여할 수 있을 때 자유가 존재한다고 주장한다.[481] 세 번째는 '비지배로서의 자유'로 이는 "자의적인 지배가 부재하는 것 또는 타인의 지배가 부재하는 것"을 의미한다.[482] 비지배로서의 자유는 자의적인 지배를 최소화하기 위해 시민의 이해관계를 공표하고 추적할 수 있는 정치 과정을 주요 목표로 설정한다.[483] 피터슨은 참여로서의 자유는 '본래적 공화주의자'가 내세우는 자유의 개념이고, 비지배로서의 자유는 '도구적 공화주의자'가 내세우는 자유의 개념이라고 한다.[484]

첫 번째의 자유의 개념을 주장하는 사람들은 개인의 자유가 공동체의 간섭에서 벗어난 곳에서 향유될 수 있다고 한다. 하지만 두 번째, 세 번째 자유의 개념을 주장하는 사람들은 공동체와의 관련 속에서 자유를 향유할 수 있다고 한다. 참여로서의 자유든 비지배로서의 자유든 이러한 자유는 공동선의 추구로 인해 제약되는 것이 아니라 오히려 자유를 보호받고 확장시킬 수 있다. 다시 말해, 오히려 자유가 실현된다. 기독교적 공동선도 공동체와의 관련 속에서 자유의 개념을 정립한다. 한마디로 말해, 기독교적 공동선이 추구하는 자유는 '그리스도 안에서의 자유'다. 이것은 그리스도와의 연합인 교회 안에서의 자유를 의미한다. 그러므로 기독교적 공동선은 교회나 공동체의 불간섭을 지향하는 자유주의적 자유의 개념을 받아들일 수 없다. 기독교적 공동선은 개인의 완성을 지향하므로 개인의 자유를 무시하는 것이 아니라 오히려 보호하고 확장시킨다.

② 공동선과 권리

공동체와의 연합(또는 통합)과 연대를 지향하는 공동체를 공동선적 공동체라 하자. 이러한 공동선적 공동체의 반대편에는 '권리 우선적 사회'가 있다. 공동체주의에 대립하는 자유주의가 취하는 입장이다.[485] 이 사회는 개인선과 공동선보다는 개인의 권리 보장을 우선시하고, 연대성보다는 호혜성을 공동체적 삶의 원칙으로 삼는다. 이 사회는 인간을 자연 상태의 무연고적 자아로 의제한 다음 개인의 권리 보장을 최우선적으로 지향한다. 이 사회는 한 개인으로부터 과거를 빼앗는 사회이고, 자신이 스스로 자신을 만들어 가야 하는 처절한 사회이다. 이 사회는 공동체적 책임감이 배제된 극단적인 개인주의자를 기계적으로 찍어 내는 사회다. 이러한 사회는 모든 인간관계를 권리자(주권자) 대 권리자(주권자)의 관계로 바라보게 하므로, 극단적인 경우에는 부모와 자녀의 관계를 질서 관계가 아니라 권리 대 권리의 관계로 전락시킬 수도 있다. 이는 국가나 타인이 개입할 수 없는 부모와 자녀 간의 고유 질서를 무시하고, 부모와 자녀 간의 관계를 권리

대 권리의 관계로 재구성하여 국가의 간섭을 가능하게 만든다. 부모와 자녀 사이의 관계를 권리관계로 보고자 하는 의도가 자녀의 인권을 강조함으로써 부모의 학대 등을 방지하겠다는 것으로 납득하지 못할 바는 없으나, 이는 자칫 잘못하면 부모의 친권행사에 있어 심각한 장해 요소로 작용할 뿐 아니라 더 나아가서는 가족 공동체를 파괴한다.

삼위일체 하나님과 공동체 구성원 사이의 연합을 지향하는 아벨공동체는 공동선을 지향한다. 왜냐하면 아벨공동체는 개인선이 공동선이 되고 공동선이 개인선이 되기 때문이다. 하지만 하나님은 배제한 채 공동체 구성원 상호 간의 호혜성을 더 강조하는 공동체는 공익을 실현함에 있어 그 구성원들의 저항을 미리 예상하지 않을 수가 없다. 왜냐하면 하나님을 공동체의 주권자로 인정하지 않는 국가나 사회, 특히 자유주의가 지배하는 국가와 사회에서는 개인의 권리 실현이 최우선 관심사이므로 개인의 사익을 포기시켜 공익실현에 기여하게 만들기 위해서는 특별한 대의를 제공하지 않으면 안 되기 때문이다.

칼뱅의 공동선 이론, 특히 인간 연대성에 대한 이론이 빈번하게 개인의 권리를 손상시켰다고 비난하는 사람들이 있다.[486] 그러한 비난이 전부 정당하다고 할 수는 없지만, 칼뱅과 관련된 '미카엘 세르베투스 사건' 등 몇 개의 사례에 대해서는 진상을 정확히 파악하여 반면교사를 삼아야 한다. 공동체주의와 공동선의 아킬레스건은 바로 개인의 인권 존중과 관련된 것임을 잊지 말아야 한다.

공동선의 성취는 개인선의 독자성과 고유성을 배제하지 않으므로 개인의 인권이 공동체 전체의 이익(안전 보장, 질서 유지, 공공복리)을 위해 제한을 받는다고 하더라도 그 본질적인 부분이 침해되어서는 안 된다. 인권으로 표현되는 개인선이 배제된 질서-선은 공동체 관계를 권력 관계로 변형시키고, 권력은 폭력을 낳게 된다. 하지만 질서-선이 배제된 인권은 만인에 의한 만인의 투쟁을 낳을 뿐이라는 점도 명심해야 한다.

4. 공동선 표지

종말론에 서게 되면, 국가 공동체와 그 법은 일차적으로 인간에게 주어진 생의 기회 동안 구원-선을 이루도록 하기 위해, 다시 말해 영생을 회복하고 하나님의 성품을 닮아 가도록 하기 위해 보존되는 것에 불과하다. 바로 여기에서 국가와 법의 그리스도적 목적이 도출된다. 특히 예수 그리스도의 사역이 완성된 이후에는 인간들이 만드는 법마저도 그리스도의 법에서 정당성의 근거를 찾아야만 한다. 국가나 법의 일차적 목적은 공동체 내의 폭력을 억제하고 질서를 유지하며, 외적(外敵)으로부터 국민의 안전을 보장함으로써 국가에 소속된 국민과 중간 단계의 공동체가 스스로 선을 이루어 가는 데 방해가 되지 않도록 해 주는 데 있다. 이 때문에 종말론적 공동체는 국가의 번영(prosperity)이나 유토피아의 완성을 궁극적 목적으로 삼지 않는다.

그러나 국가의 목적이 질서 유지에만 있다는 것은 아니다. 국가는 질서 유지 외에 땅끝까지 복음이 전파되고 공동선의 실천 등 기독교인들이 하나님 나라의 백성으로서 의무를 다할 수 있도록 국가 제도를 만들어 가야 할 의무가 있기 때문이다. 이는 번영이라고 하기는 어렵다. 왜냐하면 아담과 하와의 범죄 이전의 국가 목적인 번영(flourishing)이 아담과 하와의 범죄 이후에는 종말론적 제약하에서 추구될 수밖에 없기 때문이다. 번영을 임시적인 목적으로 삼을 수는 있을 것이나 최종 목적으로 삼을 수는 없다. 번영을 국가의 최종 목적으로 삼게 되면 국가가 절대화되고, 예수님의 재림을 기다리지 않게 되며, 심지어 예수님의 재림 자체가 없다는 결론에 이르게 되기 때문이다.

공동선을 이루고자 하는 아벨공동체에 소속된 기독교인들은 먼저 삼위일체이신 하나님과의 연합 및 공동체 구성원 상호 간의 연합과 연대를 이루어야 한다. 하나님과의 연합을 위해서는 시공간세계에서의 초월이 필요한데, 이는 우리 힘으로는 어림도 없는 일이므로 하나님께 절대적으로 의존해야 한다. 한편, 정교분리 시대의 국가에서 살아가는 기독교인들은 비기독교인들과의 연대를 통해 선한 이웃이 되어 주어야 한다. 이는 비기독교인들로 하여금 구원-선을 이루는 데 도움이 된다. 따라서 기독교인들은 질서를 유지하고 법을 준수함으로써 사회 정의를 이루어야 하고, 이를 통해 비기독교인들이 하나님의 "공의와 정의와 정직 곧 모든 선한 길"(잠 2:9)을 깨달을 수 있도록 도와야 한다. 이것이 기독교인들의 비기독교인들에 대한 '공동선적 태도'다. 공동선적 태도는 선을 이룸에 있어 자신뿐만 아니라 다른 사람, 특히 가인공동체에 속한 사람도 구속의 성취와 탁월한 성품과 인격을 만들어 나갈 수 있도록 돕는 것을 의미한다. 이것이 바로 로마서 15장 2절의 "선을 이루고 덕을 세우도록 할지니라"라는 말씀의 뜻이다.

이를 위해서는 아벨공동체에 속한 사람들은 공동선을 이루기 위한 지향점을 분명히 가지고 있어야 한다. 이러한 지향점을 '공동선 표지'라고 할 수 있는데, 그것은 아래와 같다.

(1) 아벨공동체로서 지향해야 할 표지

아벨공동체는 그리스도를 머리로 하여 삼위일체 하나님과의 연합을 지향한다. 이를 위해 가장 우선되어야 할 것은 개인과 지역교회와 가정의 거룩성이다. 하나님의 칭의를 통해 획득하는 거룩성은 삼위일체이신 하나님과의 연합에 절대적 요소다. 아벨공동체의 입장에서 개인과 지역교회와 가정의 거룩성은, 비록 정교분리 시대를 표방하는 국가에 살고 있음에도 불구하고, 공동선의 성취 정도를 평가함에 있어 가장 중요한 표지일 뿐 아니라 세속 국가의 흥망까지도 좌우하는 중요한 요소가 되어야 한다. 특히 개인과 가정과 지역교회의 거룩성을 무너뜨리는 것은 도끼로 자기 발을 찍는 어리석기 짝이 없는 일임을 잊어서는 안 된다.

(2) 국가 공동체가 지향해야 할 표지

하나님께서 국가 제도를 허용하신 이유는 일차적으로는 질서를 유지하여 악을 억제하기 위함이었다. 한 국가가 아벨공동체를 지향한다면 그 국가는 공동선의 성취를 최우선으로 고려하지 않을 수 없다.

국가 공동체를 규율하는 법과 도덕도 그 목적이 질서를 유지하고 정의를 이루어 공동선을 성취하는 데 있다. 그러므로 국가의 규범 자체를 정의롭게 다듬어 가야 하고, 나아가 그러한 규범이 특정 이념이나 세력에 의해 정의롭지 못한 쪽으로 변질되지 않도록 안정성을 유지할 수 있도록 해야 한다. 한편, 국가 제도(정치, 경제, 교육, 복지, 치안, 교정 등)가 특정 사람들이나 지역만 혜택을 보지 않도록 일반성 및 균등성을 유지할 수 있도록 해야 하고, 공공재가 지역적으로 균등하게 공급될 수 있도록 해야 한다.

(3) 공동체 구성원과 관련된 '인적' 표지

여기에는 구성원들의 성품과 인격, 사회성과 도덕성이 포함된다. 먼저 아벨공동체 구성원들은 하나님과 예수님의 성품과 인격을 닮기 위해 노력해야 하고, 가인공동체와의 연대를 위해 사회성과 도덕성을 갖추고 있어야 한다.

(4) 공동체 내의 관계적 표지

이 표지의 요소는 공동체와의 연합(또는 통합)과 연대이고, 이를 위해서는 공동체적 신뢰가 필요하다. 연합(통합), 연대 및 신뢰는 사회적 자본이요 중요한 가치다. 이러한 가치를 잃은 사회는 무질서를 겪을 수밖에 없고, 이는 국가와 법이 그 존재 목적을 달성하기 어렵게 한다.

이러한 표지들을 정비해 나감에 있어서 기독교인으로서 최우선으로 고려해야 하는 점은 이러한 표지들이 구원-선을 이루는 데 방해가 되어서는 안 된다는 점이다. 왜냐하면 앞에서 보았듯이 하나님이 국가나 법을 허용하신 것은 아담과 하와의 범죄로 타락한 인간이 구원-선을 이루는 데 도움이 되도록 하기 위함이었기 때문이다.

5. 공동선의 성취

공동선은 그에 관한 신학적 및 철학적 이해보다는 그 성취(공동선-연합이 되고, 공동선-연대를 실천함)가 더욱 중요시된다. 공동선의 개념을 논의한 것도 공동선의 실천 방향을 모색하기 위한 것이었다. 아벨공동체가 지향하는 공동선이란 최고선과의 연합(참여, 분유)을 목적으로 공동체 구성원 사이의 연합과 연대를 통하여 이루어지는 선이라고 하였으므로 공동선의 성취 영역은 공동선-연합이 되어 가는 연합의 영역과 공동선-연대를 실천하는 연대의 영역으로 나누어 볼 수 있다. 공동선-연합의 성취는 하나님과 성도와의 연합을 이루어 가는 것을 의미한다. 공동선-연대의 성취는 하나님 나라에서 제사장, 선지자, 왕의 지위를 가지는 기독교인들이 세상에 대하여 자신들의 사명을 실천하는 것을 의미한다. 기독교인들은 제사장이시고 선지자이시며 왕이신 예수님과 연합되어 있으므로 하나님 나라의 단순한 구성원이 아니라 예수님의 세 가지 직분을 그대로 물려받는 자들이다.[487] 따라서 기독교인들의 공동선적 사명은 제사장적 사명, 선지자적 사명, 왕적 사명에 따라 나누어 볼 수 있다.

하지만 우리가 추구하는 공동선의 성취는 이 땅에서는 완전을 이룰 수가 없다는 것을 명심해야 한다. 왜냐하면 인간과 인간이 만든 제도는 근본적으로 아담과 하와의 타락 이후로 인간이 지니게 된 죄성의 영향을 받기 때문이다. 이는 구원을 얻은 하나님 나라의 백성의 경우도 마찬가지다. 우리의 힘을 의지하고, 과거의 업적과 성취에 도취되는 순간, 우리는 다시 선악과나무 열매를 따 먹게 된다. 그러므로 하나님과 피조물인 인간 사이의 절대적 관계를 늘 의식하면서, 공동선을 이루어 감에 있어서도 하나님께 절대 의존하는 신앙을 잃어서는 안 된다.

(1) 공동선-연합 : 공동선이 됨

① 하나님이 우리의 주권자요 구주이심을 인정

먼저, 기독교인이 공동선을 이루기 위해서는 먼저, 하나님과의 관계가 바로 정립되어 있어야 하는데 이는 회개를 통해 주어진다. 회개를 통해 회복된 하나님과의 올바른 관계는 하나님과의 연합의 전제이고, 이는 하나님을 공동체 구성원 개개인뿐 아니라 공동체의 주권자로 인정하는 것이다. 삼위일체이신 하나님과의 온전한 연합이 없이는 공동체적 연대를 실천할 수가 없다. 요한계시록 19장을 보면, "어린양의 혼인 잔치"(9절) 뒤에 "백마와 그것을 탄 자"(11절: 다른 의견도 있으나 다수의 정통 의견은 예수님을 가리킴)가 "하늘에 있는 군대"(14절)를 이끌고, "짐승과 땅의 임금들과 그들의 군대들"(19절)과 전쟁을 벌이는 묵시가 기록되어 있다. 이 말씀이 우리에게 가르쳐 주는 바는 기독교인이 '세상의 공중 권세 잡은 자들'이 지배하고 있는 세상에 나가 공동선을 실천하려면, 예수님과의 연합이 먼저 이루어져 있어야 한다는 것이다. 예수님이 우리의 대장이 되지 않는 싸움은 목적과 방향성을 잃은 전쟁일 뿐 아니라 승리가 전혀 보장되지 않는 전쟁이라는 것을 명심해야 한다.

그런데 인간의 죄성은 구원받은 기독교인이라 하더라도 하나님과의 연합을 매우 어렵게 만든다. 인간은 아담과 하와의 범죄 이후 틈만 나면 자신이 하나님의 보좌에 앉으려고 하는 성향을 지니게 되었기 때문이다. "내 속사람으로는 하나님의 법을 즐거워하되 내 지체 속에서 한 다른 법이 내 마음의 법과 싸워 내 지체 속에 있는 죄의 법으로 나를 사로잡는 것을"(롬 7:22~23) 볼 수 있다. 바울의 고백처럼 우리는 그야말로 '곤고한 사람들'이다. 게다가 공중의 권세를 잡은 "대적 마귀가 우는 사자같이 두루 다니며 삼킬 자를"(벧전 5:8) 찾고 있다. 그러므로 우리는 이 세대를 본받지 말고, 늘 깨어 있어야 한다. 부지불식중에 퍼져 나가는 곰팡이처럼 잠시 방심하면, 어떤 치명적인 결과가 찾아올지 아무도 모르니 죽을 때까지 거룩함과 정결함을 잃어서는 안 된다. 하나님과의 연합을 위한 자신과의 싸움은 선한 싸움이다. "나는 선한 싸움을 싸우고 나의 달려갈 길을 마치고 믿음을"(딤후 4:7) 지켰다는 바울의 고백이 우리 고백이 되어야 한다.

② 구원-선을 이룸

두 번째로, 하나님과의 올바른 관계를 바탕으로 기독교인은 구원-선, 특히 하나님과 예수님의 인격과 성품을 닮아 가는 성품-선을 이루도록 노력해야 한다. 공동선은 인격적이고 인간의 완성을 지향하므로 공동선이 되어 감에 있어서는 개인선도 함께 이루어 가야 한다는 것을 잊어서는 안 된다. 기독교인이 가장 먼저 이루어야 할 선은 구원-선이다. 다시 말해, 예수님과의 연합으로 영생을 얻어 구속-선을 이룬 뒤 하나님과 예수님의 인격과 성품을 닮아 가는 성품-선을 이루어야 한다.

먼저, 예수 그리스도를 구주로 영접하여 구속(속량)함을 받아야 한다. 인간은 아담과 하와의 범죄로 말미암아 영적으로는 이미 죽었고, 육적으로는 언젠가는 죽을 것이기 때문에 생명이신 하나님 앞에 설 자격을 잃어버렸다. 이러한 인간에게 무엇보다도 중요한 것은 영생을 다시 얻는 것이다. 구속은 죽었던 자를 살리는 하나님의 주권적 행위로 범죄자가 사면을 통하여 의롭다고 간주되어 하나님 앞에 설 자격인 영생을 얻는 것이다. 이러한 자격을 얻기 위해서는 하나님의 주권적 행위로 인한 회개가 있어야 한다. 우리 힘으로는 회개에 이를 수가 없다.

다음으로, 구속함을 얻은 사람들은 하나님 나라의 백성이 되었으므로, 그 주인이신 하나님과 예수님의 인격과 성품을 닮아 가야 한다. 성령의 아홉 가지 열매인 '사랑, 희락, 화평, 오래 참음, 자비, 양선, 충성, 온유, 절제'(갈 5:22~23)는 하나님과 예수님 닮은 인격과 성품의 모습이 무엇인지 알려 준다.

③ 성도들과의 연합

세 번째로, 기독교인은 교회의 한 지체로서 또 다른 지체들인 성도들과의 연합을 통해 공동선을 이루어 간다. 이를 위해서는 각 기독교인이 먼저 예수님과 연합되어 있어야 한다. 바울 사도는 골로새서 2장 19절에서 "온몸이 머리로 말미암아 마디와 힘줄로 공급함을 받고 연합하여 하나님이 자라게 하시므로 자라느니라"라고 가르치고 있다. 이러한 연합을 이루게 하는 것은 사랑이다(골 2:2).

그리스도와의 연합을 통해 다른 사람들과 공동선을 이룬다는 것은 자유의 확장을 이루는 것이다. 일시적인 불편이 염려될지 모르나 그것을 자유의 제약으로 생각하고 공동선에 연합되지 않는다면, 공동선을 이룰 수가 없고 개인의 선의 확장도 이룰 수가 없다. 드레허는 "한 공동체의 부분이 되는 일은 그 공동체의 삶을 나누는 것이다. 이는 필연적으로 한 개인에게 자신의 자유를 제한하기를 강력히 요구한다"고 말한다.[488]

연합은 고통과 슬픔과 기쁨을 함께 나누는 것, 영광을 함께 나누는 것, 서로 돌보는 것, 함께 짐을 지는 것을 가능하게 한다. 연합은 연합된 지체뿐 아니라 연합되지 못한 사람들이 "보라 형제가 연합하여 동거함이 어찌 그리 선하고 아름다운고"(시 133:1) 하고 감탄하게 한다.

(2) 공동선-연대의 실천

공동선-연대의 실천은 기독교인이 하나님과의 연합을 통해 부여받은 새로운 정체성을 세상에 보여 주는 일이다. 우리가 새로운 정체성을 부여받은 이유는 예수 그리스도의 증인으로서의 삶을 드러내기 위함이다. 증인으로서의 삶은 구속함을 받은 기독교인들이 성화의 완성을 향해 가는 삶이다. 따라서 기독교인은 이 땅에서 성화의 과정을 삶을 통해서 드러내야 한다. 이를 위해 하나님은 '예수 그리스도의 삼중직'인 제사장이면서 선지자이면서 왕이라는 신분을 우리에게도 허락하셨다. 하지만 그 신분은 예수님과는 별개로 부여되는 것이 아니라 머리 되신 예수님과의 연합을 통해 부여되는 것이다. 이에 관해 빌링스는 다음과 같이 말한다.

> 그럼에도 불구하고, 우르시누스가 하이델베르크 교리문답 주석에서 설명하고 있는 바와 같이, 참된 예언자며 제사장이요 왕이신 그리스도께 참여하고, 그리스도의 기름 부음에 참여한다는 것은 모든 그리스도인에게 주신 엄청난 은총이다. 그리스도인은 믿음을 통하여 "머리이신 그리스도께 접붙임을 받게 되며, 장성하게 된다. 그뿐만 아니라 그리스도께서는 하나님으로부터 받으신 자신의 기름부음에 우리를 참여케 하심으로 우리가 예언자, 제사장, 왕이 되게 하신다." 예수님이 그리스도인에게 부여하신 이 새로운 신분은 말로 두루 표현할 수 없을 만큼 존귀한 것이다.[489]

그러므로 우리는 그리스도를 본받아 제사장, 왕, 선지자의 신분을 늘 염두에 두면서 공동선-연대를 실천해 나가야 한다.

① 제사장적 소명의 실천

기독교인 모두는 하나님 나라의 제사장이다(만인 제사장). 하지만 구약 성경에서의 제사장의 직무 중 용서의 제물을 드리는 직무를 수행하지는 않는다. 왜냐하면 예수님이 영원한 속죄와 화목의 제물을 단

번에 드리셨기 때문이다. 예수님이 십자가를 지시고 부활·승천하신 이후의 기독교인들은 찬양과 감사를 드리는 제사장들이고,[490] 다른 제사장이나 사제(司祭)의 중재 없이 직접 하나님께 아뢸 수 있는 제사장들이다. 지금 이 시대의 제사장들에게 맡겨진 직무 중 공동체와 관련하여 가장 중요한 직무는 하나님의 뜻을 백성에게 전달하고, 하나님을 향한 백성들의 호소를 전달함으로써 하나님과 사람들 사이의 화목을 도모하는 것이다. 제사장은 "만군의 여호와의 사자"(말 2:7)로서 "제사장직의 수행은 교회의 울타리 안에서가 아니라 세상의 일상 업무 가운데 이루어진다."[491] 화목은 평강(shalom) 또는 평화(eirene)의 전제이고, 그중에서도 하나님과의 화목은 인간 상호 간의 화목의 전제다. 기독교인들은 예수님의 대제사장직을 승계하였으므로 예수님과 같은 소명을 감당해야 한다. 따라서 기독교인들은 제사장으로서 공동체 구성원들을 대신하여 하나님께 용서를 구해야 하고 필요할 때는 자신을 희생할 수 있어야 한다. 하나님의 심판은 성전에서, 제사장에서부터 시작된다(겔 9:6). 우리가 가장 손쉽게 드릴 수 있는 감사 제물은 다름 아닌 기도다. 그러므로 세상을 위해, 세상과 하나님의 화목을 위해 가장 먼저 해야 할 일이 기도라고 할 것이다. 기독교인들의 기도는 교회의 공공성을 표방함에 있어 매우 중요한 것이다.

칼뱅은 "그리스도인들의 기도는 공적이어야 하며, 교회를 공적으로 세우는 것과 신자들의 교제에 있어서 진보를 고려해야 한다는 것이다. 왜냐하면 그리스도인 각자는 무엇이든지 자기에게 사적으로 주어지기를 간청하지 않고, 우리 모두가 함께 우리의 양식을, 우리의 죄 사함을, 우리가 시험에 들지 않기를, 우리가 악으로부터 건짐 받기를 구하기 때문이다"라고 말한다.[492] 임성빈도 "기도는 교회가 평화 여정을 제대로 지속할 수 있게 하는 길이자 교회가 치러야 할 대가다. 세상에서 교회가 가장 먼저 해야 할 것은 전략 세우기가 아니라 기도다"라고 말한다.[493] 기도를 쉬는 자들은 제사장적 소명을 포기한 사람들이다.

'마라나타', 다시 말해, "아멘 주 예수여 오시옵소서"(계 22:20)라는 말씀처럼 기독교인이 공동체의 제사장으로서 최우선적이고도 최종적으로 기도해야 할 사항은 하나님 나라의 회복이다. 이 때문에 예수님이 주기도문을 가르쳐 주시면서 먼저 "하늘에 계신 우리 아버지여 이름이 거룩히 여김을 받으시오며 나라가 임하시오며 뜻이 하늘에서 이루어진 것같이 땅에서도 이루어지이다"(마 6:9~10)라고 기도하라고 하신 것이다. 성경의 곳곳에는 이 땅에서 하나님 나라의 회복을 소망하는 제사장적 기도가 등장하는데, 대표적인 하나를 소개한다. 우리도 가인공동체가 아벨공동체로 속히 회복되기를 늘 기도해야 한다.

그러나 여호와여, 이제 주는 우리 아버지시니이다 우리는 진흙이요 주는 토기장이시니 우리는 다 주의 손으로 지으신 것이니이다 여호와여, 너무 분노하지 마시오며 죄악을 영원히 기억하지 마시옵소서 구하오니 보시옵소서 보시옵소서 우리는 다 주의 백성이니이다 주의 거룩한 성읍들이 광야가 되었으며 시온이 광야가 되었으며 예루살렘이 황폐하였나이다 우리 조상들이 주를 찬송하던 우리의 거룩하고 아름다운 성전이 불에 탔으며 우리가 즐거워하던 곳이 다 황폐하였나이다 여호와여 일이 이러하거늘 주께서 아직도 가만히 계시려 하시나이까 주께서 아직도 잠잠하시고 우리에게 심한 괴로움을 받게 하시려나이까(사 64:8~12).

또 하나님과 세상의 화목은 예배를 통해 이루어진다. 예배는 하나님에 대한 반역을 풀고 하나님께 연합되는 행위이며 평강과 평화의 증명이다. 기독교인들은 가인공동체의 사람들을 예배의 자리에 초청하여 그들이 하나님과 화목을 이룰 수 있도록 도와야 한다. 하지만 그들이 예배의 자리에 서지 못하더라도 그들과 원수 관계에 있어서는 안 된다. 원수까지도 사랑하라고 하신 예수님의 명령을 기억하며 공동선의 실천을 통해 그들이 예배의 자리에 나올 수 있도록 최선을 다해야 한다. 화평하게 하는 자는 하나님의 아들이라 일컬음을 받는다(마 5:9).

② 선지자적 소명의 실천

교회는 공적이며 통전적 공동체이고 기독교인들은 하나님 나라의 대사 또는 사자들이다. 그러므로 세례 요한을 끝으로 선지자의 시대는 종료되었지만, 기독교인들은 여전히 세상을 향한 선지자적 소명을 감당해야 한다. 이러한 소명을 수행함에 있어 세상으로부터 당하는 미움은 당연한 것이니 두려워하지 말자. 이에 관해서는 예수님이 이미 말씀해 놓으셨다(요 15:19). 구약시대의 선지자들처럼 박해와 죽임을 당하지 않는 것만 해도 감사할 일이다.

선지자는 공동체의 파수꾼으로서 광야에서 외치는 자의 소리가 되어야 한다. 하나님은 우리에게 "인자야 내가 너를 이스라엘 족속의 파수꾼으로 세웠으니 너는 내 입의 말을 듣고 나를 대신하여 그들을 깨우치라"(겔 3:17)라고 명령하신다. 그러므로 우리는 탄광 속의 카나리아처럼 공동체의 위기를 알리며 대비할 수 있도록 해 주어야 한다. 특히 위에 있는 권세들, 다시 말해 국가의 권력자나 공직자들의 타락과 부패에 대해 "회개하라 천국이 가까이 왔느니라"(마 3:2) 하고 외치며 그들의 회심을 촉구해야 한다. 선지자의 사명은 포기되거나 거부되어서는 안 된다. "성직자들이 공직이나 당직을 겸할 수 없다는 의미에서 종교와 정치는 분리되어야 한다. 그러나 기독교가 가진 윤리적 관심이 정치나 사회 문제에 적용될 수 없다는 의미의 정교분리는 사악한 개념이다. 그런 경우 사회는 권위 있는 도덕적 음성을 상실하게 된다. 교회는 한 사회의 도덕과 양심의 최후의 보루로 남아야 하며 그 역할을 감당하기를 주저하지 말아야 한다. 정교분리라는 어구를 구실로 교회가 사회와 정치를 향해 선지자적 견해 표명하기를 포기할 때 그 사회는 도덕적 무정부 상태로 전락하게 된다."[494]

선지자적 소명은 자신을 비롯하여 공동체와 그 구성원들이 하나님의 복음에 따라 회개의 자리에 나아가게 하는 것이다. 복음의 효력은 하나님의 원수된 공동체와 그 구성원들로 하여금 막힌 담을 헐고 구원-선을 이루어 하나님과의 연합을 이루게 함으로써 하나님 앞에 설 자격을 얻게 하는 한편 하나님 나라의 회복을 이루게 한다. 이것은 새 창조 사역에 해당한다. 예수님은 새 창조를 이미 시작하셨고, 우리에게 그 사역을 맡기셨으며, 예수님의 재림 날에 새 창조 사역을 완성하실 것이다. 예수님의 지상명령 속에는 지금 이 땅에서 새 창조를 이루어 나가라는 명령도 포함되어 있다고 본다.[495] 그러므로 그리스도인들은 새 창조가 완성되는 날까지 팔짱을 끼고 있거나 기도실에 고립되어 하늘만 바라보아서는 안 된다. 세상에 대한 심판과 저주를 선포함으로써 세상 사람들로 하여금 하나님 편에 서게 하고, 그로 인해 하나님 나라가 회복되어 가도록 해야 한다. 그와 동시에 하나님께 세상에 긍휼을 베푸시도록 기도하는 일도 잊어서는 안 된다.

선지자적 소명의 최종적 목표는 회개에 있다. 이는 아담과 하와의 범죄 이후 지속된 하나님을 향한 반역 상태를 해체하고 하나님께 주권을 돌려 드리는 것이다. 이러한 회개는 개인적인 것일 뿐 아니라 공동체적이다. 왜냐하면 회개는 개인적인 회심뿐 아니라 가인공동체에서 아벨공동체로 그 소속을 바꾸는 것이기도 하기 때문이다. 이러한 회개를 공동선적 회개라고 하면, 그 대표적인 사례는 요나서에 기록된 니느웨 백성들과 그 통치권자들의 이야기가 된다. 엘륄은 이에 관해 다음과 같이 설명한다.

여기서 우리는 사회적인 죄에 대한 전체적인 대답을 갖는다. 먼저, 개혁이 아니다. 니느웨는 예를 들면 새로운 사회적 구조나 새로운 정부를 획득하지 않을 것이다. 그것은 또한 사람들이 개별적으로 회개하고, 의롭고 경건하고 거룩한 삶을 살기 시작할 것이기 때문도 아니다. 오히려 우리에게는 불가능하게 보이는 사건으로, 전 주민과 그 정부의 회심이다. 왜냐하면 두 요소는 그들을 결합시키기 위해 구분된 채로 있기 때문이다. 니느웨의 전 주민은 회개하고 하나님을 받아들였으며 자발적으로 금식을 결단하였다. 그리고 왕, 곧 영적인 힘임과 아울러 정치적인 힘인 왕은 다른 한편으로 스스로 자신의 불의와 그의 성의 악한 길로 인하여 겸비하게 되었다. 그리고는 돌이킴과 회개에 하나의 법적 실행을 결행하였다. 여기서 우리는 사회적인 죄악의 사면에 필요한 모든 요수가 한데 모인 것을 본다. 이러한 사면은 물론 단지 하나님이 먼저 이전에 긍휼을 품으셨기 때문에만 얻어진다. 그리고 우리는 그의 긍휼하심이 누구 속에서 보였는가를 안다.[496]

그러므로 기독교적 공동선의 실천은 단순히 '사회적 가치-선'의 적법하고 정당한 분배를 목적으로 하는 정의의 실현에만 머무를 수가 없고, 회개가 필수적으로 동반되게 하여야 한다. 그리고 그 회개는 개인의 회개로만 끝나서는 안 된다. 공동체의 배후에서 하나님을 대항하고 있는 영적 힘들에서 벗어나기 위해 개인뿐 아니라 정치제도와 통치권자들, 공동체의 '물질적인 기반'[짐승, 소 떼, 양 떼 (욘 3:7)]까지도 모두 하나님의 주권을 인정할 수 있도록 해야 한다. 그렇지 않으면 우리가 아무리 법과 질서를 지키고, 정의를 구현하고자 해도 그 의도하는 바를 달성할 수가 없기 때문이다.

하지만 공공 영역에서 선지자적 소명을 감당함에 있어서는 주의해야 할 점이 있다. 그것은 공공 영역에서의 일차적인 선지자적 사명이 하나님의 시선으로 인간과 공동체를 바라보게 하는 데 있지, 회개를 절대적으로 관철시키는 데 있지 않음을 기억하는 것이다. 이에 관해 성석환은 다음과 같이 설명한다. "우스나우는 공공 영역에서 기독교의 예언자적 비평 기능의 수행은 자신들의 입장을 관철하는 것이 아니라 어느 하나의 입장이 절대화되는 것을 제어하는 역할이라고 말한다."[497] 이러한 점을 명심하지 않으면 공론장에의 입장 거부라는 더 큰 손실이 초래된다는 점을 잊어서는 안 된다.

한편, 선지자적 소명을 감당한다는 것은 공동체가 이룬 성과를 함께 누리는 것뿐 아니라 책임도 함께 지는 것을 의미하고, 교회와 기독교인의 공동체에 대한 책임은 교회의 공적 성격을 강화한다.[498] 이는 공동체 구성원 개개인의 죄와는 관계없이 공동체의 책임을 져야 할 때도 있다는 것으로, 소돔과 고모라가 심판받기 직전에 "주께서

의인을 악인과 함께 멸하려 하시나이까 … 주께서 이같이 하사 의인을 악인과 함께 죽이심은 부당하오며 의인과 악인을 같이 하심도 부당하니이다"(창 18:23,25)라고 절규한 아브라함의 기도에서 잘 살펴볼 수 있다. 이를 염두에 둔다면, 기독교인들이 자신의 경건을 지키는 것만으로는 부족하다. 엘륄은 "한 앗수르인이 비록 완벽하게 선하고 정직하고 덕스러울지라도 그는 여전히 피의 도시의 기계 장치에 붙들리며, 그 도시의 사회적인 죄에 필연적으로 연루되며, 그의 개인적인 미덕은 어느 것도 멈추거나 덮지 못한다. 그러므로 할 수 있는 한 최선을 다해 자기 자신의 경건과 선함으로 자신을 경계하는 것만으로는 충분하지 못하다. 또한 가능한 한 최선으로 자기 자신의 삶을 이끌어 나가는 것으로도 충분치 않다."499 그러므로 우리는 개인의 경건을 지키는 외에 통치권자들이나 공동체 구성원들이 잘못을 저지르지 못하도록 최선을 다해 선지자적 목소리를 내야 한다. 그런 다음 권력 기관이나 공동체의 잘못으로 연대 책임이 부과될 때는 하나님 나라의 백성으로서 품격 있는 태도를 보여 주어야 한다. 내가 지지한 정권이나 정책이 아니므로 나는 책임이 없다거나 우리 앞 세대의 일이므로 책임이 없다고 발뺌하는 것은 무책임하게 보일 수 있음을 명심해야 한다.

선지자들은 마지막까지 자신의 소명을 감당해야 한다. 롯이 심판 직전에 소돔을 떠났던 것처럼, 전쟁에서 패하여 퇴각하는 군사가 아니라 임무를 완수한 이후 철수하는 군사들처럼500 우리도 최후까지 세상에 남아 소명을 감당해야 한다. 하나님의 심판이 임박하여 "너희는 바벨론 가운데에서 도망하라 갈대아 사람의 땅에서 나오라 양 떼에 앞서가는 숫염소같이 하라"(렘 50:8), "내 백성아, 거기서 나와 그의 죄에 참여하지 말고 그가 받을 재앙들은 받지 말라"(계 18:4)라는 명령이 있기 전까지는 우리는 이 땅에서 발을 빼서는 안 된다. "머무름과 떠남의 이 변증법, 보존과 심판의 이 변증법은 천국 복음의 전파에 있어서 핵이 된다."501

최후의 퇴각 명령이 내려지기 전까지 기독교인들은 하나님이 세상의 주권자이시고 세상을 통치하고 계시며 예수님의 재림 때에 세상을 바로잡으시리라는 것을 선포하여 알려야 한다. 구약에서 선지자들은 죽음을 각오하고, 이스라엘 왕들이 하나님의 법에 따라 정의롭게 권력을 행사해야 할 것을 강력히 선포하였다. 지금 우리도 그들이 감당한 역할을 수행해야 한다. 교회는 공적 통전적 공동체이고 기독교인들은 하나님의 대사 또는 사자들이다. 톰 라이트는 기독교인들을 포함하여 국가 공동체 구성원들이 공적으로 하나님에 대해 말하는 법을 잊어버렸는데, 그 주범은 신앙과 정치를 섞으면 신앙이 타락한다고 상정한 독실한 기독교인들과, 그 둘을 섞으면 정치가 타락한다고 상정한 독실한 세속주의자들이라고 했다.502 그러므로 기독교인들은 거룩한 것과 세속적인 것으로 엄격하게 구분하는 '성속(聖俗) 이원론'뿐 아니라 '윤리적 이원론'도 극복하고 광장에 올라 근대 계몽주의 이래로 도덕적 방향성을 상실한 세속 국가에 대하여 선지자적 사명을 감당해야 한다. 이것은 하나님이 공적 영역에서 통치하고 계심을 다시 확인하는 것이고, 잊고 있던 공동선을 회복하는 것이다.

그리고 국가의 권력을 누가 차지하는지에 관해서도 관심을 가져야 하겠지만, 권력을 잡은 자들이 어떻게 통치하는지에 관해 더 많은 관심을 가져야 한다. 오히려 기독교인들은 후자에 더 관심을 가져야한다. 톰 라이트에 의하면 "초대 교회는 고대 유대인들처럼, 정부들과 통치자들이 어떻게 권력을 잡았는지에 대해서는 별 관심이 없었다. 그들은 정부들과 통치자들 앞에 거울을 들이대며 하나님의 회복하는 정의라는 잣대에 견주어 그들이 어떻게 하고 있는지를 보여 주는 데 비상한 관심을 보였다."[503] 내가 투표한 사람이 권력자가 되면 그가 어떻게 권력을 행사하든 아무런 문제가 되지 않고, 그에 대해 비판이나 저항을 하는 것은 불경한 일이라고 생각하는 사람은 진영 논리에 갇혀 기독교인의 선지자적 사명을 망각한 사람들이다. 교회와 기독교인들은 "항상 진짜 야당"으로 남아 있어야 한다.[504] 권력자들이 방향을 제대로 잡지 못하고 있으면 그들에 대하여 "더 넓은 세상의 언어와 더 넓은 세상의 논리 정연한 주장들로 표현"[505]하고, "기품이 더해져야 하며, 의사 결정 과정의 일환으로서 점점 더 많은 사람을 온전한 인간됨으로 이끄는 방식으로"[506] 진리를 선포해야 하며, 권력자들이 권한을 남용하거나 유월하고 자신을 신격화할 때에는 적절한 시기에 적절한 방법으로 비판하거나 저항할 수 있어야 한다. 또 기독교인들은 국가 공동체의 현실과 법이 공동선과 정의를 이루기에 적합하지 않거나 부족할 경우에는 법의 폐지나 개정을 요구할 수 있어야 한다. 더 나아가 권력자들이 권력을 제대로 행사하고 있을 때는 비록 내가 투표한 사람이 아니라고 해도 긍정적인 태도를 보여 주어야 한다.

③ 왕적 소명의 실천

기독교인들의 왕적 소명은 제사장적 소명 및 선지자적 소명과는 사뭇 다른 모습을 띤다. 기독교인들은 '하늘과 땅의 모든 권세'를 수여받으신 예수님으로부터 통치권을 위임받은 왕이다. 왕은 공동체의 통치자로서 질서를 유지하며 정의를 실천해 나갈 의무가 있다. 이 왕적 소명 영역은 국가 및 사회가 기독교인을 향해 주목하고 있는 부분일 뿐 아니라 정치·사회학적으로 '공동선'으로 논의되는 부분이기도 하다. 왕적 소명의 내용이 무엇인지를 잘 가르쳐 주는 말씀이 시편 72편이다.

> 하나님이여 주의 판단력을 왕에게 주시고 주의 공의를 왕의 아들에게 주소서 그가 주의 백성을 공의로 재판하며 주의 가난한 자를 정의로 재판하리니 의로 말미암아 산들이 백성에게 평강을 주며 작은 산들도 그리하리로다 그가 가난한 백성의 억울함을 풀어 주며 궁핍한 자의 자손을 구원하며 압박하는 자를 꺾으리로다 그들이 해가 있을 동안에도 주를 두려워하며 달이 있을 동안에도 대대로 그리하리로다 그는 벤 풀 위에 내리는 비같이, 땅을 적시는 소낙비같이 내리리니 그의 날에 의인이 흥왕하여 평강의 풍성함이 달이 다할 때까지 이르리로다 … 그는 궁핍한 자가 부르짖을 때에 건지며 도움이 없는 가난한 자도 건지며 그는 가난한 자와 궁핍한 자를 불쌍히 여기며 궁핍한 자의 생명을 구원하며 그들의 생명을 압박과 강포에서 구원하리니 그들의 피가 그의 눈앞에서 존귀히 여김을 받으리로다… 산꼭대기의 땅에도 곡식이 풍성하고 그것의 열매가 레바논같이 흔들리며 성에 있는 자가 땅의 풀같이 왕성하리로다 그의 이름이 영구함이여 그의 이름이 해와 같이 장구하리로다 사람들이 그로 말미암아 복을 받으리니 모든 민족이 다 그를 복되다 하리로다…(시 72:1~7,12~14,16~17)

공동선의 왕적 소명의 실천에 있어서는 공동선이 유기적 선물 교환 시스템이라는 점에 대한 명백한 인식이 필요하다. 이는 우리가 현재 보유하고 있는 재능이나 사회적 가치들이 모두 하나님으로부터 받은 선물이라는 고백에 이르게 한다. 이러한 고백은 우리가 세상을 섬기고, 정의를 실천하는 데 있어 무엇보다 중요한 것이 마음 자세인데, 그러한 마음 자세는 직업 활동 속에서 그 실체가 드러난다. 우리가 가진 재능이 하나님의 선물이듯이, 그 재능을 발휘하게 하는 직업도 공동선의 실천을 위해 하나님이 주신 선물이다. 그러므로 공동선의 왕적 소명은 우리가 공동체에서 어떤 직업과 사회적 지위를 가지고 있는지와 관계없이 실천되어야 한다. 사회적 지위 고하를 막론하고, 직업에 대한 빈부귀천 의식을 배제한 채 가장 낮은 곳에서도 왕으로서의 품격을 가지고 공동선을 실천하는 것이 공동선의 왕적 소명을 실천하는 것이다. 이것은 공동선적 직업관이기도 하다. 아퀴나스는 "어느 공동체에서든 그 우두머리인 사람은 특히 공동선을 도모해야 한다"고 말한다.[507]

국가 정치에 참여하는 것은 공동선의 왕적 소명을 실천하는 데 있어 아주 중요한 항목이다. 교회와 기독교인들이 정치에 참여하는 방법은 다양하다.[508] 개인적으로 정당에 가입하거나 정치가들과 연대하거나 공동체의 여론을 조성하는 방법도 있다.[509] 다만 기독교 정당의 설립에 관해서는 회의적인 입장을 취하는 사람들이 많다.[510] 그러므로 정치적 및 공공적 활동을 함에 있어서는 개인 자격으로 하는 것인지 아니면 교회나 교계의 대표자 자격으로 하는 것인지에 대한 분명한 인식이 전제되어야 한다.[511] 후자의 자격으로 하는 경우에는 사안에 따라 또는 사태의 경과에 따라 교회 공동체에 심각한 문제를 발생시킬 수도 있음을 늘 염두에 두어야 한다. 특히 정치적 견해를 표명함에 있어서는 말과 행동 사이에 모순이 발생하지 않도록 조심해야 한다. 양낙흥은 "사실 그동안 한국교회에서 진정한 '상충'은 복음 전도에 대한 열심과 사회적 관심 사이에서 있었다기보다는 정치적 견해 표명에 대한 한국 보수 교회들의 말과 행동 사이에서 일어났다. 지난 수십 년간 한국 보수 교회들은 교회가 정치에 관여해서는 안 되며 그렇기 때문에 정치적 문제에 대한 입장 천명을 피해야 한다고 주장했다. 그러나 막상 결정적인 정치적 이슈가 대두될 때면 그들은 정부에 대한 지지와 찬성 표명하기를 주저치 않았다"라고 지적한다.[512] 이러한 모순적 행위는 교회와 기독교에 대한 불신으로 작용한다는 것을 잊어서는 안 된다.

왕적 소명을 감당해 나가는 기독교인들에게 공통적으로 요청되는 사항은 아래와 같다.

○ 공동체 내의 권위와 질서를 존중한다

세상에 나가 공동선을 실천하려면 먼저, 교회 내의 권위와 질서를 지켜야 한다. 특히, 교회 내의 징계 문제를 결코 가볍게 여겨서는 안 된다. 드레허는 "그리스도인들이 더욱 건강한 교회 공동체를 세움에 따라, 그들은 또한 교회 징계를 엄격하게 해야 한다. 게이, 레즈비언, 그리고 그들의 지지자들이 왜 보수적 그리스도인들은 그들이 생각하는 죄를 정죄하는 데는 그렇게나 신속하면서 자신의 회중 가운데 만연한 이혼과 이성애자들의 성적 죄를 간과하느냐고 의문을 제기하는 일은 정당하다"[513]고 말한다. 세상을 향해 손가락질하기 전에 우리 내부부터 돌아봐야 한다.

다음으로 국가와 그 통치권자들의 권위를 존중해야 하고, 이를 통해 국가의 질서가 유지될 수 있도록 해야 한다. 왜냐하면 혼돈과 공허에서 우주 만물을 창조하신 하나님은 무엇보다 질서와 조화를 원하시고, 국가와 그 통치권자들의 권위의 근거는 바로 하나님이기 때문이다. 톰 라이트는 "예수님의 말에는 빌라도가 실은 꽤 선한 총독이라든지, 그가 최선을 다하고 있다든지, 사실은 탓할 대상이 아니라는[요한복음 19장 11절에서 예수님이 (빌라도보다) '넘겨준 자의 죄는 더 크다'고 말씀하시기는 했다] 것을 암시하지는 않는다. 요점은 모든 권위가 하나님에게 속한다는 것이다. 혹은 달리 표현하자면, 심지어는 폭압적인 질서일지라도, 하나님의 관점에서는 질서가 혼돈보다는 궁극적으로 낫다는 것이다. 이것은 창조 신학의 일부이다. 하나님은 혼돈에서 질서를 끌어내신다"[514]라고 한다. 로마서 13장 1~7절은 이러한 하나님의 뜻이 반영된 말씀이다.

질서를 지키는 것은 무질서한 세속 사회에 대한 대항적 공동체인 아벨공동체의 본질적인 모습이다. 드레허는 "만약 근대 세계의 결정적 특징이 무질서라면, 가장 본질적인 저항의 행위는 질서를 세우는 데 있을 것"[515]이라고 말한다.

○ 공동체의 정의를 실현한다.

아벨공동체에서의 정의란 '공동체 구성원 상호 간에 연합(또는 통합)과 연대를 위해 정당하게 대우하는 것'이고, 반면에 자유주의적 입장에서 정의란 '사회 구성원 상호 간에 정당하게 대우하는 것'이라고 한다.[516] 한편, 정의의 개념을 동태적으로 표현하면 정의란 공동체와 그 구성원들에게 정당한 몫을 분배하고(분배), 분배된 몫은 그 몫을 보유하는 자가 배타적으로 향유할 수 있어야 하며(향유), 분배된 몫의 향유를 방해받거나 침탈당한 경우에는 그 시정을 요구하고(시정), 분배의 격차가 심할 경우에는 공동체의 연합과 연대를 위해 분배 격차의 몫을 줄여 가는 것(재분배)이다.[517]

　기독교인들은 자신이 속한 국가 내에서 정의가 강물처럼 흐를 수 있도록 해야 한다. 아우구스티누스는 "정의를 결여한 왕국은 강도 떼가 아니고 무엇인가?"[518]라고 한다. 정의 실천이 기독교 신앙의 영역이 아니라고 하는 것은 세계를 영원세계의 천국과 시공간세계의 세속 국가로 엄격히 나누는 '세계관적 이원론', 세속의 자연 영역과 거룩한 은혜 영역으로 구분하는 '성속 이원론'이나 사적 윤리와 공적 윤리를 엄격히 구분하는 '윤리적 이원론'에 따르는 것으로, 성경이 가르치는 바가 아니다. 교회는 국가 및 사회에 대하여 선지자적 사명을 감당할 책임이 있다. 이를 위해서는 교회가 정치 영역과 관련되지 않을 수가 없고, 국가와의 관계가 아닌 사회와의 관계에서 '공론' 형성에 참여해야 하고 할 수 있어야 한다.

　그리고 기독교인들은 사회적 가치가 정의롭게 분배되도록 노력해야 할 뿐 아니라 제도적 및 현실적으로 사회적 가치를 누림에 제약을 받고 있는 사람들이 있다면 그들을 도와야 한다. 더 나아가 인권 보호에도 최대한 관심을 기울여야 한다. 왜냐하면 공동선은 개인선의 완성을 지향하기 때문이고, 인권은 약자가 강자에 대해서 행사할 수 있는 최후의 무기, 로널드 드워킨의 표현에 따르면 '으뜸 패'이기 때문이다. 그러므로 인권 보호는 정의 실현의 최소한이 되어야 한다. 기독교인뿐 아니라 비기독교인에게도 하나님이 명령하신 이웃 사랑을 실천함으로써 그들로 하여금 하나님의 공동선에 연합할 수 있도록 길을 열어 주어야 한다. 현대 국가를 괴롭히고 있는 문제로는 생명 윤리 문제(인간 배아, 유전자 조작, 낙태, 장기 매매, 안락사, 조력 살인), 가족과 가정 해체 문제, 혼인 제도와 동성혼 문제, 빈부 양극화와 젠트리피케이션 문제, 4차 산업 혁명과 청년 실업 문제, 범죄와 교정 문제, 지역 간 균형 발전 문제, 환경 문제 등이 있고, 대한민국 특유의 문제로는 '국가와 민족 통일'[519] 문제가 있는데, 이들이 우리 신앙과 아무런 관련이 없다는 생각은 버려야 한다. 그러한 문제를 해결하지 못하면 진정한 공동선은 이루어지지 않는다는 것을 명심해야 한다.

한편, 우리는 지구촌 정의에도 관심을 가져야 한다. 정의는 특정 공동체의 연합과 연대를 위해 구성원 상호 간에 정당하게 대우하는 것이므로, 정의론은 보통 한 국가 내에서의 사회적 가치의 분배, 향유, 시정 및 재분배 문제에 집중된다. 하지만 우리가 속한 공동체를 지구촌 공동체로 확장하면 정의의 영역은 국가를 넘어 세계로 확장할 수 있다. 하나님의 주권과 통치권이 지구 전체에 미친다고 한다면 기독교인의 공동체는 지구촌 공동체로 확장되어야 하고, 우리는 지구촌 정의 문제에 관해 관심을 가질 수밖에 없다. 그러한 관심은 우리가 핵전쟁과 테러리즘을 비롯한 세계평화 문제, 지구 온난화와 환경보호 문제, 윤리적 소비와 공정무역 문제, 제3세계 빈곤과 기아, 정치·사회적 억압 문제, 난민 문제, 다국적 기업 및 다국적 금융기관 문제

등에 관해 대책을 세울 수 있게 된다.

○ 공동체의 규범(도덕과 법)에 자발적으로 복종한다

우리가 규범(도덕과 법)을 지키는 이유는 우리의 인격과 성품을 하나님과 예수님을 닮게 하고, 공동체의 질서를 유지하고 정의를 실현함으로써 공동선을 이루기 위해서다. 인간은 법을 지켜 나가는 동안 자신을 돌아보고 현시대의 주류 사상이자 포스트모더니즘 시대의 우상인 재물과 성과 권력에 대한 탐욕이 초래할 결과가 무엇인지를 알게 된다('율법의 제1용법'으로서 '법의 거울 기능'). 이러한 탐욕이 외부로 표출되어 행위로 나타나면, 결국 다른 사람에게 분배된 권리의 향유를 막는 것이고, 이는 사회 정의에 위배되는 것이 된다. 하지만 그러한 표출 행위에 대해서는 법이 형벌과 불이익을 규정하고 있다. 보통의 인간들은 이러한 형벌과 불이익을 받지 않으려고, 법에 위반되는 행위를 하지 않는다('율법의 제2용법'으로서 '법의 고삐 또는 굴레 기능'). 하지만 인간이 법을 통해 알게 된 탐욕을 내면적인 덕을 통해 자제하고 적극적으로 성품을 닦아 나간다면 그는 법을 통해 내면적인 선을 이룰 수가 있게 되고, 그 이후로는 자발적으로 법에 복종할 수 있게 된다('율법의 제3용법'으로서 '법의 도덕적 스승 기능'). 결국 우리는 법을 통해 외면적인 선을 실현함으로써 사회 정의를 이룰 수 있을 뿐만 아니라 내면적인 선인 정의로운 성품을 함양하여 상대방의 권리를 존중하고 배려함으로써도 사회 정의과 공동선을 이룰 수 있다.

하나님이 아담과 하와에게 내리신 선악과 명령의 내용을 주의 깊게 읽으면, 하나님이 그냥 특정한 나무 한 그루를 지적하시면서 이나무의 '열매를 따 먹지 말라'고 명령한 것이 아니라 '선악을 알게 하는 나무'의 열매는 따 먹지 말라고 명령했음을 알게 된다. 이러한 명령 체계를 통해 하나님이 의도한 바는 인간이 단순히 선악과를 따 먹지 않기만 하면 하나님의 명령을 준수한 것이 되는 것이 아니라, 인간의 인격과 성품이 선악과를 향한 탐욕을 버리고 하나님의 형상을 계속 담고 있어야 진정으로 선악과 명령을 지킬 수 있게 된다는 것이다. 이와 마찬가지로 세속 국가의 법도 우리가 단순히 법을 위반하지 않는 데 그치는 것이 아니라, 이 규정을 통해 타인을 해하려는 마음을 버리고 진정으로 사람을 존중하고 배려하는 인격과 성품을 내면화해야 한다는 뜻으로 받아들여야 한다. 이를 위해서는 지속적인 연단을 통한 성품-선(덕)을 완성하려는 노력이 필요하다. 드레허는 "한 사람의 행동에 질서를 세우는 일은 참으로 그 사람의 마음이 옳은 것들을, 즉 진실로 실재하는 것들을 그에 대해 생각할 필요도 없이 사랑하고 욕망하도록 훈련시키는 것이다. 이는 습관으로 덕을 성취하는 것"이라고 말한다.[520]

기독교인들은 하나님의 완전한 법의 시현(示現)인 그리스도의 법을 실천하는 사람들이다. 이런 사람들이 억지로 마지못해 규범을 준수하려고 해서야 되겠는가? 우리는 법을 준수할 때마다 지킬지 말지를 고민할 것이 아니라 언제든 아무 고민 없이 법을 준수할 수 있도록 성품을 다듬어 가야 한다. 이것이 외적 규범의 내적 규범화다. 특히, 다른 사람이 법을 위반하니까 자신도 그렇게 하였다는 자기 합리화는 허용될 수 없다. 법은 정의의 최소한이고, 정의는 법의 최대한이므로 법을 지키는 것이 바로 정의를 이루는 것이다. 따라서 기독교인들은 하나님의 법만 지키면 되고, 세속 국가의 법을 무시하거나 지키지 않아도 된다고 생각해서는 안 된다. 빌링스도 "인간이 하나님의 질서를 추구함에서 핵심 차원은 수동성에서 능동성으로 움직이는 데 있다. … 하나님께서 그의 나라를 세울 때까지 소극적으로 기다려서는 안 된다. 왜냐하면 현재 무질서의 근원은 '자신이 어떤 목적을 위해 만들어졌는지를' 고려하지 않기에 '영예롭지도 유용하지도 않은 직업에 종사하는' '나태한' 사람에게 있기 때문이다. 인간은 능동적이 되고, 하나님이 원하시는 질서를(질서라는 단어의 두 가지 의미 모두에서) 열심히 자발적으로 원하도록 만들어졌다. 이렇게 자발적으로 활동하는 새로운 질서라는 특별한 영역은 그리스도의 몸인 교회 안에 있다."[521]라고 말한다.

○ 환대하고 섬기며 이웃사랑을 실천한다

먼저, 환대해야 한다. 환대는 열린 공동체를 지향하는 예수 공동체의 중요한 표지이고 섬김을 위한 전제다. 보아스의 베들레헴 공동체의 사람들처럼 손님과 나그네와 이방인들과 낯선 사람들을 환대해야 한다. 히브리서 기자는 "손님 대접하기를 잊지 말라"(히 13:2)라고 말한다. 세상과 타협하면 안 되지만, 등져서도 안 된다. 그러는 것은 공동선의 실천을 포기하는 것이다. 환대는 낯선 손님들의 방문에 대한 응답이다. 낯선 손님들이 자발적으로 찾아오게 만들기 위해서는 아벨공동체의 참모습을 보여 주어야 한다. 우리 공동체의 아름답고 행복한 모습을 보고, 보아스의 베들레헴 공동체가 보여 준 것처럼 양식과 거처를 함께 나누는 공동체를 보고 자발적으로 찾아올 수 있도록 만들어야 한다.

다음으로, 섬겨야 한다. 섬김은 예수님이 십자가를 지시기 직전 최후의 만찬에서 제자들에게 내리신 명령이다. 우리는 하나님 나라의 작은 왕이고 대사이지만 세상을 지배하려고 하기보다는 섬겨야 한다. "세상을 바꾸겠다는 헤게모니적인 야망보다는 세상을 섬기는 예수 닮는 겸손이 필요하다."[522] 섬겨야 할 상대가 기독교인인지와 상관없이 행해지는 섬김은 교회가 공적 공동체임을 가장 잘 드러내 주는 표지다. 그러므로 우리는 공동선을 실천함에 있어서도 "공적 영역을 지배하기보다는 정보를 제공하고 영감을 불어넣을 수 있어야 한다."[523] 섬기기 위해서는 그들을 멀리해서는 안 된다. "우리의 이웃들에게 무엇이 필요하고 또 무엇을 원하는지 알기 위해서는 그들 가까이에 있어야 한다."[524] 교회를 세상과 단절시키는 '교회의 게토화'는 치명적인 실책임을 알아야 한다.

최종적으로 우리는 이웃 사랑을 실천해야 한다. 빌링스의 말대로 공동선을 성취하는 전제가 되는 '그리스도 안에의 참여'는 "교회 안과 밖 모두에서 사회적 상호성과 자선(박애)이라는 사랑의 관계에 참여하는 것과 분리될 수 없"고,[525] 또 "그리스도 안에 있는 값없는 용서로 인해 성령은 성부를 신뢰하고 사랑하는 관계로 신자들을 이끌 뿐만 아니라 성령에 의해 활성화된 똑같은 사랑, 감사, 신뢰가 교회와 모든 사람에게 향하게 된다."[526]

(3) 연대의 방식 : 참여와 소통

① 참여

가인공동체가 주도권을 쥔 공동체에서 연대를 실천하기 위해서는 참여가 우선되어야 한다. 참여에는 개인적으로 직업을 가지는 것과 공동체적으로 국가나 지역 현안과 관련한 공공적 활동을 하는 것이 포함된다. 참여함에 있어서는 대내적으로는 신앙을 교회 안에 가두어 두려는 교회론적 윤리를 극복해야 하고, 대외적으로는 종교를 공공의 영역에서 배제시키려는 시민 사회의 저항을 극복해야 한다.[527]

먼저, 신앙을 교회 안에 가두어 두려는 성속 이원론을 극복해야 한다. 임성빈은 교회의 사회 참여 유형을 기독교윤리실천운동과 같이 기존의 정치체제에 대항하는 '운동으로서의 사회 참여 유형', 정치활동은 신앙인에게 적합하지 않으므로 참여해서는 안 된다는 '비정치적 사회 참여 유형', 정당이나 이익단체를 결성하여 정치 과정에 참여하는 '정치적 사회 참여 유형'으로 나눈다. 비정치적 사회 참여 유형은 성속 이원론에 입각해 있다고 볼 수 있다. 많은 기독교인이 우리는 거룩한 나라의 백성이므로 세속적인 일에서는 가급적 손을 떼야 한다고 주장한다. 그들 주장의 밑바닥에 깔려 있는 생각들은 다음과 같다. "윤리적 기준들이 도시를 덮고 있지 않기 때문에, 우리가 윤리적 기준 없이 일하고 있으므로, 도시의 문제가 분명히 하나의 영적인 일이며 따라서 우리가 건축자들과 함께 일할 때, 우리가 그들의 반역의 한 무리가 되기 때문에 우리 그리스도인들 역시 하나님을 대적한 인간의 투쟁 속에 보조를 같이해야 하는가?"[528] 이러한 생각들은 어느 면에 있어서는 타당하다. 하지만 우리가 앞에서 논한 교회의 공적 통전적 공동체성을 감안한다면 이러한 생각들은 기독교인들의 온전한 신앙관이라고 할 수 없다. 우리가 가인공동체의 일에 참여하지 않는다면 그들과 어떻게 소통할 수 있겠는가? 그들과 소통하지 않는다면 하나님 나라의 회복이라는 지상명령은 어떻게 실현할 수 있겠는가? 이러한 질문들에 대한 정당한 답변은 세상이 하나님에 대한 반역의 위치에 있음에도 불구하고 우리는 그들을 하나님과 화해하도록 돕기 위하여 그들과 공동선을 이루어 가는 데 참여해야 한다는 것이다. "교회의 사회 참여란 적극적으로는 하나님 나라 실현을 위한 이웃 사랑의 실천이다."[529] 하지만 세상에 참여하더라도 교회와 기독교인의 선지자적 정체성은 분명히 유지해야 한다. 임성빈은 "신앙인에게 구체적인 사회 참여, 특별히 권력과 관계되는 사회 참여는 신앙적 정체성의 상실로 이어질 수 있으며, 당파성의 유혹에 어김없이 노출된다. 원칙적인 의미에서 신앙인의 사회 참여는 의문의 여지가 없는 과제이지만, 실제적으로는 사회 참여의 방법과 목적 및 파생 결과에 대한 세심한 신학적 반성이 요구된다."[530]라고 한다.

다음으로, 시민 사회의 저항을 극복해야 한다. 근대 계몽주의의 산물인 시민 사회의 주도권을 쥐고 있는 자들은, 시민 사회는 공적인 영역에 속하므로 사적 영역에 속하는 종교가 종교적 가치를 내세워서는 안 된다고 주장했다. 하지만 공적 영역에서 하나님과 종교를 배제하고자 한 근대 시민 사회의 계획은 현대에 이르러 실패로 판정이 났다. 왜냐하면 근대 계몽주의가 지배했던 지난 200년 동안 인류는 진보는커녕 오히려 개인적 및 공동체적으로 심각한 문제점을 보였기 때문이다. 또, 많은 사람들이 지구화로 인해 극도로 확장된 시민 사회의 질서를 유지할 만한 기준과 토대가 거의 사라졌다.[531] 더구나 20세기 후반부터 전 지구적으로 확대된 신자유주의가 인간의 공존과 공동의 선을 현저히 위협하자 종교계에서는 이에 저항하며 시민 사회의 공론장에 적극 참여하기 시작하였다.[532] 임성빈은 이런 시대적 흐름을 아래와 같이 요약한다.

> 그동안 근대 사회는 종교가 정치 권력화되는 것을 우려해 정교분리의 원칙을 고수해 왔다. 정치는 종교의 자유를 보장하고 종교 내부의 문제에 개입하지 않으며, 또한 종교는 정치적 사안에 직접 개입하지 않는 것을 이상적인 경우로 보아 왔다는 것이다. 그렇다고 세속 사회에서 이성의 첨병 역할을 하던 학자들이 종교적 세계관이나 종교가 지닌 진리 자체를 인정하지 않았던 것은 아니다. 하지만 그들은 종교를 사사로운 이슈로 다뤘고, 종교적인 세계상을 보편적으로 공유할 수 없는 것으로 여겼다. 하지만 이제 사회 안에서는 종교를 배경으로 하는 사안들이 사회적으로 시급한 사안들이 되고 있다. 사람들은 종교적인 이유로 정치에 참여하고, 종교적인 이해를 관철시키려 해 왔다. 공적인 토론의 참가자들은 신성한 언어를 사용했으며, 기성 정치가들도 사회 구성원들을 결집시키기 위해서 종교적인 수사를 동원했다. 종교를 통해 도덕적이고 윤리적인 실천을 요청할 수 있었고, 어떤 때에는 정치적인 선동과 설득을 위해서 종교를 사용했다. 종교적인 사안을 공적 이슈로 다룰 필요가 없다는 주장도 있었으나, 사회 안에서 종교의 역할을 방기할 수 없었다. 사회가 다원화될수록, 개인과 집단의 삶을 조직하는 종교의 힘은 컸다. 거기에다가 세속화 이론을 깨고 우리 시대는 새로운 영적 열망의 시대를 맞고 있다.[533]

이러한 시대적 상황에서 많은 사람이 지구촌 문제 해결의 실마리를 종교에서 찾고자 하고 있고, 그 일환으로 기독교 내에서는 '공공신학'이 등장했다. 하지만 아직도 여전히 종교가 시민 사회에 진출하는 것에 대한 저항감은 생각보다 강하다. 특히 한국교회는 20세기 후반까지는 나름대로 긍정적 평가를 받았으나, 그 이후로는 교회에 대한 신뢰도가 계속 떨어지고 있고, 일부 영향력 있는 목회자들의 공감을 얻지 못하는 부적절한 사회적 발언과 돌출행동으로 사회적 발언권이 급속히 약화되고 있는 한국 사회에서는 더욱 강한 저항이 예상된다.[534] 우리보다 더 크리스텐덤(기독교 국가)에 가까운 미국과 유럽의 사례는 우리에게 닥칠 미래를 볼 수 있게 해 준다. 드레허에 의하면 미국은 1970년대 이후 낙태, 동성혼 등을 둘러싼 문화 전쟁이 2003년에 기독교의 패배로 이미 종결되었고,[535] 이러한 상황에 입각해 법원에서는 차별 금지를 위해 종교의 자유를 심각하게 역행하게 할 법을 부과할 태세를 갖추고 있다고 한다.[536] 또 드레허는 "그해 봄 독일에서 그(초기 기독교 연구 분야에서 미국을 대표하는 역사학자인 월켄)는 독일이 이전에 기독교 국가였다는 기억마저도 사라지고 있음을 목격했다. 반기독교적 세속주의자들이 공공 생활에서 신앙을 제거하기 위해 열렬히 일하는 것만으로도 이미 상황이 충분히 나쁜데, 더 나쁜 것은 그리스도인들이 자신들의 소멸을 방조한다는 것이다."[537]라고 한다. 기독교 문화가 지배적이지 않고, 장동민의 표현에 따르면 일본 식민지에서 해방된 이후 1970년대 말까지 잠시 '유사 크리스텐덤 시대'를 살았을 뿐인 우리나라는[538] 장차 미국이나 유럽보다 더 심한 상황에 처할 가능성이 매우 높다. 이러한 세상의 비난과 저항이 예상됨에도 불구하고 우리는 먼저 우리의 삶의 태도를 바로잡은 다음 세상에 나가 선지자적 및 왕적 사명을 지혜롭게 감당해야 한다.

우리가 교회의 공적 통전적 공동체성을 주장하는 이유는 대내적으로는 신앙을 교회 안에 가두어 두려는 성속 이원론을 극복하기 위해서이기도 하지만 대외적으로는 신앙을 사적인 것으로 취급하려는 국가와 사회에 대해 교회와 신앙이 공적 성격을 지닌다는 것을 알려 주기 위함이다. 하지만 공공신학 등을 통해 신학적인 연구의 성과를 발표하는 것만으로 국가와 사회의 구성원들이 교회의 공적 통전적 공동체성을 인정하고 공적 영역에서 교회의 가치를 드러내도록 허용할 리는 만무하다. 오히려 국가와 사회로부터 교회의 공적 성격을 인정받으려면 교회로서는 세상이 요구하는 것보다도 뛰어난 공공성을 보여 주어야만 한다. 먼저, 우리는 세상이 줄 수 없는 공동선을 나누어 주어야만 한다. 우리가 가지고 있지 않은 것을 그들에게 줄 수는 없다. 다음으로, 우리는 그들이 가진 것을 그들에게 줘서는 안 된다. 그것은 너무도 식상한 일이고 그로 인해 우리는 세상 사람들로부터 '문화 표절꾼'이라는 비난을 받을 것이다. 드레허는 "기독교인들은 자신들만의 특유한 문화가 없기에 자신들이 교화하고자 하는 세속 문화에 가담되어 왔다는 것을 깨닫지도 못한 채 종종 '문화에 영향을 주는 것'을 말하곤 한다. 견고한 기독교 문화가 없는 상황에서 우리 자녀들이 기독교인이 된다는 것이 무엇인지 망각하고 있는 현실은 당연하며, 우리가 새로운 회심자들을 들여오지 못하는 것도 전혀 놀랍지 않다"고 말한다.[539] 마지막으로, 우리는 세상 사람들조차 하지 않는 일을 해서는 안 된다. 국가와 국민이 관심을 보이는 사안에 관해서는 책임 있는 응답을 해야 한다. 이것에 실패하면 아무리 교회의 공공성을 외쳐도 그것은 울리는 꽹과리에 불과하다. 특히 교회마다 다른 성경 해석 문제, 교회의 세습 문제, 목회자의 자질 및 교회 운영의 전근대성 문제, 교회 중직자의 재정적·성적 문제, 타 종교와 세속 문화에 대한 극단적인 배타성 문제 등을 가지고 있는 한, 국가와 사회를 향해 교회의 공적 성격을 내세우며 공적 사안에 관해 정의롭고 타당한 의견을 제시해 봤자 헛소리로 취급될 가능성이 높다.[540] 대기업의 세습 문제도 비난을 받는 판국에 대형교회의 세습 문제는 더욱 비난을 받을 것이 분명하고, 그러한 문제가 계속되는 한 한국교회가 공동체의 공론장에 올라 선지자적 및 왕적 사명을 감당하기는 어렵다는 것을 명심해야 한다.

② 소통

공동선을 이루기 위한 연대를 실천함에 있어서는 공동체나 그 구성원들과의 소통도 필수적이다. 우리는 건강한 공적 담론을 형성하기 위해 용기 있게 '공론장인 광장'[541]에 올라 소통해야 한다. 가인공동체에 속한 사람들은 기독교인들이 사적인 영역에 갇혀 있기를 원한다. 하지만 교회는 공적 통전적 공동체다. 기독교인들은 고립되고 외로운 개인이 아니라 삼위일체이신 하나님과의 공동선-연합을 이루고 있고, 이를 바탕으로 세상과의 연합을 이루어 가야 한다.

"기독교의 개인적 무대는 골방이나, 공동체적 무대는 광장이다. 예수님이 바리새인, 서기관들과 수많은 논쟁을 벌인 곳도 광장이고, 사도 바울이 아테네 시민들에게 기독교 변증을 행한 곳도 '아레오바고(광장)'이듯이 기독교는 본래 광장의 종교다."[542] 그러므로 우리는 광장에 올라서기를 두려워해서는 안 된다. 포스트모더니즘이 지배하고 있는 광장은 해체주의가 지배하는 곳이고, 잘못 발을 내디뎠다가는 정신 분열증이나 공황장애를 얻기 쉬운 위험한 곳이다. 게다가 가인공동체가 주도권을 쥐고 있는 공론장은 '공중의 권세 잡은 자들'의 주무대라는 것도 염두에 두어야 한다. 그럼에도 불구하고 우리는 광장에서 외치는 소리가 되어야 한다. 광장이라는 링 위에 올라 상대의 입장을 수용해야 할 것 같으면 수용하고 여차하면 내 것을 떼어 주겠다는 마음으로, 공동체를 괴롭히는 문제가 독성을 잃는 날까지 인내해야 한다.

광장이 이처럼 거칠고 위험한 링이지만 기독교인은 광장을 지배하는 논리에 휘둘려서는 안 된다. 광장에서 활용 가능한 보편적인 논리를 가지고 있어야 하지만, 광장의 지배 논리를 지배할 수 있는 초월적인 논리도 가지고 있어야 한다. 그러기 위해서는 가인공동체의 사상과 문화에 대한 심도 있는 이해가 뒷받침되어야 한다. 상대를 모르고서는 올바른 소통을 할 수가 없다. 우리가 초월적 입장에 선다면 세상에 대해 관용을 베풀기가 훨씬 쉬워질 것이다. 하지만 그러한 관용에도 한계가 있다는 점을 잊어서는 안 된다. 리처드 마우가 말하듯이 우리와는 다른 신념과 생활방식을 관용함에 있어서 한계를 설정하는 '신념 있는 시민 교양'을 갖추어야 한다.[543] 그런 다음 소통함에 있어서는 뱀같이 지혜롭고 비둘기같이 온유한 태도로 성숙하고 아름다운 소통의 모습을 보여 주어야 한다. 톰 라이트는 이에 관해 아래와 같이 말한다.

토론의 탁상에서 지혜로운 그리스도인들이 소리를 내게 해야 한다. 지나치거나 근본주의적이지 않은 목소리, 겸허하고 명료한 목소리, 즉답을 내놓는 자들이 아닌 하나님의 진리를 새롭게 깨달은 자들의 목소리, 알지 못하는 신에게 바쳐진

단[544]에 대해서 바울이 했던 것처럼 모든 사람이 대충만 알고 많은 사람이 억누르려고만 했던 것들에 대해 일깨우기 위해 확신 있게 말하는 자들이 소리를 내게 해야 한다.[545]

인간 사회의 소통 수단은 언어다. 언어가 다른 사람들끼리 소통할 때는 특정 국가의 언어를 공용어로 사용하고, 영어나 프랑스어 등 보통 강대국의 언어가 공용어로 사용된다. 마찬가지로 현재 세속 국가의 공론장의 주도권을 쥐고 있는 가인공동체의 사람들은 아벨공동체의 사람들이 공론장에 설 때 이른바 '공용어'를 사용하기를 요구한다. 그들이 요구하는 공용어란 특정 국가의 언어가 아니라 그들이 사용하고 있는 정치·사회학적 용어를 의미한다. 이를 '번역 모델'이라고 하고, 이에 관해 최경환은 다음과 같이 설명한다.

> 롤스로 대표되는 정치적 자유주의는 공적인 삶 속에서 발생하는 다양한 갈등과 논쟁 상황을 피하고 어떻게 하면 합의를 도출할 수 있는지에 초점을 맞춘다. 자연스럽게 다양한 시민 공동체와 개인의 삶 속에 깊숙이 내재된 삶의 궁극적 의미라든가 전통에 대한 존중은 가능한 피해야 할 주제가 된다. 이는 종교와 공론장의 관계에도 그대로 적용된다. 종교가 가지고 있는 고유하고 두꺼운(thick) 의미는 공적 이성이 허용하는 한계 내에서 가능한 한 얇은(thin) 언어로 번역되어야 한다. 종교가 전하고자 하는 가치와 이념은 공적 이성의 필터를 거쳐야만 공론장에 진입이 가능하다.[546]

'공적 이성'에 관한 롤스의 생각에 관해 반드루넨은 "그(롤스)는 오직 상식, 그리고 논란이 되지 않는 학문의 방법론과 결론 속에서 발견되는, 현재 받아들여지는 일반적인 신념과 추론 형태만을 근거로 삼아야 한다고 생각한다"고 주장한다.[547] 공적 이성을 이렇게 해석하는 것은 이종격투기 경기를 개최한다고 선수들을 초청해 놓고 한 가지 형태의 무술만 사용하라는 것과 같다. 하지만 이종 격투기 경기에서 선수들은 합의된 규칙만 지키면 다양한 형태의 무술을 사용할 수 있어야 한다. 그렇지 않으면 이종 격투기 경기의 의미는 사라지고 만다. 마찬가지로 공론장도 그러해야 한다. 광장에 오르는 사람들의 종교적 및 철학적 정체성과 사용 언어를 광장의 주도권을 쥐고 있는 사람들의 기준에 맞추도록 하는 것은 문화적 제국주의에 불과하다. 반드루넨도 다음과 같이 주장한다.

> 그런 주장의 문제점은 '공적 이성'과 '세속적 이성'이라는 것을 논증하려면 결국 포괄적인 견해나 종교적 신조들에 속한 전제를 그 논증 속에 도입할 수밖에 없게 된다는 것이다. 많은 종교인, 심지어 자유주의 정치 체제에 공감하는 종교인들조차도 자신들의 신앙의 핵심인 확신을 포기하지 않고서는 공적 이성, 또는 세속적 이성이 되기 위해 롤스와 아우디가 제시한 요구 조건을 충족시킬 수 없다.[548]

공적 이성을 사용하기를 주장하는 사람들과는 달리 아벨공동체에 속한 기독교인들은 기독교의 정치·사회학적 언어를 사용하더라도 가인공동체의 사람들과 충분히 대화가 가능하다고 생각한다. 그러므로 모든 사람이 공론장에 올라 자신의 사상과 언어로 '대화'할 수 있게 광장이 더 개방되어야 한다. 더 직설적으로 말하면 정치적 자유주

의로 인해 왜곡되고 폐쇄적인 광장이 본래의 모습으로 회복되어야
한다. 이를 '대화 모델'이라고 한다.

한편, 번역 모델과 대화 모델의 대립을 극복하기 위해 '환대 모델'
이 주장되고 있다. 이 설은 성경이 낯선 사람인 나그네를 환대하라고
한 데 근거하여 서로의 입장을 양보하여 공론장에서 소통해야 한다
고 한다. 이에 대해 최경환은 다음과 같이 설명한다.

> 유연하고 개방된 공론장을 만들기 위해선 일상에서 만나는 타자의 얼굴을 직접
> 마주 보면서 정의에 대한 구체적인 감각과 이론을 만들어 가는 것이 중요하다.
> 추상적인 사고실험이나 가상의 상황을 상정해 놓고 정의에 대한 이론을 끄집어
> 내는 방식으로는 결코 공론장으로부터 다양한 목소리를 들을 수 없다. 브래더톤
> 은 롤스로 대변되는 자유주의의 번역 모델(translation model)과 매킨타이어로 대변되
> 는 공동체주의자의 대화 모델(conversation model)의 장단점을 분석한 뒤, 공적 토론에
> 서 기독교가 가질 수 있는 가장 적절한 방식은 환대 모델(hospitality model)이라고 한
> 다. 브래더톤이 제시하는 환대 모델은 공적 이성에 근거한 대화나 토론이 아니라
> 구체적인 행동에 의한 공동선의 실현을 강조한다. 공동의 관심과 이슈는 특수한
> 맥락에서 다루어지며, 기독교는 이러한 구체적인 맥락 속에 직접 참여함으로 공
> 동선을 실현해야 한다. 환대 모델은 자신이 서 있는 전통이 충분히 존중받으면서
> 유용하게 그 가치를 인정받을 수 있도록 장려하는 동시에 타자의 타자성 또한 깊
> 이 공감하고 존중한다. 이러한 환대 모델은 구약성서로부터 초기 기독교 공동체
> 에 이르기까지 기독교의 중요한 사회 윤리로 잘 알려져 있다.[549]

한국교회는 공동체와의 소통과 연대에 실패하고 있다는 평가를 받

고 있다. 교회에서 사용되고 있는 언어 중에는 국민들이 쉽게 이해하기 어려운 개념들이 많다. 또 타 종교에 비해 더 많이 빈민 구제 등의 사회 복지 사업을 하고 있음에도 여전히 국민들로부터 기독교의 사회적 공헌이 적다는 평가를 받고 있는 실정이다.[550] 그러므로 한국교회는 공동체와의 소통에 보다 많은 정성을 기울여야 한다.

먼저, 교회에서 사용하는 언어들을, 그 뜻을 손상시키지 않는 범위 내에서 가급적 국민들이 이해하기 쉽도록 '번역'하여야 한다. 신약시대 대표적인 번역의 예는 요한복음의 '말씀' 즉 '로고스'다. 헬라철학에서 '로고스'는 '신과 인간의 소통을 중재하는 중재자'라는 의미로 사용되었다. 김회권은 "구약 성경에서는 메시아, 혹은 예언자적 존재 (렘 23:18~22 ; 암 3:7~8), 혹은 선재하는 지혜(잠 3장, 8장)가 야웨 하나님과 인간계 사이를 소통케 했듯이, 헬라 세계에서는 로고스가 바로 그런 역할을 맡았다."고 한다.[551] 그는 또 "(사도 요한은 이러한) 철저하게 헬라화한 로고스를 활용하여 그리스도를 증거한 것이다."라고 한다.[552] 사도 요한이 예수님을 로고스라고 번역한 것은 헬라인들에게 예수 그리스도를 이해시키는 데 아주 큰 역할을 했을 것이다. 이에 관해 김회권은 아래와 같이 말한다.

엔 아르케 엔 호 로고스. "태초에 말씀이 계시니라." … 로고스 철학 개념에 익숙한 헬라인들에게 이 요한복음의 첫 문장은 얼마나 엄청난 계시의 언어였을까? 태초에 로고스가 있었다. 이 구절은 헬라 세계도 하나님의 통치권 아래 감독되고 관리되던 세계라는 것을 알려 준다. "구약 성경에 창세기에서 세상을 창조하던 그 말씀이 바로 헬라인 당신들이 찾고 있던 그 로고스, 말씀입니다. 그 로고스가 바로 나사렛 예수입니다." 헬라인에게 이보다 더 효과적으로 기독교 신앙을 소개하고 옹호할 수 있는 길이 있었을까?[553]

사도 요한의 본을 따라 우리도 국민들과의 소통의 끈을 놓지 않도록 최선을 다해야 한다. 이와는 반대로, 내가 공론장에서 한 행동과 발언이 교회의 명예에 치명적인 손상을 입힐 수도 있다는 것을 늘 명심해야 한다.

한편, 공동선의 실천을 위한 우리의 노력이 알려지지 않는 것은 오른손이 하는 일을 왼손이 모르게 하라는 예수님의 말씀에 비추어 볼 때 오히려 잘된 일일 수도 있다. 하지만 교회에 대한 왜곡되고 거짓된 소문을 방치하는 것은 하나님의 명예와 하나님 나라의 확장에 결코 좋지 않다. 우리의 위선을 드러내는 것이 아니라 국민들의 잘못된 생각들을 바로잡기 위해서라면, 우리의 선한 행실을 적극적으로 알릴 필요도 있다고 생각한다.

1 톰 라이트, 《광장에서 선 하나님》(IVP), 151~155쪽.

2 로드 드레허, 《베네딕트 옵션》(IVP), 26쪽.

3 자끄 엘륄, 《세상 속의 그리스도인》(대장간), 172쪽.

4 로드 드레허, 《베네딕트 옵션》(IVP), 306쪽.

5 "미국의 프린스턴 신학대학원에서 은퇴한 신학자인 스택하우스(Stackhouse)는 소명과 청지기라는 기독교적 개념보다는 보다 보편적인 공공선(common good)이란 일반적인 도덕적 개념을 갖고 기독교인의 사회적 책임을 진술하려 하였다." -노영상, <한국적 공공신학으로서의 '마을목회'>, 《공적 복음과 공공신학》(킹덤북스), 416쪽.

6 하나님을 주권자로 모시는지 여부에 따라 두 공동체로 나누고 그들의 명칭을 '아벨적 공동체'와 '가인적 공동체'라고 표현하는 것이 두 공동체의 개념을 이해하는 데 보다 적합하다고 생각되나, 두 용어를 반복하여 사용할수록 표현이 장황해지고, 또 '적(的)'이라는 접미사가 일본식 표현이라는 점을 감안해 편집부의 의견을 수용하여 '아벨공동체'와 '가인공동체'로 표현하기로 하였음을 밝혀 둔다.

7 칼 바르트, 《공동체, 국가와 교회》(엠마오), 199쪽.

8 기독교 이단 중에는 선악과나무 열매를 따 먹었다는 것을 성행위의 상징으로 해석하는 자들이 있다. 그들은 먼저 뱀과 하와 사이의 성적 결합이 있었고, 다음으로 하와와 아담과의 성적 결합이 있었다고 주장한다. 그리하여 그들은 선악과나무 열매를 따 먹었다는 역사적 사실을 철저하게 무시한다. 하지만 이는 선악과나무 이야기의 역사성을 부정하는 것으로 결코 허용될 수 없는 주장이다.

9 빌립보서 1장 10절에는 "지극히 선한 것"으로 표현되었다.

10 "당신은 찾으신 것을 잃어버리는 일 없이 끝내 취하십니다. 부족한 것 없으시나 얻으신 것을 즐거워하십니다. 무엇을 얻고자 탐내지 않으시나 빚이라도 지신 양 넘치도록 갚아 주십니다. 그러니 이미 당신의 것이 아닌 것을 가진 자 누가 있겠습니까? 당신은 빚진 것이 없으셔도 빚을 갚으십니다. 하지만 갚으신다 하더라도 당신께는 손해가 생기지 않습니다." -아우구스티누스, 《고백록》(포이에마), 28쪽.

11 "그러므로 어느 자연 본성도 자연 본성인 한 악하지 않다. 또한 어느 자연 본성에도 선의 감소 외에는 악이 존재하지 않는다. 그리고 감소한다 해도 아무 선도 없을 만큼 완전히 소실된다면, 거기에는 아무 자연 본성도 남지 않을 것이다." -아우구스티누스, 《선의 본성》(분도

출판사), 63쪽.

12 하위선은 '하나님으로부터 나온(유출된)' 것이 아니다. 이것은 이른바 '유출설(流出說)'의 한 주장이다. '창조설'은 선은 하나님에 의해서(말미암아) '무에서(아무것도 없이) 창조(creatio ex nihilo)'된 것이라고 주장한다. 아우구스티누스는 이를 《고백록》(포이에마)에서 "그 밖의 모든 선들은 그분에 의해서가 아니라면, 존재하지 않으며 그렇다고 그분으로부터 존재하는 것은 아니다"(41쪽), "당신으로부터가 아니니까 응당 무로부터 만들었다"(81쪽)라고 표현한다.

13 J. 토드 빌링스, 《그리스도와의 연합》(CLC), 228쪽.

14 송용원, 《칼뱅과 공동선》(IVP), 56쪽.

15 J. 토드 빌링스, 《그리스도와의 연합》(CLC), 94쪽.

16 J. 토드 빌링스, 《그리스도와의 연합》(CLC), 95쪽.

17 "죄악은 그분에게서 유래하여 존재하는 것이 아니다. 죄악은 자연 본성을 보전하지 않고 부패시키기 때문이다. 그 죄악은 죄짓는 사람들의 의지에서 유래함을 성경이 여러 모양으로 증명한다."-아우구스티누스, 《선의 본성》(분도출판사), 83쪽.

18 아우구스티누스, 《하나님의 도성-신국론》(CH북스), 583쪽.

19 "어두운 것도 약간의 빛을 간직하고 있으며, 만일 빛이 아주 결여되어 있다면, 목소리의 부재가 침묵이듯이 빛의 부재 곧 흑암이 된다."-아우구스티누스, 《선의 본성》(분도출판사), 61쪽.

20 아우구스티누스, 《선의 본성》(분도출판사), 69쪽.

21 아우구스티누스, 《하나님의 도성-신국론》(CH북스), 545쪽.

22 아우구스티누스, 《하나님의 도성-신국론》(CH북스), 546쪽.

23 "따라서 저 악한 천사들도 하느님에 의해서 악한 천사로 창조받은 것이 아니고 죄를 지어 악한 천사가 되었으니 그래서 베드로가 자기 서간에서 이런 말을 한다. '사실 하나님께서는 죄를 지은 천사들을 그냥 보아 넘기지 않으시고, 어둠의 사슬로 지옥에 가두시어 심판을 받을 때까지 갇혀 있게 하셨습니다.'"-아우구스티누스, 《선의 본성》(분도출판사), 91쪽.

24 아우구스티누스, 《하나님의 도성-신국론》(CH북스), 556쪽.

25 존 칼뱅, 《기독교 강요 2》(생명의말씀사), 56쪽.

26 아우구스티누스, 《하나님의 도성-신국론》(CH북스), 675쪽.

27 존 칼뱅, 《기독교 강요 2》(생명의말씀사), 63쪽.

28 아우구스티누스, 《하나님의 도성-신국론》(CH북스), 612쪽.

29 아우구스티누스, 《하나님의 도성-신국론》(CH북스), 676쪽.

30 지옥은 하나님이 창조하신 것이 아니다. 최고선이신 하나님이 악(선의 부재)인 지옥을 창조하실 리가 없다. 지옥은 하나님의 존재를 부정하거나 망각한 사람들의 영혼에 자리 잡고 있다. 하나님은 하나님의 존재를 부정하거나 망각한 사람들의 닫힌 영혼을 강제적으로 열지 않으신다. 닫힌 영혼의 문밖에 서서 문을 두드리며 열라고 말씀하실 뿐이다. 문을

여는 것은 자유 의지를 부여받은 인간의 몫이다. 문을 열지 않으면, 하나님은 그들의 완악함 그대로 "내버려 두신다(롬 1:24, 26, 28)." 그런 상태가 바로 지옥이다. 그러므로 지옥은 하나님이 인간의 죄에 대하여 형벌을 내리기 위해 만든 지하 감옥 같은 곳이 아니다.

31 송용원, 《칼뱅과 공동선》(IVP), 123쪽 이하.

32 "선악과의 명령은 인간의 이치와 이론과 그리고 인간의 지식으로써 해결이 되지 않는다. 왜냐하면 선악과에 대한 명령은 창조주 하나님께서 인간을 창조하시기 이전의 설계였기 때문이다. … 선악과의 명령은 하나님의 비밀의 설계이다."-김선운, <설교집 제11권>(세계복음운동출판부), 15~16쪽.

33 아우구스티누스, 《선의 본성》(분도출판사), 93쪽.

34 명화에서는 하나님이 흰 수염을 가진 노인으로 등장하시곤 하나, 이는 우리가 하나님을 이해함에 있어 아주 큰 혼란을 초래한다. 하나님은 우주에 편재하시는 영이시지 인간의 형상을 한 존재가 결코 아님을 늘 명심해야 한다. 예를 들어, 야곱과 씨름한 하나님과 같이 성경에 기록된 하나님의 시각적 모습은 결코 하나님의 본래 모습이 아니다. 모세도 하나님의 등 뒤를 보았을 뿐인데, 모세가 본 것이 어떤 모습인지는 전혀 기록되어 있지도 않다. 하나님을 시각적으로 보여 준 유일한 예외는 예수님밖에 없고, 그 외는 모두 상징적 표현에 불과하다고 생각한다. 이 점에 관해서는 자끄 엘륄의 《굴욕당한 말》(대장간)을 참조하기 바란다.

35 아우구스티누스, 《하나님의 도성-신국론》(CH북스), 1073쪽.

36 "실제로 하나님이 사람에게 그 열매를 먹지 말라고 명령한 이 나무에 피조세계를 지배할 주권자가 하나님이냐 아니면 사람이냐는 주요한 질문, 모든 것을 판가름하는 질문이 달려 있다. 만일 먹는 것을 허용하거나 금지할 권리가 하나님에게 있다면 하나님이 주권자였다. 반대로 이 나무가 마치 인류에게 속한 것처럼 하나님의 명령에 반해 지배할 권위가 인류에게 있었다면, 하나님은 세상을 지배하는 주권자가 아니었고 온 세상을 지배할 권위는 인류에게 속했다. 하나님의 주권성과 지상권에 속하는 문제 전체가 이 특정한 나무의 열매를 먹지 말라는 명령과 관련된 까닭이 이렇게 즉시 분명해진다."-아브라함 카이퍼, 《일반 은혜 1》(부흥과개혁사), 143쪽.

37 "하나님이 선악과 명령을 주신 것은 하나님의 명령을 지키고 사는 것이 인생의 본질임을 가르치시기 위함이다. 말하자면, 인생은 일각일각이 하나님의 명령 안에서, 그 명령의 원리에서만 생명이 유지된다는 것을 말하는 것이다."-김선운, <설교집 제10권>(세계복음운동출판부), 196쪽.

38 아우구스티누스, 《하나님의 도성-신국론》(CH북스), 681쪽.

39 송용원, 《칼뱅과 공동선》(IVP), 126쪽.

40 송용원, 《칼뱅과 공동선》(IVP), 124쪽.

41 존 칼뱅, 《기독교 강요 1》(생명의말씀사), 407쪽.

42 존 칼뱅, 《기독교 강요 1》(생명의말씀사), 386쪽.

43 존 칼뱅, 《기독교 강요 1》(생명의말씀사), 402쪽.

44 아우구스티누스, 《하나님의 도성-신국론》(CH북스), 556쪽.

45 토마스 아퀴나스, 《신학대전 25-죄》(한국성토마스연구소), 439쪽.

46 아우구스티누스, 《하나님의 도성-신국론》(CH북스), 556쪽.

47 '원수'(마 13:28, 39), '무장을 한 강한 자'(눅 11:21), '처음부터 살인한 자요 거짓말쟁이'
(요 8:44), '이 세상의 임금'(요 12:31), '이 세상의 신'(고후 4:4), '공중의 권세 잡은 자'(엡 2:2), '우
는 사자'(벧전 5:8), '범죄한 천사들'(벧후 2:4), '자기 지위를 지키지 아니하고 자기 처소를 떠
난 천사들'(유 1:6)

48 자끄 엘륄, 《뒤틀려진 기독교》(대장간), 286쪽.

49 "우리가 여기에 이르도록 지금까지 계속해서 경고를 받은 것은 우리에게 임박한 위협을
가하는 적은 더할 나위 없이 거침이 없는 담대함, 더할 나위 없이 강력한 힘, 더할 나위 없
이 교활한 궤계, 더할 나위 없이 지칠 줄 모르는 열정과 신속함, 더할 나위 없이 충분히 갖
춰진 모든 장비, 더할 나위 없이 숙련된 전쟁 지식을 지니고 있다는 사실이다."-존 칼뱅,
《기독교 강요 1》(생명의말씀사), 400쪽.

50 "어떤 신학자들은 인간이 선악과를 따 먹기 전에는 선악을 전혀 알지 못했다는 이론을 말
한다. 그러므로 아담과 하와가 그 먹지 말라는 선악과를 따 먹음으로써 비로소 선과 악을
알게 되었다고 오해한다. 그런데 성경은 애당초에 그 선악과를 일러서 '선악을 알게 하는
나무의 실과'라고 했다. 사실인즉, 그 선악과를 먹는 날에는 '정녕 죽으리라'고 했은즉, 성
경의 기록에는 명시되지 아니했으나 그 선악과를 가리켜 먹지 말라고 하나님이 명령하
신 그날 아담과 하와는 죽는 것과 사는 것을 알았고, 또 선과 악을 알았음에 틀림없다."
-김선운, 《설교집 제11권》(세계복음운동출판부), 14~15쪽.

51 아우구스티누스, 《하나님의 도성-신국론》(CH북스), 1131쪽.

52 아우구스티누스, 《하나님의 도성-신국론》(CH북스), 685쪽.

53 "하나님은 아담과 하와에게 생명나무를 불멸성의 보증으로서 주셔서 그들이 그 나무의
열매를 먹을 동안에는 흔들림 없이 그것에 대해서 확신할 수 있게끔 하셨다(창 2:9; 3:22).
또한 노아와 그의 후손에게 이후로는 자기가 홍수로 땅을 소멸시키지 않을 것이라고 말
씀하시고 그 기념비로서 하늘의 무지개를 세우셨다(창 9:13~16). 아담과 노아는 이것들을
성례라고 여겼다. 이는 나무가 그것 자체에도 줄 수 없었던 불멸성을 그들에게 줄 수 있
었기 때문도 아니고, 단지 태양 광선이 맞은편 구름에 반사되어 비치는 무지개가 물을 제
지하는 데 효과가 있었기 때문이 아니라, 생명나무와 무지개 위에 하나님의 말씀에 의해
서 새겨진 표지가 있었기 때문이다. 그리하여 그것들이 그의 언약의 증거와 인장이 되었
다. 실로 이전에는 나무는 나무였으며, 무지개는 무지개였다. 하나님의 말씀에 의해서 그
것들이 새겨진 곳에 새로운 형상이 옷 입혀졌다. 그리하여 그것들은 이전에 그것들이 아

니었던 것으로서 존재하기 시작했다. 무지개는 오늘날 그 누구라도 이러한 말씀을 헛되다고 판단하지 않게 하시려고 주님이 우리에게 세워 주신, 자기가 노아와 맺은 언약의 증인이다. 그리하여 우리는 무지개를 바라볼 때마다 땅이 결코 홍수로 멸망하지 않을 것이라는 하나님의 약속을 읽게 된다."-존 칼뱅,《기독교 강요 4》(생명의말씀사), 511쪽.

54 존 칼뱅,《기독교 강요 4》(생명의말씀사), 499쪽; 아우구스티누스,《하나님의 도성-신국론》(CH북스), 642쪽.

55 아우구스티누스,《하나님의 도성-신국론》(CH북스), 695쪽.

56 아우구스티누스,《하나님의 도성-신국론》(CH북스), 674쪽.

57 반드루넨은 뱀이 하와를 유혹할 때 아담이 그 자리에 함께 있었다고 한 다음, 이를 전제로 아담이 범한 세 가지 위반사항을 다음과 같이 설명한다. "뱀이 말장난을 하고, 그런 다음 하와를 자신의 반역에 가담시키는 동안 아담은 보고만 있었다. 그때 아담은 단순히 선악을 알게 하는 나무의 열매를 먹지 말라는 명령(창 2:16~17)만 위반한 것이 아니었다. 아담은 또한 창세기 1장 26절, 28절에 주어진 통치 명령도 위반해서, 자신이 맡은 왕으로서의 소임을 다하지 못하고 뱀이 하나님의 창조에서 왕이 되도록 방치했다. 또한 아담은 에덴동산을 경작하고 지키라는 창세기 2장 15절의 명령도 위반해서, 자신이 받은 제사장의 직무를 멸시하고 정결하게 보전되어야 할 장소를 뱀이 더럽히도록 방치했다."-데이비드 반드루넨,《하나님의 두 나라 국민으로 살아가기》(부흥과개혁사), 56쪽.

58 "다세포 유기체의 노화와 죽음은 적어도 부분적으로는 (DNA) 번역 과정에서 일어나는 우연적인 오류들의 축적에 의해 이뤄지는 것으로 설명될 수 있다. 이러한 오류들은 특히 번역을 충실하게 수행하는 데 책임이 있는 구성 요소들에게 변화를 겪게 함으로써 오류가 발생하는 빈도를 점점 더 높이게 되고, 그리하여 가차 없이 조금씩 유기체의 구조를 퇴화시켜 나가는 것이다."-자크 모노,《우연과 필연》(궁리출판), 162쪽.

59 존 칼뱅,《기독교 강요 4》(생명의말씀사), 499쪽.

60 아우구스티누스,《하나님의 도성-신국론》(CH북스), 653쪽.

61 아우구스티누스,《하나님의 도성-신국론》(CH북스), 645쪽.

62 아우구스티누스,《하나님의 도성-신국론》(CH북스), 612쪽.

63 육과 영의 분리로 인한 죽음의 문제에 관해서는 C. S. 루이스의《기적》(홍성사) 248쪽 이하 참조하기 바란다.

64 아우구스티누스,《하나님의 도성-신국론》(CH북스), 361쪽.

65 아우구스티누스,《하나님의 도성-신국론》(CH북스), 619쪽.

66 아우구스티누스,《하나님의 도성-신국론》(CH북스), 620쪽.

67 따라서 철학만으로는 하나님과 하나님의 선을 온전히 이해할 수가 없다. 신학은 하나님의 계시인 성경에 따라 하나님을 '설명'하는 학문이다. 마찬가지로 과학은 자연과 자연법칙에 대한 '설명'의 학문이다. 하지만 철학은 존재의 궁극에 관하여 '논증'하는 학문이다.

그러나 철학적 논증으로는 완벽한 하나님의 존재 증명에 이를 수 없다. 하나님의 계시가 있지 않으면, 그 누구도 하나님을 알 수가 없다. 한편, 철학과 신학 사이를 중개하고자 하는 학문이 있다. 이러한 학문을 '변증학'이라고 한다. 하지만 변증도 하나님의 존재를 완벽히 증명해 낼 수 없음을 알아야 한다.

68 하지만 최근에 이르러 인간의 죽음을 죄의 결과가 아닌 '질병'으로 이해하는 정신 심리학적 신학이 발흥하고 있다. 죽음을 질병으로 보게 되면, 인간이 죽음을 치료할 수 있다는 결론에 이른다. 이는 결국 죽음의 문제를 인간이 해결할 수 있다는 것이므로, 하나님의 존재는 필요 없고, 더 나아가 하나님은 존재하지 않는다는 신학에 이르게 된다.

69 존 칼뱅, 《기독교 강요 1》(생명의말씀사), 386쪽.

70 존 칼뱅, 《기독교 강요 2》(생명의말씀사), 182쪽.

71 존 칼뱅, 《기독교 강요 2》(생명의말씀사), 185쪽.

72 존 칼뱅, 《기독교 강요 2》(생명의말씀사), 185쪽.

73 송용원, 《칼뱅과 공동선》(IVP), 126쪽.

74 송용원, 《칼뱅과 공동선》(IVP), 13쪽.

75 자끄 엘륄, 《도시의 의미》(한국로고스연구원), 38쪽.

76 존 칼뱅, 《기독교 강요 2》(생명의말씀사), 38쪽.

77 "이 사람들은 다 믿음을 따라 죽었으며 약속을 받지 못하였으되 그것들을 멀리서 보고 환영하며 또 땅에서는 외국인과 나그네임을 증언하였으니 그들이 이같이 말하는 것은 자기들이 본향 찾는 자임을 나타냄이라 그들이 나온 바 본향을 생각하였더라면 돌아갈 기회가 있었으려니와 그들이 이제는 더 나은 본향을 사모하니 곧 하늘에 있는 것이라 이러므로 하나님이 그들의 하나님이라 일컬음 받으심을 부끄러워하지 아니하시고 그들을 위하여 한 성을 예비하셨느니라"(히 11:13~16).

78 태초에 "땅이 혼돈하고 공허하며 흑암이 깊음 위에"(창 1:2) 있었다.

79 아우구스티누스, 《하나님의 도성-신국론》(CH북스), 678쪽.

80 아우구스티누스, 《하나님의 도성-신국론》(CH북스), 680쪽.

81 아우구스티누스, 《하나님의 도성-신국론》(CH북스), 682쪽.

82 "그는 우리를 향한 자기의 섭리와 부성적 위로를 베풀고자 그가 사람을 만드시기 전에 사람을 위하여 유용하고 이롭다고 생각하신 모든 것을 준비하셨다. 이렇듯 우리가 태어나기도 전에 그가 베푸신 모든 선한 것의 지극한 부요함 가운데 드러났음을 보면서도, 그 선함이 언젠가는 우리의 필요를 채워 주기에 부족하지 않을까 의혹에 빠져 두려워한다면, 그것은 얼마나 불경건한 것인가? 우리가 모세로부터 듣듯이, 하나님의 후하심으로 말미암아 세계에 있는 것들이 모두 우리에게 속한다(창 1:28, 9:2). 하나님이 이렇게 행하신 것은 선물이라는 허울뿐인 이름으로 우리를 조롱하고자 하심이 아니었다. 그러므로 우리의 복리에 관한 한 필요한 것은 그 무엇도 우리에게 부족하지 않을 것이다."-존 칼뱅, 《기

독교 강요 1》(생명의말씀사), 412쪽.

83 아우구스티누스, 《하나님의 도성-신국론》(CH북스), 1042쪽.

84 아우구스티누스, 《하나님의 도성-신국론》(CH북스), 682쪽.

85 아우구스티누스, 《하나님의 도성-신국론》(CH북스), 1048쪽.

86 톰 라이트, 《광장에 선 하나님》(IVP), 126쪽.

87 "만일 죽은 자가 다시 살아나는 일이 없으면 그리스도도 다시 살아나신 일이 없었을 터이
    요 그리스도께서 다시 살아나신 일이 없으면 너희의 믿음도 헛되고 너희가 여전히 죄 가
    운데 있을 것이요 또한 그리스도 안에서 잠자는 자도 망하였으리니 만일 그리스도 안에
    서 우리가 바라는 것이 다만 이 세상의 삶뿐이면 모든 사람 가운데 우리가 더욱 불쌍한
    자이리라"(고전 15:16~19).

88 데이비드 반드루넨, 《하나님의 두 나라 국민으로 살아가기》(부흥과개혁사), 65쪽.

89 데이비드 반드루넨, 《하나님의 두 나라 국민으로 살아가기》(부흥과개혁사), 65쪽.

90 존 칼뱅, 《기독교 강요 2》(생명의말씀사), 78쪽.

91 아우구스티누스, 《하나님의 도성-신국론》(CH북스), 1115쪽.

92 존 칼뱅, 《기독교 강요 2》(생명의말씀사), 70쪽.

93 존 프레임, 《자연, 양심, 하나님》(좋은씨앗), 161쪽.

94 존 프레임, 《자연, 양심, 하나님》(좋은씨앗), 30쪽.

95 박은정, 《자연법의 문제들》(세창출판사), 11쪽.

96 구스타프 라드부르흐, 《법철학》(박영사), 386~391쪽.

97 데이비드 반드루넨, 《자연법과 두 나라》(부흥과개혁사), 171쪽.

98 데이비드 반드루넨, 《자연법과 두 나라》(부흥과개혁사), 170쪽.

99 "우리는 자연법의 기반으로서 인간 속에 신성(神性)이 보존되어 있다는 생각, 즉 신의 형
    상을 받은 존재라는 것을 받아들일 수 없다. 인간이 신의 형상에 따라서 창조되었다는 사
    실은 타락(Fall) 이후에도 신성이 정의와 법을 이해할 수 있기에 충분할 만큼 사람 가운데
    남아 있다는 것은 결코 아니다. 칼뱅은 법과 관련하여 신성이 파괴되어 버렸다고 주장했
    을 때, 이 쟁점에 관하여는 사실상 언질을 주고 있지 않은 것이다. 즉 '아직도 남아 있는
    것'(Manet adhuc aliquid residuum)으로서의 이 잔여물에 관하여 칼뱅은 정의를 내리지 않고
    있다."-자끄 엘륄, 《법의 신학적 기초》(현대사상사), 60쪽.

100 칼 바르트, 《공동체, 국가와 교회》(엠마오), 218쪽.

101 인간이 하나님으로부터 창조되었다고 믿는 '창조적 유신론자'에게는 인간의 본연을 이룬
    다는 것은 인간의 '본성'을 이루는 것뿐만 아니라 인간이 창조된 '목적(Telos)'도 이루는 것
    을 의미한다. 하나님의 존재를 부정하면서 인간의 정신은 물질과는 다르고 정신만이 진
    정한 실재라고 하는 '관념론적 무신론자'는 '인간의 본성'을 인정하고 그에 합치하는 것이
    인간의 본연을 이루는 것이 된다. 한편, 진화론을 비롯한 '물질주의적 무신론자'는 인간은

오직 물질에 불과하여 인간에게는 본능만 있을 뿐 본성은 없다고 하므로 '인간이라는 물질'의 '본질적 속성'에 부합하는 것이 인간의 본연을 이루는 것이다. 이상의 논의를 일반화하면 '선'이란 '존재가 본연을 이루고 있는 것' 또는 '존재가 다른 것이 아니라 바로 그것인 것'이라고 할 수 있고, '선한 것'이란 '존재가 본연을 이루게 해 주는 것' 또는 '존재가 다른 것이 아니라 바로 그것이게 해 주는 것'이라고 할 수 있다.

102 존 칼뱅, 《기독교 강요 1》(생명의말씀사), 427쪽.

103 인격은 '믿음, 소망, 사랑' 인격을 의미하고, 성품은 성령의 아홉 가지 열매를 비롯한 성품을 의미한다.-천종호, 《천종호 판사의 예수 이야기》(두란노), 274쪽 이하 참조하기 바란다.

104 "어떤 사람들은 고통이라는 것이 가장 큰 악이라고 여기는데, 정신에 있든 육체에 있든 고통 자체는 선한 자연 본성에 아니면 존재하지 못한다. 사실상 고통받는 데 저항하는 것은 존재하던 것이 존재하지 않게 됨을 어떤 방식으로든 거부하는 것인데, 존재하던 것이 어떤 선이었기 때문에 그렇다. 그렇지만 더 나은 선으로 떠미는 것은 유익한 고통이고, 더 못한 것으로 떠미는 것은 무익한 고통이다. 정신에서는 의지가 자기보다 더 큰 능력에 저항하면서 고통이 발생하고, 육체에서는 감관이 자기보다 더 강한 물체에 저항하면서 고통이 발생한다. 그러나 악이 고통 없는 악이면 더 나쁘다. 부패를 두고 고통을 당하는 것보다 사악을 두고 기쁨을 누리는 것은 더 나쁘다. 물론 그러한 기쁨도 하위의 선들의 추구에서 오는 것임은 분명하지만 보다 나은 선들의 유기에 사악함이 있다."-아우구스티누스, 《선의 본성》(분도출판사), 69쪽.

105 로마서 8장 23절의 "처음 익은 열매"는 원어로 '보증금, 선급금' 등의 의미가 있다. 부동산 매매 계약을 체결하면 최종 대금을 지급하기 전에 계약을 반드시 이행하겠다는 뜻으로 매매 대금의 10% 정도를 계약금으로 걸고, 나중에 잔금을 지급한다. 이와 마찬가지로 하나님은 예수님을 구세주로 영접한 자들에게 천국에서 받을 최종 상급에 대한 '보장'으로 연약한 인간들을 위해 성령님을 보증금(처음 익은 열매)으로 주셨다. 성령님이 장차 이행될 언약 중의 보증금이라면, 천국에서 받게 될 상급이 얼마나 영화로울지는 상상하기조차 어렵다.

106 J. 토드 빌링스, 《그리스도와의 연합》(CLC), 76쪽.

107 J. 토드 빌링스, 《그리스도와의 연합》(CLC), 31쪽.

108 이경재, "토마스 아퀴나스의 공동선 개념을 통해 본 폭력의 정당화 가능성", <시대와 철학> 14권 2호(한국철학사상연구회), 340쪽.

109 공동체의 선은 뒤에서 논할 공동선과는 다른 개념이다. 공동선의 개념에 관해서는 제6장에서 상세히 보기로 한다.

110 마 12:35, 막 10:18, 요 5:29, 행 9:36, 롬 2:7, 7:18, 8:28, 12:2, 9, 21, 13:3, 15:2, 15:14, 엡 2:10, 엡 4:28, 살전 5:15, 29, 딤전 2:10, 6:18, 딛 2:10, 벧전 2:20, 3:11, 13, 16, 21, 몬 1:6 등.

111 마 12:12, 13:8, 23, 18:9, 요 10:11, 롬 7:16, 12:17, 갈 6:9, 살후 3:13, 딤전 1:18, 2:3, 3:1, 4:4, 6, 6:12, 딛 2:14, 3:8, 히 10:24, 13:18, 약 4:17, 벧전 2:12, 요삼 1:11 등.

112 "우리는 이 순례 생활에서 선하심을 배불리 먹기보다 맛볼 뿐이다. 지금은 목마르고 굶주린 것 같이 사모하여 내세에 계신 그대로 볼 때에(요일 3:2) 배불리 먹으려 한다. 그때에는 '주의 영광이 나타날 때에 나는 만족하리이다'(시 17:15, 70인역)라고 한 말씀이 실현될 것이다. 이와 같이, 그리스도께서는 그에게 희망을 두는 자들에 대한 그의 위대하고 풍요한 선하심을 완성하신다."-아우구스티누스, 《하나님의 도성-신국론》(CH북스), 1058쪽.

113 아우구스티누스, 《하나님의 도성-신국론》(CH북스), 672쪽.

114 존 칼뱅, 《기독교 강요 3》(생명의말씀사), 430쪽.

115 아우구스티누스, 《하나님의 도성-신국론》(CH북스), 707쪽.

116 존 칼뱅, 《기독교 강요 4》(생명의말씀사), 540쪽.

117 토마스 아퀴나스, 《신학대전 23-덕》(한국성토마스연구소), 191쪽.

118 토마스 아퀴나스, 《신학대전 23-덕》(한국성토마스연구소), 21쪽.

119 토마스 아퀴나스, 《신학대전 23-덕》(한국성토마스연구소), 179쪽.

120 "아리스토텔레스가 주장한 미덕들은 고독을 위안 삼는 위인에게 국한되어 있다. 그리스도인들이 지켜야 하는 미덕들은 팀 스포츠와 같다."-톰 라이트, 《광장에서 선 하나님》(IVP), 254쪽.

121 토마스 아퀴나스, 《신학대전 23-덕》(한국성토마스연구소), 285쪽.

122 토마스 아퀴나스, 《신학대전 23-덕》(한국성토마스연구소), 291쪽.

123 토마스 아퀴나스, 《신학대전 23-덕》(한국성토마스연구소), 395쪽.

124 존 칼뱅, 《기독교 강요 3》(생명의말씀사), 420쪽.

125 토마스 아퀴나스, 《신학대전 23-덕》(한국성토마스연구소), 329쪽.

126 존 칼뱅, 《기독교 강요 3》(생명의말씀사), 420쪽.

127 독일어 'Recht'는 '법, 정의, 권리, 정당성'으로 번역된다.

128 칼 바르트, 《공동체, 국가와 교회》(엠마오), 135쪽.

129 천종호 《천종호 판사의 선, 정의, 법》(두란노), 130쪽 이하.

130 정의와 사랑의 관계에 관하여는 《천종호 판사의 선, 정의, 법》(두란노)를 참조하기 바란다.

131 이러한 경향을 단순화시켜 말하면, '심리학적 인간'이 우상이 된 시대라고 할 수 있다. 프로이트에 의해 시작된 심리학적 인간은 하나님을 경배하기보다는 자아를 만족시키기에 급급하고, 이를 위해서라면 못할 일이 없다. 드레허는 다음과 같이 설명한다. "1960년대는 심리학적 인간이 완전히 진가를 발휘한 시대였다. 그 시기에 자신의 욕망을 성취하기 위한 개인의 자유는 우리의 문화를 인도하는 길잡이가 되었고, 그 결과 미국의 도덕성은 기독교적 이상으로부터 급속도로 추락했다. 1980년대 보수주의의 반발이 있었지만 심리학적 인간은 결정적 승리를 거두었고, 동고트족, 서고트족, 반달족, 그리고 여타의 다른

정복민들이 서로마 제국의 유적을 장악한 것처럼 이제 우리의 문화-대부분의 교회를 포함해-를 장악하고 있다."-로드 드레허, 《베네딕트 옵션》(IVP), 72쪽.

132 인간이 서사적 존재란 것은 인간이 내 가족, 내 도시, 내 부족, 내 나라의 과거에서 다양한 빚, 유산, 적절한 기대와 의무를 물려받는 존재라는 것을 뜻한다. 이러한 특별한 의무의 인정으로 인해, 예컨대 1945년 이후에 태어난 독일인이라도 나치가 유대인에게 저지른 만행에 대해 도덕적 책임을 져야 한다고 주장할 수 있게 된다.

133 홉스가 전제한 자연 상태는 '만인에 의한 만인의 투쟁' 상태이므로 되돌아갈 엄두를 내지 못하는 상태다. 하지만 루소가 전제한 자연 상태는 '자연으로 돌아가자'로 표현되듯이 인간이 되돌아가야만 하는 상태를 의미한다.

134 "율법에는 우상 숭배를 배제하기 위하여 서쪽을 향한 경배가 도입되었다. 실제로 모든 이민족은 태양을 숭배하기 위해 동쪽을 향해 경배했다. 그것에 관해서는 에제키엘서 8장 16절에 '사람이 성소를 등지고, 얼굴을 동쪽으로 향하고 있었다. 그들은 … 태양에게 절을 하고 있었다'라고 언급된다. 바로 그것을 배제하고자, 성막은 지성소를 서편에 두었고, 사람들은 서쪽을 향해서 경배했다. 첫 성막의 전체적인 위치는 시편 68(67)편 5절의 '해 넘이 위로 오르시는 분, 그 이름 주님이시다.'라는 말씀에 따라, 해넘이로 상징되는 그리스도의 죽음을 형상화하기 위함이라는 것이 예표적 이유가 될 수 있다."-토마스 아퀴나스, 《신학대전 29-옛 법》(한국성토마스연구소), 301쪽.

135 자끄 엘륄, 《도시의 의미》(한국로고스연구원), 26쪽.

136 자끄 엘륄, 《도시의 의미》(한국로고스연구원), 31쪽.

137 자끄 엘륄, 《도시의 의미》(한국로고스연구원), 34쪽.

138 자끄 엘륄, 《도시의 의미》(한국로고스연구원), 37쪽.

139 하워드 A. 스나이더, 《하나님의 나라, 교회 그리고 세상》(드림북), 58쪽.

140 자끄 엘륄, 《도시의 의미》(한국로고스연구원), 22~23쪽.

141 자끄 엘륄, 《도시의 의미》(한국로고스연구원), 50쪽.

142 자끄 엘륄, 《도시의 의미》(한국로고스연구원), 213쪽.

143 자끄 엘륄, 《도시의 의미》(한국로고스연구원), 138쪽.

144 자끄 엘륄, 《도시의 의미》(한국로고스연구원), 37쪽.

145 자끄 엘륄, 《도시의 의미》(한국로고스연구원), 291쪽.

146 "나는 앞에서 서로 다르고 반대되는 두 도시가 있는 것은 육체를 따라 사는 사람들과 영을 따라 사는 사람들이 있기 때문이라고 말했다. 말하자면 어떤 사람들은 사람을 따라 살고, 어떤 사람들은 하나님을 따라 살기 때문이라고 할 수 있다."-아우구스티누스, 《하나님의 도성-신국론》(CH북스), 660쪽.

147 아우구스티누스, 《하나님의 도성-신국론》(CH북스), 698쪽.

148 아우구스티누스, 《하나님의 도성-신국론》(CH북스), 698쪽.

149 아우구스티누스, 《하나님의 도성-신국론》(CH북스), 700쪽.

150 아우구스티누스, 《하나님의 도성-신국론》(CH북스), 698쪽.

151 "아우구스티누스는 두 도성, 즉 땅에 속한 도성과 하늘에 속한 하나님의 도성이 존재한다고 말했다. 이 두 도성은 교회와 국가, 또는 교회와 시민 사회가 아니다. 두 도성은 현재의 세계의 어떤 제도적 구별도 초월한다. 아우구스티누스의 두 도성은 두 백성과 대응된다. 즉 하나의 도성은 그리스도로 말미암아 구속함을 받아 지금 여기에서 종말론적인 새 창조를 향해 가는 여정 가운데서 순례 길을 가는 하나님의 백성이고, 또 하나의 도성은 현재에는 이 세계 속에서 살아가지만, 종말론적인 죽음을 향해 나아가고 있는 나머지 타락한 인류다. 이 두 도성의 백성을 구별해 주는 핵심적인 특징은 그들의 서로 다른 두 가지 사랑이다. 하나님 도성의 시민은 자신의 창조주를 무엇보다도 사랑하고, 피조된 것들은 오직 하나님과 관련해, 또한 하나님을 위해서만 사랑한다. 반면에 땅에 속한 도성의 시민이 가장 사랑하는 것은 그 자신이다. 따라서 최종 목적지와 사랑이라는 두 가지 관점에서 보면 이 두 부류의 시민은 아주 극명하게 대비된다. 하지만 이 세상에서는 그들은 서로 뒤섞인다. 교회가 하늘에 속한 도성이고 정치 공동체가 땅에 속한 도성인 것이 아니다. 교회와 정치 공동체는 둘 다 혼합된 사회이기 때문이다. 땅에 속한 도성의 시민 중 일부는 교회의 구성원이고, 하늘에 속한 도성의 시민은 시민 공동체에 참여한다. 그리스도인은 시민 공동체에 참여할 때, 믿음이나 참 하나님을 섬기는 것을 방해하는 게 아니라면 관습이나 법, 의복을 비롯한 생활필수품 같은 많은 것을 땅에 속한 도성의 시민과 공유하는 것을 반대하지 않는다. 따라서 그리스도인은 오직 하늘에 속한 도성만이 참된 평화와 정의를 줄 수 있음을 알면서도, 자신이 속한 시민 공동체가 잘되기를 구하고, 그 공동체가 누리는 평화를 선용한다."-데이비드 반드루넨, 《기독교 정치학》(부흥과개혁사), 51쪽.

152 아우구스티누스, 《하나님의 도성-신국론》(CH북스), 618쪽.

153 아우구스티누스, 《하나님의 도성-신국론》(CH북스), 734쪽.

154 여기서의 선은 선이신 하나님과 하나님께 전적으로 의존하는 영생으로서의 선을 제외한 인간의 선(성품-선, 사회적 가치-선, 질서-선)을 의미한다.

155 존 칼뱅, 《기독교 강요 3》(생명의말씀사), 98쪽.

156 아우구스티누스, 《하나님의 도성-신국론》(CH북스), 792쪽.

157 존 칼뱅, 《기독교 강요 2》(생명의말씀사), 344쪽.

158 존 칼뱅, 《기독교 강요 2》(생명의말씀사), 346쪽.

159 톰 라이트, 《광장에서 선 하나님》(IVP), 125쪽.

160 로드 드레허, 《베네딕트 옵션》(IVP), 40쪽.

161 "만유이신 예수님의 나라는 가이사의 나라를 포괄하며, 그것 위에 있다고 보아야 한다."-송영목, 《하나님 나라 복음과 교회의 공공성》(SFC), 122쪽.

162 "기독교는 우주에서 가장 큽니다. 하나님 나라는 광대하며 영광스럽습니다. 하나님 나라

이기 때문에 그렇습니다. 하나님 나라는 크고 심오합니다. 하나님 나라는 외형이나 의식이나 예식과 관련된 작고 고상한 것 정도가 아닙니다."-D. M. 로이드 존스, 《하나님 나라》(복있는사람), 122쪽.

163 칼 바르트, 《공동체, 국가와 교회》(엠마오), 226쪽.

164 하워드 A. 스나이더, 《하나님의 나라, 교회 그리고 세상》(드림북), 117쪽 이하.

165 "그러나 이 교회는 그리스도를 이름과 외양으로만 그리스도로 여기는 아주 많은 위선자들이 혼합되어 있다. 그들 중에는 야심 차고 탐욕스럽고 시기가 가득한 자들과 저주를 일삼는 자들이 아주 많으며 어떤 자들은 남들보다 더 불결한 삶을 산다. 이런 자들이 한동안 용인되는 것은 그들이 합법적인 재판을 통하여 유죄 선고를 받기가 불가능하거나, 엄격한 권징이 언제나 마땅히 요구되는 만큼 강력하게 시행되지는 않기 때문이다. ⋯ 누가 하나님께 속한 자들인지를 아는 것은 오직 하나님의 고유한 특권이다."-존 칼뱅, 《기독교 강요 4》(생명의말씀사), 57, 58쪽.

166 톰 라이트, 《광장에서 선 하나님》(IVP), 28쪽.

167 톰 라이트, 《광장에서 선 하나님》(IVP), 21쪽.

168 톰 라이트, 《광장에서 선 하나님》(IVP), 21쪽.

169 하워드 A. 스나이더, 《하나님의 나라, 교회 그리고 세상》(드림북), 57쪽.

170 톰 라이트, 《광장에서 선 하나님》(IVP), 130쪽.

171 천종호, 《천종호 판사의 선, 정의, 법》(두란노), 127쪽 이하.

172 천종호, 《천종호 판사의 선, 정의, 법》(두란노), 127쪽 이하.

173 천종호, 《천종호 판사의 선, 정의, 법》(두란노), 127쪽 이하.

174 천종호, 《천종호 판사의 선, 정의, 법》(두란노), 127쪽 이하.

175 천종호, 《천종호 판사의 예수 이야기》(두란노), 164쪽.

176 박영호는 바울이 노예 오네시모의 해방 문제와 관련하여 극도로 조심스러운 태도로 접근하고 있다고 말한다. "기독교 태동기의 로마 사회에서 노예에 대한 가부장의 권력이 절대적이었다는 사실은 바울이 남긴 한 장짜리 짧은 편지 빌레몬서에서 확인할 수 있다. 바울은 빌레몬에게 무엇이든 명령할 수 있는 '아버지 사도'의 권위가 있었지만, 노예 오네시모의 해방 문제에서만큼은 극도로 조심스러운 태도로 접근한다. 만약 빌레몬이 바울의 청을 거절할 경우 바울 자신이 노예 해방(manumission)의 대금을 지불하겠다는 말까지 해야 한다. 빌레몬서는 신성불가침에 가까운 로마 사회에서의 가부장의 권력을 보여 주는 동시에, 그리스도 안에서 형제 된 자를 노예로 두는 것은 마땅치 않다는 바울의 인식을 보여 주는 소중한 자료다."-박영호, 《우리가 몰랐던 1세기 교회》(IVP), 163쪽.

177 "그리스도인이 예수님을 '그리스도'로 고백하는 것은 로마 제국의 눈에 단순히 수동적 저항을 넘어 무정부주의 혹은 무신론적 행태로서 공공적이며 적극적인 정치 행위로 비쳤다."-송영목, 《하나님 나라 복음과 교회의 공공성》(SFC), 135쪽.

178 박영호,《우리가 몰랐던 1세기 교회》(IVP), 164쪽.

179 박영호,《우리가 몰랐던 1세기 교회》(IVP), 181쪽.

180 법률상 혼인 관계를 형성하기 위해서는 혼인 신고라는 규칙을 따라야 하고, 법률상 혼인 관계를 소멸시키기 위해서는 이혼 신고라는 규칙에 따라야 한다.

181 "배고파하는 원수를 먹이고(잠 25:21), 그의 소유인 소와 나귀가 길을 잃게 되면 다시 바른 길로 돌아가게 하며, 그것들이 진 짐이 너무 무거우면 도와주라 한 것은(출 23:4~5) 계명이 아니고 무엇인가? … '원수 갚는 것이 내게 있으니 내가 갚으리라'(히 10:30 참조, 신 32:35). 이것이 주님의 영원하신 말씀이 아닌가? … 그들이 이런 말씀들을 율법에서 지워 버리게 하든지 아니면 여호와를 입법자로 인정하든지 하게 하자. 그리고 이것들이 '권고'에 속한다고 거짓말하지 못하게 하자." -존 칼뱅,《기독교 강요 2》(생명의말씀사), 301쪽.

182 존 칼뱅,《기독교 강요 3》(생명의말씀사), 225쪽.

183 폴 존슨,《유대인의 역사》(포이에마), 66쪽.

184 아퀴나스는 구약의 법을 '옛 법(舊法)'이라 하고, 신약에서 예수님에 의해 내려진 계명은 '새 법(新法)'이라 한다. 이 둘은 종적(種的)으로 서로 다른 것이 아니라 완전성의 정도에서 다른데, 옛 법의 불완전함을 완성한 것이 새 법이다. - 토마스 아퀴나스,《신학대전 28-법》(바오로딸), '법' 입문, 1쪽.

185 토마스 아퀴나스,《신학대전 28-법》(바오로딸), 31쪽.

186 토마스 아퀴나스,《신학대전 28-법》(바오로딸), 107쪽.

187 토마스 아퀴나스,《신학대전 28-법》(바오로딸), 107쪽.

188 토마스 아퀴나스,《신학대전 28-법》(바오로딸), 39쪽.

189 토마스 아퀴나스,《신학대전 28-법》(바오로딸), 34쪽 주7.

190 토마스 아퀴나스,《신학대전 28-법》(바오로딸), 39쪽.

191 토마스 아퀴나스,《신학대전 28-법》(바오로딸), 139쪽.

192 토마스 아퀴나스,《신학대전 28-법》(바오로딸), 167쪽.

193 토마스 아퀴나스,《신학대전 28-법》(바오로딸), 167쪽.

194 토마스 아퀴나스,《신학대전 29-옛 법》(한국성토마스연구소), 185쪽.

195 토마스 아퀴나스,《신학대전 29-옛 법》(한국성토마스연구소), 185쪽.

196 토마스 아퀴나스,《신학대전 1-하느님의 존재》(바오로딸), 607쪽.

197 자끄 엘륄,《자연법의 신학적 의미》(대장간), 109쪽.

198 자끄 엘륄,《자연법의 신학적 의미》(대장간), 106쪽.

199 자끄 엘륄,《자연법의 신학적 의미》(대장간), 109쪽.

200 자끄 엘륄,《법의 신학적 기초》(현대사상사), 35쪽.

201 자끄 엘륄,《자연법의 신학적 의미》(대장간), 109쪽.

202 자끄 엘륄,《자연법의 신학적 의미》(대장간), 103쪽.

203 데이비드 반드루넨, 《자연법과 두 나라》(부흥과개혁사), 565쪽.

204 데이비드 반드루넨, 《자연법과 두 나라》(부흥과개혁사), 570쪽.

205 데이비드 반드루넨, 《자연법과 두 나라》(부흥과개혁사), 623쪽.

206 토마스 아퀴나스, 《신학대전 28-법》(바오로딸), 161, 167쪽.

207 박은정, 《자연법의 문제들》(세창출판사), 191쪽.

208 유명론은 보편적인 것이란 단지 명칭일 뿐이고, 존재하는 것은 개별적인 것뿐이다. 보편이란 추상화한 이름에 지나지 않고 실재하는 최고의 존재는 개물 그 자체일 뿐이라고 주장한다. 유명론은 '개인 주체의 자율성'에 바탕을 두는 법 원리를 탄생시켰고, 기능적 법 개념을 등장시켰으며, 의지적인 힘이 법칙을 정립한다는 법실증주의의 길을 열었다. 또 유명론으로 인해 루터의 종교 개혁의 길이 트이게 되었을 뿐 아니라 근대로의 길이 열리게 되었다.-박은정, 《자연법의 문제들》(세창출판사), 132쪽.

209 박은정, 《자연법의 문제들》(세창출판사), 132, 193쪽.

210 자끄 엘륄, 《자연법의 신학적 의미》(대장간), 101쪽.

211 자끄 엘륄, 《자연법의 신학적 의미》(대장간), 102쪽.

212 데이비드 반드루넨, 《자연법과 두 나라》(부흥과개혁사), 168쪽.

213 데이비드 반드루넨, 《자연법과 두 나라》(부흥과개혁사), 248쪽.

214 리처드 도킨스, 《만들어진 신》(김영사), 356쪽.

215 "인간의 믿음이란 그것이 가장 높고 가장 대담한 최고봉에 오른 상태에서도 언제나 이런 질문(롬 3:5)이 떠오르지 않는가? '이 하나님이란 존재가 불의한 분 아닐까? 우리를 바로로 만드는 음험하고 변덕스러운 악령이 아닐까?' 자기도 지켜야 하는 정의의 규범을 깨트리는 반란자가 아닐까? 인간의 입장에서는 이렇듯 전혀 탐구할 수 없고, 접근할 수 없고, 접촉할 수 없는 분, 홀로 자유롭고 홀로 권세를 지닌 분의 위엄에 찬 비밀보다 불쾌한 것이 있겠는가? 우리는 자기도 모르는 사이에 이런 것은 하나님이 될 수 없다고, 하나님이어서는 안 된다고 외치고 싶어 하지 않는가? 우리가 이런 물음, 탄식, 고발의 가능성을 그 철저한 위협 속에서 의식하지 않는다면, 우리는 아직도 교회의 곤경을 보지 못한 것이며 그래서 아직도 전환이 일어날 수 없는 상황인 것이다. 그 가능성 속에서 예고된 파국, 곧 인간이 하나님에 관하여 생각하고, 그분을 위해 할 수 있는 모든 것의 파국을 넘어서지 못한 곳에서는 하나님에 관한 인식도 없고 위로도 없고 도움도 없다. 이러한 외침의 대상이 되지 않는 하나님은 하나님이 아닐 것이다."-칼 바르트, 《로마서》(복있는사람), 28쪽.

216 토마스 아퀴나스, 《신학대전 28-법》(바오로딸), 163쪽; 《신학대전 29-옛 법》(한국성토마스연구소), 165쪽.

217 자끄 엘륄, 《원함과 행함》(대장간), 274쪽.

218 이 문제에 관해 반드루넨은 가나안 땅을 정복해 들어가는 이스라엘 공동체의 특성에 초점을 맞추어 헤렘 명령 문제를 해결하고자 한다. 그의 책 《기독교 정치학》(부흥과개혁사)를

보자. 반드루넨은 모세에 의해 가나안 땅으로 이끌려 들어간 이스라엘 공동체는 '인류의 보편적인 정치 공동체'가 아니라 제사장의 나라로서 자신에게 주어진 영역 내에서는 '거룩한 정치 공동체'가 되어야 하므로 하나님은 이스라엘 영역 밖은 제외하고 그 영역 안에서만 "모세 율법을 통해 이스라엘이 자신의 거룩함을 존중하고 보호하는 방법"(126쪽)으로 헤렘 명령을 내렸다고 하고, 또 "모세 언약이 지닌 일반적이지 않은 거룩한 성격을 가장 극명하게 보여 주는 것은 아마도 모세 율법이 이스라엘에게 다른 모든 민족을 그들의 땅에서 쫓아낼 것을 요구한 것"(126쪽), 다시 말해 헤렘 명령이라고 한다.

219 아퀴나스의 자연법론과 마찬가지로 하나님의 존재론도 무신론자들에 의해 아퀴나스가 예상치 못한 방향으로 이용되었다고 한다. 정의채는 아퀴나스의 철학과 신학의 초석은 존재와 본질 사이의 실재적 구별에 있는데, 철학사의 흐름 속에서 존재자는 단적으로 존재만을 표시하여 존재와는 실재적으로 다른 본질이 제거되는 사고가 형성되었으며 존재를 세계 내에 국한시켜 결국 서구철학의 근현대사가 무신론적이며 유물론적인 세계관을 형성하게 되었다고 한다.-토마스 아퀴나스, 《신학대전 1-하느님의 존재》(바오로딸) 중 부기(附記) 정의채, 〈토마스 아퀴나스「신학대전」의 미래지향성과 영구성(永久性)〉, 684쪽.

220 존 칼뱅, 《기독교 강요 2》(생명의말씀사), 86쪽. 하지만 칼뱅은 자연법을 부정적인 쓰임새만 있는 것으로 보지는 않았다. 자연법에 대한 칼뱅의 관점에 대해 빌링스는 다음과 같이 설명한다. "칼뱅에서 자연법과 그것이 자연신학과 맺는 관계 문제는 반세기 이상 칼뱅 학계에서 논쟁거리였다. 맥닐과 같은 학자들은 자연법과 관련하여 칼뱅 사상의 토마스주의의 경향성을 강조한다. 이는 자연법에 대해 부정적 쓰임새만 보는 바르트적 독법과는 대조된다. 이러한 두 가지 해석학적 기둥 사이에서 보하텍, 헤세링크, 리틀, 그라빌, 배커스와 같은 학자들은 칼뱅이 자연법에 대해 중간 입장을 취하는 것으로 묘사했다. 확실히 자연법의 중요한 구원론적 목적 중 하나는 중생하지 않은 인간에게 스스로 자기 양심의 기준에 미치지 못함을 볼 수 있는 근거를 제공하는 데 있다. 타락한 인류는 무엇이 옳은지는 알면서도 옳은 것을 행하지는 않는다. 칼뱅이 '자연법의 목적은 … 사랑을 변명할 수 없게 만드는 것'이라고 쓴 것은 바로 이러한 문맥에서다. 그러나 칼뱅은 또한 자연법에 대해 더 긍정적인 쓰임새를 가지고 있다. 회개로 이끄는 율법의 부정적인 쓰임새는 율법의 유일한 목적이 아니다." -J. 토드 빌링스, 《칼뱅, 참여, 그리고 선물》(이레서원), 208쪽.

221 여기서 규칙은 지방자치단체장이 만든 규범을 의미한다.

222 토마스 아퀴나스, 《신학대전 29-옛 법》(한국성토마스연구소), 73, 81쪽.

223 "결코 우리에게 부여된 적이 없었던 모세의 법이 폐지되는 것도 이런 맥락에서 이해해야 한다. 하나님이 모세의 손을 통하여서 율법을 주신 것은 모든 민족에게 공표해서 모든 곳에서 지키도록 하시려는 뜻이 아니었다."-존 칼뱅, 《기독교 강요 4》(생명의말씀사), 843쪽. 이에 관해 아퀴나스는 "옛 법은 자연법의 규정들을 명시했다. 그리고 거기에 고유한 규정들을 첨가했다. 따라서 자연법을 내용으로 담고 있다는 점에서 옛 법은 모든 이가 준수할

의무가 있었다고 하겠다. 옛 법에 속했기 때문이 아니라 자연법에 속하기 때문에 그러했다는 말이다. 그러나 옛 법이 첨가한 규정들에 대해서는 유다 민족들 외에 다른 민족들에게는 준수의 의무가 없었다."고 한다.-존 칼뱅, 《기독교 강요 4》(생명의말씀사), 41쪽.

224 존 위티 주니어, 《권리와 자유의 역사》(IVP), 369쪽.

225 존 위티 주니어, 《권리와 자유의 역사》(IVP), 369쪽.

226 존 위티 주니어, 《권리와 자유의 역사》(IVP), 263쪽.

227 토마소 스칸드롤리오, 《자연법-성 토마스 아퀴나스의 자연법 이론》(가톨릭대학교출판부), 70쪽.

228 천종호, 《천종호 판사의 선, 정의, 법》(두란노), 207쪽.

229 D. M. 로이드 존스는 때로는 선교적 방식을 고집할 필요가 있다고 말한다. "현대인의 혼란에 대한 진정한 해답이 여기 있습니다. 왜냐하면 니고데모의 태도가 곧 현대인의 태도이기 때문입니다. 그렇지 않습니까? 앞에서 살펴보았듯이, 우리가 과학적인 현대인들에게 복음을 전할 때 사람들은 우리에게 성경의 모든 용어를 버리고, 자신들과 마주 앉아 함께 마시고 함께 욕하며 그 외 많은 것을 함께 해야 한다고 말합니다. 우리가 그들의 수준에서 그들을 만나야 하고, 그렇게 할 때 그들은 받아들이기 시작한다는 것입니다. 그러나 여기 이 문제에 대한 해답이 있습니다. 현대인들은 어떤 제지를 받을 필요가 있습니다. … 스스로 똑똑하다고 생각하는 어리석은 세상 사람들은 살아 계신 하나님의 말씀으로 제지당할 필요가 있습니다." -마틴 로이드 존스, 《하나님 나라》(복있는사람), 314쪽.

230 "그리스도인의 천국 에토스가 세계 공용어(lingua franca)가 되려면, 그는 복음을 세상 언어와 세상 속의 삶으로써 소통할 수 있어야 하고, 기독교나 그리스도인 개인의 이익이 공공 담론에 주입되지 않도록 주의해야 한다. 교회는 실제로 세상의 가치를 추구하면서도 교회(신앙) 용어를 사용하는 모순을 버려야 한다. 그리스도인이 천국 가치를 신학적으로 선포-설교하는 식의 방식이 아니라 세상 언어로도 표현할 수 있는 이중 언어를 구사할 수 있다면, 기독교는 게토로 남지 않을 것이다." -송영목, 《하나님 나라 복음과 교회의 공공성》(SFC), 189쪽.

231 데이비드 반드루넨, 《자연법과 두 나라》(부흥과개혁사), 508쪽.

232 데이비드 반드루넨, 《자연법과 두 나라》(부흥과개혁사), 24쪽.

233 데이비드 반드루넨, 《자연법과 두 나라》(부흥과개혁사), 19쪽.

234 데이비드 반드루넨, 《자연법과 두 나라》(부흥과개혁사), 20쪽.

송영목은 "'초기 예언적 공공신학자'로 불리는 존 웨슬리는 소책자를 통해 천국의 통치 방식인 '정의, 자비, 진리'로 특징지어진 사회 개혁을 시도했다. <노예 제도에 관한 논고>(1774년)에서 그는 성경에 근거하되 자연법과 사람의 자유라는 비종교적 방식으로 논증함으로써 자신의 호소력을 확장하면서 노예 제도의 철폐를 주장하였다"고 한다. - 송영목, 《하나님 나라 복음과 교회의 공공성》(SFC), 82쪽.

235 자끄 엘륄, 《법의 신학적 기초》(현대사상사), 8쪽.

236 데이비드 반드루넨, 《자연법과 두 나라》(부흥과개혁사), 31쪽.

237 기적과 자연법칙에 관해서는 C. S. 루이스의 《기적》(홍성사), 107쪽 이하를 참조하기 바란다.

238 "그리스도인이든 비그리스도인이든 공통의 윤리적 기초를 공유할 수 있고, 선에 대한 공통의 개념과 인간의 번영에 대한 기본적인 개념을 공유할 수 있다. 모든 인간은 선이 무엇인지, 덕이 무엇인지, 그리고 옳음이 무엇인지 어느 정도 알 수 있는 능력을 가지고 있다. 다만 그런 개념에 대한 완전한 이해에 도달하지 못할 뿐이다. 이것이 바로 자연법과 자연은총이 있다고 하더라도 계시가 이것들로 환원되지 않는 이유이다. 오직 인간을 향한 하나님의 구원하는 행동의 빛 안에서만 자연적인 선을 그 충만한 의미를 획득할 수 있다. 따라서 그리스도인과 비그리스도인의 모든 합의는 잠정적이고 부분적일 수밖에 없다."- 최경환, 《에라스무스 총서 002-공공신학으로 가는 길》(도서출판 100), 88쪽.

239 J. 토드 빌링스, 《칼뱅, 참여, 그리고 선물》(이레서원), 210쪽.

240 존 칼뱅, 《기독교 강요 4》(생명의말씀사), 842쪽.

241 J. 토드 빌링스, 《칼뱅, 참여, 그리고 선물》(이레서원), 228쪽.

242 하나님께서 왜 아담과 하와가 범죄한 직후나 아브라함과 언약을 체결한 직후에 율법을 주시지 않고, 모세 시대에 주셨는지에 관해 아퀴나스는 다음과 같이 대답한다. "1. 첫 인간의 범죄 직후에 옛 법이 주어지는 것은 합당하지 않았다. 왜냐하면, 인간이 아직 자기의 이성에 의지하면서 필요성을 인식하지 못하고 있었기 때문이기도 하고, 아직 죄악을 저지르는 것이 몸에 배서 자연법의 명령이 희미해지지 않았기 때문이기도 하다. 2. 율법은 민족이 아니고서는 [즉 민족의 형태를 갖추지 않은 대상에게는] 부여되지 않아야 한다. 이미 언급했듯이 율법은 공통규정이기 때문에 그러하다. 그래서 아브라함의 시대에 하느님께서는 인간들에게 거의 집안의 규정들과도 같은 친근한 규정들을 부여하셨다. 그러나 그 후에 그의 자손들이 하나의 민족을 형성할 만큼 수가 불어난 다음에, 그리고 철학자가 『정치학』 제3권에서 언급하듯이, 노예는 법에 예속되는 백성이나 국가의 구성원이 아니므로, 종살이에서 해방되고 난 다음에, 그들에게 율법이 합당하게 부여될 수 있었다."- 토마스 아퀴나스, 《신학대전 29-옛 법》(한국성토마스연구소), 49쪽.

243 존 칼뱅, 《기독교 강요 2》(생명의말씀사), 198쪽.

244 존 칼뱅, 《기독교 강요 2》(생명의말씀사), 203쪽.

245 J. 토드 빌링스, 《칼뱅, 참여, 그리고 선물》(이레서원), 248쪽.

246 존 칼뱅, 《기독교 강요 4》(생명의말씀사), 466쪽.

247 존 칼뱅, 《기독교 강요 4》(생명의말씀사), 466쪽.

248 존 칼뱅, 《기독교 강요 2》(생명의말씀사), 209쪽.

249 존 칼뱅, 《기독교 강요 2》(생명의말씀사), 212쪽.

250 존 칼뱅, 《기독교 강요 2》(생명의말씀사), 214쪽.

251 존 칼뱅, 《기독교 강요 2》(생명의말씀사), 216쪽.

252 존 칼뱅, 《기독교 강요 2》(생명의말씀사), 218쪽.

253 존 칼뱅, 《기독교 강요 2》(생명의말씀사), 218쪽.

254 셋 D. 포스텔, 에이탄 바르, 에레즈 쪼레프, 《모세를 읽으며 예수님을 보다》(이스트윈드), 194쪽.

255 포스텔이 말하는 율법의 6가지 기능의 의미에 관해서는 포스텔 외 공저, 《모세를 읽으며 예수님을 보다》(이스트윈드), 167~194쪽을 참조하기 바란다.

256 셋 D. 포스텔, 에이탄 바르, 에레즈 쪼레프, 《모세를 읽으며 예수님을 보다》(이스트윈드), 205쪽.

257 신현우, <동성애의 원인과 해결 : 성경과 과학의 진단과 처방>, 김영한 외, 《동성애, 21세기 문화충돌》(킹덤북스), 126쪽.

258 존 칼뱅, 《기독교 강요 4》(생명의말씀사), 466쪽.

259 존 칼뱅, 《기독교 강요 2》(생명의말씀사), 204, 205쪽.

260 토마스 아퀴나스, 《신학대전 29-옛 법》(한국성토마스연구소), 19쪽.

261 "사도는 로마서 7장 12절에서 '율법은 선합니다'라고 한 다음, '계명도 거룩하고 의롭고 선한 것입니다'라고 덧붙인다. 의롭다는 것은 사법 규정들에 관한 것이고, 거룩하다는 것은 예식 규정들에 관한 것이며(왜냐하면 하느님께 바쳐지는 것을 거룩하다고 하기 때문이다) 선하다는 것은 정직하다는 것과 같은 것으로서 도덕 규정들에 관한 것이다. -토마스 아퀴나스, 《신학대전 29-옛 법》(한국성토마스연구소), 75쪽.

262 장동민도 산상수훈은 기독교인의 삶의 이상적 원리를 말씀한 것이기 때문에 이를 현실에 직접 적용하기는 어렵다고 말한다. -장동민, 《포스트크리스텐덤 시대의 한국 기독교》(새물결플러스), 232, 234, 496쪽.

263 티머시 R. 제닝스, 《뇌, 하나님 설계의 비밀》(CUP), 146쪽.

264 천종호, 《천종호 판사의 선, 정의, 법》(두란노), 68쪽 이하.

265 "그러므로 만일 처음 사람들이 죄를 지어 그것이 후손에게 유전되거나, 그들의 한 후손이 멸망을 받을 불의의 씨를 뿌리지 않았다면, 처음 사람들이 마음의 동요나 신체의 병고를 느끼지 않은 것과 같이, 모든 인류도 그와 같이 행복했을 것이다. 그뿐 아니라, 이 행복은 계속해서 '생육하고 번성하라'(창 1:28)는 축복의 말씀대로 예정된 성도의 수가 찰 때까지 이르렀을 것이다. 그때에는 지극히 축복된 천사들이 받은 것과 같은 더 큰 행복을 성도들도 받았을 것이다." -아우구스티누스, 《하나님의 도성-신국론》(CH북스), 674쪽.

266 하워드 A. 스나이더, 《하나님의 나라, 교회 그리고 세상》(드림북), 53쪽.

267 로드 드레허, 《베네딕트 옵션》(IVP), 190쪽.

268 로드 드레허, 《베네딕트 옵션》(IVP), 26쪽.

269 로드 드레허, 《베네딕트 옵션》(IVP), 200쪽.

270 로드 드레허, 《베네딕트 옵션》(IVP), 295쪽.

271 로드 드레허, 《베네딕트 옵션》(IVP), 296쪽.

272 로드 드레허, 《베네딕트 옵션》(IVP), 307쪽.

273 로드 드레허, 《베네딕트 옵션》(IVP), 307쪽.

274 이혼에 있어 유책주의와 파탄주의의 의미에 관해서는 천종호, 《천종호 판사의 선, 정의, 법》(두란노), 172쪽 이하를 참조하기 바란다.

275 학문적으로 국가와 국가 권력의 기원에 관해 정복설(정복자가 자신이 통치하는 나라의 주민을 자기에게 복속시키기 위해 만들었다), 사회계약설(인간의 자유 의지에 따라 국가를 만들고 권력을 부여하였다), 자연발생설(거역할 수 없는 어떤 자연적 힘에 의해 만들어졌다)이 있다.-아브라함 카이퍼, 《일반 은혜1》(부흥과개혁사), 137쪽 이하.

칼뱅주의자에 의하면 "국가는 인간의 자연적 본능으로 인하여 자연히 생겼다. 즉 하나님이 사람에게 주신 사회적 충동에서 국가가 생겨났다. … 칼뱅주의자는 사람을 창조하신 분이 사람에게 이 '군서 본능'을 주셨다고 믿는다. 그러나 국가는 보통 사회 이상의 기구이므로, 이 결합력을 가진 사회적 본능만이 국가의 기원이라고 볼 수는 없다. … 그러면, 인류 사회의 성원들로서 공동 이익의 추진과 그 단체의 일반적 복리 증진과 정의 수행을 위하여, 정부를 조직하는 국가 구성의 운동도, 역시 사람을 위한 하나님의 섭리적 처사로 말미암은 것이다."라고 한다.-헨리 미터, 《칼뱅주의 기본 사상》(개혁주의신행협회), 82쪽.

276 "창조 기사를 읽어 보라. 창세기 1장 26절과 28절에서 하나님은 인류에게 지배권, 즉 바다의 물고기와 하늘의 새와 가축들을 지배할 권세를 부여한다. 두 번째로 인류는 창세기 1장 28절에서 땅을 지배할 권세를 부여받는다. 세 번째로 인류는 '온 지면의 씨 맺는 모든 채소와 씨 가진 열매 맺는 모든 나무를'(창 1:29) 지배할 권세를 받았다. 애초에 이 모든 것은 하나님에게 속했다. 사람에게 속한 것이 아니었다. 그러나 이제 하나님은 권위를 사람에게 준다. 하나님이 사람에게 주었기 때문에, 오직 이 때문에 사람은 권위, 지배권, 사법권을 획득한다."-아브라함 카이퍼, 《일반 은혜1》(부흥과개혁사), 143쪽.

277 "국가는 다른 사람들을 희생시키고 스스로를 확충하려는 인간의 죄악스런 충동에 의하여 필연적으로 생성되는 어떤 것이다. 그래서 국가는 하나의 보전의 질서로서 나타나게 된다."-칼 바르트, 《공동체, 국가와 교회》(엠마오) 중 윌 허버그, "칼 바르트의 사회철학", 31쪽.

278 칼 바르트, 《공동체, 국가와 교회》(엠마오) 중 윌 허버그, "칼 바르트의 사회철학", 29쪽.

279 칼 바르트, 《공동체, 국가와 교회》(엠마오) 중 윌 허버그, "칼 바르트의 사회철학", 28쪽.

280 칼 바르트, 《공동체, 국가와 교회》(엠마오) 중 윌 허버그, "칼 바르트의 사회철학", 28쪽.

281 칼 바르트, 《공동체, 국가와 교회》(엠마오) 중 윌 허버그, "칼 바르트의 사회철학", 30쪽.

282 칼 바르트, 《공동체, 국가와 교회》(엠마오) 중 윌 허버그, "칼 바르트의 사회철학", 30쪽.

283 칼 바르트, 《공동체, 국가와 교회》(엠마오) 중 윌 허버그, "칼 바르트의 사회철학", 35쪽.

284 칼 바르트, 《공동체, 국가와 교회》(엠마오) 중 윌 허버그, "칼 바르트의 사회철학", 35쪽.

285 데이비드 반드루넨, 《자연법과 두 나라》(부흥과개혁사), 587쪽.

286 칼 바르트, 《공동체, 국가와 교회》(엠마오), 181쪽.

287 칼 바르트, 《공동체, 국가와 교회》(엠마오), 156쪽.

288 칼 바르트, 《공동체, 국가와 교회》(엠마오), 146쪽.

289 칼 바르트, 《공동체, 국가와 교회》(엠마오), 207쪽.

290 칼 바르트, 《공동체, 국가와 교회》(엠마오), 165쪽.

291 '문화사역'이라는 말은 기독교의 문화에 대한 목표와 방향성을 제시하는 특별한 용어다. 여기서 사용된 문화라는 용어는 '정치, 경제, 사회, 문화'라는 구분을 전제로 사용되는 것이 아니라 이들을 모두 포함하는 의미로 사용되는 것으로 보인다. 이러한 문화라는 용어의 의미와 관련해서는 반드루넨의 다음 글을 참조하기 바란다.

"넓은 의미로 보면, 문화는 온갖 다양한 인간 활동과 거기서 비롯된 산물을 가리킬 뿐 아니라, 우리가 인간 활동과 산물을 해석하는 방식 그리고 인간 활동과 산물을 묘사하기 위해 사용하는 언어를 가리키기도 한다. 산물 자체뿐 아니라 해석과 언어도 문화에서 중요한 부분인데, 왜냐하면 똑같은 산물이라도 다른 환경 안에서는 전혀 다른 역할을 할 수 있기 때문이다. 이렇게 문화를 넓은 의미로 이해하면, 고급문화의 활동이든 대중문화의 활동이든 아니면 양치질처럼 일상적인 일이든 간에 사실상 우리가 하는 모든 일이 '문화적'인 것이다. 민족 국가는 물론이고 지역 사회, 대학, 선수 연맹, 가족, 교회, 그리고 그 밖의 온갖 것도 자신만의 문화가 있는데, 그런 문화들은 서로 중복되는 경우가 종종 있다. 지금 내가 쓰고 있는 이런 유형의 책에서는 '문화'라는 용어를 지나치게 엄밀하거나 기술적인 방식으로 사용하지 않는다. 나는 사람들이 관여하는 다양하고 폭넓은 활동(과학 활동, 예술 활동, 경제 활동 등)을 주로 가리키기 위해 문화라는 용어를 사용한다. 비록 이 책의 부제로도 사용하기는 하지만 '기독교와 문화'라는 판에 박힌 표현은 그리스도인과 교회가 인간 문화의 이런 광범한 활동들과 어떤 식으로 관련되어야 하는지 그리고 기독교 신앙이 그런 활동들에 대한 우리의 해석에 어떻게 영향을 주는지를 고찰하는 과정에 대한 다양한 질문이 등장함을 가리키는 것에 불과하다."-데이비드 반드루넨, 《하나님의 두 나라 국민으로 살아가기》(부흥과개혁사), 37쪽.

따라서 이 책에서도 특별한 언급이 없는 한 '문화'라는 용어를 '정치, 경제, 사회, 문화'를 포괄하는 의미로 사용하기로 한다.

292 데이비드 반드루넨, 《자연법과 두 나라》(부흥과개혁사), 585쪽.

293 "인류 역사의 폭력에 대한 최근의 양적 연구에서 보듯이, 사회의 폭력 사용을 규제하는 군사력을 갖춘 제3의 중재자로서 등장한 국가, 곧 공권력의 합법적 사용을 독점하는 홉스의 리바이어던 덕분에 국가 등장 이전의 부족 사회에 비해 참혹한 살인율은 80%나 감소했고, 이후 현대 국가의 강화된 법 집행으로 살인 범죄율은 96.7%까지 낮아졌다."-게리 하우겐, 빅터 부트로스, 《폭력 국가》(옐로브릭), 166쪽.

294 아브라함 카이퍼, 《칼뱅주의》(세종문화사), 108쪽.

295 양낙홍, 《개혁주의 사회윤리와 한국교회》(개혁주의신행협회), 194쪽.

296 양낙홍, 《개혁주의 사회윤리와 한국교회》(개혁주의신행협회), 22쪽.

297 클락 E. 코크란 외 5인, 《교회, 국가, 공적 정의 논쟁》(새물결플러스), 209쪽.

298 존 칼뱅, 《기독교 강요 3》(생명의말씀사), 430쪽.

299 클락 E. 코크란 외 5인, 《교회, 국가, 공적 정의 논쟁》(새물결플러스), 280쪽.

300 김준석, 《근대국가》(책세상), 16쪽.

301 "정부의 권위는 어디에서 제정되고, 정당성을 인정받는가? 이 질문에 대해 우리의 선조들은 언제나 창세기 9장 6절을 언급하여 답변했다. 이것이 명확한 사실이라는 것은 네덜란드 표준 성경의 로마서 13장 4절에 있는 공식적인 언급에서 분명해진다. 이 언급에 따르면, 창세기 9장 6절에서 정부는 '사형을 실행할 권위를 받았다'고 해석한다." -아브라함 카이퍼, 《일반 은혜1》(부흥과개혁사), 142쪽.

302 데이비드 반드루넨, 《기독교 정치학》(부흥과개혁사), 61쪽.

303 "따라서 그리스도인들은 자신들의 모든 활동에서 이 나라를 증거하고 그 생활 방식을 표현함에 있어서 세상에서 비폭력적인 행동 수단을 추구해야 한다. 폭력으로 가득한 사회와 그 자체의 목적을 위해 강제력을 행사하는 시민 정부 앞에서, 그리스도인들의 비폭력적 생활 방식은 강력한 증거가 된다. 이런 작가들 가운데 몇몇에게, 폭력적이고 칼을 지니고 있는 국가는 죄 많은 세상에서 필요한 목적을 수행한다. 그러나 그들 대부분은 군대에서 전투하는 것과 같은 국가의 강제 행위에 어떤 기독교적 참여도 거부한다. 따라서 비록 어떤 사람은 몸에 칼을 지녀야 할지라도 이런 것은 그리스도 나라의 방식이 아니며, 그리스도인들은 결코 그렇게 행하는 자들이 되어서는 안 된다. 그리스도인들은 교회로 존재하며, 세상에 대해서는 국가를 보완하는 공동체가 아닌 국가의 대안으로 존재한다." -데이비드 반드루넨, 《자연법과 두 나라》(부흥과개혁사), 27쪽.

304 데이비드 반드루넨, 《하나님의 두 나라 국민으로 살아가기》(부흥과개혁사), 23, 28쪽.

305 데이비드 반드루넨, 《하나님의 두 나라 국민으로 살아가기》(부흥과개혁사), 33쪽.

306 데이비드 반드루넨, 《하나님의 두 나라 국민으로 살아가기》(부흥과개혁사), 32, 34쪽.

307 데이비드 반드루넨, 《하나님의 두 나라 국민으로 살아가기》(부흥과개혁사), 92쪽.

308 데이비드 반드루넨, 《하나님의 두 나라 국민으로 살아가기》(부흥과개혁사), 74쪽.

309 데이비드 반드루넨, 《자연법과 두 나라》(부흥과개혁사), 562, 565, 568, 572, 578, 584쪽.

310 데이비드 반드루넨, 《하나님의 두 나라 국민으로 살아가기》(부흥과개혁사), 30쪽.

311 우병훈, 《처음 만나는 루터》(IVP), 135쪽.

312 우병훈, 《처음 만나는 루터》(IVP), 132쪽.

313 우병훈, 《처음 만나는 루터》(IVP), 135쪽.

314 톰 라이트는 '이 세상에 속한 것'이라는 말씀의 원어는 '에크 투 코스무 투투(ek tou kosmou toutou)'인데, 그 의미는 '이 세상에 속한 것'이 아니라 '이 세상으로부터'로 번역되어야 한

다고 주장한다. -톰 라이트, 《광장에서 선 하나님》(IVP), 102쪽.

315 천종호, 《천종호 판사의 예수 이야기》(두란노), 232쪽.

316 칼 마르크스는 인간 공동체를 '국가'가 아닌 '사회'라는 시각에서 접근하여, 사회 발달 순서를 '원시 공산사회', '고대 노예사회', '중세 봉건사회', '근대 시민사회', '공산사회'로 나눈다. 마르크스에 의하면 공산사회는 인류 사회 발달의 최종 단계에 해당한다.

317 "스데반 집사는 출애굽한 이스라엘 백성들이 광야에서 생활할 때를 '광야 교회'로 표현하고 있다. "이스라엘 자손에 대하여 하나님이 너희 형제 가운데서 나와 같은 선지자를 세우리라 하던 자가 곧 이 모세라 시내 산에서 말하던 그 천사와 우리 조상들과 함께 광야 교회에 있었고 또 살아 있는 말씀을 받아 우리에게 주던 자가 이 사람이라"(행 7:37~38). 그리고, 한글 성경에서 교회는 '에클레시아'라는 헬라어를 번역한 것인데, 히브리어 구약 성경에서 가나안을 향한 여정 가운데 있던 이스라엘 회중을 '카할'이라고 불렀고, 이 카할을 헬라어 70인역 성경이 에클레시아로 번역하고 있는바, 이는 신약시대의 사람들이 구약 시대에도 교회가 존재한 것으로 전제하고 있었음을 말해 준다."-데이비드 반드루넨, 《기독교 정치학》(부흥과개혁사), 145쪽.

318 박영호, 《우리가 몰랐던 1세기 교회》(IVP), 226쪽.

319 "예수라고 불렸던 이 기묘한 인물을 주님으로 모신 공동체들이 생겨났고, 그들은 공적인 영역에서 일하는 하나님의 살아 있는 증거였다. 그들을 통해 새로운 종류의 정의, 합리성, 영성, 아름다움, 관계, 자유가 탄생했다. 이러한 공동체들이 본을 보인 삶은 실제 체제들에 정면으로 도전장을 들이밀었다. 이것은 교회가 거의 300년 동안 그토록 잔혹하게 핍박받은 이유가 되었다." -톰 라이트, 《광장에서 선 하나님》(IVP), 163쪽.

320 "여자들은 자기의 죽은 자들을 부활로 받아들이기도 하며 또 어떤 이들은 더 좋은 부활을 얻고자 하여 심한 고문을 받되 구차히 풀려나기를 원하지 아니하였으며 또 어떤 이들은 조롱과 채찍질뿐 아니라 결박과 옥에 갇히는 시련도 받았으며 돌로 치는 것과 톱으로 켜는 것과 시험과 칼로 죽임을 당하고 양과 염소의 가죽을 입고 유리하여 궁핍과 환난과 학대를 받았으니(이런 사람은 세상이 감당하지 못하느니라) 그들이 광야와 산과 동굴과 토굴에 유리하였느니라"(히 11:35~38).

321 박영호, 《우리가 몰랐던 1세기 교회》(IVP), 227쪽.

322 자끄 엘륄, 《무정부주의와 기독교》(대장간), 133쪽.

323 존 위티 주니어, 《권리와 자유의 역사》(IVP), 382쪽.

324 존 위티 주니어, 《권리와 자유의 역사》(IVP), 381쪽.

325 데이비드 반드루넨, 《자연법과 두 나라》(부흥과개혁사), 61쪽.

326 데이비드 반드루넨, 《자연법과 두 나라》(부흥과개혁사), 63쪽.

327 데이비드 반드루넨, 《자연법과 두 나라》(부흥과개혁사), 64쪽.

328 데이비드 반드루넨, 《자연법과 두 나라》(부흥과개혁사), 64쪽.

329 데이비드 반드루넨, 《자연법과 두 나라》(부흥과개혁사), 136쪽.

330 클락 E. 코크란 외 5인, 《교회, 국가, 공적 정의 논쟁》(새물결플러스), 176쪽.

331 대한민국 헌법도 미국 연방 헌법의 영향을 받아 제20조에 "① 모든 국민은 종교의 자유를 가진다. ② 국교는 인정되지 아니하며, 종교와 정치는 분리된다"는 규정을 두고 있다.

332 미국 수정헌법 제1조는 '국교 금지'와 '종교 활동의 자유' 두 부분으로 나뉜다. 종교 활동의 자유 중 종교는 개정 당시에는 기독교 교파만을 염두에 둔 것이고, 국교 금지는 특정 교파 지원 금지였다고 한다. -양낙흥, 《개혁주의 사회윤리와 한국교회》(개혁주의신행협회), 14, 319쪽.

333 장동민, 《광장과 골방》(새물결플러스), 245쪽.

334 로드 드레허, 《베네딕트 옵션》(IVP), 17, 138쪽.

335 마틴 로이드 존스, 《로마서 강해 13》(CLC), 113쪽.

336 마틴 로이드 존스, 《로마서 강해 13》(CLC), 117쪽.

337 마틴 로이드 존스, 《로마서 강해 13》(CLC), 118쪽.

338 "기독교 교회는 중세를 거치면서 국가와 극심한 권력다툼을 벌였고, 이 과정에서 국가와 교회의 역할이 뒤섞이고 말았습니다. 왕이나 제후가 영적인 일에 관여하고 교회의 감독은 군대를 갖고 무력으로 사람들을 다스렸습니다. 그래서 루터와 칼뱅 등 종교 개혁자들은 이것을 바로잡으려고 했습니다. 그들은 하나님이 세상을 섬기도록 하신 두 개 기관이 있다고 가르쳤습니다. 하나는 공권력을 갖고 세상을 다스리는 국가이고 다른 하나는 영적인 사역을 맡은 교회로서 국가는 법과 이성을 따라 운영되고, 교회는 하나님의 말씀을 따라 행한다고 했습니다. 이후 이 둘은 그 본질과 역할에서 서로 다른 것으로 이해되었습니다. 그래서 국가는 영적인 일에 간섭해서는 안 되고 교회는 정치 세력이 되어서는 안 된다는 것입니다. 가이사의 것과 하나님의 것이 분명히 나뉜 것입니다."-최현범, 《교회 울타리를 넘어서라》(나침반), 118쪽.

339 마틴 로이드 존스, 《로마서 강해 13》(CLC), 118쪽.

340 마틴 로이드 존스, 《로마서 강해 13》(CLC), 136쪽.

341 이스라엘의 대제사장들과 서기관들이 로마 총독 빌라도의 힘을 빌려 예수님을 십자가 형벌로 처형하게 한 것은 이에 관한 역사적 예라고 할 수 있다.

342 마틴 로이드 존스, 《로마서 강해 13》(CLC), 138쪽.
칼뱅의 입장은 '일국일교주의 시대'의 시대적 특성에서 비롯된 것이라고 할 수 있다.

343 마틴 로이드 존스, 《로마서 강해 13》(CLC), 137, 148쪽.

344 존 칼뱅, 《기독교 강요 4》(생명의말씀사), 818쪽.

345 "분리를 적용할 경우, 더 나은 방법은 교회와 국가의 기관적 분리를 기술하는 용어를 사용하는 것이다. 다른 말로 하자면 헌법은 미국 사회에서 교회와 국가 기관들은 연결되지 않고, 서로 의존하지 않고, 혹은 기능적으로 서로 관련이 없을 것을 요구한다."- 클락 E.

코크란 외 5인, 《교회, 국가, 공적 정의 논쟁》(새물결플러스), 163쪽.

346 여호와의 증인은 미국이라는 국가의 합법성을 부정하고 신자들이 정부활동에 참여하는 일을 금지한다고 한다. -클락 E. 코크란 외 4인, 《교회, 국가, 공적 정의 논쟁》(새물결플러스), 327쪽.

347 "개인과 사회 구원의 균형을 이루려는 존 스토트의 영향이 반영된 로잔언약(1974)과 궤를 같이하는 기독교윤리실천운동(1990)은 국가와 종교기구로서의 교회는 분리되지만, 정치와 종교는 분리되지 않는다(그리스도인 개인은 국가-정치와 유기적으로 연결된다)고 보았다. 이런 입장은 한국 복음주의 진영의 기독교학문연구회(1984), 기독교문화연구회(1986) 그리고 대학생 선교 단체(예를 들어, IVF)의 사회 참여에 적지 않은 영향을 미쳤다." -송영목, 《하나님 나라 복음과 교회의 공공성》(SFC), 28쪽.

348 최현범, 《교회 울타리를 넘어서라》(나침반), 118쪽.

349 종교 개혁 초기의 재세례파는 두 종류의 집단으로 나뉘어 있었다. 한편에는 '분리주의자' 혹은 '신령주의자'라고 부를 수 있는 극단주의자들이 있었다. 요컨대 분리주의적 재세례파들은 거룩하고 경건한 사람들이 정치같이 세속적인 것에 관심을 가지는 것이 적절하지 않다고 생각했다. 다른 한편에는 또 한 무리의 과격파들이 있었다. 그들은 토마스 뮌쩌의 추종자들이었다. 이들은 온 세상이 새로운 형태, 즉 성도들의 순수한 공동체로 재편되어야 한다는 생각에 사로잡혀 있는 극단주의자들이었다.-양낙홍, 《개혁주의 사회윤리와 한국교회》(개혁주의신행협회), 20쪽.

유아세례를 금지하는 등의 신학 체계를 가지고 있는 재세례파는 종교 개혁 초기에 급진적인 요구를 한다는 이유로 유럽 각국에서 박해를 받고 수많은 사람이 처형당했다. 1530년대에 재세례파로 전향한 네덜란드인 메노 시몬스(Meno Simons)는 집회를 열면서 흩어진 재세례파의 모임들을 조직했고, 곧 이들은 메노파(Mennonites)라고 불리기 시작했다.- 클락 E. 코크란 외 5인, 《교회, 국가, 공적 정의 논쟁》(새물결플러스), 270쪽.

350 이에 대해서는 클락 E. 코크란 외 5인, 《교회, 국가, 공적 정의 논쟁》(새물결플러스), 참조하기 바란다.

351 J. 토드 빌링스, 《그리스도와의 연합》(CLC), 332쪽.

352 클락 E. 코크란 외 5인, 《교회, 국가, 공적 정의 논쟁》(새물결플러스), 168쪽.

353 클락 E. 코크란 외 5인, 《교회, 국가, 공적 정의 논쟁》(새물결플러스), 175쪽.

354 클락 E. 코크란 외 5인, 《교회, 국가, 공적 정의 논쟁》(새물결플러스), 172쪽.

355 드레허는 크리스천 스미스와 멜린다 런드퀴스트 덴튼의 연구에 따르면, 현재 미국의 20대 청소년들은 '도덕주의적 심리 요법적 이신론(Moralistic Therapeutic Deism, MTD)'을 신봉한다고 한다. MTD의 다섯 가지 신조는 다음과 같다. 첫째, 세상을 창조했고, 질서를 세우며 지구 상의 인간의 삶을 관망하는 한 신이 존재한다. 둘째, 신은 사람들이 성경과 대부분의 세계 종교에서 가르치는 것처럼 서로에게 선하고 친절하며 공정하게 대하기를 원한다. 셋

째, 인생에서 가장 중요한 목표는 행복하게 살고 자신에 대해 좋게 느끼는 것이다. 넷째, 어떤 문제를 해결하기 위해 필요할 때를 제외하고는 신은 개인의 삶에 특별히 개입할 필요가 없다. 다섯째, 선한 사람은 죽으면 천국에 간다. -로드 드레허, 《베네딕트 옵션》(IVP), 28쪽.

356 클락 E. 코크란 외 5인, 《교회, 국가, 공적 정의 논쟁》(새물결플러스), 327쪽.

357 로드 드레허, 《베네딕트 옵션》(IVP), 64쪽.

358 톰 라이트, 《광장에서 선 하나님》(IVP), 19쪽.

359 데이비드 반드루넨, 《하나님의 두 나라 국민으로 살아가기》(부흥과개혁사), 135쪽.

360 병행 폴리스(parallel polis) 개념은 공산주의 체제하에 있던 체코의 반체제 인사 바츨라프 벤다가 주장한 것이다. 병행 폴리스는 공식적인 체제와 병행해서 존재하는, 분리되었지만 둘 사이에서 교통을 가능하게 하는 투과성 있는 사회를 의미하는데, 이는 기독교인들만을 위한 배타적 공동체에 관한 것이 아니라 현대 사회의 고립과 파편화의 흐름을 되돌릴 수 있는 공통적 관습과 공통적 기관들을 세우거나 재건하는 것을 목표로 한다. -로드 드레허, 《베네딕트 옵션》(IVP), 148쪽.

361 마틴 로이드 존스, 《로마서 강해 13》(CLC), 130쪽.

362 "안타깝게도, 여러분은 교인이면서도 그리스도인이 아닐 수 있습니다. 슬프게도, 이런 사람들이 많습니다. 우리 가운데 많은 사람이 전에 이와 같은 때가 있었습니다. 우리는 교인이었으나 기독교가 뭔지 몰랐습니다."-마틴 로이드 존스, 《하나님 나라》(복있는사람), 97쪽.

363 "국가의 영역은 특별은총이 아니라 일반은총에 속하였으므로 중보자로서의 그리스도의 영적 통치에 직속되지는 않았다 해도 창조주이신 삼위일체 하나님의 주권하에는 복종하여야 한다." -헨리 미터, 《칼뱅주의 기본 사상》(개혁주의신행협회), 94쪽.

364 로날드 J. 사이더는 "성서적 신앙은 죄가 모든 문화를 뿌리 깊게 왜곡시켰다고 가르친다. 정확하게 말하자면, 우리는 하나님 나라의 그리스도인들로서 창조주가 의도한 문화를 사랑하기 때문에, 반드시 문화를 침해한 죄의 편만함에 맞서야만 한다. 하나님을 거역하는 세상에 대항하지 않는 교회는 근본적으로 자신이 세상에서 선포한 모든 것을 약하게 만든다. 정확하게는 교회가 세상에 대항하는 의미에서 대안 문화적이기 때문에, 교회는 평범한 생활에서 변화되고 구속된 새로운 형태로 나아가는 문화를 지지한다"고 말한다. -클락 E. 코크란 외 5인, 《교회, 국가, 공적 정의 논쟁》(새물결플러스), 276쪽.

365 "교회는 국가의 지도자와 국가의 안녕을 위해서 기도하는 '제사장적 기능'이 있다. 그리고 교회는 교훈, 권면, 방향성 제시와 같은 '목회적 기능'도 있다. 마지막으로, 국가가 하나님의 뜻을 거역하고 반(反)신적 존재가 될 경우에 책망과 반대하는 '예언적 기능'도 수행해야 한다."-송영목, 《하나님 나라 복음과 교회의 공공성》(SFC), 192쪽.

366 로드 드레허, 《베네딕트 옵션》(IVP), 144쪽.

367 클락 E. 코크란 외 5인, 《교회, 국가, 공적 정의 논쟁》(새물결플러스), 288쪽.

368 클락 E. 코크란 외 5인, 《교회, 국가, 공적 정의 논쟁》(새물결플러스), 289쪽.

369 하워드 A. 스나이더, 《하나님의 나라, 교회 그리고 세상》(드림북), 130쪽.

370 엑수시아(exousia)는 로마서 13장 1절에서는 '권세'라는 단어로 번역되었으나, 요한복음 19장 11절에서는 '권한'으로 번역되었다.

371 마틴 로이드 존스, 《로마서 강해 13》(CLC), 39쪽.

372 김선운, 《로마서 V》(성광문화사), 11쪽.

373 아우구스티누스, 《하나님의 도성-신국론》(CH북스), 307쪽.

374 데이비드 반드루넨, 《기독교 정치학》(부흥과개혁사), 491쪽.

375 아우구스티누스, 《하나님의 도성-신국론》(CH북스), 310쪽.

376 존 칼뱅, 《기독교 강요 4》(생명의말씀사), 856쪽.

377 칼 바르트, 《로마서》(복있는사람), 958쪽.

378 존 칼뱅, 《기독교 강요 4》(생명의말씀사), 817쪽.

379 "바울은 이 본문과 연결되어 있는 전후 문맥 속에서는 기독교 공동체를 위해 명백히 그리스도로 말미암아 형성된 그리스도 중심적인 윤리를 설명한 반면에, 13장 1~7절에서는 그리스도나 구속에 대해서는 전혀 언급하지 않고, 단지 하나님 앞에서 인간의 모든 공동체와 관련된 일반적인 선과 악에 대해 말할 뿐이다." -데이비드 반드루넨, 《기독교 정치학》(부흥과개혁사), 43쪽.

380 마틴 로이드 존스, 《로마서 강해 13》(CLC), 47쪽.

381 마틴 로이드 존스, 《로마서 강해 13》(CLC), 48쪽.

382 마틴 로이드 존스, 《로마서 강해 13》(CLC), 48쪽.

383 데이비드 반드루넨, 《기독교 정치학》(부흥과개혁사), 432쪽.

384 데이비드 반드루넨, 《기독교 정치학》(부흥과개혁사), 488쪽.

385 양낙홍, 《개혁주의 사회윤리와 한국교회》(개혁주의신행협회), 24쪽.

386 양낙홍, 《개혁주의 사회윤리와 한국교회》(개혁주의신행협회), 24쪽.

387 존 칼뱅, 《기독교 강요 4》(생명의말씀사), 864쪽.

388 "지금 나는 수치스런 비행으로 가득한 사악한 도덕성뿐만 아니라 어리석음이나 나태함이나 잔인함도 가리는 존귀함의 가면을 쓰고 덕에 돌려야 할 찬양을 악이 취하고 있는 꼴인 통치자들의 사람됨 자체에 대해서 논의하고 있지 않다. 내가 말하고자 하는 것은 통치자들의 계급 자체는 이러한 영예와 경의를 받을 가치가 있으므로 그들이 우리 가운데서 존경을 받는 것과 우리가 그들의 다스리는 직책에 경의를 표함이 마땅하다는 사실이다."-존 칼뱅, 《기독교 강요 4》(생명의말씀사), 851쪽.

389 천종호, 《천종호 판사의 예수 이야기》(두란노), 231쪽.

390 칼뱅은 다음과 같이 주장한다. "내가 지금까지 줄곧 해 온 말은 사인(私人)들에 관계된다. 왜냐하면 왕들의 정욕을 다스리기 위해서 세워진 백성들이 뽑은 관리들인 경우에는 그

들이 왕들의 광포한 방종에 용기 있게 맞서서 자기들의 직분에 따라서 저항하는 것을 나는 결코 금하지 않기 때문이다. 고대 스파르타의 왕들을 견제했던 민선 감독관들, 로마의 집정관들을 견제했던 평민 호민관들, 아테네의 귀족들을 견제했던 민선시장들, 그리고 오늘날 각 나라의 국회에서 직능별로 역할을 감당하는 삼부회(三部會) 등이 그 예들이다. 만약 이들이 겸손한 평민들을 제멋대로 강탈하고 모욕하는 왕들을 눈감아 준다면, 그들의 이 같은 위선은 흉악한 배신을 적잖이 담고 있다고 나는 주장한다. 왜냐하면 이 경우, 그들은 하나님의 작정에 의해서 자기들이 백성의 자유를 지키는 보호자들로서 세워졌음을 알고도 부정직하게 이를 배반하는 자들이 되기 때문이다." -존 칼뱅, 《기독교 강요 4》(생명의 말씀사), 863쪽.

391 빌링스는 칼뱅이 생애 말기에 저항권에 점점 더 열린 입장이 되어 갔다고 한다. 빌링스는 "칼뱅은 생애 말기에 쓴 편지에서 불의의 군주에 대항해 싸우는 귀족들에게 '모든 선한 시민'이 '무장 지원'을 제공하는 것은 '합법적'이라고 말한다. 이러한 조언은 칼뱅의 후기 설교에서 저항권에 점점 더 열린 입장이 되어 가는 모습과 일치한다"라고 말한다. -J. 토드 빌링스, 《칼뱅, 참여, 그리고 선물》(이레서원), 247쪽.

392 "칼뱅은 본래 주로 종교적 문제에 대해 이 저항권을 행사할 수 있다고 하였으나, 그의 후계자들은 국가의 일반 통치 문제에 관해서도 적용하였다." -양낙홍, 《개혁주의 사회윤리와 한국교회》(개혁주의신행협회), 40~41쪽.

393 "세상 사람들처럼 미움과 분파주의, 폭력이나 사사로운 이익에 근거해서는 안 됩니다. 오직 사랑에서 시작해야 합니다. 때론 그것이 비록 저항과 항거로 이어질지라도 오직 사랑의 행위가 되어야 합니다." -최현범, 《교회 울타리를 넘어서라》(나침반), 126쪽.

394 토마스 아퀴나스, 《신학대전 28-법》(바오로딸), 21쪽.

395 이나가키 료스케, 《토마스 아퀴나스『신학대전』새로 알기》(가톨릭출판사), 196쪽.

396 송용원, 《칼뱅과 공동선》(IVP), 15쪽.

397 허버트 하트, 《법의 개념》(아카넷), 18쪽.

398 "필자가 영국 스코틀랜드에 가서 칼뱅을 공부하고, 그의 공동선에 대한 연구를 찾아보았을 때, 놀랍게도 영미권에는 이에 관한 연구가 없었다. 기껏 찾아봐도 칼뱅이 공동선을 중요하게 생각했다거나 공동선에 기여했다고 쓴 문장 한두 줄밖에 없었다. 이에 반해 아퀴나스의 공동선 연구는 정말 많았다. 세계적 수준의 저서와 소고도 많았다." -송용원, 《칼뱅과 공동선》(IVP), 29쪽.

399 이상섭, "토마스 아퀴나스에게서 개별선, 공동선, 최고선의 관계와 형이상학적 근거", <철학연구> 130집(대한철학회), 235쪽.

400 이상섭은 고립선을 '사적인 선' 또는 '사적 선'으로 표현하는 것 같다-이상섭, "토마스 아퀴나스에게서 개별선, 공동선, 최고선의 관계와 형이상학적 근거", <철학연구> 130집(대한철학회), 235, 242쪽.

401 아우구스티누스, 《하나님의 도성-신국론》(CH북스), 580쪽.

402 이상섭, "토마스 아퀴나스에게서 개별선, 공동선, 최고선의 관계와 형이상학적 근거", <철학연구> 130집(대한철학회), 237쪽.

403 이경재 "토마스 아퀴나스의 공동선 개념을 통해 본 폭력의 정당화 가능성", <시대와 철학> 14권 2호(한국철학사상연구회) 342쪽.

404 이경재 "토마스 아퀴나스의 공동선 개념을 통해 본 폭력의 정당화 가능성", <시대와 철학> 14권 2호(한국철학사상연구회) 343쪽.

405 이상섭, "토마스 아퀴나스에게서 개별선, 공동선, 최고선의 관계와 형이상학적 근거", <철학연구> 130집(대한철학회), 239쪽.

406 "성경에서 계시된 성부, 성자, 성령은 서로를 갈망하고 서로에게 열려 있으며 함께 활동하시는 하나님이십니다. 삼위일체 하나님 안에 내재된 공동의 선은 세상을 창조하고 신적 경륜으로 주관하는 공동 활동을 통해 일관되고 다채롭게 펼쳐집니다. 삼위 하나님은 존재와 속성이 일치합니다. 또한 삼위 간의 내재적 공동선은 이 땅에서 역사하는 경륜적 공동선에도 그대로 이어집니다. 그래서 기독교의 공동선은 성부, 성자, 성령의 삼중 관계가 하나님, 나, 세상의 삼중 관계에 투영되도록 우주 만물을 만드셨다는 사실에 기반을 둡니다." -송용원, 《하나님의 공동선》(성서유니온), 35쪽.

407 송용원, 《하나님의 공동선》(성서유니온), 47쪽.

408 송용원, 《하나님의 공동선》(성서유니온), 83쪽.

409 "프로테스탄트 공동선은 이러한 종교 개혁의 신학적 비전 속에 있다. 카이퍼처럼 말한다면, 하나님은 영역별로 공동선을 주셨다. 영적 공동선은 교회와 구원을 위해, 경제적 공동선은 일터를 위해, 정치적 공동선은 시민과 정부를 위해, 박애적 공동선은 사회의 약자들을 위해 존재한다. 여기서 인류의 공동선이 어느 정도 가능한 것은 일반은총 때문이다."-송용원, 《칼뱅과 공동선》(IVP), 275쪽.

410 송용원, 《하나님의 공동선》(성서유니온), 97쪽.

411 토마소 스칸드롤리오, 《자연법-성 토마스 아퀴나스의 자연법 이론》(가톨릭대학교출판부), 76쪽.

412 이상섭, "토마스 아퀴나스에게서 개별선, 공동선, 최고선의 관계와 형이상학적 근거", <철학연구> 130집(대한철학회), 235쪽.

413 클락 E. 코크란 외 5인, 《교회, 국가, 공적 정의 논쟁》(새물결플러스), 78쪽.

414 송용원, 《칼뱅과 공동선》(IVP), 21쪽

415 김어상, "사회 정의와 공동선", <가톨릭철학>제5호(한국가톨릭철학회), 137쪽.

416 클락 E. 코크란 외 5인, 《교회, 국가, 공적 정의 논쟁》(새물결플러스), 78쪽.

417 송용원, 《하나님의 공동선》(성서유니온), 88쪽.

418 박세일, "공동선(공익)을 어떻게 찾아야 하는가", <철학과현실> 2001. 9. (철학문화연구소), 62쪽.

419 월터 패렐《성 토마스 아퀴나스의 신학대전 해설서 II》(수원가톨릭대학교 출판부), 504쪽.

420 토마스 아퀴나스, 《신학대전 29-옛 법》(한국성토마스연구소), 161쪽.

421 이환구, "성 토마스 아퀴나스의 공동선에 관한 연구"<군산대학교 현대이념연구> 제12집, 45쪽.

422 이환구, "성 토마스 아퀴나스의 공동선에 관한 연구"<군산대학교 현대이념연구> 제12집, 45쪽; 토마스 아퀴나스, 《신학대전 29-옛 법》(한국성토마스연구소), 191쪽.

423 이환구, "성 토마스 아퀴나스의 공동선에 관한 연구"<군산대학교 현대이념연구> 제12집, 45쪽; 토마스 아퀴나스, 《신학대전 28-법》(바오로딸), 261쪽.

424 이나가키 료스케, 《토마스 아퀴나스 『신학대전』 새로 알기》(가톨릭출판사), 193쪽.

425 이나가키 료스케, 《토마스 아퀴나스 『신학대전』 새로 알기》(가톨릭출판사), 195쪽.

426 데이비드 홀렌바우는 공동선의 개념을 파악하기 위해서는 국민총생산과 같은 '일반적 복지(general welfare)', 모든 사람의 가장 근본적인 권리인 인간 존엄성에 대한 약속인 '공익(public interest)', 모든 사람이 접근할 수 있고 가용할 수 있는 공공 서비스와 공유 경제 관점에서 창출되는 공동의 유익인 '공공재(public good)', 공동체적 사랑의 계약을 나타내는 존재론적, 관계적 개념인 '공동선(the common good)'의 네 가지 측면을 살펴야 한다고 말한다. -송용원, 《하나님의 공동선》(성서유니온), 87~88쪽에서 재인용.

427 앤드류 피터슨, 《시민 공화주의와 시민교육》(하우), 132쪽.

428 앤드류 피터슨, 《시민 공화주의와 시민교육》(하우), 133쪽.

429 앤드류 피터슨, 《시민 공화주의와 시민교육》(하우), 142쪽.

430 앤드류 피터슨, 《시민 공화주의와 시민교육》(하우), 142쪽.

431 앤드류 피터슨, 《시민 공화주의와 시민교육》(하우), 142쪽.

432 앤드류 피터슨, 《시민 공화주의와 시민교육》(하우), 144쪽.

433 앤드류 피터슨, 《시민 공화주의와 시민교육》(하우), 144쪽.

434 존 칼뱅, 《기독교 강요 3》(생명의말씀사), 798쪽.

435 칼 바르트, 《로마서》(복있는사람), 892쪽.

436 칼 바르트, 《로마서》(복있는사람), 892쪽.

437 칼 바르트, 《로마서》(복있는사람), 893쪽.

438 이상섭, "토마스 아퀴나스에게서 개별선, 공동선, 최고선의 관계와 형이상학적 근거", <철학연구> 130집(대한철학회), 239쪽.

439 정재영, "공공신학과 시민사회", 《공적 복음과 공공신학》(킹덤북스), 298쪽.

440 송용원, 《칼뱅과 공동선》(IVP), 67쪽.

441 송용원, 《칼뱅과 공동선》(IVP), 30쪽.

442 송용원, 《칼뱅과 공동선》(IVP), 9쪽에서 재인용.

443 송용원, 《칼뱅과 공동선》(IVP), 30쪽.

444 앤드류 피터슨, 《시민 공화주의와 시민교육》(하우), 151쪽.

445 "중세 전문가 C. S. 루이스는 그의 마지막 저작 《폐기된 이미지》에서 플라톤은 두 개의 사물은 오직 제3자를 통해서만 서로에게 관계할 수 있다고 믿었다고 설명한다. 루이스가 명명한 중세적 '모델'에서, 존재하는 모든 사물은 그것들이 가진 하나님에 대한 공통된 관계를 통해서 존재하는 모든 다른 사물에 관계한다. 세계에 대한 우리의 관계는 하나님을 통해 매개되며, 하나님에 대한 우리의 관계는 세계를 통해 매개된다." -로드 드레허, 《베네딕트 옵션》(IVP), 49쪽.

446 앤드류 피터슨, 《시민 공화주의와 시민교육》(하우), 297쪽.

447 성경의 이웃 사랑 명령은 아벨공동체의 구성원들에 대한 명령이지 가인공동체 구성원들에 대한 명령은 아니다. 따라서 이웃을 사랑하는 명령은 원칙적으로 인간을 존중하라는 보편적인 윤리 규범의 근거가 될 수가 없다. 이런 경우, 인간이 하나님의 형상을 지녔다는 것은 인간 상호 간의 존중 의무를 보편적으로 부과할 수 있게 해 준다.

448 송용원은 칼뱅이 하나님 형상을 관계적 속성, 실체적 속성, 공동체적 속성이라는 세 가지 측면으로 나누어 이해했다고 설명한다. -송용원, 《칼뱅과 공동선》(IVP), 37쪽 이하.

449 송용원, 《칼뱅과 공동선》(IVP), 55쪽.

450 송용원, 《칼뱅과 공동선》(IVP), 65쪽.

451 송용원 식으로 말하면, 아벨공동체의 공동선은 '기독교 모델'이고, 아벨공동체의 공동선은 '인본주의 모델'이라고 할 수 있다. -송용원, 《하나님의 공동선》(성서유니온), 99쪽.

452 토마스 아퀴나스, 《신학대전 18-도덕성의 원리》(바오로딸), 237쪽.

453 송용원, 《칼뱅과 공동선》(IVP), 20쪽.

454 임성빈, 《21세기 한국사회와 공공신학》(장로회신학대학교출판부), 190쪽.

455 송용원, 《칼뱅과 공동선》(IVP), 54쪽.

456 이상섭, 〈토마스 아퀴나스에게서 개별선, 공동선, 최고선의 관계와 형이상학적 근거〉(대한철학회, 철학연구 130집), 237쪽.

457 "공동선에서 가장 중요한 전제는 아흔아홉 명에게 유익하다고 해서 한 명에게 차마 못할 짓을 해서는 안 된다는 것입니다." -송용원, 《하나님의 공동선》(성서유니온), 73쪽.

458 천종호, 《천종호 판사의 선, 정의, 법》(두란노), 91쪽 이하.

459 송용원, 《칼뱅과 공동선》(IVP), 18쪽.

460 송용원, 《칼뱅과 공동선》(IVP), 96쪽.

461 송용원, 《하나님의 공동선》(성서유니온), 57쪽.

462 존 칼뱅, 《기독교 강요 4》(생명의말씀사), 705쪽.

463 존 칼뱅, 《기독교 강요 3》(생명의말씀사), 283쪽.

464 존 칼뱅, 《기독교 강요 3》(생명의말씀사), 283쪽.

465 송용원, 《칼뱅과 공동선》(IVP), 107쪽.

466 송용원, 《칼뱅과 공동선》(IVP), 107쪽.

467 J. 토드 빌링스, 《그리스도와의 연합》(CLC), 237쪽.

468 J. 토드 빌링스, 《그리스도와의 연합》(CLC), 237쪽.

469 J. 토드 빌링스, 《그리스도와의 연합》(CLC), 235쪽.

470 천종호, 《천종호 판사의 선, 정의, 법》(두란노), 114쪽.

471 토마스 아퀴나스, 《신학대전 28-법》(바오로딸), 15쪽.

472 토마스 아퀴나스, 《신학대전 28-법》(바오로딸), 183쪽.

473 천종호, 《천종호 판사의 선, 정의, 법》(두란노), 253쪽.

474 김어상, "사회 정의와 공동선", <가톨릭철학> 제5호 중(한국가톨릭철학회), 136쪽.
      토마스 아퀴나스가 《신학대전 18-도덕성의 원리》(바오로딸)에 "실상 재판관은 공동선인 정
      의에 대하여 염려하고, 그렇기 때문에 공공복지와 관련해서 선의 근거를 가지고 흉악범
      의 사형을 원하는 것이다."(163쪽)라고 쓴 글 속에서도 공동선이 정의와 같은 개념으로 취
      급되고 있음을 알 수 있다.

475 송용원, 《칼뱅과 공동선》(IVP), 184쪽.

476 송용원, 《칼뱅과 공동선》(IVP), 93쪽.

477 로드 드레허, 《베네딕트 옵션》(IVP), 147쪽.

478 앤드류 피터슨, 《시민 공화주의와 시민교육》(하우), 146쪽.

479 앤드류 피터슨, 《시민 공화주의와 시민교육》(하우), 148쪽.

480 앤드류 피터슨, 《시민 공화주의와 시민교육》(하우), 43쪽.

481 앤드류 피터슨, 《시민 공화주의와 시민교육》(하우), 45쪽.

482 앤드류 피터슨, 《시민 공화주의와 시민교육》(하우), 46쪽.

483 앤드류 피터슨, 《시민 공화주의와 시민교육》(하우), 204쪽.

484 앤드류 피터슨, 《시민 공화주의와 시민교육》(하우), 46쪽.

485 앤드류 피터슨, 《시민 공화주의와 시민교육》(하우), 291쪽.

486 송용원, 《칼뱅과 공동선》(IVP), 195쪽.

487 송용원, 《칼뱅과 공동선》(IVP), 91쪽.

488 로드 드레허, 《베네딕트 옵션》(IVP), 109쪽.

489 J. 토드 빌링스, 《그리스도와의 연합》(CLC), 324쪽.

490 존 칼뱅, 《기독교 강요 4》(생명의말씀사), 799쪽.

491 성석환, 《공공신학과 한국 사회》(새물결플러스), 348쪽.

492 존 칼뱅, 《기독교 강요 3》(생명의말씀사), 665쪽.

493 임성빈, 《21세기 한국사회와 공공신학》(장로회신학대학교출판부), 165쪽.

494 양낙흥, 《개혁주의 사회윤리와 한국교회》(개혁주의신행협회), 122쪽.

495 "예수님은 창조 세계를 파괴하고 왜곡시키고 있던 세력들에 대한 창조주 하나님의 승리
      를 이루고, 새 창조라는 하나님의 프로젝트를 출범시켜 놓으신 터였다. 이제 그들은(초기

기독교인들은) 반(反)창조 세력들이 여전히 군림하고 있는 세상 속으로 나아가, 예수님의 영의 권능으로 새로운 창조가 일어나도록 만들어야 했다. 그러므로 하나님과 세상에 대한 모든 기독교적 사고는 반드시 세상의 고통을 짊어지고, 세상을 다시 새롭게 만드시는 예수님뿐만 아니라 예수님의 추종자들을 통해 그리고 그들 너머로 이 세상에서 활동하는 하나님의 영의 약속을 포함해야 한다." -톰 라이트, 《광장에서 선 하나님》(IVP), 129쪽.

496 자끄 엘륄, 《도시의 의미》(한국로고스연구원), 116쪽.

497 성석환, 《공공신학과 한국 사회》(새물결플러스), 72쪽.

498 "그리스도인과 교회는 세상에서 문화적 삶에 참여하고 거기서 그리스도를 재현해야 하지만 그 참여는 비판적 참여다. 교회는 언제나 오직 하나님께만 책임적이지만, 동시에 그 책임은 세상에서 벌어지는 다양한 도전들에 대해 응답하는 책임이다. 교회는 세상을 위한 책임을 다하지 않고서 하나님께 향한 책임을 다할 수 없다. 그래서 교회는 공적으로 존재하며, 그리스도인은 공적인 삶을 산다." -성석환, 《공공신학과 한국 사회》(새물결플러스), 136쪽.

499 자끄 엘륄, 《도시의 의미》(한국로고스연구원), 114쪽.

500 자끄 엘륄, 《도시의 의미》(한국로고스연구원), 134쪽.

501 자끄 엘륄, 《도시의 의미》(한국로고스연구원), 134쪽.

502 톰 라이트, 《광장에서 선 하나님》(IVP), 119쪽.

503 톰 라이트, 《광장에서 선 하나님》(IVP), 168쪽.

504 톰 라이트, 《광장에서 선 하나님》(IVP), 287쪽.

505 톰 라이트, 《광장에서 선 하나님》(IVP), 134쪽.

506 톰 라이트, 《광장에서 선 하나님》(IVP), 170쪽.

507 토마스 아퀴나스, 《신학대전 18-도덕성의 원리》(바오로딸), 243쪽.

508 임성빈, 《21세기 한국사회와 공공신학》(장로회신학대학교출판부), 23쪽 이하.

509 "그리스도인의 정치활동에 대해서는 흔히 두 종류의 극단이 존재한다. 하나는 소위 '보수적' 그리스도인들의 것이다. 그들은 정치를 '비기독교적'이며 '거룩하지 않은' 것이라 정죄하거나 혹은 정치적 개입의 필요성을 전적으로 부인함으로써 정치에 아무런 관심도 표명하지 않는다. 다른 하나는 '진보주의자들'에게서 발견되는 극단인데, 그들은 정치의 중요성을 지나치게 강조하다가 '그리스도인의 삶과 증거의 다른 부분들을 간과해 버린다.' 그런데 후자는 전자만큼 잘못된 것이다." -양낙홍, 《개혁주의 사회윤리와 한국교회》(개혁주의신행협회), 334쪽.

510 양낙홍, 《개혁주의 사회윤리와 한국교회》(개혁주의신행협회), 338쪽.

511 교회가 교단 차원에서 혹은 교단 연합으로 사회적 혹은 정치적 문제에 대해 성명을 발표하는 등의 의견 표명을 하는 것에 대해서는 그것이 정치에 관여하는 것이라는 이유로, 교회의 일치를 깬다는 이유로 강력하게 반대하는 입장이 있는가 하면, 기독교가 성육신

의 종교이기 때문에 인간 삶의 전부와 관련되므로 어떤 사회 문제에 대해서는 의견 표명을 할 수 있다는 입장이 있다. -양낙홍, 《개혁주의 사회윤리와 한국교회》(개혁주의신행협회), 334~335쪽.

512 양낙홍, 《개혁주의 사회윤리와 한국교회》(개혁주의신행협회), 16쪽.

513 로드 드레허, 《베네딕트 옵션》(IVP), 180쪽.

514 로드 드레허, 《베네딕트 옵션》(IVP), 180쪽.

515 로드 드레허, 《베네딕트 옵션》(IVP), 180쪽.

516 천종호, 《천종호 판사의 선, 정의, 법》(두란노), 114쪽.

517 천종호, 《천종호 판사의 선, 정의, 법》(두란노), 143쪽.

518 아우구스티누스, 《하나님의 도성-신국론》(CH북스), 226쪽.

519 국가와 민족은 엄격이 구분되어 이해되어야 한다. 국가와 민족을 혼동하게 되면, 치명적인 결과가 초래될 수도 있다. 법치주의의 적용을 받지 않는 민족이 민족에서 제외된 국민을 제거하는 일은 너무도 쉽다. 아리안 민족주의를 내세운 나치가 유태계 독일 국민들을 아우슈비츠 수용소로 보내 홀로코스트를 감행한 것이 그 대표적인 예다. 최진석의 국가와 민족에 관한 설명을 보자. "민족은 상상의 공동체다. 언어나 문화나 풍습을 공유한다는 믿음으로 구성되는 정서적 공동체다. 법률로 관리되는 것이 아니다. 그래서 민족에 빠지면 감정과 정서에 치우치게 된다. 국가는 감성과 정서를 배제한 법률이 이성으로 관리된다. 민족은 따뜻하지만, 국가는 차가울 수도 있다. 민족은 정서적이고 심리적인 기대가 허용될 수도 있지만, 국가는 철저히 이성적이고 사실적 효과에만 기댄다. 민족에 빠지면 호소하려 들고, 국가관이 투철하면 힘을 길러 판을 조정하려 한다. 힘을 믿지 않고 설득과 호소와 간절한 눈빛과 따뜻한 태도를 앞세워 일을 이루려고 한다면, 이는 아직 국가가 무엇인지 모르기 때문이다. 혹시 상상의 공동체인 민족을 앞세우면 이런 태도들을 보일 수도 있다. 그러나 국가의 일은 국가적 단계에 맞는 태도로만 성사된다. 대통령은 대한민국의 원수이지, 민족의 지도자가 아니다. 이것을 분명히 하지 않으면 나라의 모든 일이 복잡해지고 해결이 난망해진다. 모든 것이 꼬일 수 있다." -최진석, 《최진석의 대한민국 읽기》(북루덴스), 56쪽.

520 로드 드레허, 《베네딕트 옵션》(IVP), 94쪽.

521 J. 토드 빌링스, 《칼뱅, 참여, 그리고 선물》(이레서원), 233쪽.

522 임성빈, 《21세기 한국사회와 공공신학》(장로회신학대학교출판부), 107쪽.

523 성석환, 《공공신학과 한국 사회》(새물결플러스), 377쪽.

524 로드 드레허, 《베네딕트 옵션》(IVP), 151쪽.

525 J. 토드 빌링스, 《칼뱅, 참여, 그리고 선물》(이레서원), 36쪽.

526 J. 토드 빌링스, 《칼뱅, 참여, 그리고 선물》(이레서원), 157쪽.

527 성석환, 《공공신학과 한국 사회》(새물결플러스), 33쪽.

528 자끄 엘륄, 《도시의 의미》(한국로고스연구원), 290쪽.

529 임성빈, 《21세기 한국사회와 공공신학》(장로회신학대학교출판부), 21쪽.

530 임성빈, 《21세기 한국사회와 공공신학》(장로회신학대학교출판부), 21~22쪽.

531 성석환, 《공공신학과 한국 사회》(새물결플러스), 34쪽.

532 성석환, 《공공신학과 한국 사회》(새물결플러스), 8쪽.

533 임성빈, 《21세기 한국사회와 공공신학》(장로회신학대학교출판부), 7~8쪽.

534 임성빈, 《21세기 한국사회와 공공신학》(장로회신학대학교출판부), 11쪽.

535 로드 드레허, 《베네딕트 옵션》(IVP),127쪽.
    다만, 낙태와 관련해 미국 연방대법원은 2022년 6월 24일, 낙태를 공식적으로 합법화했
    던 '로 대 웨이드' 판결을 폐기하는 판결을 내렸다. 이 판결에서 대법관 다수는 "헌법에는
    낙태에 대한 언급이 없으며 그런 권리는 헌법상 어떤 조항에 의해서도 암묵적으로 보호
    되지 않는다"고 하였고, 이로써 낙태권은 헌법적 권리를 보장받지 못하고, 낙태 금지 여
    부는 각 주에 의해 결정되게 되었다(연합뉴스 2022. 6. 25).

536 로드 드레허, 《베네딕트 옵션》(IVP), 131쪽.

537 로드 드레허, 《베네딕트 옵션》(IVP), 158쪽.

538 장동민, 《포스트크리스텐덤 시대의 한국 기독교》(새물결플러스), 156쪽.

539 로드 드레허, 《베네딕트 옵션》(IVP),160쪽.

540 한국교회의 신뢰도 제고를 위한 개선점을 묻는 질문에 응답자들은 타종교에 대한 태도
    (24.0%), 불투명한 재정 사용(22.8%), 교회 지도자들(21.0%) 순으로 개선되어야 한다고 하였
    고, 교회 지도자들의 개선점을 묻는 질문에 응답자들은 언행 불일치(14.2%), 신앙을 핑계
    로 부를 축적하는 것(13.0%), 모범이 되지 않는 삶(13.3%), 도덕적/윤리적 문제(12.7%) 순으
    로 개선되어야 한다고 지적하였다 -임성빈, 《21세기 한국사회와 공공신학》(장로회신학대학
    교출판부), 444쪽.

541 "광장(public square)은 시장, 관공서, 신전 등이 밀접한 도시의 물자와 사람과 사상이 교류
    되는 곳이다. 다양한 상품이 전시되고 이념이 소개되어 서로 경쟁하는 곳이다. 비교, 품
    평, 선택, 비판이 가능한 곳이 바로 광장이다. 요즘 표현으로는 공론장(公論場, public sphere)
    이다." -장동민, 《광장과 골방》(새물결플러스), 15쪽.

542 장동민, 《광장과 골방》(새물결플러스), 15쪽.

543 리처드 마우, 《무례한 기독교》(IVP), 48쪽.

544 "바울이 아레오바고 가운데 서서 말하되 아덴 사람들아 너희를 보니 범사에 종교심이 많
    도다 내가 두루 다니며 너희가 위하는 것들을 보다가 알지 못하는 신에게라고 새긴 단
    도 보았으니 그런즉 너희가 알지 못하고 위하는 그것을 내가 너희에게 알게 하리라"(행
    17:22~23).

545 톰 라이트, 《광장에서 선 하나님》(IVP), 33쪽.

546 최경환, 《에라스무스 총서 002-공공신학으로 가는 길》(도서출판 100), 197쪽.

547 데이비드 반드루넨, 《기독교 정치학》(부흥과개혁사), 556쪽.

548 데이비드 반드루넨, 《기독교 정치학》(부흥과개혁사), 556쪽.

549 최경환, 《에라스무스 총서 002-공공신학으로 가는 길》(도서출판 100), 199쪽.

550 임성빈, 《21세기 한국사회와 공공신학》(장로회신학대학교출판부), 136쪽.

551 김회권, 《하나님의 도성, 그 빛과 그림자》(비아토르), 301쪽.

552 김회권, 《하나님의 도성, 그 빛과 그림자》(비아토르), 301쪽.

553 김회권, 《하나님의 도성, 그 빛과 그림자》(비아토르), 301쪽.